→ Neben diesem Symbol findest du **Hilfestellungen**, die du beim Lösen der Aufgaben nutzen kannst. Versuche zunächst, eine Aufgabe selbstständig zu bearbeiten. Wenn du feststellst, dass du Unterstützung brauchst, kannst du die angebotenen Hilfen verwenden.

↪ Dieses Symbol weist dich auf **zusätzliche Aufgaben** hin. Du kannst sie bearbeiten, wenn du mit den Übungen davor fertig bist, um dein Können zu zeigen. Manche Arbeitsaufträge sind besonders knifflig, sodass du dein **Expertenwissen** anwenden kannst. Du findest aber **auch kreative Aufgaben** zum Schreiben oder zur szenischen Darstellung.

Du kannst alle Aufgaben in dem Buch bearbeiten. An einigen Stellen stehen dir aber **Aufgabenstellungen zur Auswahl**:

G Aufgaben mit diesem Symbol sind etwas einfacher und geben dir ein paar Hilfestellungen bei der Lösung der Aufgabe.

M Aufgaben mit diesem Symbol sind etwas länger und schwieriger. Außerdem arbeitest du selbstständiger, um zu einer Lösung zu kommen.

Meistens erfährst du zu Beginn des Schuljahres, auf welcher Schwierigkeitsstufe du lernen sollst. Wähle entsprechend deine Aufgabe.

Klar|text 7

**Sprach-Lesebuch Deutsch
Differenzierende Ausgabe**

Baden-Württemberg

Erarbeitet von:
Sabine Bäuerle
Martina Feldhues
Reinhild Föll
Hiltrud Fox
Julia Habel
Andrea Heinrichs
Mireille Hoppen
Heiko Judith
Valerie Kirchner
Susanne Röder-Wittl
Nicole Rösingh
Barbara Siefert
Maren Trowitzsch
Martina Wolff

westermann

Inhaltsbezogene Kompetenzen

Inhaltsverzeichnis

Texten Informationen entnehmen, diese ordnen prüfen und (strukturiert) darstellen – die Struktur eines Arguments untersuchen – Sprechweisen unterscheiden – Sprechabsichten situationsangemessen und adressatenorientiert formulieren – sprachliche Äußerungen situationsangemessen und adressatenorientiert formulieren

Und schon geht die Reise los ... 8–27

Wo soll es hingehen? Über die Klassenfahrt diskutieren ... 10
Einen Standpunkt schriftlich begründen ... 12
Was machen wir in Pfunds? – Ein Streitgespräch führen ... 14
Einwände berücksichtigen und entkräften ... 16
Einen begründenden Brief schreiben ... 18
Einen begründenden Brief überarbeiten ... 20
■ Kompetenz-Check: einen begründenden Brief schreiben
   G Kompetenz-Check ... 22
   M Kompetenz-Check ... 23
■ Im Blickpunkt: Sprache betrachten
   Sprechabsichten angemessen formulieren ... 24
■ Im Blickpunkt: richtig schreiben
   Sätze mit *dass* ... 25
■ Im Blickpunkt: Lesen
   Ursula Wölfel, Hannes fehlt ... 26

Methoden der Texterschließung anwenden – Texten Informationen entnehmen, diese ordnen prüfen und (strukturiert) darstellen – Textinformationen in das vorhandene Alltagswissen einordnen – Informationen zusammenhängend wiedergeben – nichtlineare Texte auswerten und die Informationen darstellen – Vorwissen aktivieren – Quellen nutzen – Zusammenhänge und Inhalte adressatenorientiert, sachgerecht und übersichtlich darstellen

Für andere da sein 28–49

Informationen sammeln und ergänzen ... 30
Jugendfeuerwehr
   – Informationen aus verschiedenen Texten ermitteln ... 31
   Inka Strunk, (K)ein Spiel mit dem Feuer ... 31
   Wie wirst du Mitglied in der Jugendfeuerwehr? ... 32
   Die Jugendfeuerwehr: Daten und Fakten ... 32
Einen Informationstext schreiben ... 33
Texte und Diagramme auswerten ... 35
   Streitschlichter: Helfen statt wegschauen ... 35
   Warum wir uns beim Schulsanitätsdienst engagieren ... 36
   Aktiv sein als Schulsportmentor ... 37
Einen Informationstext überarbeiten ... 39
■ Kompetenz-Check: einen Informationstext schreiben ... 41
   JUUS – Jugend für Umwelt und Sport ... 41
   G Kompetenz-Check ... 42
   M Kompetenz-Check ... 43
■ Im Blickpunkt: Sprache betrachten
   Konjunktionen verbinden Sätze ... 44
■ Im Blickpunkt: richtig schreiben
   Groß oder klein? – Nominalisierte Verben ... 46
■ Im Blickpunkt: Lesen
   Esther Gusewski, Berufsbild Rettungsassistent ... 47

Methoden der Texterschließung anwenden – Inhalte herausarbeiten – zwischen Sachtexten und literarischen Texten unterscheiden

Von den Mächten der Natur 50–75

Eine Ballade verstehen ... 52
   Unglück auf der Tay-Brücke ... 52
   Theodor Fontane, Die Brück am Tay ... 53
Sich in die Figuren einer Ballade hineinversetzen ... 56
Balladenmerkmale untersuchen ... 58

Die Macht von Sturm und Meer ... 59	Fachbegriffe zur formalen Beschreibung von Texten verwenden
Figuren und Handlung einer Ballade untersuchen ... 59	– die Wirkung von Gestaltungsmitteln erkennen und erläutern – die
Otto Ernst, Nis Randers ... 60	Gattungszugehörigkeit lyrischer
Eine Ballade aus der Sicht einer Figur wiedergeben ... 62	Texte unterscheiden – handlungs-
Wenn der Damm bricht	und produktionsorientierte Verfahren anwenden, um zu einer
– einen Text aus der Sicht einer Figur schreiben ... 64	Textdeutung zu gelangen (Tagebucheintrag, innerer Monolog, sze-
Johann Wolfgang von Goethe, Johanna Sebus ... 64	nisches Interpretieren) – Handlungen und Verhaltensweisen
G Einen Tagebucheintrag überarbeiten ... 67	literarischer Figuren beschreiben
M Einen inneren Monolog überarbeiten ... 68	– Bezüge zwischen Text und Entstehungszeit herstellen
■ Kompetenz-Check: eine Ballade	
aus der Sicht einer Figur wiedergeben ... 69	
Gustav Schwab, Der Reiter und der Bodensee ... 69	
G Einen Tagebucheintrag verfassen ... 70	
M Einen inneren Monolog schreiben ... 71	
■ Im Blickpunkt: Sprache betrachten	
Sprachliche Bilder unterscheiden ... 72	
■ Im Blickpunkt: richtig schreiben	
Texte überarbeiten – Rechtschreibung prüfen ... 73	
■ Im Blickpunkt: Lesen	
Johann Wolfgang von Goethe, Erlkönig ... 74	
Dem Täter auf der Spur **76–97**	Texten Informationen entnehmen,
Bei der Kriminalpolizei	diese ordnen, prüfen und (strukturiert) darstellen – Informationen zu-
– einen Ermittlungsbericht untersuchen ... 78	sammenhängend wiedergeben –
Einen Ermittlungsbericht schreiben ... 80	Sachtexte aufgrund ihrer Funktionen
Texte sachlich formulieren ... 83	bestimmen – Gestaltungsmittel erkennen und beschreiben – Merkmale
Wichtiges von Unwichtigem unterscheiden ... 84	gesprochener und geschriebener
Einen sachlichen Bericht schreiben und überarbeiten ... 87	Sprache erkennen – Funktionen von
■ Kompetenz-Check: einen sachlichen Bericht schreiben	Texten erkennen – Inhalte adressatenorientiert, sachgerecht und über-
G Kompetenz-Check ... 91	sichtlich darstellen
M Kompetenz-Check ... 93	
■ Im Blickpunkt: Sprache betrachten	
Aktiv und Passiv richtig verwenden ... 94	
■ Im Blickpunkt: richtig schreiben	
Groß- und Kleinschreibung von Zeitangaben ... 95	
■ Im Blickpunkt: Lesen	
Wolfgang Ecke, Der Aufsatz ... 96	
Freunde werden – Freunde bleiben **98–129**	Methoden der Texterschließung anwenden – den Leseeindruck erläu-
Die Merkmale einer Erzählung kennenlernen ... 100	tern – das Thema eines Textes benennen – Elemente eines Textes
James Krüss, Zwei Trillerpfeifen ... 100	bestimmen – Fachbegriffe zur for-
Eine Inhaltsangabe schreiben ... 104	malen Beschreibung von Texten verwenden – die Gattungszugehörigkeit
Die Figuren einer Erzählung untersuchen ... 106	epischer Texte unterscheiden
Jürgen Banscherus, Der Klassenaufsatz ... 106	
Fragen zu einem Text beantworten ... 111	
Zu einer Frage oder Aussage Stellung nehmen ... 112	
Erzähler und Erzählperspektive erkennen ... 113	
Kristina Dunker, Letzte Wende ... 113	
Eine Inhaltsangabe mit Stellungnahme schreiben ... 117	
Gina Ruck-Pauquèt, Die Kreidestadt ... 117	

Deutungen eines Textes entwickeln und begründen – Handlungen und Verhaltensweisen literarischer Figuren beschreiben und begründet bewerten – vergleichend eigene und literarische Lebenswelten beschreiben und unterscheiden

Eine Inhaltsangabe mit Stellungnahme überarbeiten 121
- Kompetenz-Check: eine Inhaltsangabe verfassen
  und Stellung nehmen 123
  Susanne Kilian, Der Brief 123
  G Kompetenz-Check 124
  M Kompetenz-Check 124
- Im Blickpunkt: Sprache betrachten
  Vorzeitigkeit in der Inhaltsangabe ausdrücken 125
- Im Blickpunkt: richtig schreiben
  Kommasetzung bei Relativsätzen 126
- Im Blickpunkt: Lesen
  Gina Ruck-Pauquèt, Der Freund 127

Texten Informationen entnehmen, diese ordnen, prüfen und (strukturiert) darstellen – Inhalte von Sach- und Gebrauchstexten herausarbeiten – Informationen zusammenhängend wiedergeben – Sachtexte aufgrund ihrer Funktionen bestimmen – Verstehensschwierigkeiten benennen und in einen Zusammenhang mit dem Textverstehen stellen – Quellen nutzen (Wörterbücher) – Funktionen von Texten erkennen

Willkommen im Camp 130–149
Ich packe meinen Rucksack – Gegenstände beschreiben 132
Wie funktioniert das denn?
  – Eine Bedienungsanleitung verstehen 134
  Bedienungsanleitung zum Funkgerät „Speaker 2001w" 135
Wege und Standorte beschreiben 136
Gewusst wie – einen Vorgang beschreiben 138
Sicher sichern – treffend beschreiben 140
  Der Mickey-Maus-Knoten 140
  Der Prusikknoten 141
Eine Anleitung überarbeiten 142
- Kompetenz-Check: eine Anleitung schreiben
  G Kompetenz-Check 144
  M Kompetenz-Check 145
- Im Blickpunkt: Sprache betrachten
  Die Reihenfolge von Arbeitsschritten angeben 146
- Im Blickpunkt: richtig schreiben
  Fachbegriffe verstehen und nachschlagen 147
- Im Blickpunkt: Lesen
  Katja Grundmann, Schatzsuche per GPS 148

Den ersten Gesamteindruck eines Films beschreiben und begründen – Inhalte eines Films wiedergeben – die Handlung von Filmen erläutern und dabei die Wirkung von Darstellungs- und Gestaltungsmitteln im Film beschreiben – Auszüge aus einer Literaturverfilmung mit der Textvorlage vergleichen und dabei Gemeinsamkeiten und Unterschiede aufzeigen

Magische Welten im Film entdecken 150–171
Den Inhalt eines Films wiedergeben 152
Gestaltungsmittel im Film 155
  Filmbilder und ihre Wirkung beschreiben 155
  Einen Filmausschnitt untersuchen 157
Eine Filmempfehlung schreiben 158
M Vom Buch zum Film 159
  Das Jugendbuch Krabat kennenlernen 159
  Otfried Preußler, Die Mühle im Koselbruch (Krabat) 159
  Bilder im Kopf entwickeln 163
  Ein Romankapitel mit einem Drehbuch vergleichen 164
  Otfried Preußler, Ohne Pastor und Kreuz (Krabat) 164
  Tondas Tod 166
M Autor und Regisseur über „ihren" Krabat 168
  Otfried Preußler 168
  Marco Kreuzpaintner 169
- **M** Im Blickpunkt: Lesen
  Otfried Preußler, Ein Ring aus Haar (Krabat) 170

Das Geheimnis des Erfolgs 172–187

Das Geheimnis des Erfolgs von Thomas Müller 174
   1. Schritt: Informationen suchen 174
   2. Schritt: Informationen sichten 175
   Thomas Müller, brillanter Clown unter Klonen 175
   Spielerstatistik der Bundesliga 2015/16 176
   Alexander Kords, Wie alles begann … (Thomas Müller) 177
   Thomas Müller (Fußballspieler) 178
   Alle wollen Thomas Müller – warum eigentlich? 178
   Teil der A-Jugend sein – Fußball macht süchtig 179
   3. Mit Informationen kritisch umgehen 180
   Lisa Müller (20): So ist mein Thomas wirklich 180
   4. Schritt: Informationen auswerten 181
   5. Schritt: Das Referat gliedern 182
   6. Schritt: Das Referat anschaulich machen 183
   7. Schritt: Die Präsentation vorbereiten 184
   8. Schritt: Das Referat erfolgreich halten 185
Aufgaben der Zuhörer 186
   Das Referat konzentriert und aktiv verfolgen 186
   Rückmeldungen geben 187

Lesetechniken und Methoden der Texterschließung anwenden – Texten Informationen entnehmen, ordnen, prüfen und (strukturiert) darstellen – die Wirkung von Gestaltungsmitteln erkennen und beschreiben – mediale Quellen zur Informationsbeschaffung nutzen – Informationen aus Medien gewinnen – Texte gestalten – Zusammenhänge zwischen verbalen und nonverbalen Ausdrucksmitteln erkennen und beschreiben – Inhalte adressatenorientiert darstellen – Vortrags- und Präsentationstechniken anwenden – Feedback zu Präsentationen formulieren

M „Und noch zehn Minuten bis Buffalo" 188–199

   Theodor Fontane, John Maynard 189
Fröhliche Fahrt – eine Situation beschreiben 190
   Theodor Fontane, John Maynard 190
Eine Rolle übernehmen 191
Einen Dialog schreiben und vorspielen 193
Feuer bricht aus – eine Szene durch Standbilder
   und Pantomime darstellen 194
   Theodor Fontane, John Maynard 194
An John Maynard erinnern – ein Begräbnis
   wie in einer „Diashow" darstellen 196
   Theodor Fontane, John Maynard 196
„John Maynard" auf die Bühne
   – Szenen zusammenfügen 198

handlungs- und produktionsorientierte Verfahren anwenden (Formen szenischen Interpretierens) – Zusammenhänge zwischen verbalen und nonverbalen Ausdrucksmitteln erkennen – Sprechabsichten situationsangemessen formulieren und die Körpersprache bewusst einsetzen – Vortrags- und Präsentationstechniken anwenden

Sprache betrachten 200–241

Kleiner Anfangstest 200
Nomen erkennen und in vier Fällen gebrauchen 202
Pronomen – Bezüge herstellen 205
Demonstrativpronomen – auf etwas hinweisen 207
Verben 208
   Zeitformen richtig verwenden 208
   Was war zuerst? Vorzeitigkeit deutlich machen 209
   M Verben, bei denen sich der Wortstamm ändert 210
   *Eva Rechlin, Die Geschichte eines chinesischen
   Sandkornes* 210
   Vorgänge im Aktiv und Passiv darstellen 211
Mit Adjektiven genau beschreiben 213
Mit Adverbien genaue Angaben machen 216

die zentrale Bedeutung des Prädikats für den Satz erläutern – adverbiale Bestimmungen verwenden – Formen von Attributen erkennen und verwenden – die Struktur von Sätzen und Satzgefügen im Feldermodell analysieren – Satzarten unterscheiden – Nebensätze bestimmen und verwenden – Gleich- und Unterordnung unterscheiden

Wortarten nach ihrer Form und Funktion bestimmen und verwenden – Komposita erkennen und bilden – Formen der Konjugation erkennen, bilden und verwenden; Formen starker Konjugation verwenden – Kategorien des Nomens in ihrem Zusammenhang mit Verben und Präpositionen erläutern – sinnverwandte Wörter in Wortfeldern und Wörter gleicher Herkunft in Wortfamilien zusammenfassen

Regeln der Schärfung und Dehnung sowie der Schreibung der s-Laute nennen und verwenden – Regeln der Groß- und Kleinschreibung anwenden und dabei grammatisches Wissen nutzen – Getrennt- und Zusammenschreibung in geläufigen Fällen normgerecht verwenden – die Schreibung von Fremdwörtern korrekt anwenden – die Zeichensetzung korrekt verwenden: Ausrufe, Satzreihe, Nebensätze, Redewiedergabe – Rechtschreibstrategien und grundlegende Rechtschreibregeln beim Schreiben und Überarbeiten von Texten anwenden und Nachschlagewerke verwenden – individuelle Fehlerschwerpunkte benennen und korrigierend beachten – die Grenzen digitaler Rechtschreibhilfen erkennen

Adjektiv und Adverb im Englischen 218
Präpositionen richtig verwenden 219
Mit Konjunktionen sinnvoll verknüpfen 221
Satzglieder 222
    Satzglieder ermitteln 222
    Prädikate im Satz sinnvoll ergänzen 224
    Das Prädikat an die richtige Stelle setzen 225
    Übereinstimmung von Subjekt und Prädikat 227
    Objekte – Satzglieder, die das Prädikat ergänzen 228
    Adverbiale Bestimmungen – genaue Angaben machen 230
    Mit Attributen ein Nomen genauer erläutern 231
Sätze mit dem Feldermodell untersuchen 232
Hauptsätze zu Satzreihen verknüpfen 234
Haupt- und Nebensätze zu Satzgefügen verknüpfen 235
Nomen mit Relativpronomen näher erläutern 237
Wortbildung 238
    Wortfelder – Wörter mit ähnlicher Bedeutung 238
    Wortfamilie – verwandte Wörter 241

Richtig schreiben   242–271

Kleiner Anfangstest 242
Strategie: auf die Länge des Vokals achten 244
Strategie: Wörter ableiten 246
    Wörter mit *ä/e* oder *äu/eu* 246
Strategie: Wörter verlängern 247
    Wörter mit *b/p*, *d/t* oder *g/k* am Ende 247
Strategie: Signale der Großschreibung beachten 248
    Nomen erkennen 248
    Wolfgang Ecke, Fahndung nach Tom Kölle 248
    Aus Adjektiven können Nomen werden 249
    Aus Verben können Nomen werden 250
    Groß- und Kleinschreibung von Zeitangaben 252
    Groß- und Kleinschreibung üben 253
    Das Computergewicht 253
    Was sind eigentlich Daten? 253
Lernwörter einprägen 254
Rechtschreibstrategien anwenden 255
Fremdwörter richtig schreiben 256
    Asterix – Latinomanie 256
Getrennt- und Zusammenschreibung 258
    Verbindungen aus zwei Verben 258
    Verbindungen aus Adjektiv und Verb 260
    Verbindungen aus Nomen und Verb 261
Texte mit der Rechtschreibhilfe am PC prüfen 263
Fehler erkennen und verbessern 264
Sätze mit *dass* richtig schreiben 265
Die Wörter *das* und *dass* unterscheiden 266
Zeichen setzen 267
    Satzschlusszeichen setzen 267
    Zeichen der wörtlichen Rede 268
    Das Komma zwischen Hauptsätzen (Satzreihe) 270
    Das Komma zwischen Haupt- und Nebensatz (Satzgefüge) 271

Computer im Unterricht 272–279
Das Internet als Informationsquelle nutzen ... 272
M Eine Mindmap am Computer erstellen ... 276
Folien am Computer erstellen ... 277
Präsentationsfolien gestalten ... 278

Methoden und Arbeitstechniken 280–290
Ein Internetlexikon verwenden ... 280
Notizen bei Präsentationen anfertigen ... 283
Im Wörterbuch nachschlagen ... 284
Im Fremdwörterbuch nachschlagen ... 286
Diagramme auswerten ... 287
Übersicht: Arbeitstechniken (TIPPs) ... 290

Basiswissen 291–310
Unregelmäßige Verben ... 311

Anhang 313–320
Textsortenverzeichnis ... 313
Stichwortverzeichnis ... 314
Textquellen ... 317
Bildquellen ... 319
Impressum ... 320

Informationen aus Medien gewinnen – Texte gestalten – Informationen hinsichtlich ihrer Zuverlässigkeit prüfen

nichtlineare Texte auswerten und die Informationen darstellen – Quellen nutzen – Wortbedeutungen klären unter Zuhilfenahme von Nachschlagewerken und des Internets

Und schon geht die Reise los ...

1 Sicher seid ihr schon einmal auf einer Klassenfahrt gewesen. Was waren eure schönsten Erlebnisse? Erzählt euch davon.

2 a) Beschreibt die Fotos: Was erleben die Schüler gerade?
   b) Welches Foto spricht euch besonders an? Begründet.
   c) Lest die Texte auf Seite 9: Wofür wird jeweils Werbung gemacht?
   d) Ordnet die Texte den Bildern oben zu. Begründet eure Zuordnung.

Folie

3 Was beinhalten die Reiseangebote (Aktivitäten ...)? Werte **Text A und B** oder **Text B und C** aus. Übernimm die Tabelle auf Seite 9 und beantworte die Fragen. Markiere dazu wichtige Textstellen.

→ In Text A sind die Textstellen markiert, die Antworten auf die Fragen in der Tabelle geben. Finde die Antworten in Text B oder C alleine. Verwende dazu für jede Frage eine andere Farbe. So behältst du den Überblick.

A Nervenkitzel pur in Österreich

Wolltet ihr schon immer einmal lernen, wie man richtig und sicher klettert? Habt ihr keine Angst davor, euch mit einem Schlauchboot in eisige Fluten zu stürzen? Dann ist Pfunds in Österreich genau der richtige Ort, um ein paar aufregende und lehrreiche Tage zu verbringen.

Untergebracht in einem günstigen Jugendhotel mit Kegelbahn und Jugenddisco startet ihr täglich zu neuen Abenteuern. Bereits am Tag eurer Anreise bekommt ihr eine Einweisung in das Knüpfen von Knoten und den richtigen Gebrauch von Karabinern. Außerdem lernt ihr verschiedene Klettertechniken, die ihr in der Kletterwand anwendet. Weiter geht es mit einer aufregenden Raftingtour durch einen Wildbach! Mit Neoprenanzügen und Schlauchbooten begebt ihr euch ins tobende Wasser. Mutige wagen sogar ein Bad im 6 Grad kalten Wasser.

Des Weiteren steht ein Orientierungslauf mit Karte und Kompass auf dem Programm. Ihr bewältigt dabei in Gruppen verschiedene Aufgaben während einer Geocaching-Wanderung, auf der ihr etwas über die Tier- und Pflanzenwelt der Alpen erfahrt. Also, Wanderschuhe und etwas Mut eingepackt und auf mit dem Bus nach Pfunds!

B Zu Besuch beim Märchenkönig

Stolz erstrahlt Schloss Neuschwanstein in der Morgensonne, wenn ihr auf dem Campingplatz in Schwangau aus euren Zelten schaut. Bei einer Wanderung auf den Tegelberg, wo im Sommer auf der Rodelbahn gerodelt werden kann, seht ihr das Märchenschloss von König Ludwig II. von Nahem. 17 Zimmer des nie fertiggestellten Bauwerkes können besichtigt werden. Interessant sind vor allem die „Grotte", eine künstliche Tropfsteinhöhle, und der prächtige Thronsaal mit seinem vier Meter hohen Kronleuchter. Mit der Tegelbergbahn gelangt ihr schließlich sicher wieder ins Tal. Auf geht's am nächsten Tag mit dem Fahrrad. Ihr wandelt dabei auf den Spuren der Römer um den Forggensee und gelangt über die „Via Claudia" direkt nach Füssen, einer der größeren Städte im Allgäu. Dort entdeckt ihr bei einer Stadtrallye die mittelalterlichen Straßen. Mit einem zünftigen Weißwurstfrühstück enden eure Tage im Allgäu, bevor es mit dem Zug wieder zurück nach Hause geht.

C Abwechslungsreiche Ostsee

Zunächst steigt ihr in die Lüfte: Nach einem Flug von Stuttgart nach Hamburg fahrt ihr mit dem Zug zu eurer Jugendherberge nach Kiel. Hier lernt ihr die nähere Umgebung kennen. Am nächsten Tag erfahrt ihr im Meeresbiologischen Institut etwas über den Naturraum Ostsee und könnt am Strand sogar ein echtes U-Boot besichtigen! Später besucht ihr den Mediendom Kiel. Dessen Kuppel führt euch, ähnlich wie in einem Kino, in den Weltraum, in die Natur oder in die Vergangenheit. Der Höhepunkt eures Aufenthaltes beginnt nach einer weiteren Übernachtung. Das Projekt „Beach & Music" macht euch zu Musikproduzenten! Egal ob Pop, Rock oder Volksmusik – alles ist erlaubt. Ihr entscheidet in Gruppen, wie euer Lied am Ende klingen soll. Unterstützt von professionellen Musikern und Technikern entsteht so euer Song! Am letzten Tag produziert ihr eure gemeinsame CD, die bei einem abschließenden Grillabend allen Gästen vorgespielt wird.

	Pfunds	Kiel	Schwangau
Wo übernachten wir?			in Zelten
Was besichtigen/erleben wir dort?		Mediendom ...	
Wie kommen wir dorthin?	mit dem Bus		

4 a) Tauscht euch in gemischten Zweiergruppen über eure Ergebnisse aus. Ergänzt dabei Informationen zu den Reisezielen, die ihr nicht bearbeitet habt.
   b) Finde die genannten Orte auf einer geografischen Karte. Recherchiere auch die Dauer einer Anreise. Informiere die Klasse über deine Ergebnisse.
   c) Welches Ziel gefällt euch am besten? Begründet eure Wahl.

> In diesem Kapitel erfahrt ihr, wie ihr fair miteinander diskutiert und euren Standpunkt mündlich und schriftlich begründen könnt.

Wo soll es hingehen?
Über die Klassenfahrt diskutieren

Herr Meyer: Ich möchte mit euch heute darüber sprechen, wohin unsere Klassenfahrt gehen soll. Ihr habt euch ja in den letzten Tagen darüber informieren können und ich hoffe, dass wir ein gemeinsames Ziel finden!
Philipp: Ich finde, das Angebot von Pfunds hört sich gut an. Klettern, Rafting und Geocaching … was will man mehr? Außerdem finde ich es super, im Hotel zu wohnen.
Laura: Och nee, spinnst du? Auf so viel Action und Sport hab ich überhaupt keine Lust. Lieber entspannt im Zelt oder am Strand liegen und ausruhen.
Dennis: Dass du zu etwas Bewegung keine Lust hast, ist ja klar. Ein wenig Sport in der Natur würde dir ganz gut tun!
Jule: He! Das bringt uns nicht weiter! Sag uns doch lieber, wohin du …
Tom: Leute, ich bin für Schwangau. Schlösser sind cool.
Albana: Im Allgäu wohnt meine Oma. Ich mag sie sehr.
Laura: Das will doch jetzt keiner wissen!
Jule: Mensch Laura, lass doch Albana erzählen! Sie kennt die Gegend vielleicht von Besuchen bei ihrer Oma, oder Albana?
Albana: Ja, klar! Schloss Neuschwanstein sieht man von ihrem Haus aus. Aber leider bin ich dort noch nie gewesen.
Kristina: Gut, aber ich weiß, dass viele hier in der Klasse auch noch nie am Meer waren. Von daher denke ich, dass Kiel das perfekte Ziel ist.
Jan: Ich stimme Kristina zu. Ich war zwar schon am Meer, aber da ich in meiner Freizeit gerne Musik mache, hätte ich echt Bock auf das Musikprojekt.
Jimmy: Nee, bloß kein Gedudel! Und am Ende muss ich mir das auch noch von allen anhören. Ich denke, Pfunds bietet viel mehr. Beim Geocaching lernen wir mit Kompass, Karte und GPS umzugehen. Das bringt auch was für den Erdkundeunterricht, nicht wahr, Herr Meyer?
Kai: Jimmy, hör bloß mit dem Geschleime auf! Sonst …
Herr Meyer: So kommen wir nicht weiter! Ich breche die Diskussion an dieser Stelle ab. Jeder von euch gibt erst einmal seine Meinung schriftlich ab.

1 a) Lest das Gespräch mit verteilten Rollen.
  b) Herr Meyer muss die Diskussion in der Klasse abbrechen. Warum fällt er wohl diese Entscheidung? Begründet.

2 a) Es gibt Schüler, die mit ihren Beiträgen das Gespräch erschweren. Markiere die Stellen, die das Gespräch verzögern. Folie
b) Ordne diesen Stellen einen passenden Gesprächsblocker zu. Lies dazu den ersten Hinweis in der **INFO**.
c) Welche Schüler haben das Gespräch positiv gefördert? Finde im Text diese Gesprächsförderer und ordne sie dem zweiten Hinweis der **INFO** zu.

3 Wie könnte die Diskussion erfolgreicher verlaufen? Lies die Diskussion noch einmal gründlich durch und schreibe sie so um, dass es für alle Beteiligten ein faires Gespräch wird. Beachte dazu die Gesprächsförderer aus der **INFO**.

↪ Du kannst den folgenden Lückentext zu den Zeilen 1 bis 12 ergänzen.
Für sechs Lücken kannst du das Wortmaterial darunter nutzen.

Laura: Ich kann ..., Philipp, aber ich habe ... Lieber möchte ich ...
Dennis: Gut Laura, ..., aber denkst du nicht, dass ...
Jule: Dann sag uns doch, wohin du ...?
Tom: Leute, ich bin für Schwangau. Schlösser sind cool.
Jan: Tom, ..., dass du Jule unterbrichst. Lass sie doch ...
Tom: Entschuldige bitte, dass ich ... Was wolltest du sagen, Dennis?
Dennis: Schon in Ordnung, Tom. Also ich würde gerne ...

ich finde es nicht gut, dass ... – das ist deine Meinung – deine Ansicht verstehen – dir ins Wort gefallen bin – nicht so großes Interesse an Sport und Action

4 Lest euch gegenseitig eure Überarbeitungen vor. Beachtet dabei, ob die Diskussion nun ohne Gesprächsblocker abläuft.

5 ↪ a) Tausche dich mit einem Partner darüber aus, welche Regeln ihr selbst in der Klasse einhalten solltet, wenn ihr miteinander diskutiert.
b) Einigt euch auf fünf wichtige Regeln. Gestaltet mit ihnen ein Klassenplakat.

ℹ️ INFO

Was sind Gesprächsblocker und Gesprächsförderer?
1. **Gesprächsblocker erschweren** ein Gespräch. Dies geschieht, wenn du ...
   – die Beiträge der anderen abwertest,
   – den anderen ins Wort fällst,
   – nicht auf die Redebeiträge eingehst,
   – den anderen beleidigst oder bedrohst.
2. **Gesprächsförderer** tragen dazu bei, **gemeinsam** eine **Lösung** zu finden. Dies geschieht, wenn du ...
   – den anderen in seiner Meinung unterstützt,
   – den anderen ausreden lässt,
   – auf den Redebeitrag des anderen eingehst und ihn ergänzt,
   – höflich mit anderen umgehst,
   – dem anderen Mut machst.

Einen Standpunkt schriftlich begründen

> Ich möchte nach Pfunds, weil ich gerne wandere.
> — Lisa

> Ich war schon einmal in Pfunds zum Skifahren. Mein Papa hat sich da ein Bein gebrochen.
> — Evi

> Das Angebot von Pfunds hat mich überzeugt, da wir dort viel Neues kennenlernen und erleben. Klettern lernt man nicht einfach so. Hier bekommen wir eine Einweisung von Profis!
> — Philipp

1 Herr Meyer bittet die Klasse, ihr Wunschziel für die Klassenfahrt aufzuschreiben und zu begründen.
    a) Lest die Zettel der Schüler oben. Was ist ihr Wunsch (= ihre Meinung)?
    b) Welche Äußerung überzeugt euch, welche weniger? Begründet.
    c) Besprecht: Was sollte man beachten, wenn man andere von der eigenen Meinung überzeugen will?
    d) Vergleicht eure Überlegungen mit den Hinweisen 1 und 2 im **TIPP** auf Seite 13.
M   **e)** Lest im **TIPP** auf Seite 13 auch die Hinweise 3 und 4. Erklärt dann einem Partner, was ein Argument ist und wie man es überzeugend zusammenstellt.

2 Überprüft in Partnerarbeit weitere Äußerungen der Schüler zu ihrem Wunschziel. Wählt eure Aufgabe:

G   **a)** Lest unten die Äußerungen der Schüler.
    b) Stellt mithilfe der Hinweise 1 und 2 im **TIPP** auf Seite 13 fest, ob die Schüler jeweils ihre Meinung genannt und diese auch begründet haben. Unterstreicht dazu die Meinung rot und die Begründung grün.

Folie

> Ich habe noch nie eine Raftingtour gemacht, deshalb würde ich gerne nach Pfunds fahren.
> — Jimmy

> Ich übernachte nicht gerne im Zelt.
> — Kai

> Ich bin für Schwangau, weil ich mal mit einer Seilbahn fahren möchte.
> — Tom

> Stellt euch vor, jemand stürzt beim Klettern ab!
> — Betty

    c) Übernehmt die Tabelle und füllt sie mithilfe eurer Markierungen aus. Orientiert euch am Beispiel von Lisa (s. dazu den Zettel oben).

	Lisa	Jimmy	Kai	Tom	Betty
Meinung (Was will die Person?)	Sie möchte nach Pfunds.	...	...	...	...
Begründung (Warum will sie das?)	Sie geht gerne wandern.	...	...	...	...

d) Wie überzeugend fandet ihr die Äußerungen? Verteilt Überzeugungspunkte: 5 Punkte = sehr überzeugend; 0 Punkte = überhaupt nicht überzeugend.
e) Verbessert in eurer Tabelle die Äußerungen, die euch nicht überzeugt haben oder unvollständig sind.

M a) Stellt mithilfe des **TIPPs** fest, ob die Argumente auf den Zetteln unten vollständig sind.

> Mich interessiert Kiel am meisten, weil ich noch nie am Meer gewesen bin. Bisher war ich nur einmal am Bodensee. So können wir auch einmal die Ostsee sehen. — Jan

> Auf keinen Fall schlafe ich im Zelt! Das ist mir viel zu kalt! — Ronja

> Ich will ins Planetarium! — Max

> Ich würde gerne nach Schwangau fahren, da man dort viele interessante Sehenswürdigkeiten besuchen kann, zum Beispiel Schloss Neuschwanstein. — Albana

b) Übernehmt die Tabelle in euer Heft und füllt sie entsprechend aus. Orientiert euch am Beispiel von Philip (s. dazu den Zettel auf Seite 12 oben)

Argument	Philipp	Jan	Ronja	Max	Albana
Meinung (Was will die Person?)	Er möchte nach Pfunds.				
Begründung (Warum will sie das?)	Man lernt dort viel Neues.				
Beispiel (Womit veranschaulicht sie die Begründung?)	Es gibt von Profis eine Einweisung im Klettern.				

c) Wie überzeugend fandet ihr die Argumente? Verteilt Überzeugungspunkte: 5 Punkte = sehr überzeugend; 0 Punkte = überhaupt nicht überzeugend.
d) Verbessert die unvollständigen oder nicht überzeugenden Argumente.

💡 TIPP

So überzeugst du andere von deiner Meinung:
1. Wenn du deine **Meinung** äußerst, gibst du an, wie du bestimmte Dinge beurteilst oder was du gerne möchtest: *Ich möchte nach Schwangau fahren.*
2. Damit man deine Meinung nachvollziehen kann und deinem Wunsch entspricht, muss man sie verstehen können. Deshalb ist es wichtig, dass du deine Meinung **begründest**: *Ich möchte nach Schwangau fahren, weil man dort viele Sehenswürdigkeiten besuchen kann.*
3. **M** Nenne dazu ein konkretes **Beispiel**. Dadurch wirkt deine Begründung anschaulicher und überzeugender:
   Ich möchte nach Schwangau fahren, weil man dort viele Sehenswürdigkeiten besuchen kann. Schloss Neuschwanstein ist z. B. berühmt für seine Grotte und den Thronsaal und damit absolut sehenswert!
4. **M** Eine Meinung mit Begründung und Beispiel nennt man **Argument**.

Was machen wir in Pfunds? – Ein Streitgespräch führen

Die Klasse 7b hat sich für Pfunds in Österreich als Ziel für die Klassenfahrt entschieden. Doch über einen Programmpunkt gibt es Unstimmigkeiten.

Auf gar keinen Fall mach ich da mit! Diese Tour ist sehr gefährlich. Meine Cousine ist letztes Jahr bei so etwas aus dem Boot gefallen. Gut, dass sie eine Weste anhatte!

Das würde ich gerne erleben, weil man sowas hier nicht machen kann. Auf dem Neckar kann man höchstens Kanu fahren.

1 a) Lest die Sprechblasen. Worüber unterhalten sich die Schüler? Beachtet dabei auch das Foto.
b) Welche Meinung vertreten die beiden Schüler? Notiert sie an der Tafel.
c) Welcher Meinung würdet ihr euch anschließen? Gebt mit Handzeichen an, welche Meinung ihr vertretet.

2 Lest den **TIPP**. Besprecht, was ein Streitgespräch ist und wie es abläuft.

💡 TIPP

So führt ihr ein Streitgespräch:
Bei einem Streitgespräch klärt ihr, was für oder gegen einen Vorschlag spricht. Dazu stellen die **Befürworter** und die **Gegner** abwechselnd ihre Begründungen dar, um die **andere Seite** von der eigenen Meinung zu **überzeugen**:
1. Notiert an der Tafel den Vorschlag, den ihr klären wollt.
2. Bildet zwei Gruppen: Eine ist für den Vorschlag, die andere ist dagegen.
3. Erstellt Meldekarten. Lest dazu die **INFO** auf Seite 15.
4. Wählt einen Gesprächsleiter. Er eröffnet das Gespräch mit einigen Sätzen (Worum geht es?) und leitet es (Wer spricht als Nächstes? Bleiben alle beim Thema? Wie ist der Stand?).
5. Die beiden Gruppen verteidigen nun abwechselnd ihre Meinung. Nutzt dazu eure Meldekarten. Legt sie weg, wenn ihr eure Begründung genannt habt.
6. Führt am Ende des Streitgesprächs eine Abstimmung durch.

3 Bereitet in der Klasse ein Streitgespräch vor, ob ihr in Pfunds eine Raftingtour machen wollt:
a) Entscheidet, ob ihr **für** oder **gegen** eine Raftingtour seid. Bildet dann entsprechende Kleingruppen.
b) Erstellt Meldekarten zu eurer Meinung. Geht vor, wie in der INFO beschrieben.

4 a) Klärt, welche Gesprächsregeln ihr besonders beachten wollt. Sammelt sie an der Tafel.
b) Bestimmt zwei Gesprächsbeobachter, die während eures Streitgesprächs das Einhalten der Gesprächsregeln beachten.
c) Führt nun das Streitgespräch, wie im TIPP auf Seite 14 beschrieben.

5 Wertet euer Streitgespräch aus:
a) Die Gesprächsbeobachter geben darüber Rückmeldung, ob und wie die Gesprächsregeln beachtet wurden. Ergänzt sie mit eigenen Beobachtungen.
b) Hat sich das Abstimmungsergebnis verändert? Wenn ja, woran könnte das liegen?
c) Sprecht darüber, welche Begründungen euch besonders überzeugt haben.
d) Wenn ihr im Streitgespräch zu keinem Ergebnis gekommen seid, klärt die Gründe.
e) ↪ Sammle Vorschläge, was beim nächsten Streitgespräch besser ablaufen kann. Stelle deine Ideen in der Klasse vor.

ℹ️ INFO

Meldekarten
1. Jedes Gruppenmitglied fertigt drei Meldekarten an, auf die es jeweils eine Begründung (mit Beispiel M) schreibt.
2. Vergleicht und besprecht eure Ergebnisse. Sortiert Karten mit gleichen Inhalten aus, um dieselben Redebeiträge zu vermeiden.
3. Nach dem Redebeitrag legt der Sprecher seine Meldekarte vor sich auf den Tisch.
4. Am Ende des Streitgesprächs muss jeder mindestens eine Karte abgelegt haben.

Einwände berücksichtigen und entkräften

Herr Meyer: Liebe Eltern, Ihre Kinder haben sich gemeinsam dafür entschieden, dass die Klassenfahrt nach Pfunds in Österreich gehen soll. Sie haben ja sicher schon gehört, was dort auf dem Programm steht. Ich werde die Klasse gerne begleiten, wollte aber noch Ihre Meinung dazu hören.
5 **Frau Rieber:** Ich bin absolut dagegen. Diese ganzen Aktivitäten dort finde ich zu gefährlich! Was, wenn meinem Kai etwas passiert?
Frau Heyer: Ich stimme Frau Rieber zu. Ein Besuch im Schloss Neuschwanstein ist auch weitaus lehrreicher! Außerdem könnten sich die Kinder schnell erkälten, wenn sie sich nur draußen aufhalten. Ich kenne doch meinen Paul!
10 **Herr Brunk:** Das denke ich auch. Man muss auch bedenken, dass der Aufenthalt auf dem Campingplatz viel günstiger ist als die Busfahrt und das Hotel in Pfunds!
Herr Greis: Na, in der Klassenkasse ist doch genug drin. Gönnen Sie den Kindern etwas Spaß! Als wir in dem Alter waren, wollten wir auch Action, oder?
15 **Frau Schlager:** Ich bin trotzdem dagegen! Allein die Vorstellung, dass Betty sich in der Wildnis mit einem Kompass orientieren soll. Wie schnell können sich Kinder bei solchen Abenteuerspielen verlaufen. Nein, ich fühle mich viel wohler, wenn ich meine Betty an der Ostsee weiß. Die gute Luft und die Ruhe tun den Kindern gut.

1 a) Beim Elternabend der Klasse 7b wird über die Klassenfahrt diskutiert. Lest den Text in verteilten Rollen.
b) Könnt ihr die Vorbehalte der Eltern nachvollziehen? Begründet.
c) Die Eltern haben sogenannte Einwände vorgebracht. Lest dazu den **TIPP**.
d) Erklärt anhand des Bildes, was es bedeutet, einen Einwand zu entkräften.

> ### 💡 TIPP
>
> **So entkräftest du Einwände:**
> 1. Um andere von deiner Meinung zu überzeugen, musst du auch die Gegenseite beachten. Daher solltest du auf **Einwände** eingehen.
> 2. Ein Einwand ist eine Begründung, die gegen deinen Wunsch bzw. deine Meinung spricht.
> 3. **Entkräften** bedeutet, die Einwände der Gegenseite abzuschwächen. Dazu greifst du den Einwand auf und hebst die positive Seite deiner Meinung hervor:
> Beispiel: *Die Fahrt nach Pfunds ist zu teuer. Zelten in Schwangau ist günstiger. Uns ist klar, dass die Fahrt nach Pfunds etwas teurer ist als die nach Schwangau. Aber dafür sind wir im Jugendhotel trocken und sicher aufgehoben. Beim Zelten sind wir vom Wetter abhängig.*
> 4. Du kannst auch einen Vorschlag machen, um den Einwand zu entkräften: *Wenn wir in Pfunds auf das Rafting verzichten, können wir etwas Geld sparen.*

2 Entkräfte mögliche Einwände der Eltern gegen Pfunds. Wähle deine Aufgabe:

G a) Im linken Kasten findest du drei Einwände der Eltern. Im rechten Kasten stehen drei passende Entkräftungen. Ordne sie einander passend zu.

Folie

Einwände der Eltern:	So gehe ich auf die Einwände ein:
1. Sport und Action sind nicht für jeden etwas.	A Der Weg ist das Ziel. Außerdem machen wir ausreichend Pausen.
2. Die Kinder sollten überhaupt nicht auf Klassenfahrt gehen, sondern lieber in der Schule lernen!	B Auf einer Klassenfahrt kann man viele Sachen lernen, die in der Schule nicht im Unterricht behandelt werden.
3. Die Busfahrt dauert viel zu lange. Was ist, wenn Langeweile aufkommt oder die Kinder auf Toilette müssen?	C Es ist wichtig, neue Dinge kennenzulernen, um Erfahrungen zu sammeln.

b) Verbinde die Einwände mit den passenden Entkräftungen zu ganzen Sätzen.
Beispiel: Sicher haben sie recht, wenn Sie sagen, dass Sport und Action nicht für jeden etwas sind. Aber es ist wichtig …
c) Finde im Text auf Seite 16 einen weiteren Einwand und entkräfte ihn alleine.

M a) Markiere in dem Gespräch auf Seite 16 zwei Einwände der Eltern.
b) Übernimm die Tabelle und notiere darin deine markierten Einwände.

Folie

Einwände der Eltern:	So gehe ich auf die Einwände ein:
– Die Aktivitäten sind zu gefährlich.	Wir lernen von ausgebildeten Fachkräften, wie wir richtig klettern und raften. Wenn wir das berücksichtigen, kann nichts passieren.
– Pfunds ist nicht so lehrreich wie Schwangau	…

c) Überlege, wie du auf die Einwände der Eltern eingehen kannst. Ergänze dann die rechte Spalte der Tabelle mit einer passenden Entkräftung. Gehe vor wie im Beispiel oben.
d) Verbinde die Einwände und deren Entkräftung zu ganzen Sätzen.
Beispiel: Es stimmt schon, dass die Aktivitäten in Pfunds auf den ersten Blick nicht ganz ungefährlich sind. Ich möchte aber darauf hinweisen, dass wir vorher …
e) ↪ Benenne zwei weitere Einwände der Eltern aus dem Text und entkräfte sie.

3 Besprecht und vergleicht eure Ergebnisse in der Klasse. Prüft dabei, ob die Einwände nachvollziehbar entkräftet werden. Verbessert sie, wenn nötig.

Einen begründenden Brief schreiben

Notizzettel (gelb):
- Wir können Rafting ausprobieren.
- In den Bergen ist es schön.
- Beim Klettern lernen wir, einander zu helfen.
- Wir können abends in der Disco des Hotels feiern.
- Im Hotel wohnen wir sicher. Im Zelt werden wir vielleicht nass.

1 Du bist Klassensprecher der 7b und sollst einen Brief an die Eltern schreiben. Darin musst du sie davon überzeugen, euer Klassenfahrtsziel zu unterstützen. Wähle deine Aufgabe:

G **a)** Plane deinen Brief für die Klassenfahrt nach **Pfunds**:
- Mache dir den Aufbau eines begründenden Briefes klar. Lies dazu den **TIPP** auf Seite 19.
- Auf dem gelben Zettel findest du einige Begründungen. Prüfe, welche die Eltern überzeugen könnten. Verteile Überzeugungspunkte und wähle drei Begründungen aus.
- Überlege dir zu einer Begründung einen möglichen Einwand der Eltern und entkräfte ihn.
- Übernimm den Schreibplan und fülle ihn stichwortartig aus.

Schreibplan:	
1. An wen schreibe ich?	Eltern der Klasse 7b
2. Was ist mein Anliegen (Meinung)?	Klassenfahrt nach Pfunds
3. Welche drei Begründungen habe ich dafür?	…
4. Welchen Einwand könnte es geben?	zu hohe Kosten, gefährlich …
5. Wie entkräfte ich den Einwand?	…
6. Wie fasse ich mein Anliegen zusammen und bitte um Unterstützung?	…
7. Mit welcher Grußformel beende ich den Brief?	Mit freundlichen Grüßen

b) Schreibe nun einen Entwurf deines Briefes. Beachte dazu die Hinweise 2 bis 6 im **TIPP** auf Seite 19. Du kannst den Lückentext als Briefgerüst verwenden.

Anrede / Ort und Datum	Liebe Eltern, Horb, den 20. März 20..
Anliegen	nach einer ausführlichen Diskussion haben wir uns dafür entschieden, dass unsere nächste Klassenfahrt nach … gehen soll. In diesem Brief möchten wir Ihnen erklären, warum wir gerne dorthin fahren möchten.
Begründungen	In Pfunds können wir jede Menge interessante Aktivitäten in der Natur unternehmen. Das verspricht jede Menge Nervenkitzel. Außerdem haben wir dort die Möglichkeit …
Einwand und Entkräftung	Möglicherweise haben Sie nun Bedenken, dass … Aber wir können Ihnen versichern, dass …
Zusammenfassung	Wie Sie sehen, bietet Pfunds für uns viele interessante … Wir hoffen, wir konnten Sie von unserem gewählten Klassenfahrtsziel überzeugen, und bitten Sie, uns…

M a) Plane deinen Brief für die Klassenfahrt nach **Schwangau**:
– Mache dir den Aufbau eines begründenden Briefes klar. Lies den **TIPP**.
– Lege einen Notizzettel mit Begründungen und passenden Beispielen an, die eure Eltern überzeugen. Nutze deine Notizen zu Aufgabe **3** von Seite 8.
– Verteile Überzeugungspunkte und wähle drei Begründungen mit Beispiel aus.
– Welchen Einwand könnten die Eltern gegen die Fahrt nach Schwangau haben? Überlege, wie du ihn entkräften könntest.
– Übernimm den Schreibplan und fülle ihn stichwortartig aus.

Schreibplan:	
1. An wen schreibe ich?	Eltern der Klasse 7b
2. Was ist mein Anliegen (Meinung)?	Klassenfahrt nach Schwangau
3. Welche drei Begründungen mit Beispielen habe ich?	
4. Welchen Einwand könnte es geben?	
5. Wie entkräfte ich den Einwand?	
6. Wie fasse ich mein Anliegen zusammen und bitte um Unterstützung?	
7. Wie formuliere ich die Grußformel?	

b) Schreibe nun einen Entwurf deines Briefes. Auf Seite 18 findest du ein Beispiel für einen Brief, an dem du dich orientieren kannst.

2 Stell dir vor, die Klasse hätte sich für Kiel entschieden. Verfasse auch für dieses Reiseziel einen begründenden Brief mit überzeugenden Argumenten.

💡 TIPP

So schreibst du einen begründenden Brief:
1. Gliedere deinen Brief in einem Schreibplan:
   Einleitung: Nenne dein Anliegen (z. B. *Wir möchten eine Klassenfahrt nach Pfunds unternehmen*).
   Hauptteil: Führe drei Begründungen (mit passenden Beispielen M) auf. Beginne mit der schwächsten und ende mit der stärksten. Nenne dazu einen möglichen Einwand gegen dein Anliegen und entkräfte ihn.
   Schluss: Fasse dein Anliegen zusammen und bitte um Unterstützung.
2. Verbinde deine Sätze mit **Konjunktionen** (*da, weil, deshalb, daher …*).
3. Mache **Absätze** nach der Einleitung und jeder Begründung.
4. Beachte den **formalen Aufbau** eines Briefes (*Ort, Datum, Anrede, Grußformel, Unterschrift*): *Mit freundlichen Grüßen …*
5. Vermeide Umgangssprache. Schreibe **sachlich** und **höflich**.
6. Sprich Erwachsene mit „Sie" an. Die Anredepronomen schreibst du groß.

Einen begründenden Brief überarbeiten

1 Betty und Tom haben begründende Briefe geschrieben. Aber sind sie ihnen auch gelungen? Wähle deine Aufgabe:

Datum fehlt	Horb am Neckar
unpassende Anrede	Hey Muttis und Vatis,
Anliegen fehlt anders formulieren	es gibt Neuigkeiten zu unserer Klassenfahrt. In Pfunds erwartet uns ein wahnsinniges Programm, denn dort können
Begründung fehlt	wir Klettern und Abseilen in der Halle und im Fels ausprobieren. Uns allen macht es Spaß, uns auszutoben und etwas Neues auszuprobieren.
großschreiben Einwand genauer / höflicher erklären	Auch wenn sie meinen, dass die Fahrt dorthin nicht sinnvoll ist, finden wir das Ziel gut. Sie nerven uns doch immer damit, dass wir an die frische Luft sollen. Da sind wir dann den ganzen Tag. Sie müssen uns das einfach
Absatz fehlt, unsachlich	erlauben, sonst haben Sie nur noch schlecht gelaunte Kinder!
unpassende Grußformel	Servus Betty Schlager, Klassensprecherin der 7b

(Zeilen 5, 10)

G **a)** Lies Bettys Brief. Besprich dich anschließend mit einem Partner, wie er auf die Eltern wirken könnte.
b) In dem Brief sind die Stellen markiert, in denen Betty etwas unpassend formuliert oder vergessen hat. Übernimm die Tabelle. Ordne darin diese Textstellen den Punkten in der **CHECKLISTE** auf Seite 21 zu.
c) Notiere in der Tabelle Verbesserungsvorschläge für diese Textstellen.

Nr. der CHECKLISTE	Das muss überarbeitet werden:	Verbesserungsvorschläge:
5	Datum ergänzen	...
...	Anrede höflicher formulieren	Liebe Eltern
...	Anliegen der Klasse darstellen	Wir haben uns dafür entschieden, dass wir ...
...	umgangssprachliche Formulierung ändern	besonderes, sehr gutes ...
...	...	...

d) Vergleiche deine Ergebnisse mit denen eines Partners.
e) Überprüfe nun deinen Brief von Seite 18 anhand der **CHECKLISTE**. Überarbeite ihn dann entsprechend.

24.09.20..

Ort fehlt = 5
unpassende Anrede = 6
Anliegen fehlt = 1

Hochverehrte Mütter und Väter,

Schwangau bietet uns ein abwechslungsreiches Programm. Es geht schon damit los, dass wir im Zelt übernachten. Das finden wir super!
5 Auch auf das Wandern und die Rodelbahn freuen wir uns schon. Außerdem sind wir den ganzen Tag an der frischen Luft, so auch bei der Fahrradtour oder wenn wir die Stadtrallye durch Füssen machen. Das wollen sie doch immer! Ihr meckert ja auch ständig, dass wir uns zu wenig mit Geschichte und so beschäftigen. Da passt es ja, wenn wir
10 uns Schloss Neuschwanstein angucken. Wenn wir mit dem Zug dorthin fahren, tun wir auch noch was für die Umwelt und schonen den Geldbeutel. Sie müssen uns das einfach erlauben, sonst passen wir in Zukunft nicht mehr in der Schule auf!

Absatz fehlt
unsachlich

Pfüat euch, wie man in Bayern so sagt!
15 Tom Brunck, Klassensprecher der 7b

M a) Lies Toms Brief. Wie könnte er auf die Eltern wirken?
b) Markiere die Stellen im Text, die nicht gelungen sind. Ordne sie den Punkten in der CHECKLISTE zu. Setze dazu die Notizen am Rand fort.

Folie

→ Diese Zeilenangaben verraten dir ein paar Stellen, wo Tom den Text noch verbessern könnte und welche Punkte der CHECKLISTE er nicht beachtet hat:
Nr. 2 = Z. 5 / Nr. 3 = Z. 7-10 / Nr. 6 = Z. 8/9 und 14.

c) Notiere dir für die markierten Stellen Überarbeitungsvorschläge.
d) Überarbeite den Brief dann mithilfe deiner Überarbeitungsvorschläge. Schreibe ihn sauber in dein Heft.

2 Überarbeite nun deinen eigenen Brief von Seite 19 anhand der CHECKLISTE.

☑ CHECKLISTE

Einen begründenden Brief überarbeiten
1. Wird zu Beginn das **Anliegen** bzw. die Meinung dargestellt?
2. Gibt es **drei** überzeugende **Begründungen (mit Beispiel M)**?
3. Wird ein **Einwand** genannt und nachvollziehbar **entkräftet**?
4. Wird zum Schluss noch einmal das **Anliegen zusammengefasst** und um Unterstützung gebeten?
5. Wird die **Form eines Briefes** (Ort, Datum, Anrede …) eingehalten?
6. Gibt es **unpassende** oder **umgangssprachliche Formulierungen**?
7. Werden die Sätze mit **Konjunktionen** (da, weil, denn, damit …) verbunden?
8. Werden Erwachsene mit „Sie" angesprochen? Wird die **Höflichkeitsform** großgeschrieben?
9. Werden sinnvolle **Absätze** eingefügt?

G Kompetenz-Check: einen begründenden Brief schreiben

Eine Reise in die Hauptstadt des Schwarzwaldes

Am Fuße des Schwarzwaldes liegt Deutschlands kleinste Großstadt: Freiburg im Breisgau. Geprägt von einem mediterranen Klima erwarten euch Sonne, Wärme und viele Frei-
5 zeitmöglichkeiten. Nachdem ihr mit dem Reisebus angekommen seid, lernt ihr die ehemalige Hauptstadt Badens bei einer Stadtrallye kennen. Das Münster (eine große Kirche) und die bekannten Freiburger „Bächle" erwar-
10 ten euch. Den Schauinsland, den Hausberg Freiburgs, erkundet ihr am nächsten Tag per GPS – Geocaching. Von dort habt ihr einen herrlichen Blick über die Stadt, den Schwarzwald und die Vogesen (Mittelgebirge in
15 Frankreich). An einem Tag überschreitet ihr die Grenze zu Frankreich und lernt die Stadt Straßburg kennen. Der Höhepunkt wird aber sicher der Ausflug in den Europapark in Rust sein. Seine vielen Achterbahnen und Shows
20 versprechen einen spaßigen Aufenthalt. Auf nach Freiburg! Unsere Jugendherberge erwartet euch!

— Auf einer Stadtrallye Sehenswürdigkeiten Freiburgs erkunden.
— Beim Geocaching lernt man die Umgebung kennen.
— Das sonnige Klima in Freiburg ist sehr angenehm.
— Freizeitpark mit Achterbahnen bringt Spaß.

---

1 Eure Klasse möchte eine Klassenfahrt nach Freiburg unternehmen. In einem Brief sollst du die Eltern davon überzeugen, euch zu unterstützen. Plane deinen Brief:
a) Informiere dich mit dem Text über das Ziel. Markiere wichtige Stellen (Unterbringung, Programm, Anreise).
b) Prüfe, welche Begründungen auf dem gelben Zettel die Eltern überzeugen könnten. Verteile Überzeugungspunkte und wähle drei Begründungen aus.
c) Überlege dir zu einer Begründung einen möglichen Einwand der Eltern und entkräfte ihn.
d) Lege einen Schreibplan an und fülle ihn aus:

Schreibplan:	
1. An wen schreibe ich?	Eltern der Klasse …
2. Was ist mein Anliegen (Meinung)?	Klassenfahrt nach Freiburg …
3. Welche **drei** Begründungen habe ich dafür?	…
4. Welchen Einwand könnte es geben?	Europapark ist Freizeitvergnügen
5. Wie entkräfte ich den Einwand?	gemeinsamer Spaß stärkt Klassengemeinschaft
6. …	…

2 Schreibe einen Entwurf deines Briefes. Beachte den Aufbau eines Briefes (Ort, Datum, Anrede, Grußformel) und verbinde deine Sätze mit passenden Konjunktionen (*weil, da, denn* …). Schreibe in Präsens. So kannst du anfangen:

Liebe Eltern,
im letzten Klassenrat haben wir uns dafür entschieden, die nächste Klassenfahrt nach Freiburg im Breisgau zu unternehmen. Gerne möchten wir Ihnen genauer erklären, warum wir gerne dorthin fahren möchten. …

Kompetenz-Check: einen begründenden Brief schreiben

Eine Reise ins „Revier" – Das Ruhrgebiet

Im Westen Deutschlands, wo früher hauptsächlich Kohle abgebaut wurde, findet ihr neben berühmten Museen Sport, Action und Natur. Von der Jugendherberge in Essen aus startet ihr zum Beispiel zum UNESCO Weltkulturerbe Zeche Zollverein[1], wo ihr in die Geschichte des Ruhrgebietes eintaucht. Ebenfalls in Essen befindet sich eine berühmte Kunsthalle, das Museum Folkwang, das mit seiner abwechslungsreichen Ausstellung Jung und Alt begeistert. Dagegen bietet euch der Baldeneysee in der Nähe eurer Unterkunft Entspannung und Weitblick bei einer Ruhrtalfahrt vom Kupferdreh bis zum Mülheimer Wasserbahnhof. Da sich bei uns Großstadt an Großstadt reiht, habt ihr die Möglichkeit, in einem der größten Einkaufszentren Europas, dem CentrO in Oberhausen, zu bummeln oder das Sealife-Aquarium zu besuchen. Ein besonderes und einmaliges Erlebnis wird sicher der Besuch des Musicals „Starlight Express" in Bochum sein: Mit hoher Geschwindigkeit flitzen die Darsteller auf Rollschuhen an euch vorbei. Also: Egal, ob mit Bus oder Bahn – auf geht's in den „Pott".

[1] ehemaliges Bergwerk, das zum Museum umgebaut wurde

1 Du willst mit der Klasse eine Klassenfahrt ins Ruhrgebiet unternehmen. In einem Brief sollst du eure Eltern davon überzeugen, euch dabei zu unterstützen. Plane deinen Brief:
a) Lies zunächst den Text und markiere dir wichtige Stellen (Unterbringung, Programm, Anreise).
b) Lege einen Notizzettel mit Begründungen und passenden Beispielen an, die eure Eltern überzeugen.
c) Verteile Überzeugungspunkte und wähle drei Begründungen aus.
d) Welchen Einwand könnten die Eltern gegen die Fahrt ins Ruhrgebiet haben? Überlege, wie du ihn entkräften könntest.
e) Lege einen Schreibplan an und fülle ihn stichwortartig aus.

2 Schreibe einen Entwurf deines Briefes. Beachte dabei:
– Denke an den Aufbau eines Briefes.
– Verbinde deine Begründungen mit passenden Konjunktionen.
– Schreibe höflich und verwende das Präsens.

3 Überprüfe und überarbeite deinen Brief mithilfe der CHECKLISTE auf Seite 21. Schreibe ihn anschließend sauber in dein Heft.

Folie

Im Blickpunkt: Sprache betrachten

Sprechabsichten angemessen formulieren

1 a) „Der Ton macht die Musik." Diskutiert, was damit gemeint ist.
  b) Lest die Äußerungen unten vor. Achtet dabei auf eure Sprechweise.
  c) Entscheidet, ob es sich um eine Forderung oder eine Bitte handelt.
  d) Ordne die Antworten (1-6) den Äußerungen zu: „Ich will eine neue Hose haben." (A) ist eine Forderung. Dazu passt wahrscheinlich die Aussage ...
  e) Vergleicht eure Ergebnisse: Welche Äußerungen habt ihr zugeordnet?

A Ich will eine neue Hose haben!

B Kauf mir für die Fahrt eine neue Handykarte!

C Ich hätte gerne eine neue Hose, weil wir auf der Fahrt auch klettern werden.

D Könnte ich für die Klassenfahrt eine neue Hose haben?

E Ich brauche für die Fahrt noch Guthaben für mein Handy.

G Es wäre schön, wenn ich eine neue Handykarte hätte. Dann kann ich dich unterwegs anrufen.

1. Wozu brauchst du denn eine neue Hose?
2. Wen willst du denn anrufen?
3. Kauf sie dir doch von deinem Taschengeld!
4. Das kann ich verstehen, aber reicht dazu nicht auch eine Jeans?
5. Ich würde mich freuen, wenn du dich zwischendurch mal meldest.
6. Es ist mir egal, was du willst.

2 a) Formuliere aus den Stichpunkten höfliche Anfragen. Achte darauf, an wen sich die Wünsche richten (Klammer).

→ Du kannst diese Satzanfänge nutzen. Achte auf die passende Anrede:
Wir würden uns freuen, wenn ihr ... - Es wäre schön, wenn Sie ... - Könnten wir ...

A Flug von Stuttgart nach Kiel buchen (*Eltern an Lehrer*)
B Extrakosten für Ausflüge bezahlen (*Schüler an Eltern*)
C Fußbälle der Nachbarklasse ausleihen (*Schüler an Lehrer*)

b) ↪ Formuliere auch aus diesen Stichpunkten höfliche Anfragen.
D Anzahlung für Klassenfahrt überweisen (*Schüler an Eltern*)
E Telefonkette für den Notfall einrichten (*Eltern an Lehrer*)
F Anfragen, ob ein Elternteil als Begleitperson mitkommt (*Klassenlehrer an Eltern*)

c) Lest in der Klasse eure Formulierungen vor. Prüft, ob sie angemessen sind.

Im Blickpunkt: richtig schreiben

Sätze mit *dass*

A Ich befürchte, dass die Klassenfahrt nicht stattfinden kann.

B Ich habe die Befürchtung, dass wir den Zug verpassen.

1 a) Lest die Sätze oben. Worauf bezieht sich die Konjunktion „dass" jeweils? Stellt den Bezug mit einem Pfeil her.
 b) Lest die INFO und prüft, ob ihr die Pfeile richtig gesetzt habt.

2 a) Markiere in den Sätzen mit unterschiedlichen Farben die Verben und Nomen, auf die ein *dass* folgt.
 b) Verbinde die Konjunktion und das Verb bzw. das Nomen mit einem Pfeil.

1. Die Klasse wird informiert, dass sie bald eine Klassenfahrt unternehmen wird.
2. Die Schüler freuen sich, dass sie nach Kiel fahren.
3. Viele sind der Meinung, dass dies das beste Ziel sei.
4. Einige Schüler bedauern, dass sie dort nicht klettern können.

3 a) Schreibe die Sätze ab und setze für das (V) ein passendes Verb und für das (N) ein passendes Nomen ein, auf die sich *dass* jeweils bezieht.
1. Die (N), dass sich jemand langweilt, ist unbegründet.
2. Jule (V), dass sie ins Tonstudio gehen, um eine CD aufzunehmen.
3. Das (N) darüber, dass ihre Kinder fort sind, ängstigt die Eltern.
4. Tim (V), dass einige Heimweh haben werden.

→ Wähle aus dem folgenden Wortmaterial die passenden Verben und Nomen aus: **meinen – Sorge – glaubt – Wissen – hofft – sagen – freut sich**.

b) → Setze auch in die Sätze 5 bis 7 passende Nomen oder Verben ein.
5. Wir (?) uns, dass wir mit der Klasse auf einen Bauernhof fahren.
6. Einige Jungs haben (?), dass sie dort in einer Scheune übernachten.
7. Andere (?), dass sie Traktorfahren lernen wollen.

INFO

Die Konjunktion *dass* in Sätzen richtig gebrauchen
1. Die Konjunktion *dass* steht oft nach **Verben des Sagens** (*informieren, berichten, meinen ...*), **des Denkens** (*wissen, vermuten, glauben, annehmen ...*) und **des Fühlens** (*spüren, sich ärgern, bedauern*).
2. *Dass*-Sätze können auch von einem **Nomen** abhängig sein:
 Ich habe die Befürchtung, dass wir den Zug verpassen.
3. *Dass*-Sätze sind Nebensätze und damit Verbletztsätze. Sie werden durch ein Komma vom Hauptsatz abgetrennt: *Ich befürchte, dass wir den Bus verpassen.*
  Hauptsatz   Nebensatz

Im Blickpunkt: Lesen

Hannes fehlt
Ursula Wölfel

Sie hatten einen Schulausflug gemacht. Jetzt war es Abend, und sie wollten mit dem Autobus zur Stadt zurückfahren. Aber einer fehlte noch. Hannes fehlte. Der Lehrer merkte es, als er die Kinder
5 zählte.

„Weiß einer etwas von Hannes?", fragte der Lehrer. Aber keiner wusste etwas. Sie sagten: „Der kommt noch." Sie stiegen in den Bus und setzten sich auf ihre Plätze. „Wo habt ihr ihn zuletzt ge-
10 sehen?", fragte der Lehrer. „Wen?", fragten sie. „Den Hannes? Keine Ahnung. Irgendwo. Der wird schon kommen." Draußen war es jetzt kühl und windig, aber hier im Bus hatten sie es warm. Sie packten ihre letzten Butterbrote aus. Der Lehrer und der Busfahrer gingen die
15 Straße zurück.

Einer im Bus fragte: „War der Hannes überhaupt dabei? Den hab ich gar nicht gesehen."

„Ich auch nicht", sagte ein anderer. Aber morgens, als sie hier ausstiegen, hatte der Lehrer sie gezählt, und beim Mittagessen im Gasthaus hatte er sie wieder
20 gezählt, und dann noch einmal nach dem Geländespiel. Da war Hannes also noch bei ihnen. „Der ist immer so still", sagte einer. „Von dem merkt man gar nichts." „Komisch, dass er keinen Freund hat", sagte ein anderer, „ich weiß noch nicht einmal, wo er wohnt." Auch die anderen wussten das nicht. „Ist doch egal", sagten sie.

25 Der Lehrer und der Busfahrer gingen jetzt den Waldweg hinauf. Die Kinder sahen ihnen nach. „Wenn dem Hannes jetzt etwas passiert ist?", sagte einer. „Was soll dem passiert sein?", rief ein anderer. „Meinst du, den hätte die Wildsau gefressen?" Sie lachten. Sie fingen an, sich über die Angler am Fluss zu unterhalten, über den lustigen alten Mann auf dem Aussichtsturm und über das Gelän-
30 despiel. Mitten hinein fragte einer: „Vielleicht hat er sich verlaufen? Oder er hat sich den Fuß verstaucht und kann nicht weiter. Oder er ist bei den Kletterfelsen abgestürzt?" „Was du dir ausdenkst!", sagten die anderen.

Aber jetzt waren sie unruhig. Einige stiegen aus und liefen bis zum Waldrand und riefen nach Hannes. Unter den Bäumen war es schon ganz dunkel. Sie sa-
35 hen auch die beiden Männer nicht mehr. Sie froren und gingen zum Bus zurück. Keiner redete mehr. Sie sahen aus den Fenstern und warteten. In der Dämmerung war der Waldrand kaum noch zu erkennen. Dann kamen die Männer mit Hannes. Nichts war geschehen. Hannes hatte sich einen Stock geschnitten, und dabei war er hinter den anderen zurückgeblieben. Dann hatte er sich etwas ver-
40 laufen. Aber nun war er wieder da, nun saß er auf seinem Platz und kramte im Rucksack. Plötzlich sah er auf und fragte: „Warum seht ihr mich alle so an?" „Wir? Nur so", sagten sie.

Und einer rief: „Du hast ganz viele Sommersprossen auf der Nase!" Sie lachten alle, auch Hannes. Er sagte: „Die habe ich doch schon immer."

1 Erschließe den Text mit der **Lesemethode für erzählende Texte**. **Seite 298**

2 Kreuze an, welche Aktivitäten von den Schülern durchgeführt werden. **Folie**

    A Angeln □   E Wildschweinjagd □
    B Geländespiele □   F Verstecken spielen □
    C Mittagessen im Gasthaus □   G Geocaching □
    D Klettern auf Felsen □   H Floßfahrt □

3 Warum fehlt Hannes? Kreuze die Aussagen an, die nicht zutreffen. **Folie**

    I Hannes will seine Mitschüler ärgern und hat sich versteckt. □
    J Hannes hat sich verletzt und kann deshalb nicht mehr laufen. □
    K Hannes hat die Gruppe verloren und sich deshalb verlaufen. □
    L Hannes hat sich einen Stock geschnitzt. □

4 Beantworte die Fragen in ganzen Sätzen.

    M Wie verhalten sich die Schüler, als der Lehrer bemerkt, dass Hannes fehlt?
    N Wie fühlen sich die Mitschüler, als sie allein ohne Lehrer im Bus sind?
    O Warum bemerken die Schüler erst an diesem Tag die Sommersprossen von Hannes?

    → Die folgenden Zeilen helfen dir bei Frage M und N weiter:
    Z. 7-14, 16-33. So kannst du anfangen:
    M Die Klassenkameraden machen sich zuerst keine Sorgen um Hannes, da …
    N Die Schüler sind …, weil Hannes …

5 → Eine Schülerin meint: „Hannes hat doch selbst Schuld. Hätte er nicht so getrödelt, wäre es nicht zu diesem Zwischenfall gekommen." Nimm Stellung zu dieser Aussage. Begründe deine Meinung mithilfe des Textes.

6 Wie hat Hannes diesen Ausflug erlebt? Wähle deine Aufgabe: **Seite 62/63**

G Schreibe einen Tagebucheintrag aus der Sicht von Hannes. Schildere darin, was Hannes während des Ausflugs gemacht hat, als die anderen ihn gesucht haben. Berücksichtige dabei Hannes' Gedanken und Gefühle. Du kannst die Stichwörter im Kasten verwenden.

> Stock geschnitten – alle anderen sind auf einmal weg – verlaufen – etwas anderes entdeckt – Busfahrer und Lehrer kommen

M Schreibe einen inneren Monolog aus der Sicht von Hannes. Schildere darin, was Hannes vor oder während des Ausflugs macht. Wie fühlt er sich dabei?

7 a) Lest euch in gemischten Vierergruppen eure Tagebucheinträge bzw. eure inneren Monologe vor. Beachtet dabei, ob die Gedanken zu Hannes und seinen Erlebnissen passen.
    b) Wählt den gelungensten Text aus und lest ihn in der Klasse vor.

Für andere da sein

1 Für andere da sein – was heißt das eigentlich? Sprecht darüber.

2 a) Betrachtet die Abbildungen und beschreibt, was auf ihnen dargestellt ist.
b) Was denkt ihr, in welchen Situationen die Bilder entstanden sind?
c) Lest die Texte und findet heraus, welcher Text zu welchem Bild gehört.
d) Welche Aktivitäten, die im Text beschrieben werden, sind auf dem jeweiligen Bild dargestellt? Begründet eure Entscheidung mit einer passenden Textzeile.

 Folie

3 Welche Aufgaben erfüllen diese Organisationen? Werte Text A und B **oder** Text C und D aus. Markiere dazu passende Textstellen. Übernimm dann die Tabelle auf Seite 29 und ergänze darin die Organisationen und ihre Aufgaben.

→ In Text A sind bereits die passenden Textstellen zu den Aufgaben der Organisation markiert. Markiere auf die gleiche Weise passende Stellen in Text B.

A Jugendrotkreuz (JRK)

Anderen Menschen zu helfen, ist bei uns Programm. Ob medizinische Erstversorgung im Notfall oder professionelle Hilfe am Einsatzort – wir wissen, was im Ernstfall zu tun ist.
5 Außerdem unterstützen wir Kinder und Jugendliche in Notlagen, wie zum Beispiel bei längeren Krankenhausaufenthalten. In diesen Situationen sind wir mit verschiedenen Hilfsprojekten für sie da.
10 Hast du Lust, in dieser Gemeinschaft dabei zu sein und dich sozial zu engagieren? Dann werde auch du ein Mitglied des Jugendrotkreuzes, dem Jugendverband des Deutschen Roten Kreuzes!

B DLRG-Jugend

Beim Jugendverband der Deutschen-Lebens-Rettungs-Gesellschaft steht ganz klar das Schwimmen im Mittelpunkt aller Aktivitäten, da dies für die Wasserrettung unverzichtbar
5 ist. Dazu gehören viele verschiedene Bereiche, wie zum Beispiel der Rettungswachdienst oder der Rettungseinsatz bei Überschwemmungen. Auch das Einsatztauchen und das Helfen vom Boot aus gehören zu unseren Aufgaben.
10 Ist Wasser auch dein Element? Dann bist du beim DLRG genau richtig!

C BUNDjugend

„Es geht um unsere Zukunft und die nehmen wir selbst in die Hand." Die BUNDjugend macht sich mit Worten und Taten für die Umwelt stark. Es handelt sich dabei um die
5 Jugendorganisation des Bundes für Umwelt und Naturschutz Deutschland (BUND). Daher ist der Umweltschutz das zentrale Thema bei dieser Organisation. Hierfür setzt sie sich mit kreativen Projekten und politischen Ak-
10 tionen, beispielsweise Demonstrationen und Aktionen rund um den Klimawandel, ein. Engagierst du dich gern für die Umwelt und dafür, dass die Lebensräume für Menschen, Tiere und Pflanzen erhalten bleiben? Dann
15 komm zur BUNDjugend und mach mit!

D THW-Jugend

Unter dem Motto „spielend helfen lernen" können Mädchen und Jungen im Alter von 6 bis 18 Jahren im Jugendverband des Technischen Hilfswerks Mitglied werden.
5 Hier werden die Jugendlichen darauf vorbereitet, anderen mit Technik und Sachverstand zu helfen. Sie kommen daher bei Großveranstaltungen, wie z. B. Sportevents, zum Einsatz, aber auch bei Unglücksfällen, bei denen
10 es wichtig ist, im Team zu arbeiten und den Überblick zu bewahren.
Bist du teamfähig, technisch interessiert und möchtest du anderen helfen? Dann unterstütze uns bei der THW-Jugend!

Hilfsorganisationen und ihre Aufgaben

Organisation	Aufgaben
THW-Jugend	leisten technische Hilfe bei …
…	

4 a) Sucht euch einen Partner, der die beiden anderen Texte bearbeitet hat. Tauscht euch aus und ergänzt die Ergebnisse eures Partners in der Tabelle.
b) Bei welcher Organisation würdest du gern mitmachen? Begründe.

In diesem Kapitel informierst du dich mithilfe von Sachtexten über Hilfsorganisationen. Dabei lernst du, wie du selbst einen informierenden Text über eine dieser Organisationen verfasst und damit andere zum Mitmachen aufforderst.

Informationen sammeln und ergänzen

1 Oben seht ihr die Logos verschiedener Organisationen. Was wisst ihr bereits über sie? Tauscht euch darüber aus.

2 Wähle eine Organisation aus und informiere dich über sie mithilfe einer Internetrecherche:
a) Was willst du über diese Organisation wissen? In der Tabelle findest du in der linken Spalte bereits vier W-Fragen, mit denen du dich gezielt informieren kannst. Übernimm die Tabelle und ergänze sie um drei weitere Fragen.

Meine Fragen zur/zum ...	Stichworte für Internetrecherche:
1. Welche Aufgaben haben die Mitglieder?	Name der Organisation + Aufgaben
2. Welches Ziel verfolgt die Organisation?	... + Ziele
3. Wie wird man Mitglied?	... + Mitgliedschaft
4. Wann wurde die Organisation gegründet?	... + ...
5. ...	...

b) Formuliere in der rechten Spalte mithilfe deiner Fragen Stichworte für deine Suche im Internet. Orientiere dich an den vorgegebenen Beispielen.
c) ↪ Ergänze in der Tabelle drei weitere Fragen mit passenden Stichworten.
d) Finde nun Antworten auf deine Fragen im Internet. Gehe vor, wie im **TIPP** beschrieben.
e) Suche dir einen Partner, der zu der gleichen Organisation recherchiert hat. Vergleicht und ergänzt eure Ergebnisse.

> 💡 **TIPP**
>
> **So findest du Informationen im Internet:**
> 1. Notiere dir zu deinen Fragen passende Stichworte für die Internetrecherche: *Wie viele Mitglieder hat der NABU? → NABU + Mitgliederzahl*
> 2. Öffne die Startseite einer Suchmaschine: *www.google.de, www.bing.de, ...*
> 3. Gib in das Suchfeld deine Stichworte ein: *NABU, NABU + Aufgaben, ...*
> 4. Überfliege die Texte und entscheide, ob sie die gesuchten Informationen liefern und verständlich sind. Halte geeignete Informationen stichwortartig fest.

Seite 273

Jugendfeuerwehr – Informationen aus verschiedenen Texten ermitteln

1 Informiere dich anhand der Texte A und B genauer über die Jugendfeuerwehr.
  a) Übernimm die Tabelle. Mache dir klar, was du in Erfahrung bringen sollst.

Fragen zur Jugendfeuerwehr	Text A	Text B
1. Welche Einsatzmöglichkeiten gibt es?	Stadtteilfeste, … Z. 8	
2. Was wird den Jugendlichen beigebracht?	…, Z. …	… Z. 5/6
3. Was unternehmen die Jugendlichen noch?		
4. Welche Voraussetzungen müssen die Jugendlichen mitbringen?		
5. Ab wann darf man mit zum Einsatz?		

  b) Lies nun die Texte gründlich durch. Markiere dabei die Antworten auf die Fragen in der Tabelle. Beachte den **TIPP** auf Seite 32.

  Folie

  c) Trage die Informationen und die Zeile, in der du sie gefunden hast, in die passenden Spalten ein. Zum Teil sind die Informationen in beiden Texten zu finden.
  d) ↪ Ergänze die Tabelle mit diesen Fragen und beantworte sie und die anderen Fragen mithilfe von Text C auf Seite 32: Wie viele Mitglieder hat die DJF? Wie hoch ist der Anteil der Mädchen? Wann und wo wurde sie gegründet?

2 Tauscht euch in der Klasse über eure Ergebnisse aus. Verbessert oder ergänzt eure Tabelle, wenn nötig.

A (K)ein Spiel mit dem Feuer
Von Inka Strunk

„Die roten Autos und Uniformen und die ganze Spannung rund ums Feuer und Löschen, das lockt die meisten am Anfang an", meint Jugendfeuerwehrwart René Schubert von der Gruppe Horst Eiberg. 14 Kids trainieren bei ihm das Organisieren von Löscheinsätzen, den Umgang mit dem Material und Verhaltensweisen
5 für den Ernstfall. „Bei uns wird alles im Team gemacht, jeder darf alle Aufgaben mal ausprobieren", erklärt Schubert. Natürlich kommen die Jugendlichen in richtigen Einsätzen wegen der zu großen Gefahr nicht zum Zug. Stattdessen führen sie auf Stadtteilfesten und bei Leistungswettkämpfen zwischen den einzelnen Jugendgruppen ihr Können vor. „Natürlich gibt es nicht nur Übungen
10 und Theorie, auch bei uns steht der Spaß im Mittelpunkt", so René Schubert. Die Hälfte der Zeit wird zum Fußballspielen und Quasseln genutzt. Besondere Highlights sind Radtouren, Zeltlager oder Kirmesbesuche. Für die meisten Mitglieder ist die Jugendfeuerwehr einfach ein cooles Hobby, für andere sogar ein Weg zum Traumberuf. „Es sind schon einige später zur Berufsfeuerwehr gegan-
15 gen", erzählt René Schubert. Wer nicht ganz hoch hinauswill, kann später in der Freiwilligen Feuerwehr bei „echten" Einsätzen mitmachen.

Welche Einsatzmöglichkeiten gibt es?

B Wie wirst du Mitglied in der Jugendfeuerwehr?

Männliche und weibliche Jugendliche ab zehn Jahren können Mitglied bei der Jugendfeuerwehr werden. Der Aufnahmeantrag muss schriftlich mit Zustimmung der Eltern an die Jugendfeuerwehr gerichtet werden. Der Stadtbrandinspektor entscheidet dann über die Aufnahme. In der Jugendfeuerwehr üben die
5 Jugendlichen noch „trocken". Sie wissen, wie man mit der Ausrüstung umgeht und wie bei einem Löschangriff die Aufgaben verteilt werden. Aber zum echten Einsatz kommen sie erst, wenn sie Mitglied der Freiwilligen Feuerwehr sind. In Baden-Württemberg liegt das Eintrittsalter bei 17 Jahren.

Die Jugendfeuerwehr bietet aber noch vieles mehr als nur feuerwehrtechnischen
10 Unterricht, z. B. Sport, Basteln, Zeltlager und Wettkämpfe gegen andere Jugendfeuerwehren. Die Jugendgruppen treffen sich alle zwei Wochen zum Dienst.

C Die Jugendfeuerwehr: Daten und Fakten

Offiziell wurde die Deutsche Jugendfeuerwehr (DJF) am 31. Oktober 1964 in Berlin gegründet. Auf der Insel Föhr gibt es sie aber schon seit 1885. Die Jugendfeuerwehr ist Teil der Freiwilligen Feuerwehr. In den Jugendgruppen bereiten sich Jungen und Mädchen spielerisch auf die Aufgaben im Löschdienst vor. Hier
5 lernen sie Fahrzeug- und Gerätekunde, taktisches Verständnis, Grundlagen des Löschangriffs, Schläuche verlegen, Befehle erkennen, Erste Hilfe und Umweltschutz. Wer alles beherrscht, kann das Jugendleistungsabzeichen ablegen, später die Deutsche Leistungsspange. Dann darf er auch schon Einsätze mitfahren und erste Aufgaben im Einsatzdienst übernehmen.
10 Aktuell hat die Jugendfeuerwehr über 245 000 Mitglieder im Alter von 10 bis 17 Jahren. Wer denkt „Feuerwehr, das ist doch nur was für Jungs", der liegt weit daneben! Der Anteil der Mädchen nahm in den letzten Jahren weiter zu und liegt mit 60 000 weiblichen Mitgliedern bei ungefähr 25 Prozent.

3 Wäre die Jugendfeuerwehr auch etwas für dich? Begründe deine Meinung.

↪ Du kannst dieses Wortmaterial für deine Begründung nutzen:
Technik interessiert mich nicht – (keine) regelmäßige Teilnahme – Wochenenden verplant – Zeit investieren – keine Zeit für andere Hobbys oder Freunde – abwechslungsreiche Tätigkeiten – hineinschnuppern in einen Beruf

💡 TIPP

So ermittelst du Informationen aus unterschiedlichen Texten:
1. Suche im Text nur nach Informationen, die Antworten auf gestellte Fragen geben oder die laut Aufgabenstellung entnommen werden sollen. Markiere diese Textstellen: *Welche Einsatzmöglichkeiten gibt es? → ... Stattdessen führen sie auf Stadtteilfesten und bei Leistungswettkämpfen zwischen den einzelnen Jugendgruppen ihr Können vor.*
2. Verwende beim Markieren unterschiedliche Farben oder notiere am Rand, zu welcher Frage bzw. Aufgabe die Information gehört.
3. Halte deine Fragen und Antworten in einer Tabelle fest. Notiere darin, in welchem Text und in welcher Zeile du die Informationen gefunden hast.

Einen Informationstext schreiben

1 Informiere deine Mitschüler mit den gesammelten Informationen über die Jugendfeuerwehr und überzeuge sie in einem Text, dieser Organisation beizutreten. Lies dazu den **TIPP** auf Seite 34 und mache dir klar, was du beim Schreiben eines Informationstextes berücksichtigen musst. Wähle deine Aufgabe:

G **a)** Plane deinen Informationstext:
- Übernimm den Schreibplan. Mache dir darin stichwortartig Notizen zur Überschrift, zur Einleitung und zum Hauptteil. Nutze dazu deine Tabelle von Seite 31.
- Für wen könnte die Jugendfeuerwehr geeignet sein? Überlege dazu, welche Interessen und Fähigkeiten man haben sollte. Was sollte man bereit sein zu tun? Mache dir Notizen für den Schlussteil.

Schreibplan

Überschrift:	
Name der Organisation	Jugendfeuerwehr
Einleitung:	
– Was willst du mit diesem Text erreichen?	– informieren
– Was ist dein Ziel / dein Anliegen?	– Mitglieder finden
Hauptteil: (Informationen zur Organisation)	
– Welche Einsatzmöglichkeiten gibt es?	– auf Stadtteilfesten …
– Was wird den Jugendlichen beigebracht?	– Organisieren von Löscheinsätzen, Umgang mit Material, …
– Was unternehmen die Jugendlichen noch?	– Kirmesbesuche …
– Welche Voraussetzungen muss man haben?	– …
– …	
Schluss:	
Wem empfiehlst du die DJF und warum?	sportlichen Jugendlichen, …

b) Schreibe mithilfe deiner Vorarbeit den Informationstext. Du kannst dazu den Lückentext verwenden. Beachte die Hinweise 2–7 im **TIPP** auf Seite 34.

… – wäre das nicht auch etwas für dich?	Überschrift
Unsere … braucht … Bist du auf der Suche nach einem … Hobby? Möchtest du neue … kennenlernen und dabei etwas … tun? Wolltest du schon immer …? Bei uns kannst du all das … und dabei noch viel … lernen.	Einleitung
Ich möchte nun genauer darüber …, was dich … Bei der Jugendfeuerwehr lernst du, wie … Außerdem … Wenn du bei der Jugendfeuerwehr …	Hauptteil
Die DJF ist etwas für …, wenn du teamfähig und … bist. Ich würde es allen Jugendlichen empfehlen, die gerne …, weil … Auch wenn ihr Sport und … liebt, seid ihr bei uns richtig. Komm – mach mit! Wir … uns auf dich!	Schluss

M a) Plane deinen Informationstext:
- Lege mithilfe des ersten Hinweises im TIPP einen Schreibplan an.
- Mache dir stichwortartig Notizen zur Überschrift, zur Einleitung und zum Hauptteil. Nutze dazu deine Tabelle von Seite 31.
- Für wen könnte die Jugendfeuerwehr geeignet sein? Überlege, welche Interessen und Fähigkeiten man haben sollte. Mache dir Notizen für den Schluss.

b) Schreibe mithilfe deiner Vorarbeit den Informationstext. Beachte die Hinweise 2–7 im TIPP.

→ Du kannst diese Formulierungshilfen nutzen:
<u>Überschrift:</u> ... – mach mit! / ... – ist das auch etwas für dich?
<u>Einleitung:</u> Wolltest du schon immer ...? / Wusstest du, dass ... / Viele Leute wissen nicht, dass ... / Ich möchte euch die Jugendfeuerwehr vorstellen, da wir neue Mitglieder ...
<u>Schluss:</u> Wenn ihr ... mögt, passt ihr zur ..., weil ... / Die ... würde ich euch empfehlen, wenn ihr gerne ... / Falls du Mitglied bei der ... werden möchtest, solltest du wissen, dass ...

2 Tauscht eure Texte mit einem Partner und überprüft folgende Punkte:
- Weckt der Text Interesse an der Jugendfeuerwehr?
- Enthält der Text alle wichtigen Informationen?
- Ist der Text im Präsens geschrieben?
- Wird durchgängig eine Anredeform eingehalten (du/ihr)?
- Sind die Satzanfänge passend und abwechslungsreich?

💡 TIPP

So schreibst du einen Informationstext:

1. Lege einen Schreibplan an und sortiere darin die Informationen in einer sinnvollen Reihenfolge:
   Überschrift: Nenne den Namen der Organisation und wecke Interesse für sie: *Mit der Jugendfeuerwehr durchstarten und dabei Gutes tun.*
   Einleitung: Mache klar, warum du den Text schreibst. Erläutere hierbei dein Anliegen: *Aufmerksam machen auf die Organisation, Mitglieder finden ...*
   Hauptteil: Stelle die Informationen über die Organisation in einer sinnvollen Reihenfolge dar und erläutere sie.
   Schluss: Erkläre, warum und für wen diese Organisation interessant ist. Sprich eine Empfehlung aus, für wen sie deiner Meinung nach geeignet ist.
2. Gib die Informationen aus dem Sachtext **in eigenen Worten** wieder.
3. Verknüpfe deine Sätze abwechslungsreich mit passenden **Konjunktionen**: *denn, weil, obwohl, einerseits ... andererseits, dennoch, aber, ...*
4. Schreibe im **Präsens**.
5. Sprich deinen / deine **Adressaten** direkt an: *Wolltest <u>du</u> schon immer ... Hier lernt <u>ihr</u> ...* Entscheide dich für eine Anredeform und behalte sie bei.
6. Achte auf eine übersichtliche Darstellung. Füge dazu **Absätze** zwischen Einleitung, Hauptteil und Schluss ein.
7. Schreibe **sachlich** und vermeide Umgangssprache.

Seite 44/45

Texte und Diagramme auswerten

1 Mithilfe der Materialien A, B und C (Seite 35-37) lernst du Schulprojekte kennen, in denen sich Schüler für andere engagieren.
a) Wähle ein Projekt aus, mit dem du weiterarbeiten möchtest.

→ Verschaffe dir einen schnellen Überblick: Schau dir dazu Überschriften, fettgedruckte Wörter und das Bildmaterial zu allen Texten kurz an.

b) Erschließe den Text zu deinem Projekt mit der **Lesemethode für Sachtexte**. Arbeite danach mit den Aufgaben auf Seite 38 weiter.   Seite 298/299

A Streitschlichter: Helfen statt wegschauen

An vielen Schulen in Deutschland gibt es sie inzwischen: Streitschlichter. Das sind Schüler, die eingreifen, wenn ihre Mitschüler sich in die Haare kriegen, und das mit deutlich mehr Erfolg als Lehrer mit Strafarbeiten und Verweisen. Simon und
5 Monika sind zwei der Schüler, die sich an das Abenteuer „Streitschlichtung" gewagt haben.
Vor vier Jahren wollte Simon helfen, eine handgreifliche **Auseinandersetzung zu beenden**. Er wurde aber noch abgehalten – vom Gruppenzwang und von anderen Schülern, die sich
10 eine Prügelei ansehen wollten. Heute ist Simon 15 Jahre alt und geht in die 9. Klasse der Gesamtschule Fischbek. Heute kann ihn keiner mehr davon abhalten, **Streits zu verhindern oder zu schlichten**. Denn Simon ist Streitschlichter. Genauso wie seine Mitschülerin aus der Parallelklasse, Monika. Als Streitschlichter tragen die beiden **viel Ver-**
15 **antwortung**. Deshalb wurden sie zusammen mit zwölf Mitstreitern an zwei Wochenenden richtig ausgebildet. „Das erste Wochenende war der härteste Teil der Ausbildung", erzählt Simon, „da haben wir uns ganz viel unterhalten, über **Konflikte und Konfliktlösungen**." Beim zweiten Treffen mussten dann sogar Konflikte nachgespielt werden. Am Ende stand eine richtige **Prüfung im**
20 **Streitschlichten**.
Ganz nebenbei bringt so eine Ausbildung zum Streitschlichter auch **Vorteile für später**, z.B. wenn man sich für einen **Ausbildungsplatz** bewirbt.
Wenn Simon und Monika heute in ihren roten Streitschlichter-Pullis über den Pausenhof laufen, wissen sie genau, wie sie auf die streitenden Mitschüler zuge-
25 hen müssen. Sie haben gelernt, was sie sagen können, damit sich die erhitzten Gemüter wieder abkühlen. Besonders **wichtig ist dabei der Vertrag**, den die Streitschlichter zusammen mit den Streithähnen ausfüllen. Er beschreibt den Hergang des Streits und die Lösung, auf die alle sich geeinigt haben. „Und an diesen offiziellen Vertrag halten sich dann auch alle", meint Simon stolz.
30 Dass die Streitschlichter in Fischbek **schon seit Jahren gute Arbeit** leisten, merkt man: Viele Schüler kommen bei Streitigkeiten ganz von selbst zu den Schlichtern, um sich helfen zu lassen. Denn dass man den Streitschlichtern vertrauen kann, ist bekannt.
Einige Schüler haben das Konzept allerdings auch falsch verstanden: „Ein Mäd-
35 chen musste sogar ein Streitschlichterverbot kriegen. Die ist wirklich wegen

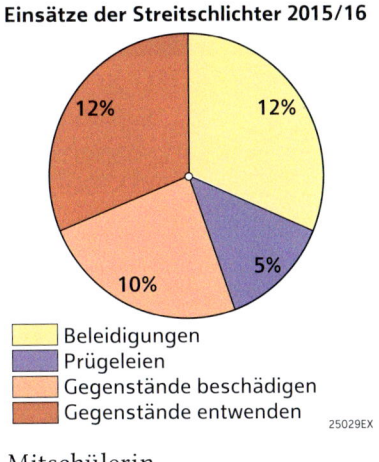

Einsätze der Streitschlichter 2015/16

- Beleidigungen: 12%
- Prügeleien: 5%
- Gegenstände beschädigen: 10%
- Gegenstände entwenden: 12%

jeder Kleinigkeit gekommen", erzählt Simon. Andere machen sich sogar einen Spaß daraus, Streits vorzutäuschen, um die Streitschlichter zu ärgern. Auch mit solchen Schwierigkeiten muss ein Streitschlichter klarkommen.

B Warum wir uns beim Schulsanitätsdienst engagieren

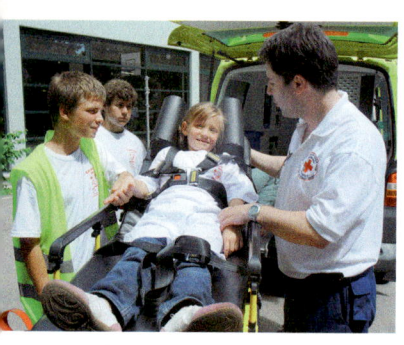

Warum machen wir beim Schulsanitätsdienst mit? Dafür gibt es sehr viele gute Gründe. Natürlich muss man zugeben, dass beispielsweise die **Dienstbekleidung** der Schulsanitäter etwas Besonderes ist. An diesem Punkt entscheidet sich, ob man ein wirklicher Schulsanitäter
5 ist, denn spätestens hier bemerkt man, dass es nicht nur cool aussieht, wenn man diese Jacke trägt, sondern dass man mit dem Anziehen der Dienstbekleidung auch ein **hohes Maß an Verantwortung** übernimmt.
Manch einer fühlt sich dem nicht gewachsen oder will eine solche
10 Verantwortung gar nicht übernehmen. Wir legen deshalb sehr viel Wert darauf, dass jedem Schulsani klar ist: Man kann viel **Spaß beim Schulsanitätsdienst** haben, und trotzdem übernimmt man eine wichtige Verantwortung, was im schlimmsten Fall heißt, dass man die Verantwortung für ein Menschenleben in seinen Händen hat. Allerdings ist diese Verantwortung
15 auch ein Grund dafür, dass viele Schüler Schulsanitäter werden wollen. Wir als Sanitäter haben die Möglichkeit, **Menschen zu helfen** oder vielleicht sogar Menschen **zu retten**. Ein guter Grund, um beim Schulsanitätsdienst mitzumachen. Weitere Gründe sind der Zusammenhalt untereinander und die vielen **Rotkreuzveranstaltungen**, auf denen man sehr viel Spaß hat. Dank des gu-
20 ten Materials, einer umfassenden Ausbildung und der richtigen Einstellung der Leute verlaufen die Einsätze meist reibungslos.
Die Vorstellung, dass bei einem Unfall jeder guckt, aber keiner handelt, ist für uns schrecklich. Wir wollen helfen und die **Initiative ergreifen**! Wir sind aber nicht nur Schulsanis geworden, um Pflaster zu kleben. So übernehmen wir Ver-
25 antwortung für unsere Mitschülerinnen und Mitschüler, für **unterschiedliche Dienste** (auf dem Schulhof, bei Sport- und Spielfesten der Schule, auf Schulwanderungen und Klassenfahrten) bis hin zur Verwaltung des Sanitätsmaterials in unserem **Schulsani-Raum**. Oft können wir auch brenzlige Situationen durch unsere Anwesenheit oder durch Gespräche entspannen. Damit tragen wir dazu
30 bei, Konflikte, die es in einer so großen Schulgemeinschaft nun einmal gibt, oft auf friedliche Art zu lösen. An unserer Schule gibt es heute **viel weniger Unfälle** und ganz selten muss ein Krankenwagen geholt werden. Darauf sind wir Schulsanis stolz!

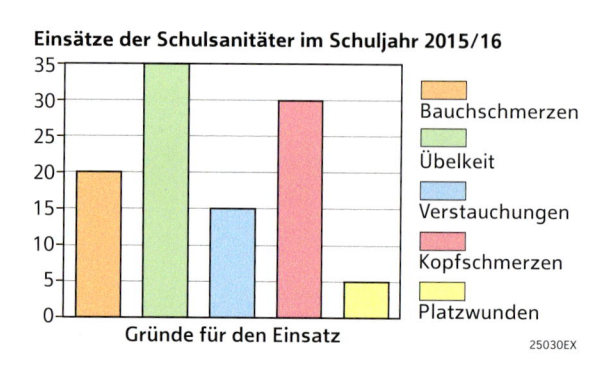

Einsätze der Schulsanitäter im Schuljahr 2015/16

- Bauchschmerzen: 20
- Übelkeit: 35
- Verstauchungen: 15
- Kopfschmerzen: 30
- Platzwunden: 5

Gründe für den Einsatz

25030EX

C Aktiv sein als Schulsportmentor

Seit einigen Jahren können sich Schüler der Klassen 7 oder 8 zu Schulsportmentoren ausbilden lassen. Damit können sie zum Beispiel in der Schule **Pausenaktivitäten** durchführen, bei der Vorbereitung und Durchführung sportlicher Wettkämpfe helfen oder die Sportlehrkräfte bei Arbeitsgemeinschaften unterstützen. Die **Ausbildung** erstreckt sich über ca. **24 Unterrichtseinheiten** im Laufe eines Schuljahres. Der erfolgreiche Abschluss wird mit einer Urkunde dokumentiert. 2014/2015 haben 12 500 Schüler diese **Qualifikation** erworben. Als einige Siebtklässler der Realschule in Donaueschingen ihre Urkunde erhielten, wurden die Mitschüler neugierig und befragten zwei der Ausgezeichneten. Simone und Andreas erzählten bereitwillig, was es mit der **Ausbildung zum Schulsportmentor** auf sich hat:

Andreas: Ich spiele aktiv Handball. Später würde ich gern selbst eine Mannschaft **betreuen und trainieren**. Als Schulsportmentor habe ich gelernt, worauf man als Trainer alles achten muss: von Kennenlernspielen, über richtige Aufwärmübungen bis zu den Spielregeln. Dabei ist es wichtig, immer das „Fair Play" im Auge zu behalten.

Simone: Obwohl ich in keinem Sportverein bin, hat mich die Ausbildung gereizt, denn ich habe einfach **Spaß an Bewegung**. Mir hat gefallen, dass ich verschiedene Sportarten ausprobieren konnte, z. B. Jonglieren oder Hip Hop.

Andreas: Es werden aber natürlich auch ernste Themen behandelt, z. B. wie sich **Unfälle vermeiden** lassen oder was zu tun ist bei Sportverletzungen. Dafür lernen wir Erste Hilfe.

Simone: Ich kann inzwischen beim Geräteturnen meine Sportlehrerin bei der Hilfestellung unterstützen. Plötzlich ist man **in einer ganz anderen Rolle**. Man muss Verantwortung für andere übernehmen. Träumen darf man dabei nicht.

Andreas: Ich arbeite mit unserem Sportlehrer an der Planung und Durchführung eines Fußballturniers für die Klassen 5 und 6. Dafür musste ich z. B. alle wichtigen **Schiedsrichterzeichen lernen**.

Simone: Am Ende unserer Ausbildung mussten wir in einer fünften Klasse eine kleine **Lehrprobe** abhalten. Da konnten wir zeigen, ob wir z. B. auf die richtige Aufwärmung achten, ob wir uns als Schulsportmentoren vorbildlich verhalten, wie wir **vor einer Gruppe sprechen** und wie wir mit Kindern umgehen. Jetzt bin ich richtig stolz, dass ich dem gewachsen war und freue mich auf meine neue Aufgabe: Ich werde selbstständig mit interessierten Schülern eine Zirkusnummer einstudieren, die wir bei der Aufnahmefeier der neuen Fünftklässler vorführen.

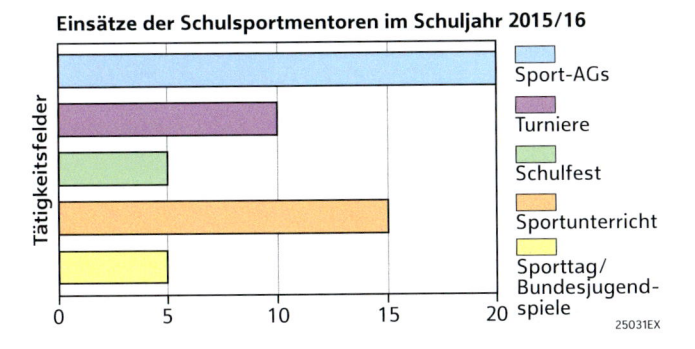

Einsätze der Schulsportmentoren im Schuljahr 2015/16

Tätigkeitsfelder	Anzahl
Sport-AGs	20
Turniere	10
Schulfest	5
Sportunterricht	15
Sporttag/Bundesjugendspiele	5

2 Beantworte mit deinem Text (A, B oder C) stichwortartig folgende Fragen:
- Welche Aufgaben haben die Helfer?
- Was erfährst du über die Ausbildung der Helfer?
- Welche Vorteile sehen die Helfer in ihrer Arbeit?
- Mit welchen Schwierigkeiten müssen die Helfer eventuell rechnen?

Seite 287/288

3 Das Diagramm liefert dir zusätzliche Informationen, die nicht im Text stehen. Lies die **INFO** auf Seite 287 und den **TIPP** auf Seite 288. Bearbeite dann deine Aufgabe:

G Entschlüssele dein Diagramm. Beantworte dazu die folgenden Fragen. Halte deine Antworten stichwortartig fest:
- Welche Art von Diagramm wurde verwendet (Balken-, Säulen- oder Kreisdiagramm)?
- Was ist im Diagramm dargestellt?
- In welchen Situationen kommen die Helfer zum Einsatz?
- Wobei wurden die Helfer am häufigsten gebraucht?
- Wobei wurden die Helfer am wenigsten gebraucht?
- Wie viele Einsätze gab es im angegebenen Schuljahr insgesamt?

M a) Entschlüssele dein Diagramm. Mache dir dazu stichwortartig Notizen.
b) Beschreibe das Diagramm in einem kurzen zusammenhängenden Text. Nutze dazu den **TIPP** auf Seite 289.

Seite 289

→ Du kannst diese Satzanfänge für deine Auswertung nutzen:
Das ... diagramm zeigt ... / informiert über ... und bezieht sich auf das Jahr ... - Die meisten / wenigsten Einsätze gibt es bei ... - In den Bereichen ... kommt es zu weniger / mehr / genauso viel Einsätzen. - Auffällig ist, dass ...

4 Vergleicht eure Notizen mit einem Partner, der dasselbe Projekt bearbeitet hat. Verbessert oder ergänzt Informationen, die euch noch fehlen.

5 Die SMV möchte, dass alle Schüler abstimmen, welches Projekt eingeführt werden soll. Deshalb sollst du einen Informationstext schreiben, in dem du deine Mitschüler über das Projekt informierst und sie dazu aufforderst, für dieses abzustimmen. Bereite deinen Text mithilfe eines Partners vor:
a) Überlegt euch, was euer Projekt interessant oder einzigartig macht, sodass andere Lust bekommen, daran teilzunehmen.
b) Überlegt euch eine Empfehlung, für wen dieses Projekt interessant sein könnte. Begründet eure Einschätzung.
c) Lege einen Schreibplan an (s. Hinweis 1 im **TIPP**, Seite 34) und mache dir mithilfe eurer Überlegungen und deiner Ergebnisse aus Aufgabe **2** und **3** Notizen.
d) Schreibe nun einen Informationstext über euer Projekt. Beachtet die Hinweise 2-7 im **TIPP** auf Seite 34.

6 ↪ Könntest du dir vorstellen, als Streitschlichter, als Schulsanitäter oder als Schulsportmentor für andere da zu sein? Nimm dazu Stellung, warum dieses Projekt für dich infrage kommen könnte oder auch nicht.

Für andere da sein | 3.22. Nichtlineare Texte auswerten

Einen Informationstext überarbeiten

1 Elias und Hanni haben zwei Informationstexte über Schulsportmentoren geschrieben. Aber sind sie ihnen auch gelungen? Untersuche und überarbeite den Text von Elias (**G**) unten oder den Text von Hanni (**M**) auf Seite 40.

Hey Leute!
Wir brauchen Schulsportmentoren, und zwar sofort! Du willst auch einmal im Sportunterricht mithelfen und beim Sporttag oder den Bundesjugendspielen Verantwortung übernehmen? Als Schulsportmentor hast
5 du dazu die Gelegenheit!
Vor dem Einsatz werden die Schulsportmentoren in 24 Unterrichtseinheiten ausgebildet. Das klingt hart, auch wenn man voll viel lernt. Der größte Teil der Ausbildung hat natürlich mit der Sportpraxis zu tun. Trotzdem machst du nicht nur Sport. Schulsportmentoren müssen sich
10 auch in Erster Hilfe auskennen. Sie lernten, wie man Unfälle vermeidet. Außerdem erfährst du, wie du die ganzen Aufgaben bewältigen kannst. Ach übrigens, du musst in der siebten oder achten Klasse sein. Eine Mitgliedschaft in einem Sportverein ist nicht unbedingt eine Voraussetzung. Doch wo und wie werden Schulsportmentoren eingesetzt? Viele
15 Aktionen der Mentoren fanden direkt in der Schule statt.
Als Schulsportmentor sollte man Bock darauf haben, Verantwortung zu übernehmen, und gut mit Kindern umgehen können, da beim Sport immer etwas passieren kann. Während der Ausbildung ist natürlich auch Durchhaltevermögen wichtig, da manche Themen echt nicht ganz easy
20 sind.
Wollt ihr auch an unserer Schule Schulsportmentoren haben? Willst du selbst die Ausbildung zum Schulsportmentor absolvieren? Dann stimmt für uns ab! Nur so kann es viele neue Sportveranstaltungen und Turniere an unserer Schule geben.

uninteressante Überschrift, Umgangssprache

unwichtig

Zeitform ungenau überflüssig

genauer, Zeitform Umgangssprache

Umgangssprache

abweichende Anredeform

G a) Lies den Text von Elias. Wie ist dein erster Eindruck?
b) Übernimm die Tabelle. Schreibe alle markierten Textstellen in die mittlere Spalte.

Nr. der Checkliste	Das muss überarbeitet werden:	Verbesserungsvorschlag:
1, 6	Hey Leute (Z. 1)	...
6	... (Z. 2)	Wir suchen gerade ...
...	Das klingt ...	streichen

c) Warum muss man diese Textstellen verbessern? Ordne ihnen die entsprechenden Punkte in der **CHECKLISTE** auf Seite 40 zu. Die Randnotizen helfen dir.
d) Notiere in der dritten Spalte eine verbesserte Formulierung. Ungenaue Textstellen kannst du mithilfe des Textes auf Seite 37 korrigieren.

Überschrift fehlt = ...	Wolltest du schon immer einmal einen Sporttag organisieren oder als Hilfslehrer im Sportunterricht Verantwortung übernehmen? Als Schulsportmentor ist das kein Problem!
	Die Ausbildung erstreckt sich über ca. 24 Unterrichtseinheiten im Laufe eines Schuljahres. Der erfolgreiche Abschluss wird mit einer Urkunde dokumentiert. Obwohl die Sportpraxis den größten Teil der Ausbildung umfasste, heißt das nicht, dass Schulsportmentoren nur Sport treiben. Sie müssen sich auch in Unfallverhütung und Erster Hilfe auskennen. Teilnehmen können Schüler aller Jahrgänge. Mitglied in einem Sportverein muss
konkrete Beispiele = 2	man nicht sein. Doch wo werden Schulsportmentoren eingesetzt? Häufig haben sie direkt in der Schule Aktionen angeboten. Sie können natürlich auch in Sportvereinen tätig werden.
	Wollt ihr Schulsportmentoren an unserer Schule haben? Willst du selbst die Ausbildung absolvieren? Dann stimmt für uns ab!
	Als Schulsportmentor sollte man mit Kindern umgehen können und Verantwortung übernehmen wollen. Auch Durchhaltevermögen während
anders ausdrücken = ...	der Ausbildung ist wichtig, da manche Themen nicht ganz easy sind.

(Zeilen: 5, 10, 15)

M

a) Informiere dich mithilfe des Textes und des Diagramms auf Seite 37 über Schulsportmentoren, wenn du dieses Material noch nicht bearbeitet hast.
b) Lies nun Hannis Brief. Wie ist dein erster Eindruck?
c) Auf welche Punkte der **CHECKLISTE** beziehen sich die Randnotizen?
d) Markiere weitere Stellen im Text, die nicht gelungen sind. Ordne sie den entsprechenden Punkten in der **CHECKLISTE** zu.

✎ Folie

→ Diese Zeilenangaben zeigen dir, wo Hanni den Text noch verbessern könnte und welche Punkte der CHECKLISTE sie nicht beachtet hat:
Zeile 8/9 = Nr. 2 I Zeile 4-6 = Nr. 5 I Zeile 7, 11 = Nr. 9 I Zeile 15-17 = 7 I Zeile 13 = 8.

e) Notiere dir für alle markierten Stellen Verbesserungsvorschläge.
f) Überarbeite nun Hannis Informationstext und schreibe ihn sauber auf.

☑ CHECKLISTE

Einen Informationstext überarbeiten
1. Wird in der Überschrift das Thema genannt? Weckt sie Interesse?
2. Gibt der Text alle wichtigen Informationen aus dem Sachtext und dem Diagramm (z. B. *Ziele, Tätigkeiten* ...) richtig wieder?
3. Gibt es unwichtige Informationen, die man weglassen sollte?
4. Wird erklärt, warum das Projekt wichtig ist und für wen es sich eignet?
5. Hast du in eigenen Worten formuliert?
6. Ist der Text sachlich und angemessen formuliert?
7. Sind die Informationen in einer sinnvollen Reihenfolge dargestellt?
8. Wird der Adressat (*deine Mitschüler*) direkt angesprochen? Wird durchgängig eine Anredeform eingehalten (*ihr, du, ...*)?
9. Ist der Text im Präsens geschrieben?

Kompetenz-Check: einen Informationstext schreiben

Im Jugendzentrum werden verschiedene Projekte, bei denen man sich für andere einsetzt, vorgestellt. Du bist selbst Teilnehmer des Projektes JUUS und suchst weitere interessierte Teilnehmer. Schreibe einen Informationstext, in dem du JUUS vorstellst und andere aufforderst, bei dem Projekt mitzumachen.

JUUS – Jugend für Umwelt und Sport

Klettern, Kanu fahren, Snowboarden, Radfahren – es gibt viele Sportarten, die uns in der freien Natur begeistern. Nicht immer laufen diese Vergnügungen jedoch im Einklang mit der Natur ab. Durch rücksichtsvolles, vorausschauendes Verhalten können Schäden an der Natur aber reduziert werden. An dieser Stelle
5 setzt JUUS an!
JUUS ist ein Gemeinschaftsprojekt der Deutschen Sportjugend (dsj) und der Naturschutzjugend (NAJU), das es seit Ende 2004 gibt. Durch verbandsübergreifende Arbeit sollen Jugendliche aus beiden Organisationen erreicht werden. Als Ergebnis eines Namenswettbewerbs steht die Kooperation unter dem Namen
10 JUUS - Jugend für Umwelt und Sport.
Die NAJU ist mit über 80 000 Mitgliedern die größte Naturschutzjugendvereinigung in Deutschland. Die Deutsche Sportjugend hat über 9,8 Millionen Mitglieder, die sich auf 90 000 verschiedene Sportvereine verteilen. In beiden Organisationen kann man bis zum 27. Lebensjahr Mitglied bleiben. Ziel ist in erster
15 Linie, die Jugendlichen für die jeweils andere Organisation und deren Themen zu sensibilisieren und gemeinsame Interessen aufzuzeigen. Darüber hinaus soll mit www.juus.de die Möglichkeit geschaffen werden, sich über die angesprochenen Themen zu informieren und Erfahrungen auszutauschen.
Sport und Umweltschutz ziehen heute vielfach an einem Strang. Sportler(innen)
20 wünschen sich eine für ihren Sport geeignete, „schöne" Umwelt und achten auf eine gesunde Ernährung. Umweltschützer(innen) haben Interesse an einer intakten[1] Natur und ökologisch[2] produzierten Lebensmitteln. Alle gemeinsam wollen, dass Spaß, Freude und Bewegung nicht zu kurz kommen. Das Projekt möchte möglichst viele engagierte Jugendliche zusammenbringen. Gemeinsam
25 wollen dsj und NAJU Sport und Umweltengagement praktisch in Einklang bringen. So beispielsweise bei der Aktion „Skaten in Lebus[3]": Entlang der Oder haben die 12- bis 16-jährigen JUUS-Teilnehmer an einigen Tagen Landschaft und Tierwelt in der Region um Lebus auf ihren Rollen erkundet. Sie ließen sich vom Hochwasser im Jahr 1997 und vom Deichbruch von 1947 berichten. Auch schau-
30 ten sie einem Imker über die Schulter; sie waren in der Behindertenwerkstatt in Gronenfelde und badeten in der alten Oder. Ergänzt werden diese praktischen Einheiten durch Theorieunterricht sowie Wahrnehmungsübungen in der Natur, zum Beispiel in Form von geführten Wanderungen oder der „Spurensuche" auf eigene Faust.
35 Ziel von JUUS ist es, neue jugendgerechte Wege in Sachen Umweltschutz zu gehen. Wie bei anderen Projekten der NAJU auch sollen Umweltfragen nicht über die Köpfe hinweg, sondern zusammen mit den Jugendlichen diskutiert und angegangen werden.

[1] unzerstört
[2] umweltfreundlich
[3] Ort in Brandenburg

G Kompetenz-Check

Folie

1 Plane deinen Informationstext:

a) Lies zunächst den Text auf Seite 41. Unterstreiche dabei die Antworten auf die W-Fragen, die du später für deinen Schreibplan brauchst.

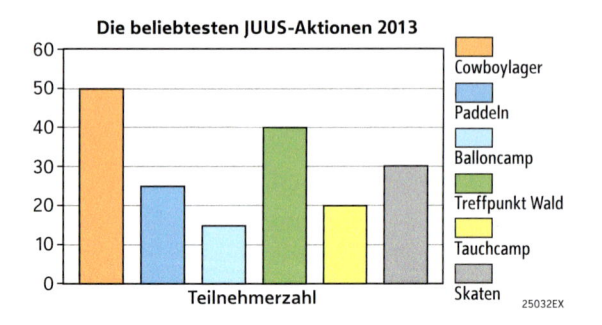

Die beliebtesten JUUS-Aktionen 2013
- Cowboylager
- Paddeln
- Balloncamp
- Treffpunkt Wald
- Tauchcamp
- Skaten

Teilnehmerzahl

b) Beantworte mithilfe des Diagramms folgende Fragen. Notiere die Informationen im Hauptteil deines Schreibplans:
- Was ist im Diagramm dargestellt?
- Wofür stehen die Farben der Säulen?
- Welche Aktionen waren am beliebtesten?
- Welche Aktion war am wenigsten gefragt?

c) Übernimm den Schreibplan und halte darin deine Notizen fest.

Schreibplan

Überschrift: Name der Organisation	
Einleitung: – Was willst du mit diesem Text erreichen? – Was ist dein Ziel / dein Anliegen?	– auf das Projekt aufmerksam machen – Teilnehmer ...
Hauptteil: (Informationen über das Projekt) – Welche Einsatzmöglichkeiten gibt es? – Was wird den Jugendlichen beigebracht? – Was unternehmen die Jugendlichen außerdem? – Welche Voraussetzungen muss man mitbringen?	
Schluss: Wem würdest du JUUS empfehlen und warum?	– kontaktfreudig – Interesse an ...

2 Verfasse mithilfe des Schreibplans deinen Informationstext. Beachte dabei:
- Verbinde deine Sätze abwechslungsreich (*denn, weil, außerdem ...*).
- Entscheide dich für eine Anredeform (*du/ihr*) und behalte sie bei.
- Schreibe im Präsens (*wir fahren, du musst*).
- Formuliere angemessen und sachlich.

Du kannst folgende Formulierungshilfen nutzen:
Überschrift: ... – mach mit! / ... – Ist das auch etwas für dich?
Einleitung: Wolltest du schon immer ... ? / Wusstest du schon, dass ... ? / Viele Leute wissen nicht, dass ... ?
Schluss: Wenn ihr ... mögt, passt ihr zur JUUS, weil ... / ... würde ich euch empfehlen, wenn ihr gerne ... / Falls du Teilnehmer bei JUUS werden möchtest, solltest du ...

3 a) Prüfe und überarbeite deinen Text mithilfe der **CHECKLISTE** auf Seite 40.
b) Schreibe deinen überarbeiteten Text noch einmal sauber ab.

Kompetenz-Check

1 Plane deinen Informationstext: **Folie**
   a) Lies den Text auf Seite 41 und unterstreiche die Antworten auf die W-Fragen, die du später für deinen Schreibplan brauchst.
   b) Werte das Diagramm aus und notiere dir die wichtigsten Informationen aus dem Diagramm stichwortartig.

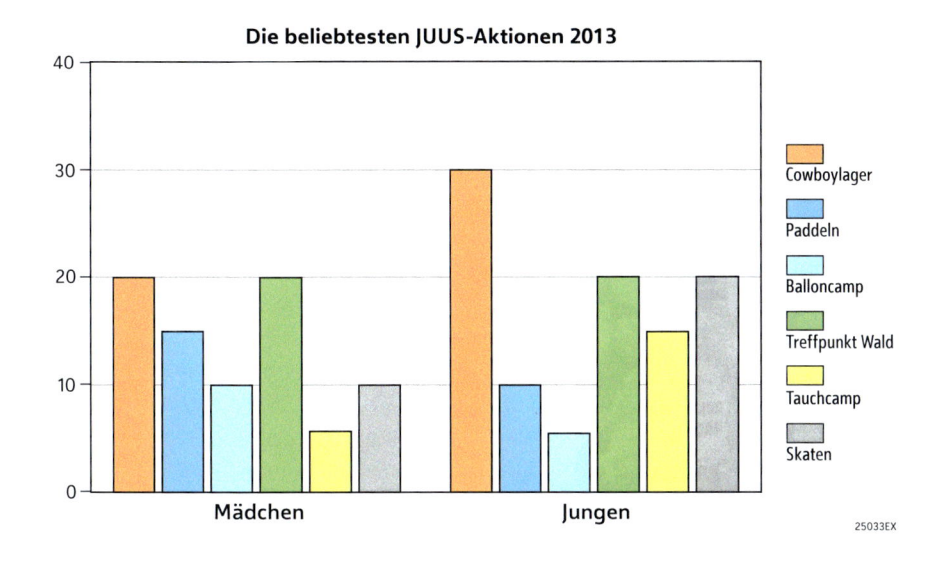

Die beliebtesten JUUS-Aktionen 2013

Aktion	Mädchen	Jungen
Cowboylager	20	30
Paddeln	15	10
Balloncamp	10	5
Treffpunkt Wald	20	20
Tauchcamp	5	15
Skaten	10	20

c) Lege dir einen Schreibplan mit den Informationen aus Text und Diagramm an. Mache dir darin Notizen zu folgenden Punkten:
   – Überschrift
   – Ziel / Anliegen des Informationstextes
   – Ziele, Unternehmungen, Einsatzmöglichkeiten und Voraussetzungen des Projekts
   – Wem empfiehlst du das Projekt und warum?

2 Verfasse mithilfe des Schreibplans deinen Informationstext. Beachte dabei:
   – Verbinde deine Sätze abwechslungsreich mit Konjunktionen.
   – Entscheide dich für eine Anredeform und behalte sie bei.
   – Schreibe im Präsens.
   – Formuliere angemessen und sachlich.

3 a) Prüfe und überarbeite deinen Text mithilfe der **CHECKLISTE** auf Seite 40.
   b) Schreibe deinen überarbeiteten Text noch einmal sauber ab.

Im Blickpunkt: Sprache betrachten
Konjunktionen verbinden Sätze

1 Mit Konjunktionen kannst du Sätze nicht nur abwechslungsreich verbinden. Lies dazu die **INFO** und bearbeite dann deine Aufgabe:

Folie

Seite 221

G a) Lies die Sätze über die Organisation *Amnesty International*.
b) Wähle jeweils eine passende Konjunktion aus der Klammer aus und markiere sie. Beachte dazu auch die **INFO** auf Seite 221.
c) Schreibe die Sätze in dein Heft und unterstreiche die Konjunktion.

(1) Amnesty International setzt sich weltweit für die Einhaltung der Menschenrechte ein, (*weil/obwohl*) diese nicht überall beachtet werden.
(2) Niemand darf wegen seiner Herkunft, seiner Religion oder seines Geschlechts benachteiligt werden, (*während/weil*) alle Menschen die gleichen Chancen haben sollen.
(3) (*Damit/Falls*) alle die gleichen Rechte haben, wurde die Organisation 1961 von dem britischen Rechtsanwalt Peter Benenson ins Leben gerufen.
(4) Benenson wandte sich damals an die Presse, (*da/sodass*) er empört über das willkürliche Vorgehen vieler Regierungen zu dieser Zeit war.
(5) Er veröffentlichte sein Anliegen in der Zeitung, (*wenn/sodass*) er Mitstreiter und Mitstreiterinnen für seine Ziele gewinnen konnte.
(6) Auch in Deutschland ist Amnesty International vertreten, (*um/bevor*) sich für verfolgte Menschen stark zu machen.
(7) (*Obwohl/Weil*) sie nur ein Benefizkonzert in Weilheim veranstalteten, wurde Amnesty International dadurch auch in Deutschland bekannt.
(8) (*Da/Wenn*) solche Aktionen regelmäßig stattfinden, können auch größere Projekte unterstützt werden.
(9) Mit diesem Geld werden z. B. Mädchenschulen in Afghanistan gebaut, (*indem/damit*) die benachteiligten Mädchen Zugang zur Schulbildung erhalten.

INFO

Konjunktionen
1. Konjunktionen verbinden Sätze miteinander. Daher nennt man sie auch Bindewörter: *Martina ist bei der Jugendfeuerwehr, weil sie gerne im Team arbeitet.*
2. Konjunktionen geben den inhaltlichen Zusammenhang zwischen den Sätzen an. Sie können z. B. eine Begründung, eine Bedingung, eine Folge, den Zweck oder eine zeitliche Abfolge benennen.
3. Wenn du Sätze mit einer Konjunktion verbindest, musst du ein Komma zwischen den Sätzen einfügen. Das Komma entfällt nur bei *und* und *oder*.

Seite 221

M a) Lies die Sätze über die Organisation *Amnesty International*. Seite 221
b) Prüfe, welcher inhaltliche Zusammenhang (Begründung, Bedingung ...) zwischen den Sätzen besteht. Beachte dazu auch die **INFO** auf Seite 221.
c) Wähle dann eine passende Konjunktion aus.

→ Du kannst zwischen diesen Konjunktionen wählen:
seitdem – dass – weil – obwohl – denn – indem – dass – wenn – damit – sodass – nachdem.
Achte bei der Wahl der Konjunktion auch auf den Satzbau: Wenn du Hauptsätze miteinander verbindest, darfst du nur nebenordnende Konjunktionen (aber, denn, doch ...) verwenden.

d) Schreibe die Sätze vollständig auf und unterstreiche die Konjunktion.

(1) Die Organisation *Amnesty International* engagiert sich weltweit für die Einhaltung der Menschenrechte, (?) diese werden nicht auf der ganzen Welt eingehalten.
(2) (?) alle Menschen die gleichen Chancen haben, darf niemand wegen seiner Herkunft, seiner Religion oder seines Geschlechts benachteiligt werden.
(3) (?) sich *Amnesty International* weltweit einsetzt, gibt es immer noch in vielen Ländern verfolgte oder diskriminierte Menschen.
(4) Die Organisation wurde 1961 von dem britischen Rechtsanwalt Peter Benenson ins Leben gerufen, (?) ihm wichtig war, (?) alle gleichberechtigt sind.
(5) Benenson sagte der Presse damals, (?) er empört über das willkürliche Vorgehen vieler Regierungen zu dieser Zeit gewesen sei.
(6) Er gewann Mitstreiter und Mitstreiterinnen für seine Ziele, (?) er sein Anliegen in der Zeitung vorgebracht hatte.
(7) (?) junge Mitglieder in Weilheim ein Benefizkonzert veranstaltet hatten, wurde *Amnesty International* auch in Deutschland bekannter.
(8) Größere Projekte könnten finanziell besser unterstützt werden, (?) solche Aktionen regelmäßig stattfinden.
(9) Mit dem Erlös werden zum Beispiel Mädchenschulen in Afghanistan gebaut, (?) die benachteiligten Mädchen Zugang zur Schulbildung erhalten.
(10) (?) sich *Amnesty International* für verfolgte Menschen einsetzt, hat sich die Situation für viele Menschen in verschiedenen Ländern verbessert.

2 Vergleiche dein Ergebnis mit dem eines Partners. Prüft, ob ihr die richtigen Konjunktionen eingesetzt habt: In welchen Sätzen sind verschiedene Lösungen möglich? Besprecht, wie sich dadurch die Aussage verändert.

3 → Die Sätze in den Kästen sind durcheinandergeraten:
a) Füge die Sätze richtig zusammen und schreibe sie auf.
b) Setze die Satzzeichen und unterstreiche die Konjunktion.

| damit – Amnesty International – setzt sich für Frauenrechte ein – Frauen die gleichen Rechte haben wie Männer | Amnesty International – auf Ausgrenzungen aufmerksam macht – kämpft gegen Diskriminierung – die Organisation – indem |

4 → Wie beurteilst du die Arbeit von *Amnesty International*? Begründe deine Meinung. Wäre diese Organisation auch etwas für dich?

Im Blickpunkt: richtig schreiben

Groß oder klein? – Nominalisierte Verben

Seite 250/251

1 Verben können auch wie Nomen gebraucht werden. Dann schreibst du sie groß. Lies dazu den **TIPP** auf Seite 250/251. Bearbeite dann deine Aufgabe:

Folie **G** a) Unterstreiche die nominalisierten Verben im Text. Am Rand findest du Hinweise, in welcher Zeile du sie findest.
b) Finde zu jedem nominalisierten Verb das Signalwort. Schreibe sie zusammen heraus.

R1

R2, R3

R4, R5

Am „Blaulicht-Tag" in unserer Stadt habe ich mich informiert, wie ich mich für andere einsetzen kann. Das Kennenlernen der einzelnen Organisationen fand ich sehr hilfreich. Die Jugendfeuerwehr hat in einzelnen Aktionen gezeigt, was beim Bergen und Versorgen von verletzten Personen beachtet werden muss. Vor allem müssen viele Rettungsgriffe beherrscht werden. Das setzt regelmäßiges Üben voraus. Zum schnellen Handeln braucht man natürlich auch einen kühlen Kopf.

Folie **M** a) Unterstreiche die 7 Verben im Text, die großgeschrieben werden müssen.
b) Finde zu jedem nominalisierten Verb das Signalwort und markiere es.
c) Schreibe den gesamten Text in der richtigen Schreibweise auf.

Der Ausbilder der Jugendfeuerwehr erzählte, was er sich zunächst unter der Feuerwehr vorstellte. Erst dachte er nur an das löschen von Bränden, dann wurde ihm klar, dass das einsetzen für andere sehr vielseitig ist. Vom absperren von Straßen bei Verkehrsunfällen bis hin zum retten von Schwänen kann es gehen. Gut an den vorgestellten Jugendorganisationen ist auch, dass jeder mitmachen und seine Fähigkeiten einbringen kann: Einige sind Experten im planen, andere im pflegen der Ausrüstung. Ins grübeln komme ich wegen des Zeitaufwandes. Doch ich halte es für sinnvoll, anderen zu helfen.

2 Ergänze die Lücken mit passenden Wörtern und nominalisiere das Verb.

Das richtige Verhalten im Brandfall:
1. Das ... von Aufzügen immer vermeiden!
2. Beim ... der Räume Türen und Fenster schließen.
3. Das schnelle ... aus dem Haus muss vermieden werden.
4. Bei Rauchentwicklung das ... der Türen nicht vergessen.

→ Du kannst dieses Wortmaterial verwenden. Prüfe, welche Verben inhaltlich passen: **schließen – schleichen – verlassen – benutzen – rennen – öffnen.**

3 ↪ Schreibe den Text zum Verhalten bei Bränden richtig auf.
Achte beim (b/B)etreten des Gebäudes auf die Fluchtwege. In einem mehrstöckigen Gebäude muss man immer nach unten (f/F)liehen. Das (a/A)nrufen bei der Feuerwehr sollte immer an erster Stelle (s/S)tehen, da das rechtzeitige (m/M)elden in der Hektik oft (v/V)ergessen wird.

Im Blickpunkt: Lesen

1 a) Schaut die beiden Bilder an: Welche Tätigkeiten gehören wohl zu dem Beruf eines Rettungsassistenten? Tauscht euch darüber in der Klasse aus.
b) Lest nun den Text.

Berufsbild Rettungsassistent
Esther Gusewski

Wie sehen Helden aus? Dicke Muskeln und Superkräfte? Nicht immer: Peter L.s Beruf ist es, Leben zu retten. Aber anstatt des hautengen Supermann-Anzugs trägt er eine rote Jacke mit dem Schriftzug der Johanniter. Denn Peter ist Rettungsassistent.

Ein Baby hat Putzmittel getrunken. Ein älterer Mann hatte einen Herzinfarkt, und auf der Autobahn sind zwei Lastwagen ineinandergerast. Wann immer in der Nähe der Rettungswache ein Unglück passiert, bedeutet das Arbeit für die Rettungsassistenten. Sie rücken dann aus, um den Verletzten zu helfen. Momentan scheint alles ruhig zu sein. Es ist sieben Uhr abends und Peter kontrolliert die Funkanlage der Johanniter[1]. Seine Schicht hat gerade begonnen und wird bis morgen früh um sieben dauern. Zwölf Stunden Arbeit, in denen eine Menge passieren kann. Es kommt vor, dass die Sanitäter die ganze Nacht kein Auge zutun. Sie wissen: Wenn ihr Piepser sich meldet, müssen sie innerhalb weniger Sekunden topfit und einsatzbereit sein. Denn wenn sie nicht rund um die Uhr beste Arbeit abliefern, kann das Menschenleben kosten. Das weiß auch Peter. Im Ernstfall wird er von seinem Bürostuhl aufspringen und zum Rettungswagen flitzen. Was genau ihn erwartet, weiß er nie. Denn jeder Einsatz ist einzigartig. Ist es ein Verletzter? Eine ganze Familie? Kommt er womöglich zu spät? Der Rettungsassistent hat gelernt, mit der Unsicherheit zu leben.

Peter ist froh, sich für die Arbeit im Rettungsdienst entschieden zu haben. Schon als 13-Jähriger hat er ehrenamtlich[2] für die Johanniter gearbeitet. Mittlerweile ist er stellvertretender Rettungsdienstleiter seiner Rettungswache. „Ein ganz normaler Werdegang", wie er findet. Viele Rettungssanitäter arbeiten als Ehrenamtliche oder Zivis, bevor sie sich für eine Ausbildung entscheiden."

[1] gemeint ist die Johanniter-Unfallhilfe, eine kirchliche Hilfsorganisation

[2] ohne Bezahlung eine Tätigkeit ausüben

Für andere da sein | 3.4. Die Leseerwartung an einen Text formulieren

25 Peter ist sich sicher: „Nur weil man Blut sehen kann, ist man noch lange nicht geeignet für den Job." Wer Rettungsassistent werden wolle, müsse auf Menschen zugehen können. Bei Verletzten sei die psychische Betreuung oft besonders wichtig. Es beruhige sie, wenn man mit ihnen spreche und ihnen gut zurede. Eigenbrötler[3] sind auch aus einem anderen Grund fehl am Platz. „Wenn einem et-
30 was im Kopf herumgeht, muss man darüber sprechen", sagt der Sanitäter. „Alles in sich reinzufressen, macht einen irgendwann fertig." Peter hatte bisher Glück. „Ich wurde noch nie zu einem Unfall gerufen, an dem Freunde oder Verwandte beteiligt waren", sagt er.

Trotzdem gibt es Dinge, die dem Rettungsassistenten lange nicht aus dem Kopf
35 gehen. Zum Beispiel die drei Jugendlichen, die bei einem Unfall auf der Autobahn starben. Sie verfolgten ihn noch eine Weile. „In solchen Fällen ist es wichtig, dass ich mir vor Augen halte, dass ich nicht schuld bin", sagt Peter. Auch das Gespräch mit Kollegen hilft dabei, die Dinge abzuhaken. Abhaken, das klingt hart, muss aber sein. Denn nur, wer sich beim nächsten Einsatz wieder voll auf
40 die Aufgabe konzentriert und nicht über Vergangenes nachgrübelt, kann Menschenleben retten. Peter selber sieht sich übrigens nicht als Helden. „Ich mache einfach nur meinen Job", sagt er.

[3] Einzelgänger

2 Prüfe, ob du den Text richtig verstanden hast. Wähle deine Aufgabe:

Folie

G a) Kreuze die richtige Lösung an:

Peter L. ist …
A Notarzt. ☐
B stellvertretender Rettungsdienstleiter. ☐
C Rettungsassistent bei den Maltesern. ☐
D ehrenamtlicher Sanitäter. ☐

Peter L. hat gelernt, mit der Unsicherheit zu leben. Was ist damit gemeint? Mehrere Antworten sind möglich.
A Er weiß nie, was ihn am Einsatzort erwartet. ☐
B Er fühlt sich in seinem Beruf unsicher. ☐
C Er kann nicht sicher sein, immer helfen zu können. ☐
D Er weiß während seiner Schicht nie, wann er gerufen wird. ☐

Einige Textstellen sind in Anführungszeichen gesetzt. Was bedeuten sie?
A Dies sind besonders wichtige Textstellen. ☐
B Es sind wörtliche Äußerungen (Zitate). ☐

Was bedeutet das Wort „ehrenamtlich"?
A Man möchte einen Preis dafür bekommen. ☐
B Man wird für seinen Einsatz nicht bezahlt, sondern arbeitet freiwillig. ☐
C Man ist Ehrenmitglied einer Organisation. ☐
D Man ist besonders ehrlich. ☐

b) In welchem Alter hat Peter L. begonnen, im Rettungsdienst zu arbeiten?
c) Nenne den Namen der Rettungsorganisation, für die Peter L. arbeitet.

a) Im Text geht es um Peter L.
– Nenne seine genaue Berufsbezeichnung.
– Beschreibe seine Aufgabe in der Rettungswache.
b) Im Text erklärt Peter L., welche Fähigkeiten man für den Beruf des Rettungsassistenten braucht. Schreibe sie heraus und erläutere, was damit gemeint ist.

↪ **So kannst du anfangen:**
Als Rettungsassistent ist es wichtig, dass man … Man benötigt diese Fähigkeit, um … Daher wären … nicht für diese Tätigkeit geeignet.

c) In Zeile 34/35 erklärt Peter, dass es manchmal Dinge gibt, die ihm „lange nicht aus dem Kopf gehen". Erläutere, welche Strategien Peter L. zur Verarbeitung schlimmer Situationen nutzt.

↪ **Du kannst diese Satzanfänge nutzen:**
Peter sagt sich nach einem schweren Einsatz, dass er nicht … Um so etwas zu verarbeiten, hilft es auch … Als Rettungsassistent muss man so etwas schnell …, sonst kann man beim nächsten Einsatz vielleicht nicht mehr …

d) Welche Möglichkeiten gibt es, vor einer Berufsausbildung im Rettungsdienst zu arbeiten? Nenne sie.

3 Besprecht in der Klasse eure Ergebnisse. Korrigiert oder ergänzt eure Lösungen, wenn nötig.

4 Der Text beginnt mit der Frage: „Wie sehen Helden aus?".
a) Beschreibt einen Menschen, der für euch ein Held ist. Begründet, was ihn eurer Meinung nach zu einem Helden macht.
b) Ist Peter L. für euch auch ein Held? Nehmt dazu Stellung.

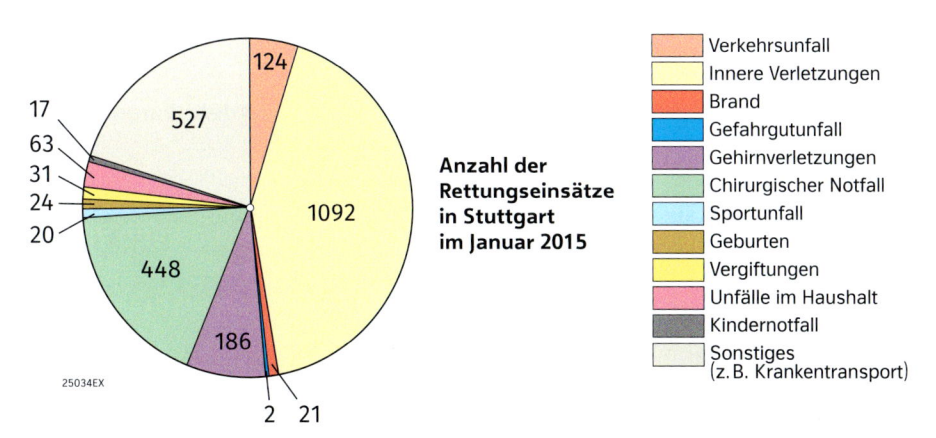

5 a) ↪ Werte das Diagramm aus und gib deine Ergebnisse in einem kurzen Text wieder. Schreibe die Antworten auf.

Anzahl der Rettungseinsätze in Stuttgart im Januar 2015

Werte im Diagramm: 124, 527, 17, 63, 31, 24, 20, 448, 186, 2, 21, 1092

Legende:
- Verkehrsunfall
- Innere Verletzungen
- Brand
- Gefahrgutunfall
- Gehirnverletzungen
- Chirurgischer Notfall
- Sportunfall
- Geburten
- Vergiftungen
- Unfälle im Haushalt
- Kindernotfall
- Sonstiges (z. B. Krankentransport)

b) Erstelle eine Liste mit allen Einsatzgründen, in der du die Einsätze der Häufigkeit nach ordnest. Beginne mit dem häufigsten Einsatzgrund.
c) Vergleiche den Text mit dem Diagramm. Welche Einsatzgründe aus dem Diagramm werden auch im Text erwähnt?

Von den Mächten der Natur

1 a) Beschreibt, was ihr auf den Bildern oben seht.
b) Benennt, welche Mächte der Natur hier dargestellt werden. Woran erkennt ihr das?

2 a) Lest die Textauszüge A bis D auf Seite 51. Sie stammen aus Balladen[1], die ihr in diesem Kapitel kennenlernen werdet. Welche Naturgewalten werden darin beschrieben?
b) Um welche Ereignisse mag es in diesen Balladen gehen?
Tauscht eure Vermutungen aus.
c) Ordnet die Texte den Bildern zu. Was passt am besten zusammen? Begründet eure Zuordnung.

[1] Balladen sind Gedichte, die von besonderen Ereignissen erzählen

A

Aus den Bergen heraus, ins ebene Land,
Da sieht er den Schnee sich dehnen wie Sand.

Weit hinter ihm schwinden Dorf und Stadt,
Der Weg wird eben, die Bahn wird glatt.

In weiter Fläche kein Bühl, kein Haus,
Die Bäume gingen, die Felsen aus.

B

Der Damm zerreißt, das Feld erbraust,
Die Fluten spülen, die Fläche saust.

„Ich trage dich, Mutter, durch die Flut,
Noch reicht sie nicht hoch, ich wate gut."

C

Und es war der Zug. Am Süderturm
Keucht er vorbei jetzt gegen den Sturm,
Und Johnie spricht: „Die Brücke noch!
Aber was tut es, wir zwingen es doch.
Ein fester Kessel, ein doppelter Dampf,
Die bleiben Sieger in solchem Kampf."

D

Krachen und Heulen und berstende Nacht,
Dunkel und Flammen in rasender Jagd –
Ein Schrei durch die Brandung!

Und brennt der Himmel, so sieht man's gut:
Ein Wrack auf der Sandbank! Noch wiegt es die Flut;
Gleich holt sich's der Abgrund.

---

3 Auch unsere heutige Zeit bleibt von den Mächten der Natur nicht verschont.
 a) Nennt Beispiele aus jüngster Zeit.
 b) Welche Folgen können solche Naturkatastrophen für die betroffenen Menschen haben? Tauscht euch darüber aus.

4 ↪ Glaubst du, dass sich solche Naturkatastrophen verhindern lassen? Nimm dazu in einem kurzen Text begründet Stellung.

In diesem Kapitel erfahrt ihr, woran ihr eine Ballade erkennt und was es mit den Balladen dieser Seite auf sich hat. Dafür sollt ihr euch in die Personen aus den Texten hineinversetzen und aus ihrer Sicht die Ereignisse in einem Tagebucheintrag (**G**) oder einem inneren Monolog (**M**) schildern.

Eine Ballade verstehen

Unglück auf der Tay-Brücke

Schottland. Während eines furchtbaren Windsturms, der am 28. Dezember 1879 über Dundee, Ostschottland, hinwegfegte, brach die große Eisenbahnbrücke ein, die über die
5 Mündung des Tay führt. Dabei wurde der 19:15-Uhr-Zug aus Edinburgh, der sich zu diesem Zeitpunkt auf der Brücke befand, 30 Meter in die Tiefe gerissen. Ein Augenzeuge berichtete: „Es war wie ein kometenhafter
10 Ausbruch wilder Funken, von der Lokomotive in die Dunkelheit geschleudert. In einer langen Spur war der Feuerstrahl zu sehen, bis zu seinem Verlöschen unten in der stürmischen See. Dann herrschte völlige Finsternis."
15 Der verunglückte Zug fuhr mit sieben Wagen, die fast alle besetzt waren. Die mehr als drei Kilometer lange Brücke war bautechnisch eines der großartigsten Bauwerke unserer Zeit. Offenbar durch den Seitendruck,
20 den der Sturm ausübte, brach die Brücke auf einer Strecke von einem Kilometer zusammen. Erfahrene Seeleute schätzen, dass der Sturm eine Windstärke von etwa 10–11 hatte. Erste Untersuchungen haben ergeben, dass
25 wahrscheinlich Berechnungs- und Materialfehler während des Brückenbaus das Unglück mitverschuldet haben. Der Zug war mit 72 Passagieren und drei Mann Personal besetzt, von denen niemand das Unglück überlebt hat.
30 Bisher waren alle Versuche zur Auffindung der Leichen oder des Zugs vergeblich.

1 Auf den folgenden Seiten geht es um ein Zugunglück. Betrachte dazu das Bild und erschließe den Zeitungsartikel. Wähle deine Aufgabe:

G Übernimm die Tabelle und beantworte die Fragen darin in Stichworten.

Frage	Stichworte
Was passierte?	
Wo passierte es (Land, Stadt)?	
Wann geschah es?	
Welche Folgen hatte das Unglück?	

M a) Markiere die Schlüsselstellen in dem Zeitungsartikel. Finde dazu Antworten auf die W-Fragen (Was? Wer? Wo? Wann? Wie? Warum? Welche Folgen?).
b) Erkläre in einem kurzen Text, wie es zu diesem Unglück kommen konnte.

→ Du kannst diese Satzanfänge verwenden: **Am ... ereignete sich in ... ein schweres Zugunglück. Der Zug ..., nachdem die ... durch einen schweren ... eingestürzt war. Dabei waren ... Wahrscheinlich brach die ... ein, weil ...**

2 Besprecht in der Klasse eure Ergebnisse. Verbessert sie, wenn nötig.

52 Von den Mächten der Natur | 2.21. Begründete Schlussfolgerungen aus Texten ziehen

3 Nur wenige Wochen nach Bekanntwerden dieser Katastrophe hat der Dichter Theodor Fontane das Zugunglück in einer Ballade verarbeitet. Erschließt sie gemeinsam mit einem Partner:
a) Lest zunächst eine Strophe vor. Macht an den gepunkteten Linien Halt und lasst euren Partner die Aufgaben am Rand bearbeiten. Haltet eure Antworten stichwortartig fest.
b) Wechselt euch dann im Lesen und Bearbeiten der Aufgaben ab.

Die Brück am Tay
Theodor Fontane (1819–1898)

„Wann treffen wir drei wieder zusamm?"
„Um die siebente Stund, am Brückendamm."
        „Am Mittelpfeiler."
                „Ich lösche die Flamm."
5 „Ich mit."
        „Ich komme vom Norden her."
„Und ich vom Süden."
                „Und ich vom Meer."

„Hei, das gibt einen Ringelreihn,
10 Und die Brücke muss in den Grund hinein."

„Und der Zug, der in die Brücke tritt
Um die siebente Stund?"
                „Ei, der muss mit."
„Muss mit."
        „Tand¹, Tand
15 Ist das Gebilde von Menschenhand!"

1. Diese Strophe ist eine Art Einleitung. Hier sprechen drei Windhexen miteinander.
a) Wo wollen sie sich treffen? Nenne den Ort.
b) Erkläre, was sie vorhaben. In welchen Versen erkennst du das?

¹ wertloses Zeug

Auf der Norderseite, das Brückenhaus –
Alle Fenster sehen nach Süden aus,
Und die Brücknersleut ohne Rast und Ruh
20 Und in Bangen sehen nach Süden zu,
Sehen und warten, ob nicht ein Licht
Übers Wasser hin „Ich komme" spricht,
„Ich komme, trotz Nacht und Sturmesflug,
Ich, der Edinburger Zug."

2. Diese Strophe spielt in einem Brückenhaus:
a) Wo befindet es sich?
b) Wer wohnt darin?
c) Worauf warten die Personen?
d) Beschreibe, wie sie sich fühlen. In welchen Versen zeigt sich das?

25 Und der Brückner jetzt: „Ich seh einen Schein
Am anderen Ufer. Das muss er sein.
Nun, Mutter, weg mit dem bangen Traum,
Unser Johnie kommt und will seinen Baum,
Und was noch am Baume von Lichtern ist,
30 Zünd alles an wie zum Heiligen Christ,
Der will heuer² zweimal mit uns sein –
Und in elf Minuten ist er herein."

3. a) Stelle Vermutungen an, wer Johnie sein könnte. In welcher Beziehung steht er wohl zu den Brücknersleuten?
b) Erkläre, warum sie sich freuen.

² in diesem Jahr

Und es war der Zug. Am Süderturm
Keucht er vorbei jetzt gegen den Sturm,
35 Und Johnie spricht: „Die Brücke noch!
Aber was tut es, wir zwingen es doch.
Ein fester Kessel, ein doppelter Dampf,
Die bleiben Sieger in solchem Kampf.
Und wie's auch rast und ringt und rennt,
40 Wir kriegen es unter, das Element³.

³ hier: Naturgewalt

4. Diese Strophen spielen sich im Zug ab:
a) Beschreibe, wie die Fahrt bisher verläuft.
b) Wie war Johnies Reise zu seinen Eltern vor dem Bau der Brücke? Erläutere, welche Probleme er früher hatte.

Und unser Stolz ist unsre Brück;
Ich lache, denk ich an früher zurück,
An all den Jammer und all die Not
Mit dem elend alten Schifferboot;
45 Wie manche liebe Christfestnacht
Hab ich im Fährhaus zugebracht
Und sah unser Fenster lichten Schein
Und zählte und konnte nicht drüben sein."

Auf der Norderseite das Brückenhaus –
50 Alle Fenster sehen nach Süden aus,
Und die Brücknersleut ohne Rast und Ruh
Und in Bangen sehen nach Süden zu;
Denn wütender wurde der Winde Spiel,
Und jetzt, als ob Feuer vom Himmel fiel',
55 erglüht es in niederschießender Pracht
Überm Wasser unten ... Und wieder ist Nacht.

5. Gib mit eigenen Worten wieder, was die Brücknersleute beobachten.

„Wann treffen wir drei wieder zusamm?"
„Um Mitternacht am Bergeskamm."
„Auf dem hohen Moor, am Erlenstamm."
60 „Ich komme."
„Ich mit."
„Ich nenn euch die Zahl."
„Und ich die Namen."
„Und ich die Qual."
65 „Hei!
Wie Splitter brach das Gebälk entzwei."
„Tand, Tand
Ist das Gebilde von Menschenhand."

6. In der letzten Strophe kommen wieder die Windhexen zu Wort:
a) Wie fühlen sie sich? Nenne die Verse, aus denen das deutlich wird.
b) Was haben sie als Nächstes vor?

4 Prüfe, ob du den Inhalt richtig verstanden hast. Wähle deine Aufgabe:

G Welche der folgenden Aussagen zu der Ballade sind richtig? Prüfe sie mithilfe dieser Angaben: Vers 10-13, 19-20, 27-32, 35-40, 42-48, 54-56, 62-66. Kreuze dann die richtigen Aussagen an.

Folie

a) Die drei Windhexen wollen die Menschen vor Schaden bewahren. ☐
b) Sie wollen die Brücke zerstören. ☐
c) Johnie hat Angst, dass der Dampfkessel bei dem Sturm versagt. ☐
d) Johnie hat jedes Weihnachtsfest zu Hause verbracht. ☐
e) Früher musste man mit einem Boot über den Tay. ☐
f) Die Brücknersleute warten zu Hause auf ihren Sohn. ☐
g) Sie lassen sich nicht von dem Sturm beunruhigen. ☐
h) Die Brücke ist unzerstörbar. ☐
i) Der hell erleuchtete Zug entgleist und stürzt in die Tiefe. ☐

M Bearbeite die folgenden Aufgaben zur Ballade. Notiere deine Lösungen in ganzen Sätzen. Erkläre dazu, welche Verse dir geholfen haben.

a) Beschreibe den Konflikt zwischen den Windhexen und den Menschen.
b) Johnie und seine Eltern schätzen die Brücke unterschiedlich ein. Erläutere.

→ Du kannst diese Satzanfänge nutzen:
zu a): Der Mensch glaubt, dass er … ist als die Natur. Denn er hat eine … geschaffen, mit der er … Das erkennt man an den Versen … Hier sagt …, dass … Die Hexen finden diese Sicht … Daher wollen sie … Das sieht man in …
zu b): Johnie ist der Meinung, dass … Er ist fest davon überzeugt, weil … Seine Eltern hingegen verhalten sich … Sie befürchten wohl, dass …

5 Besprecht eure Ergebnisse in der Klasse. Seid ihr zu den gleichen Lösungen gekommen? Klärt Stellen in der Ballade, die ihr noch nicht verstanden habt.

6 Wer ist stärker – die Technik oder die Natur? Wähle deine Aufgabe:

„… Und wie's auch rast und ringt und rennt, Wir kriegen es unter, das Element."

G Schau dir das Bild an und gib die Aussagen in den Sprechblasen mit eigenen Worten wieder.

M Wie schätzt Johnie die Möglichkeiten der Technik ein? Wie bewerten die Wetterhexen diese? Erkläre.

7 Sprecht über die beiden Aussagen in der Klasse. Welche Meinung vertretet ihr? Begründet eure Einschätzung.

„Tand, Tand Ist das Gebilde von Menschenhand!"

Sich in Figuren einer Ballade hineinversetzen

1 Wie wirkt die Stimmung in der Ballade auf euch? Um das herauszufinden, könnt ihr in Gruppen aus etwa 6-8 Schülern ein *Soundscape* gestalten.
 a) Entwerft in eurer Gruppe ein Soundscape, wie im **TIPP** beschrieben.
 b) ↪ Übernimm die Rolle des Dirigenten. Dazu gibst du deinen Mitschülern entsprechende Zeichen für ihren Einsatz. Mache deutlich, wenn sie schneller, langsamer, leiser oder lauter werden sollen. Probiere mehrere Varianten aus.
 c) Probt euer Soundscape und führt es dann der Klasse vor. Lasst die anderen erraten, zu welchen Stellen in der Ballade eure Geräusche gehören.
 d) Beschreibt mit passenden Adjektiven die Stimmung in den Soundscapes.

Folie

2 Lest die Rahmenstrophen (Strophe 1 und 7) zu dritt mit verteilten Rollen:
 a) Unterstreicht, wann eine Windhexe alleine spricht und wann alle sprechen.
 b) Überlegt: Auf welche Weise können die Hexen sprechen: *spöttisch, lachend, traurig …?* Macht euch dazu Notizen.
 c) Tragt die Rahmenstrophen mithilfe eurer Vorarbeit in der Klasse vor.
 d) Sprecht über die Vortragsweisen: Passen sie zum Inhalt/zu den Figuren?

3 Wie haben die anderen Figuren das Geschehen erlebt? Bringt die Figur(en) zum Sprechen. Lest den **TIPP** auf Seite 57. Bearbeitet dann eure Aufgabe:

G a) Versetzt euch zu zweit in die Rolle der Brücknersleute. Wie erleben sie die Situation in den Strophen 2, 3 und 6? Macht euch Notizen. Ihr könnt euch von dem Bild auf Seite 53 anregen lassen.
 Strophe 2: Die Brücknersleute warten unruhig auf Johnie …
 b) Schreibt einen Dialog zwischen den Brücknersleuten. Gebt dazu die wörtliche Rede im Text mit eigenen Worten wieder. Berücksichtigt auch Informationen, auf welche Weise der Mann und die Frau miteinander sprechen:
 Brücknerin (beunruhigt): „Das ist aber ein Sturm! Ausgerechnet heute, wo doch unser Johnie zu uns kommen will."
 Brückner (…): „Ja, aber beruhige dich. Die Brücke ist fest, …"
 c) Tauscht euch mit einem anderen Team aus, das dieselbe Aufgabe bearbeitet hat. Prüft, ob ihr die Gedanken und Gefühle passend wiedergegeben habt.

💡 TIPP

So entsteht ein Soundscape:
Soundscape ist ein Geräuschbild, mit dem ihr die **Stimmung eines Textes** einfangen und deutlich machen könnt:
1. Überlegt euch in einer Gruppe Geräusche, die zu wichtigen Stichworten im Text passen: *Zug = Rattern auf Gleisen, austretender Dampf, Pfeifsignal; Sturm = Heulen des Windes, Pfeifen …*
2. Mit geschlossenen Augen gebt ihr nacheinander dieses Geräusch von euch, dann gleichzeitig. Ihr könnt die Wirkung verstärken, indem ihr dabei z. B. besonders langsam oder schnell, besonders leise oder laut vorgeht.

a) Kurz bevor der Zug die Brücke erreicht, unterhält sich Johnie mit einem Fahrgast. Dieser fühlt sich wegen des heftigen Sturms unwohl. Versetzt euch zu zweit in die Rolle von Johnie und einem Fahrgast. Wie erleben sie die Situation in den Strophen 4 und 5? Macht euch dazu Notizen. Ihr könnt euch dazu von dem Bild anregen lassen.

b) Schreibt einen Dialog zwischen Johnie und dem Fahrgast. Berücksichtigt dabei, auf welche Weise sie jeweils miteinander sprechen.

→ So könntet ihr anfangen:
Fahrgast (beunruhigt): So ein schrecklicher Sturm! Wie der Wind an dem Zug rüttelt! Und jetzt müssen wir auch noch ... Wenn das nur gutgeht!
Johnie (...): Da müssen Sie doch keine Angst haben. Heute haben wir ... Wenn ich allerdings an damals denke ...

c) Gebt in einem szenischen Spiel euren Dialog wieder. Überlegt dazu, welche Mimik und Gestik zu Johnie und dem Fahrgast passen könnten. Beendet eure Szene mit einem **Standbild**.

Seite 306

d) Tauscht euch mit einem anderen Team aus, das dieselbe Aufgabe bearbeitet hat. Prüft, ob alles stimmig dargestellt wurde: Was würdet ihr noch ändern?

e) Beurteilt, welches Team am besten die Gedanken und Gefühle der Figuren umgesetzt hat.

💡 TIPP

So versetzt ihr euch in die Rolle einer literarischen Figur:
1. Wählt eine Figur aus dem Text aus und stellt euch folgende Fragen:
   – Was erlebt sie gerade: Was macht oder beobachtet sie?
   – Was denkt sie?
   – Was fühlt sie?
   – Was befürchtet sie oder was erhofft sie sich?
2. Lest noch einmal den Balladentext. Markiert dann die Textstellen, die Antworten auf eure Fragen geben.
3. Versetzt euch in die Lage eurer Figuren und beantwortet stichpunktartig die Fragen aus ihrer Sicht (Ich-Form).

Balladenmerkmale untersuchen

	Ballade	Zeitungsartikel
1. ... stellt ein **außergewöhnliches Geschehen** (z. B. eine Katastrophe, eine gespenstische Erscheinung oder eine Heldentat ...) dar.		
2. ... lässt Figuren **in Dialogen miteinander sprechen**.		
3. ... erzählt **spannend**.		
4. ... berichtet **sachlich**.		
5. ... verwendet **Erzählmittel** (z. B. sprachliche Bilder), um die Handlung auszuschmücken.		
6. ... hat einen **großen Umfang**.		
7. ... ist in **Versen** und **Strophen** abgefasst, die sich häufig **reimen**.		
8. ... **informiert genau**, indem er/sie z. B. den **Ort** und die **Zeit** des Geschehens nennt.		
9. ... enthält am Ende einen **Spannungshöhepunkt**.		
10. ... hat einen **geringen Umfang**.		

1 Der Zeitungsbericht (Seite 52) und die Ballade (Seite 53/54) stellen das gleiche Ereignis dar. Worin unterscheiden sich aber die beiden Texte voneinander?
a) Übernimm die Tabelle oben und kreuze an, welche Merkmale jeweils auf die beiden Textsorten zutreffen. Untersuche dazu noch einmal die beiden Texte.
b) Vergleiche dein Ergebnis mit dem eines Partners. Prüft, ob ihr eure Kreuze richtig gesetzt habt. Ergänzt oder verbessert eure Tabelle, wenn nötig.

M 2 Schreibe den Lückentext ab und ergänze ihn mit den richtigen Begriffen aus der Tabelle.

→ Du kannst für die Lücken 1 bis 5 folgendes Wortmaterial nutzen: **reimen – spannend – Versen – Strophen – außergewöhnliches Geschehen**.

Merkmale einer Ballade

Balladen sind umfangreiche Gedichte. Du erkennst dies an den (1) und (2), die sich häufig (3). Im Mittelpunkt steht ein (4). Dies kann eine Katastrophe, eine besondere (Helden-)Tat oder sogar eine gespenstische Erscheinung sein. Das geschilderte Ereignis wird wie in einer Erzählung (5) erzählt. Die Handlung wird dabei mithilfe von (6) (z. B. sprachliche Bilder) besonders ausgeschmückt und zielt am Ende auf einen (7). Wie in einem szenischen Spiel findet man auch in Balladen Figuren, die (8). Die Ballade stellt daher eine Mischung aus einem Gedicht, einer Erzählung und einem szenischen Text dar.

Die Macht von Sturm und Meer
Figuren und Handlung einer Ballade untersuchen

1 Betrachte die Bilder und beschreibe, was du siehst.

↪ Du kannst das folgende Wortmaterial zu Hilfe nehmen:
– Bild 1: Segelschiff, auf offener See, raues Wetter, hoher Wellengang, Sturm, Segel zerrissen, Schiffswrack, kein Mann an Deck, ein Mann am Mast
– Bild 2: junger Mann auf Steg, schreit laut, Gischt sprüht an Land, sieht das Schiff, führerlos
– Bild 3: Mutter kniet vor dem jungen Mann, bittet ihn, will ihn festhalten
– Bild 4: junger Mann verabschiedet sich, andere Männer, Ruderboot

2 a) Erzählt zu den Bildern eine Reihum-Geschichte. Lest dazu den **TIPP**.
b) Tauscht euch danach über eure Geschichten aus. Wovon handelten sie?
c) ↪ Zeichne ein weiteres Bild, das das Ende eurer Geschichte zeigt.

💡 TIPP

So erzählt ihr eine Reihum-Geschichte:
1. Setzt euch in Vierergruppen zusammen.
2. Der Erste beginnt mit dem Anfang der Geschichte. Jedes Gruppenmitglied darf dann bis zu drei Sätze weitererzählen, bis ihr zum Ende der Geschichte gekommen seid.
3. Achtet darauf, dass ihr folgerichtig an das vorher Gesagte anknüpft.

Nis Randers
Otto Ernst (1862–1926)

Krachen und Heulen und berstende¹ Nacht,
Dunkel und Flammen in rasender Jagd –
Ein Schrei durch die Brandung²!

Und brennt der Himmel, so sieht man's gut:
5 Ein Wrack auf der Sandbank! Noch wiegt es die Flut;
Gleich holt sich's der Abgrund.

Nis Randers lugt – und ohne Hast³
Spricht er: „Da hängt noch ein Mann im Mast;
Wir müssen ihn holen."

10 Da fasst ihn die Mutter: „Du steigst mir nicht ein:
Dich will ich behalten, du bliebst mir allein,
Ich will's, deine Mutter!

Dein Vater ging unter und Momme, mein Sohn;
Drei Jahre verschollen⁴ ist Uwe schon,
15 Mein Uwe, mein Uwe!"

Nis tritt auf die Brücke. Die Mutter ihm nach!
Er weist nach dem Wrack und spricht gemach⁵:
„Und seine Mutter?"

¹ auseinanderbrechen
² Wellen, die schäumend an der Küste brechen
³ ohne sich zu beeilen
⁴ verschwunden; nicht auffindbar
⁵ ruhig

3 a) Lest die ersten sechs Strophen der Ballade.
b) Vergleicht eure Geschichten mit der Situation in der Ballade. Welche Strophe passt zu welchem Bild? Benennt Gemeinsamkeiten und Unterschiede.

4 Was erfährst du über die Figuren der Ballade? Wähle deine Aufgabe:

G
a) Markiere in der Ballade die genannten Figuren und notiere sie.
b) Welche Figur könnte was gesagt haben? Ordne ihnen die Aussagen zu:
„Mein lieber Uwe wird immer noch vermisst." – „Wir müssen den Mann retten!" – „Ich erlaube nicht, dass du dein Leben riskierst." – „Mein Mann und mein Sohn Momme sind bereits da draußen gestorben." – „Denk doch einmal daran, wie es seiner Mutter gehen würde!" – „Du bist das Einzige, was ich noch habe!"

c) Was geht in Nis in dieser Situation vor? Versetze dich in seine Lage und formuliere seine Gedanken und Gefühle.
– Unterstreiche im Text die wörtliche Rede von Nis (Folie).
– Schreibe seine Gedanken auf. Welches Problem hat er? So kannst du anfangen: *Ich kann dich ja verstehen, Mutter. Schließlich hast du ... Doch wenn ich nichts tue ... Aber vielleicht hast du ja Recht, ...*

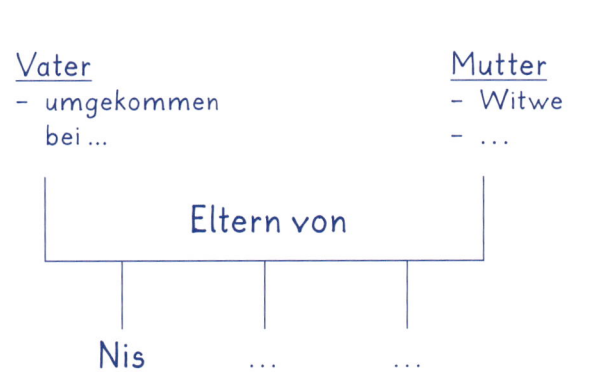

Vater
– umgekommen bei ...

Mutter
– Witwe
– ...

Eltern von

Nis   ...   ...

M
a) Markiere in der Ballade die genannten Figuren.
b) Untersuche, wie die Figuren zueinander stehen. Ergänze dazu in der Skizze ihre Namen und was du bisher über sie erfahren hast.

→ Mit diesem Wortmaterial kannst du beginnen: **Angst – Momme – vermisst – Uwe – Schiffbruch** ...

c) Was geht in dieser Situation in der Mutter von Nis vor? Versetze dich in ihre Lage und formuliere ihre Gedanken und Gefühle.
– Unterstreiche die wörtliche Rede von Nis' Mutter.
– Schreibe die Gedanken von Nis' Mutter auf. Berücksichtige dabei, warum sie ihn von seiner Rettungsaktion abhalten will.

→ Du kannst diese Satzanfänge nutzen: **Ich muss ..., dass Nis ... Wenn ich es nicht tue, dann ... Ich habe doch schon ...**

Folie

5 Besprecht in der Klasse, was ihr über die Figuren erfahren habt. Ergänzt eure Lösungen, wenn nötig.

6 a) Wie geht die Ballade wohl weiter? Wird Nis den Mann retten oder bleibt er bei seiner Mutter? Tauscht eure Vermutungen aus.
b) Lest die letzten sechs Strophen.

Nun springt er ins Boot, und mit ihm noch sechs:
20 Hohes, hartes Friesengewächs;
Schon sausen die Ruder.

Boot oben, Boot unten, ein Höllentanz!
Nun muss es zerschmettern ...! Nein: es blieb ganz! ...

Wie lange? Wie lange?
25 Mit feurigen Geißeln[6] peitscht das Meer
Die menschenfressenden Rosse[7] daher;
Sie schnauben und schäumen.

Wie hechelnde Hast sie zusammenzwingt!
Eins auf den Nacken des andern springt
30 Mit stampfenden Hufen!

Drei Wetter zusammen! Nun brennt die Welt!
Was da? – Ein Boot, das landwärts hält –
Sie sind es! Sie kommen! – –

Und Auge und Ohr ins Dunkel gespannt ...
35 Still – ruft da nicht einer? – Er schreit's durch die Hand:
„Sagt Mutter, 's ist Uwe!"

[6] Peitschen
[7] Pferde

7 Untersuche den Schluss der Ballade:
a) Erläutere in eigenen Worten, was in den letzten Strophen passiert.

→ Du kannst diese Satzanfänge ergänzen: **Nach einer äußerst gefährlichen Bootsfahrt erreichen ... / Als der Schiffbrüchige gerettet wird, zeigt sich, dass ... / Nis Randers hat also ... / Hätte er auf seine Mutter gehört, dann ...**

b) ↪ Lange Zeit ist unklar, wie die mutige Tat von Nis ausgeht. An welcher Stelle ist deiner Meinung nach die Spannung am höchsten? Begründe.

8 ↪ Bereite die Ballade für einen lebendigen Vortrag vor:
a) Markiere im Text Pausen, Betonungen und Sprechweisen. Nutze dazu den **TIPP** auf Seite 75.
b) Lerne die Ballade auswendig. Zeichne zu jeder Strophe ein kleines Bild. Verwende beim Auswendiglernen die Bilder als „Spickzettel".
c) Übe deinen Vortrag ein und trage ihn in der Klasse vor.

Folie

Eine Ballade aus der Sicht einer Figur wiedergeben

1 Versetze dich in eine Figur der Ballade *Nis Randers* und gib das Geschehen aus ihrer Sicht wieder. Wähle deine Aufgabe:

G Erzähle aus der Perspektive von Nis oder seiner Mutter in einem Tagebucheintrag von der dramatischen Nacht. Nutze dazu den **TIPP**.

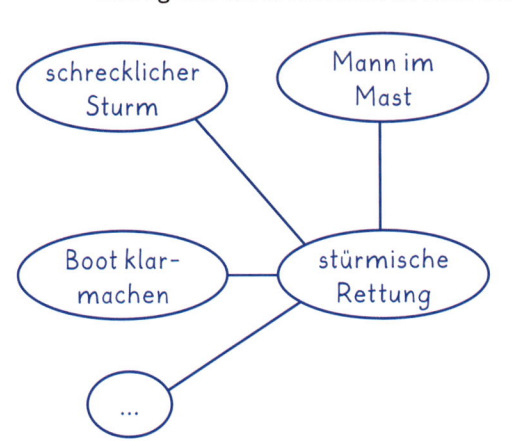

Folie

Cluster: schrecklicher Sturm – Mann im Mast – Boot klarmachen – stürmische Rettung – ...

a) Plane deinen Tagebucheintrag:
– Entscheide dich für eine Figur und lies die Ballade noch einmal.
– Versetze dich in deine Figur und überlege, welche Gedanken und Gefühle sie bewegen. Suche dazu im Text Antworten auf die Fragen im **TIPP** (1. Hinweis). Markiere sie.
– Lege ein Cluster an und halte darin deine Antworten auf die Fragen fest.
– Nummeriere die Antworten in der Reihenfolge, in der du sie verwenden willst.

b) Verfasse mithilfe deiner Vorarbeit den Tagebucheintrag aus der Sicht deiner gewählten Figur. Beachte dabei die Hinweise 2 bis 4 im **TIPP**.

Liebes Tagebuch,
gestern war ein sehr aufregender Tag für meine Familie. Es fing damit an, dass das Wetter immer schlimmer wurde: Den ganzen Tag hat es gestürmt. Meterhoch türmten sich die Wellen im Meer auf. Und plötzlich Alarm: Ein Schiff war vor der Küste gestrandet ...

💡 TIPP

So schreibst du einen Tagebucheintrag:
In einem Tagebucheintrag kannst du eine Figur ein Geschehen verarbeiten lassen, das sie gerade erlebt hat.
1. Versetze dich in die Figur und beantworte folgende Fragen:
   a) Über welche Situation denkst du nach? Was hast du erlebt?
      Gestern tobte ein furchtbarer Sturm an der Küste.
   b) Was hast du dabei empfunden? – *Schrecklich, er wird sterben, wenn ...*
   c) Wie denkst du über andere Personen und ihr Verhalten?
      Mutter wollte natürlich nicht, dass ich ..., denn ...
   d) Welche Wünsche oder Ängste hast du? – *Hätte sie doch nichts gesagt ...*
2. Während des Schreibens kannst du **nachdenken**, den Gedankengang abbrechen und **neu ansetzen**. – *Ich dachte, Uwe ist tot. Dabei ... Gott sei Dank!*
3. Du schreibst in der **Ich-Form**.
4. Beachte die **Form des Tagebucheintrags** mit Datum am Anfang. Du kannst das Tagebuch auch ansprechen (*Liebes Tagebuch, ...*).

M Nis und seine Mutter sind noch überwältigt von dem Wunder, das sich ereignet hat. Als sie am Tag darauf am Strand spazieren gehen und ihr Blick auf das Wrack fällt, erinnern sie sich an alles. Verfasse für eine der zwei Figuren einen inneren Monolog. Nutze dazu den **TIPP**.

a) Plane deinen inneren Monolog: *Folie*
- Entscheide dich für eine Figur.
- Lies die Ballade noch einmal und versetze dich in deine Figur. Finde dann auf die Fragen im **TIPP** (2. Hinweis) Antworten im Text. Markiere sie.
- Lege ein Cluster an und halte darin die Antworten auf die Fragen fest.
- Nummeriere die Antworten in der Reihenfolge, in der du sie nutzen willst.

b) Schreibe nun mithilfe deiner Notizen einen inneren Monolog. Beachte dabei die Hinweise 3 bis 7 im **TIPP**.

➔ So könntest du anfangen, wenn du aus der Sicht der Mutter schreibst:
Wie friedlich die See auf einmal aussieht. So ganz anders als gestern Nacht. Dabei hätte sie fast meine beiden Jungen verschluckt. Ich kann es noch immer nicht glauben, dass ... Oh Gott, ich darf nicht daran denken, was alles ...

2 Besprecht gemeinsam eure Ergebnisse.
a) Stellt kurz eure Aufgabe vor (Tagebuch / innerer Monolog).
b) Lest eure Texte vor. Die Zuhörer beurteilen dabei folgende Punkte:
- Ist die Sicht der Figur nachvollziehbar?
- Sind ihre Gedanken und Gefühle gut dargestellt?
- Wird das Ereignis richtig dargestellt?

💡 TIPP

So schreibst du einen inneren Monolog:
Der innere Monolog gibt die **Gedanken** einer Figur in einer bestimmten Situation wieder. Er ist eine Art **stummes Selbstgespräch**.
1. Lies noch einmal den Text, um dich mit der Figur vertraut zu machen.
2. Versetze dich in die Figur und in die Situation. Beantworte folgende Fragen:
   - Was hast du erlebt?
   - Welche Personen waren daran beteiligt?
   - Was denkst und fühlst du dabei?
   - Wie hast du dich verhalten und warum?
3. Schreibe in der **Ich-Form**: *Ich kann noch gar nicht glauben, was passiert ist.*
4. Schreibe im **Präsens**. Nur wenn über Vergangenes nachgedacht wird, nutzt du die Zeitformen der Vergangenheit: *Da liegt das Wrack noch. Jetzt sieht es so friedlich aus ... Wenn ich nur daran denke, wie stürmisch es gestern gewesen ist.*
5. Stelle **Fragen an dich selbst**: *Was ist, wenn Nis etwas passiert wäre?*
6. Du kannst **Ausrufe** einbauen, auch **umgangssprachliche Ausdrücke** sind erlaubt.
7. Du kannst auch Sätze anfangen und nicht zu Ende führen:
   Aber wenn er auf mich gehört hätte? Mein Gott, nicht auszudenken ...

Wenn der Damm bricht – einen Text aus der Sicht einer Figur schreiben

Johanna Sebus
Johann Wolfgang von Goethe (1749-1832)

Zum Andenken der siebzehnjährigen Schönen, Guten aus dem Dorfe Brienen, die am 13. Januar 1809 bei dem Eisgang des Rheins und dem großen Bruche des Dammes von Cleverham Hilfe reichend unterging.

Der Damm zerreißt, das Feld erbraust,
5 die Fluten spülen, die Fläche saust.

„Ich trage dich, Mutter, durch die Flut,
noch reicht sie nicht hoch, ich wate gut." –
„Auch uns bedenke, bedrängt wie wir sind,
die Hausgenossin[1], drei arme Kind!
10 Die schwache Frau! ... Du gehst davon!" –
sie trägt die Mutter durchs Wasser schon.
„Zum Bühle[2] da rettet euch! Harret derweil[3];
gleich kehr' ich zurück, uns allen ist Heil[4].
Zum Bühl ist's noch trocken und wenige Schritt;
15 doch nehmt auch mir meine Ziege mit!"

Der Damm zerschmilzt, das Feld erbraust,
die Fluten wühlen, die Fläche saust.

Sie setzt die Mutter auf sichres Land,
schön Suschen[5], gleich wieder zur Flut gewandt.
20 „Wohin? Wohin? Die Breite schwoll,
des Wassers ist hüben[6] und drüben voll.
Verwegen ins Tiefe willst du hinein!" –
„Sie wollen und müssen gerettet sein!"

Der Damm verschwindet, die Welle braust,
25 eine Meereswoge, sie schwankt und saust.

Schön Suschen schreitet gewohnten Steg[7],
umströmt auch gleitet sie nicht vom Weg,
erreicht den Bühl und die Nachbarin;
doch der und den Kindern kein Gewinn!

30 Der Damm verschwand, ein Meer erbraust's,
den kleinen Hügel im Kreis umsaust's.

Da gähnet und wirbelt der schäumende Schlund
und ziehet die Frau mit den Kindern zu Grund;
das Horn der Ziege fasst das ein',
35 so sollten sie alle verloren sein!
Schön Suschen steht noch strack[8] und gut:
Wer rettet das junge, das edelste Blut!
Schön Suschen steht noch, wie ein Stern
doch alle Werber[9] sind alle fern.
40 Rings um sie her ist Wasserbahn,
kein Schifflein schwimmet zu ihr heran.
Noch einmal blickt sie zum Himmel hinauf,
da nehmen die schmeichelnden Fluten sie auf.

Kein Damm, kein Feld! Nur hier und dort
45 bezeichnet ein Baum, ein Turm den Ort.

Bedeckt ist alles mit Wasserschwall;
doch Suschens Bild schwebt überall. –
Das Wasser sinkt, das Land erscheint,
und überall wird schön Suschen beweint. –
50 Und dem sei, wer's nicht singt und sagt,
im Leben und Tod nicht nachgefragt.

---

[1] Nachbarin
[2] Hügel
[3] wartet so lange
[4] Rettung
[5] Kosename für Johanna; sprich: Sus-chen
[6] auf dieser Seite
[7] hier: Weg
[8] aufrecht
[9] Männer, die Johanna heiraten wollen

1 Lest zu zweit die Ballade. Fasst in einem Satz zusammen, worum es darin geht.

2 a) Betrachtet die Bilder oben. Beschreibt, was auf ihnen jeweils dargestellt ist.
b) Ordnet die Bilder den Strophen passend zu. Begründet eure Zuordnung.

3 Prüft, ob ihr den Inhalt richtig verstanden habt. Bearbeitet eure Aufgabe:

G Welche Aussagen sind richtig? Prüfe sie mithilfe dieser Textstellen: 1-6, 11, 20-22, 31-35, 38-39, 42-43. Kreuze dann die richtigen drei Aussagen an.

Folie

a) Der Damm bricht im Januar 1813, nachdem das Eis auf dem Rhein geschmolzen ist und es zu einer Überschwemmung kommt. ☐
b) Johanna trägt ihre Mutter auf dem Rücken durch das reißende Wasser. ☐
c) Die Mutter fordert Johanna auf, die Nachbarin und ihre Kinder zu retten. ☐
d) Johanna kann die Nachbarin und ihre Kinder retten, nur die Ziege nicht. ☐
e) Ein Verehrer Johannas rettet sie vor dem Untergang. ☐
f) Johanna wird von den Fluten mitgerissen und stirbt. ☐

M **a)** Bearbeite die folgenden Aufgaben zur Ballade. Schreibe in ganzen Sätzen. Erkläre dazu, welche Verse dir bei der Lösung geholfen haben.
– Benenne die Naturgewalt, durch die es zur Katastrophe kommt.
– In Strophe 1 wird die wörtliche Rede verwendet. Erläutere, wer hier spricht.

→ Du kannst diese Satzanfänge nutzen: **In der Ballade gibt es eine …, die alles mitreißt. Die Katastrophe wird ausgelöst durch … Diese Informationen finden sich in den Versen … / In der ersten Strophe sprechen … und … Die … möchte, dass Johanna ihr und … hilft. … antwortet darauf, dass …**

– Beschreibe, wie Johanna zu Tode kommt.
b) → Was bedeutet „doch Suschens Bild schwebt überall" (V. 47)? Erläutere.

4 Besprecht in der Klasse eure Ergebnisse. Verbessert sie, wenn nötig.

5 Zwei Jahre später hat die Stadt Brienen ein Denkmal für Johanna aufstellen lassen. Ihre Mutter war bei der offiziellen Einweihung als Ehrengast anwesend. Wieder daheim muss sie an die tragischen Ereignisse von damals zurückdenken. Schreibe aus ihrer Sicht einen Tagebucheintrag (**G**) oder einen inneren Monolog (**M**).

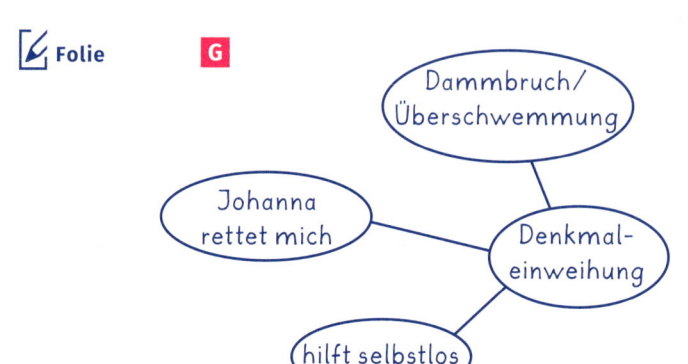

Folie

G

Cluster:
- Dammbruch/Überschwemmung
- Johanna rettet mich
- Denkmaleinweihung
- hilft selbstlos

a) Plane deinen Tagebucheintrag:
– Versetze dich in Johannas Mutter. Überlege, welche Gedanken und Gefühle sie bewegen. Suche dazu im Text Antworten auf die Fragen im **TIPP** (S. 62, 1. Hinweis). Markiere sie.
– Lege ein Cluster an und halte darin deine Antworten auf die Fragen fest.
– Nummeriere die Antworten in der Reihenfolge, in der du sie verwenden willst.

b) Verfasse mithilfe deiner Vorarbeit den Tagebucheintrag aus der Sicht von Johannas Mutter. Beachte dabei die Hinweise 2 bis 4 im **TIPP** auf Seite 62.
So kannst du anfangen:

Brienen, 13.01.1811

Liebes Tagebuch,
heute fand die offizielle Feier zur Einweihung des Denkmals für Johanna statt. Der Bürgermeister hatte mich ja als Ehrengast eingeladen. Zuerst wusste ich nicht, ob ich überhaupt dabei sein wollte. Sie fehlt mir ja so ...
Aber dann dachte ich: Doch, das bin ich ihr schuldig.
Schon zwei Jahre ist diese schlimme Überschwemmung her. Niemals hätten wir damals gedacht, dass der Damm nicht halten würde. ...

Folie

M

a) Plane deinen inneren Monolog:
– Lies die Ballade und versetze dich in Johannas Mutter. Finde dann auf die Fragen im **TIPP** (S. 63, 2. Hinweis) Antworten im Text. Markiere sie.
– Lege ein Cluster an und halte darin die Antworten auf die Fragen fest.
– Überlege, welche Antworten du in welcher Reihenfolge verwenden willst. Nummeriere sie.

b) Schreibe mithilfe deiner Notizen den inneren Monolog aus der Sicht von Johannas Mutter. Beachte die Hinweise 3 bis 7 im **TIPP** auf Seite 63.

→ So könntest du beginnen: Eine schöne Feier war das, zu welcher der Bürgermeister mich eingeladen hat. Schließlich ist es meine Tochter, für die man das Denkmal aufgestellt hat. Schon zwei Jahre ist es her, dass ich meine Kleine verloren habe. Und sie fehlt mir so ... Ich weiß noch, wie es anfing. ...

6 Stellt eure Ergebnisse in der Klasse vor. Prüft dabei Folgendes:
– Passen die Gedanken und Gefühle zu Johannas Mutter?
– Stimmen die dargestellten Ereignisse mit dem Inhalt überein?
– Werden die Textmerkmale (Tagebucheintrag / innerer Monolog) eingehalten?

G Einen Tagebucheintrag überarbeiten

Hallo Arno! Heute war die Einweihung des Denkmals. Die Zeremonie hat die Wunden von damals wieder aufgerissen. Ich denke unaufhörlich an diesen schlimmen Tag. Aber es tröstet mich, dass jeder, der am Denkmal vor- 5 beigehen wird, sich an meine Johanna erinnert. Niemals hätte ich geglaubt, dass es nicht hält. Aber schließlich passierte es. Doch ich war zu schwach, um mich allein in Sicherheit zu bringen. Meine liebe Johanna half mir. Doch da rief die Mitbewohnerin um Hilfe! Johanna riet ihnen, kurz auf dem Hügel zu warten, bis sie zurückkommt. 10 Sogar an unsere Ziege hat sie gedacht! Ich wollte sie noch festhalten – aber Johanna riss sich von mir los und watete mutig zurück, obwohl das Wasser nun schon gestiegen war. Hätte sie es ihr doch nur verboten, noch einmal loszugehen! Und so musste die arme Mutter mitansehen, wie Johanna in den Fluten versank. Wie konnte sie nur so dumm sein und 15 wieder zurückgehen? Bei der Einweihung war ich sehr traurig, aber auch stolz auf meine Tochter. Sie rettete die Nachbarin und ihre Kinder, ihr Tod war nicht ganz umsonst.	Datum fehlt falsche Anrede genauer genauer genauer nicht richtig falsche Sichtweise Gedanken unpassend nicht richtig

1 a) Leonie hat einen Tagebucheintrag zu der Ballade „Johanna Sebus" geschrieben. Lies ihren Text. Wie ist dein erster Eindruck?
b) In einer Schreibkonferenz hat Leonie eine Rückmeldung erhalten, was sie verbessern sollte. Betrachte die Markierungen und die Randnotizen. Auf welche Punkte in der **CHECKLISTE** beziehen sie sich?
c) Übernimm die Tabelle in dein Heft. Ordne darin die fehlerhaften Textstellen ein (Spalte 2) und notiere dir Verbesserungsvorschläge (Spalte 3).
d) Prüfe deinen Tagebucheintrag mit der **CHECKLISTE** und überarbeite ihn.

Checkliste Nr.	Das muss überarbeitet werden:	Verbesserungsvorschläge:
6	Datum ergänzen	Brienen, den …
	Hallo Arno (kein Brief)	Liebes Tagebuch,

☑ CHECKLISTE

Einen Tagebucheintrag verfassen
1. Entspricht dein Text der Aufgabenstellung? Über welche Situation (Denkmal zu Ehren ihrer toten Tochter) denkt die Figur nach?
2. Gibt dein Text alle wichtigen Ereignisse der Ballade richtig wieder?
3. Erzählst du das Geschehen aus der Sicht der Figur (Ich-Form)?
4. Passen die Gedanken und Gefühle zur Figur?
5. Nennst du Wünsche oder Ängste der Figur?
6. Hast du die Merkmale des Tagebuchs (Datum, Anrede) beachtet?

M Einen inneren Monolog überarbeiten

kein Brief = 7

Situation beachten = ...

Vergangenheit = ...

> Liebe Anja!
> Alle sind sie dagewesen! Das tröstet mich ein bisschen, dass keiner fehlt. Schließlich wird meine Johanna geehrt. Zu Recht. Sie hat sich ja auch geopfert. Wie gut, dass ich hingegangen bin, auch wenn es die Wunde von
> 5 damals wieder aufreißt. Ein Jahr ist es schon her ... Wir hätten nie gedacht, dass der Damm nicht hält. So eine schlimme Überschwemmung war das! Wie tapfer Johanna war. Erst rettet sie mich, dann geht sie wieder zurück! Hätte die Mutter ihr das bloß verboten. Sie wollte sie noch festhalten. Aber Johanna hat sich ja losgerissen. Typisch! Das Kind hat ja
> 10 nie auf mich gehört und dann kam sie das teuer zu stehen! Und wo waren alle ihre Freunde, als Johanna sie so dringend gebraucht hat? Jeder wollte nur die eigene Haut retten. Nur meine Tochter hat nicht an sich selbst gedacht. Sonst hätten die Nachbarin und ihre Kinder bestimmt nicht überlebt. ... Mein armes Kind ... könnte ich doch die Zeit zurückdrehen.
> 15 Was wenn ...? Aber es bringt ja nichts, sich darüber Gedanken zu machen. Es tröstet mich, dass die Menschen noch in 200 Jahren wissen werden, wie großartig meine Johanna war.

Folie

1 a) Janusz hat einen inneren Monolog zu der Ballade „Johanna Sebus" verfasst. Wie ist dein erster Eindruck?
b) Auf welche Punkte der CHECKLISTE beziehen sich die Randnotizen?
c) Markiere weitere Stellen im Text, die nicht gelungen sind. Ordne sie den Punkten in der CHECKLISTE zu.

→ Diese Zeilenangaben zeigen dir, wo Janusz den Text noch verbessern könnte und welche Punkte der CHECKLISTE er nicht beachtet hat:
Z. 2–5 = 1, Z. 7, 9 und 13/14 = 2, Z. 8 = 3.

d) Notiere dir für die markierten Stellen Verbesserungsvorschläge.
e) Überarbeite den inneren Monolog und schreibe ihn sauber in dein Heft.
f) Prüfe deinen inneren Monolog mit der CHECKLISTE und überarbeite ihn.

☑ CHECKLISTE

Einen inneren Monolog schreiben
1. Entspricht dein Text der Aufgabenstellung? Über welche Situation (Denkmal zu Ehren ihrer toten Tochter) denkt die Figur nach?
2. Gibt dein Text alle wichtigen Ereignisse genau und richtig wieder?
3. Erzählst du das Geschehen aus der Sicht der Figur (Ich-Form)?
4. Passen die Gedanken und Gefühle zur Figur?
5. Verwendest du im Text die richtigen Zeitformen?
6. Hast du die Merkmale des inneren Monologs (Ausrufe ...) beachtet?

Kompetenz-Check: eine Ballade aus der Sicht einer Figur wiedergeben

Der Reiter und der Bodensee
Gustav Schwab (1792–1850)

Der Reiter reitet durchs helle Tal,
Auf Schneefeld schimmert der Sonne Strahl.

Er trabet im Schweiß durch den kalten Schnee,
Er will noch heut an den Bodensee;

5 Noch heut mit dem Pferd in den sichern Kahn,
Will drüben landen vor Nacht noch an.

Auf schlimmem Weg, über Dorn und Stein,
Er braust auf rüstigem Ross feldein.

Aus den Bergen heraus, ins ebene Land,
10 Da sieht er den Schnee sich dehnen wie Sand.

Weit hinter ihm schwinden Dorf und Stadt,
Der Weg wird eben, die Bahn wird glatt.

In weiter Fläche kein Bühl[1], kein Haus,
Die Bäume gingen, die Felsen aus;

15 So fliegt er hin eine Meil[2], und zwei,
Er hört in den Lüften der Schneegans Schrei;

Es flattert das Wasserhuhn empor,
Nicht anderen Laut vernimmt sein Ohr;

Keinen Wandersmann sein Auge schaut,
20 Der ihm den rechten Pfad vertraut.

Fort geht's, wie auf Samt, auf dem weichen Schnee,
Wann rauscht das Wasser, wann glänzt der See?

Da bricht der Abend, der frühe, herein:
Von Lichtern blinket ein ferner Schein.

25 Es hebt aus dem Nebel sich Baum an Baum,
Und Hügel schließen den weiten Raum.

Er spürt auf dem Boden Stein und Dorn,
Dem Rosse gibt er den scharfen Sporn.

Und Hunde bellen empor am Pferd,
30 Und es winkt im Dorf ihm der warme Herd.

„Willkommen am Fenster, Mägdelein,
An den See, an den See, wie weit mag's sein?"

Die Maid, sie staunet den Reiter an:
„Der See liegt hinter dir und der Kahn.

35 Und deckt' ihn die Rinde von Eis nicht zu,
Ich spräch, aus dem Nachen[3] stiegest du."

Der Fremde schaudert, er atmet schwer:
„Dort hinten die Ebne, die ritt ich her!"

Da recket die Magd die Arm in die Höh:
40 „Herr Gott! so rittest Du über den See!

An den Schlund, an die Tiefe bodenlos,
Hat gepocht des rasenden Hufes Stoß!

Und unter dir zürnten[4] die Wasser nicht?
Nicht krachte hinunter die Rinde dicht?

45 Und du wardst nicht die Speise der stummen Brut[5],
Der hungrigen Hecht in der kalten Flut?"

Sie rufet das Dorf herbei zu der Mär[6],
Es stellen die Knaben sich um ihn her.

Die Mütter, die Greise, sie sammeln sich:
50 „Glückseliger Mann, ja, segne du dich!

Herein zum Ofen, zum dampfenden Tisch,
Brich mit uns das Brot und iss vom Fisch!"

Der Reiter erstarret auf seinem Pferd,
Er hat nur das erste Wort gehört.

55 Es stocket sein Herz, es sträubt sich sein Haar,
Dicht hinter ihm grinst noch die grause[7] Gefahr.

Es siehet sein Blick nur den grässlichen Schlund,
Sein Geist versinkt in den schwarzen Grund.

Im Ohr ihm donnert's, wie krachend Eis,
60 Wie die Well umrieselt ihn kalter Schweiß.

Da seufzt er, da sinkt er vom Ross herab,
Da ward ihm am Ufer ein trocken Grab.

[1] Hügel
[2] kurz für Meile; altes Längenmaß
[3] flaches Boot, Kahn
[4] zornig, wütend sein
[5] Nachkommen bei Tieren
[6] Nachricht
[7] schrecklich

G Einen Tagebucheintrag verfassen

Schreibe zu der Ballade *Der Reiter und der Bodensee* einen Tagebucheintrag aus der Sicht der **Magd**. Darin berichtet sie am selben Abend von der Begegnung mit dem Reiter und seinem unglücklichen Ende.

1 Plane deinen Tagebucheintrag:
  a) Erschließe dir die Ballade auf Seite 69.
  b) Versetze dich in die Magd und finde Antworten auf die W-Fragen.
  Markiere sie im Text:
  – Über welche Situation denkst du nach?
  – Was hast du erlebt?
  – Was hast du empfunden?
  – Wie denkst du über andere Figuren und ihr Verhalten?
  c) Sammle deine Antworten stichwortartig in einem Cluster.

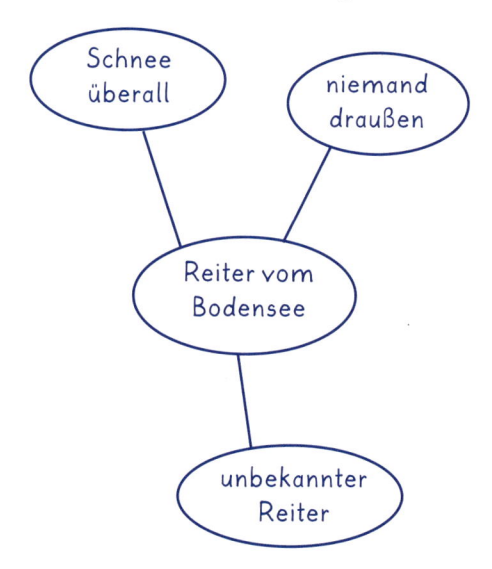

Cluster:
- Schnee überall
- niemand draußen
- Reiter vom Bodensee
- unbekannter Reiter

  d) In welcher Reihenfolge willst du deine Notizen verwenden? Nummeriere sie.

2 Verfasse nun deinen Tagebucheintrag. Beachte dabei, dass du die Perspektive deiner Figur einhältst und in der Ich-Form schreibst.
So kannst du beginnen:

Konstanz, den …

Liebes Tagebuch,

heute habe ich etwas Unheimliches erlebt. Am Abend kam nämlich ein fremder Reiter bei uns an, den ich noch nie zuvor in unserem Dorf gesehen habe. Aber am besten erzähle ich von vorne. Die letzten Tage waren bei uns am Bodensee bitterkalt …

3 a) Überarbeite deinen Text mithilfe der **CHECKLISTE** auf Seite 67.
  b) Schreibe deinen überarbeiteten Text noch einmal fehlerfrei ab.

M Einen inneren Monolog schreiben

Schreibe zu der Ballade *Der Reiter und der Bodensee* einen inneren Monolog aus der Sicht der **Magd**: Sie denkt am Abend der Begegnung mit dem Reiter an sein unglückliches Ende und wie es dazu kommen konnte.

1 Plane deinen inneren Monolog:
   a) Erschließe die Ballade auf Seite 69.
   b) Versetze dich in die Figur hinein und finde Antworten auf folgende Fragen. Markiere sie im Text.
   – Was hast du erlebt?
   – Welche Figuren waren daran beteiligt?
   – Was denkst und fühlst du dabei?
   – Wie hast du dich verhalten und warum?
   c) Lege ein Cluster an und halte darin die Antworten auf die Fragen fest.
   d) Überlege, welche Antworten du in welcher Reihenfolge verwenden willst. Nummeriere sie.

   Folie

2 Verfasse nun deinen inneren Monolog. Beachte dabei, dass du die Perspektive deiner Figur einhältst und in der Ich-Form schreibst.

3 a) Überarbeite deinen inneren Monolog mithilfe der **CHECKLISTE** auf Seite 68.
   b) Schreibe deinen überarbeiteten Text noch einmal sauber ab.

Im Blickpunkt: Sprache betrachten
Sprachliche Bilder unterscheiden

A Und jetzt, <u>als ob Feuer vom Himmel fiel'</u>,
erglüht es in niederschießender Pracht
Überm Wasser unten ... Und wieder ist Nacht.

B Aus den Bergen heraus, ins ebene Land,
Da <u>sieht er den Schnee sich dehnen wie Sand</u> ...
Fort geht's, <u>wie auf Samt</u>, auf dem
   weichen Schnee ...

Im Ohr ihm donnert's, <u>wie krachend Eis</u>,
<u>Wie die Well</u> umrieselt ihn kalter Schweiß.

C Und es war der Zug. Am Süderturm
<u>Keucht er vorbei</u> jetzt gegen den Sturm,
Und Johnie spricht: „Die Brücke noch!
Aber was tut es, wir zwingen es doch.
Ein fester Kessel, ein doppelter Dampf,
<u>Die bleiben Sieger in solchem Kampf</u>.

D An <u>den Schlund</u>, an die Tiefe bodenlos,
Hat gepocht <u>des rasenden Hufes Stoß</u>!

Und unter dir <u>zürnten die Wasser</u> nicht?
Nicht krachte hinunter <u>die Rinde</u> dicht?

1 In Balladen bedienen sich die Dichter einer besonderen Sprache. Untersuche sie in deiner Aufgabe genauer:

G a) Die unterstrichenen Textstellen in A und B zeigen sprachliche Bilder. Lies dazu den 1. Hinweis in der **INFO**.
b) Woran erkennst du, dass es Vergleiche sind? Erkläre.
c) Besprich mit einem Partner, was damit ausgedrückt werden soll. Notiert die Bedeutungen: Bei „Feuer, das vom Himmel fällt" müssen wir an ... denken. Wir deuten das Bild so, dass der Zug ...

M a) Gib die unterstrichenen Textstellen in A–D mit eigenen Worten wieder.
b) Worin unterscheiden sich deine Formulierungen von den Textstellen?
c) Die Textstellen zeigen sprachliche Bilder. Lies dazu die **INFO**.
d) Übernimm die Tabelle und ordne die Textstellen den richtigen Spalten zu. Notiere dahinter, was sie bedeuten.
e) ↪ Suche weitere sprachliche Bilder im Kapitel. Ordne sie in die Tabelle ein.

Vergleich	Metapher	Personifikation
...	der ... Schlund = tiefes Loch, das ...	keucht er vorbei = der Zug; wie ein ..., der sich ...

ℹ INFO

Vergleich, Metapher, Personifikation
1. Mit einem Vergleich kann etwas anschaulicher dargestellt werden:
   Es schüttet wie aus Kübeln.
   Den Vergleich erkennst du an den Wörtern „wie" oder „als ob".
2. Eine Metapher ist ein bildhafter, übertragener Vergleich ohne die Wörter „wie" oder „als ob": *Wüstenschiff = Kamel*.
3. Eine Personifikation überträgt menschliche Eigenschaften auf Naturerscheinungen oder Gegenstände: *die Sonne <u>lacht</u>*.

Im Blickpunkt: richtig schreiben
Texte überarbeiten – Rechtschreibung prüfen

Kiel, den 18.9.1904

(A) Liebes Tagebuch,
ein Tak, der mehr als aufregend war, geht zu Ende. Angefangen hatte | R1
es damit, dass das wetter immer schlechter wurde. Es hatte fürchterlig | R2, R3
5 gestürmt. Ich hielt mich gerade bei meiner Mutter auf. Da erreichte uns
die Nachricht, dass ein Schiff vor unserer Küste in Not geratten ist. Na- | R4
türlich habe ich mich sofort auf den Wek zur Unglücksstele gemacht. | R5, R6
Das Schiff war nur noch ein Wrack und hielt sich gerade so auf der
Santbank. Da sah ich oben im Mast einen Mann hängen. Mir war klar, | R7
10 dass ich sofort handeln musste, wenn ich diesen armen Matrosen ret-
ten wollte. Es ging um Leip und Leben! | R8
(B) Doch plötzlich faste mich meine Mutter an der hand. Sie befürchte- | R9, R10
te, dass es mir genauso ergehen könnte wie meinem Vater und meinen
Brüdern. Vater und Momme sind ja mit ihrem Schiff untergegangen
15 und Uwe ist seit drei Jaren verschwunden. Deshalb wollte Mutter es | R11
mir verbieten, nun auch mein Leben zu gefehrden. | R12
Ich konnte sie schon versteen. Schließlich bin ich der einzige Mensch, | R13
den sie noch hat. Aber ich konnte den Mann im Mast doch nicht einfach
im Stich lassen. Er hat doch auch eine Mutter, die ihn vermißen würde! | R14
20 Also sprank ich mit sechs weiteren helfern in das Rettungsboot. | R15, R16
(C) Ich hätte nie geglaubt, dass ich das überleben würde. Wir wurden
hin und her geschaukelt. Beinae were auch unser Boot umgekippt. Als
wir das Wrack erreichten, traute ich meinen Augen kaum: Es war Uwe,
der dort im Mast hing! Ich war überglücklich und schloss meinen Bru-
25 der in die Arme. Meine Mutter war so fro, dass sie in Trenen ausbrach.
Endlich sind wir wieder vereint!

1 Svenja hat mehrere Rechtschreibfehler (R) gemacht. Verbessere sie mithilfe der Rechtschreibstrategien auf Seite 255. Wähle deine Aufgabe:

Seite 255

G Die Fehlerwörter in Abschnitt (A) sind bereits markiert. Wende folgende Strategien an, um die richtige Schreibweise herauszufinden: **R2: Signale der Großschreibung beachten / R3: Wörter verlängern / R4: Auf die Länge des Vokals achten / R5: Wörter verlängern / R6: Auf die Länge des Vokals achten / R7: Wörter zerlegen und verlängern / R8: Wörter verlängern.**
Schreibe so: R1: Wörter verlängern (die Tage) → Tag.

M a) Die Fehlerwörter in Abschnitt (A) sind bereits markiert. Wende passende Rechtschreibstrategien an, um die richtige Schreibweise zu ermitteln. Schreibe so: R1: Wörter verlängern (die Tage) → Tag.
b) Kontrolliere Abschnitt (B) des Textes alleine und markiere die Fehlerwörter. Du findest am Rand Hinweise, wo wie viele Rechtschreibfehler (R) stehen.

Folie

c) → Finde die Fehler auch für Abschnitt (C). Es sind sieben. Markiere und verbessere sie mithilfe der passenden Rechtschreibstrategie.

Folie

Im Blickpunkt: Lesen

Erlkönig
Johann Wolfgang von Goethe (1749–1832)

Wer reitet so spät durch Nacht und Wind?
Es ist der Vater mit seinem Kind;
Er hat den Knaben wohl in dem Arm,
Er fasst ihn sicher, er hält ihn warm.

5 Mein Sohn, was birgst[1] du so bang dein Gesicht? –
Siehst, Vater, du den Erlkönig nicht?
Den Erlenkönig mit Kron und Schweif? –
Mein Sohn, es ist ein Nebelstreif. –

„Du liebes Kind, komm, geh mit mir!
10 Gar schöne Spiele spiel ich mit dir;
Manch bunte Blumen sind an dem Strand;
Meine Mutter hat manch gülden[2] Gewand."

Mein Vater, mein Vater, und hörest du nicht,
Was Erlenkönig mir leise verspricht? –
15 Sei ruhig, bleibe ruhig, mein Kind;
In dürren Blättern säuselt der Wind. –

„Willst, feiner Knabe, du mit mir gehn?
Meine Töchter sollen dich warten[3] schön;
Meine Töchter führen den nächtlichen Reihn[4]
20 Und wiegen und tanzen und singen dich ein."

Mein Vater, mein Vater, und siehst du nicht dort
Erlkönigs Töchter am düstern Ort? –
Mein Sohn, mein Sohn, ich seh es genau;
Es scheinen die alten Weiden so grau. –

25 „Ich liebe dich, mich reizt deine schöne Gestalt;
Und bist du nicht willig, so brauch ich Gewalt."
Mein Vater, mein Vater, jetzt fasst er mich an!
Erlkönig hat mir ein Leids getan! –

Dem Vater grauset's, er reitet geschwind,
30 Er hält in Armen das ächzende Kind,
Erreicht den Hof mit Mühe und Not;
In seinen Armen das Kind war tot.

[1] kurz für verbirgst
[2] goldenes
[3] pflegen
[4] Rundtanz

1 **a)** Lies die Ballade erst still für dich. Erkläre die Bedeutung von Wörtern, die du nicht verstanden hast, möglichst aus dem Textzusammenhang.
b) Gib das Geschehen in den Strophen mit jeweils einem Satz wieder:
Strophe 1: Der Vater reitet mit seinem Sohn durch die Nacht.
Strophe 2: Der Sohn ängstigt sich vor dem Erlenkönig. ...

2 Die Ballade von Johann Wolfgang von Goethe eignet sich sehr gut für einen gestaltenden Vortrag. Bildet dafür 4er-Gruppen und geht dann so vor:
a) Welche Sprecher tauchen in der Ballade auf? Verteilt sie in eurer Gruppe.
b) Markiert im Text die Passagen der Sprecher mit unterschiedlichen Farben.   Folie
c) Bereitet die Ballade mithilfe von Vorlesezeichen für den Vortrag vor. Lest dazu die ersten beiden Hinweise im **TIPP**.
d) Welche unterschiedlichen Gefühle durchleben die Figuren in den Strophen?   Folie
Lest den dritten Hinweis im **TIPP** und wählt dann aus dem Wortmaterial unten passende Wörter aus. Schreibt sie als Regieanweisung neben den Text.
Vater (besorgt): Mein Sohn, / was birgst du so bang dein Gesicht? //
Sohn (. . .): Siehst, Vater, du den ...

> erleichtert / fröhlich / zuversichtlich / selbstbewusst / entschlossen / sachlich / besorgt/ aufgeregt / ängstlich / beschwörend / bestürzt / wütend / verzweifelt / beunruhigt / stolz / panisch / energisch / entsetzt / flehentlich / neugierig / unternehmungslustig / angeberisch / überlegen /zuversichtlich / bedrohlich

3 ↪ Gestaltet zu der Ballade ein Soundscape und untermalt damit euren Vortrag.   Seite 56

4 **a)** Probt euren Balladenvortrag in der Gruppe. Führt ihn dann der Klasse vor.
b) Beim Balladenvortrag hört der Rest der Klasse genau zu, um den Sprechern hinterher eine Rückmeldung geben zu können. Teilt dazu die Klasse in Gruppen ein. Jede Gruppe achtet dann auf den Sprecher einer bestimmten Rolle. Notiert, ob er gut betont hat und ob das Sprechtempo angemessen war.
c) Sprecht über die unterschiedlichen Betonungsmöglichkeiten.

💡 TIPP

So könnt ihr mit der Stimme gestalten:
1. Betonung und Pausen helfen, einen Text zu verstehen. Unterstreicht Wörter, die ihr betonen wollt. Kennzeichnet Pausen durch einen senkrechten Strich (/ = kurze Pause, // = lange Pause):
Mein Sohn, / was birgst du so bang dein Gesicht? //
Siehst, Vater, du den Erlkönig nicht? //
2. Mit der Stimme könnt ihr schnell (...) oder langsam (...), laut (⟨) oder leise (⟩) sprechen. Macht euch unter oder über den Textstellen entsprechende Notizen zur Geschwindigkeit oder Lautstärke.
3. Eine Stimme kann *ängstlich, verächtlich, wütend, zärtlich* ... klingen. Überlegt daher, welche Stimmung ein Satz wiedergeben soll. Macht euch dazu Notizen am Rand.

Von den Mächten der Natur | 1.14. Texte gestaltend vorlesen

Guten Tag, Herr Meyer. Ich bin Hauptkommissar Fuchs. Erzählen Sie mir erst mal ganz in Ruhe, was passiert ist.

Ist das Ihr Safe?

Ich bin Schulleiter an der Anne-Frank-Realschule. Mir wurden die Unterlagen der zentralen Abschlussprüfungen aus meinem Safe gestohlen. Außerdem hat jemand wichtige Daten von meinem Computer kopiert.

Wann haben Sie bemer[kt], dass jemand an Ihrem [Safe] gewesen ist?

Tag 1

Tatort:
Einfamilienhaus der Familie Meyer, Schillerstraße 36, Lorch;
Montag, 13. Mai, 14.35 Uhr

Dem Täter auf der Spur

1 Betrachte die Bilder und lies den Text in den Sprechblasen. Welche Situation wird hier dargestellt? Tausche deine Vermutungen mit einem Partner aus.

2 Begleite Kommissar Fuchs bei der Lösung des Falls.
  a) Übertrage zunächst die Tabelle von Seite 77 in dein Heft. Lass zwischen den Zeilen einen größeren Abstand, damit du später noch weitere Informationen hinzufügen kannst.
  b) Finde Antworten auf die W-Fragen. Unterstreiche sie in den Sprechblasen.
  c) Trage alle wichtigen Informationen aus den Sprechblasen in die Tabelle ein.
  d) Vergleiche deine Ergebnisse mit denen eines Partners. Verbessere oder ergänze sie, wenn nötig.
  e) Auf den folgenden Seiten findest du weitere Hinweise zum Tathergang. Hilf Kommissar Fuchs und sammle alle Ermittlungsergebnisse in deiner Tabelle.

Folie

②

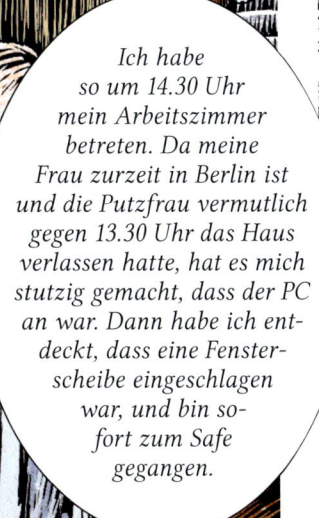

Wurden noch andere Wertgegenstände entwendet?

③

Ja. Die Tür des Safes and offen, als ich gekommen bin. Ich habe gleich gemerkt, dass die Unterlagen fehlen.

Das ist ja das Merkwürdige: Im Safe befanden sich noch Schmuck und ungefähr 1000 Euro Bargeld. Es fehlen aber nur die Unterlagen.

④

Ich habe so um 14.30 Uhr mein Arbeitszimmer betreten. Da meine Frau zurzeit in Berlin ist und die Putzfrau vermutlich gegen 13.30 Uhr das Haus verlassen hatte, hat es mich stutzig gemacht, dass der PC an war. Dann habe ich entdeckt, dass eine Fensterscheibe eingeschlagen war, und bin sofort zum Safe gegangen.

Was würden Sie schätzen, wie hoch der Schaden dieses Diebstahls ist?

⑤

Vermutlich müssen die Prüfungen verschoben und wahrscheinlich sogar die Aufgaben neu entworfen werden. Was das für Kosten verursachen würde. Das wäre eine Katastrophe!

Tatbestand	WAS?	
Tatzeit	WANN?	
Tatort	WO?	
Täter und Beteiligte	WER?	
Tathergang	WIE?	
Tatmotiv	WARUM?	
Entstandener Schaden	WELCHE FOLGEN?	

In diesem Kapitel erfährst du, wie du Inhalte sachlich darstellen und eigene Berichte verfassen kannst.

Dem Täter auf der Spur | 1.7. Durch gezieltes Fragen Informationen beschaffen

Bei der Kriminalpolizei
– einen Ermittlungsbericht untersuchen

1 Nachdem sich Kommissar Fuchs einen Eindruck vom Tatort verschafft hat, kehrt er wieder in die Polizeidienststelle zurück, um die ersten Ermittlungsergebnisse in einem Bericht festzuhalten. Lies ihn.

Aktenzeichen fu/lo/130516/76c

Erster Bericht

Wer? Unbekannte Täter verübten am Montag, den 13.05.2016, in der Zeit zwischen 13.30 Uhr und 14.30 Uhr in der Schillerstraße 36 in Lorch einen Ein-
5 bruch.

Erste Ermittlungen der Polizeidienststelle Lorch ergaben, dass der Täter eine Fensterscheibe eingeworfen hatte, um in das Haus der Familie Meyer zu gelangen. Dort entwendete der Täter Prüfungsunterlagen aus einem Safe und kopierte mehrere Computerdateien vom PC des Geschädigten.
10 Andere Wertgegenstände, Schmuck und 1000 Euro Bargeld, ließ der Einbrecher hingegen im Safe zurück. Das Motiv für diesen Einbruch ist bisher unbekannt. Es wird aber ein Zusammenhang mit den Prüfungen an der Anne-Frank-Realschule vermutet.

Am Wohnhaus entstand ein nur geringer Sachschaden. Die Entwendung
15 der Prüfungsunterlagen könnte jedoch enorme Kosten zur Folge haben, da die Prüfungsaufgaben neu entworfen und die Prüfungen wahrscheinlich verschoben werden müssten.

Untersucht den Bericht des Kommissars genauer. Macht euch dabei Notizen. Vergleicht eure Lösungen zu den Aufgaben **2** bis **4** im **Lerntempoduett**.

Seite 298

2 a) Stellt Vermutungen an, wozu ein solcher Bericht wohl geschrieben wird.
b) Kennzeichne die Einleitung, den Hauptteil und den Schluss. Was steht in den einzelnen Teilen? Beachte die Hinweise 4-6 in der **INFO**.
c) Unterstreiche die Antworten auf die W-Fragen und notiere in der Randspalte die entsprechende W-Frage.
d) Warum werden die Antworten auf die W-Fragen in einer bestimmten (zeitlichen) Reihenfolge dargestellt? Erkläre.

Folie

→ Überlege: Was für Folgen könnte es haben, wenn die im Bericht dargestellte zeitliche Reihenfolge nicht mit den wirklichen Ereignissen übereinstimmt?

3 Vergleiche den folgenden Textabschnitt mit den Zeilen 6–8 des Berichts:
Erste eifrige Ermittlungen der unermüdlichen Polizeidienststelle Lorch ergaben, dass der hinterhältige Täter mit voller Wucht eine Fensterscheibe eingeworfen hatte, um so rechtswidrig in das schöne Haus der Familie Meyer zu gelangen. Der Schulleiter war am Boden zerstört.

Folie

a) Welche Unterschiede stellst du fest? Markiere sie in dem Textabschnitt.
b) Erkläre, weshalb es wichtig ist, Berichte in einer sachlichen Sprache zu verfassen. Beachte dazu den ersten und zweiten Hinweis in der **INFO**.

Folie

4 Betrachte nun die Zeitform, in welcher der Bericht geschrieben wurde:
a) Unterstreiche im Bericht die Verben und bestimme die Zeitformen.
b) Erkläre, warum diese Zeitformen hier verwendet wurden (**INFO**, Hinweis 3).

5 Kennt ihr noch andere Bereiche, in denen Berichte eine wichtige Rolle spielen? Nennt ein paar Beispiele. Vergleicht mit Hinweis 7 in der **INFO**.

ℹ INFO

Bericht
1. Ein Bericht ist ein Sachtext. Er informiert möglichst **genau** über einen bestimmten Vorfall. So soll sich eine Person, die an dem Geschehen nicht beteiligt war, einen eigenen Eindruck davon machen können.
2. Berichte werden in einer **sachlichen Sprache** ohne persönliche Kommentare geschrieben. Dies könnte sonst die Meinung des Lesers beeinflussen.
3. Berichte handeln von zurückliegenden Ereignissen. Daher werden sie in den **Zeitformen der Vergangenheit** geschrieben (Präteritum, Plusquamperfekt).
4. In der **Einleitung** wird zunächst ein kurzer Gesamtüberblick über den Vorfall gegeben: Wann? Wo? Wer? Was?
5. Im **Hauptteil** wird ausführlich dargestellt, wie sich der Vorfall zugetragen hat und welche Gründe dazu geführt haben: Wie? Warum?
6. Der **Schluss** erklärt, welche Auswirkungen der Vorfall hat: Welche Folgen?
7. Berichte verwendet man vor allem dort, wo Ereignisse zur Untersuchung nachvollzogen werden müssen: Presse, Polizei, Versicherung, Gericht.

Seite 208/209

Einen Ermittlungsbericht schreiben

Zeugenaussage von Herrn Meyer, Dienstag, 14. Mai

Polizist: Guten Tag, Herr Meyer. Schön, dass Sie sich noch einmal Zeit für uns nehmen. Kommen wir doch gleich zur Sache. Kennen Sie jemanden, der vom Verschwinden der Prüfungsunterlagen profitieren würde?

Herr Meyer: Wir haben zwei Schüler in der Abschlussklasse. Für sie ist die Prüfung besonders wichtig, da sie sonst keinen guten Abschluss erhalten. Das trifft zum einen auf Bernd Köhler zu. Und dann ist da noch Sven Pfitz.

Polizist: Der Dieb verfügt wahrscheinlich auch über die Zahlenkombination für Ihren Safe. Bewahren Sie die Kombination irgendwo auf?

Herr Meyer: Ja, ich habe einen kleinen Zettel in meiner Aktentasche. Dort stehen ein paar Telefonnummern. Bei Onkel Willi steht die Zahlenkombination. Sie müssen wissen: Ich habe nämlich gar keinen Onkel Willi.

Polizist: Sehen Sie, die Reihe der Verdächtigen kann nicht groß sein. Wer wusste denn, dass Sie nach der Schule nicht direkt nach Hause gehen würden?

Herr Meyer: Ich bin ab 7.30 Uhr in der Schule. Am Vormittag kommt immer unsere Putzfrau, Frau Pfitz. Sie arbeitet ungefähr bis 13.30 Uhr. Um diese Uhrzeit bin ich eigentlich wieder zu Hause, um den ganzen Papierkram zu erledigen. Ich mache das lieber in meinem Büro zu Hause, weil ich da einfach mehr Ruhe habe. Nur heute hat es in der Schule etwas länger gedauert als sonst.

Polizist: Was ist Ihnen denn dazwischengekommen?

Herr Meyer: Ich hatte um 13.30 Uhr noch ein Elterngespräch. Herr und Frau Köhler waren bei mir im Büro. Sie wollten mit mir über den Abschluss ihres Sohnes Bernd reden. Die Eltern möchten, dass der Junge die Prüfungen gut besteht, damit er seine Ausbildung bei der Computerfirma Lürssen und Söhne machen kann. Sie müssen wissen, dass die nur Schüler mit sehr guten Abschlussnoten nehmen. Bernd ist aber eher ein mittelmäßiger Schüler. Nach dem Gespräch war Herr Köhler sehr verärgert und verließ wütend mein Büro. Seine Frau blieb noch ein paar Minuten länger, aber so um 14.15 Uhr hat auch sie das Schulgebäude verlassen.

1 a) Im Zuge der weiteren Ermittlungen wird Herr Meyer in die Polizeidienststelle gebeten. Dort wird er noch einmal vernommen, um seine Zeugenaussage schriftlich festzuhalten. Lies den Text mit der Zeugenaussage von Herrn Meyer.

b) Welche Informationen sind neu, welche kennst du schon? Markiere alle Angaben blau, die bereits in deiner Tabelle stehen. Neue Informationen unterstreichst du rot.

→ Neue Informationen findest du in den Zeilen 5-8, 11/12 und 22-30.

c) Trage die neuen Informationen in deine Tabelle ein.

Folie

2 Halte den neuesten Stand der Ermittlungen nun selbst in einem Bericht fest. Lies den **TIPP** und wähle dann deine Aufgabe.

G a) Plane deinen Bericht. Übernimm den Schreibplan und mache dir darin Notizen zu den W-Fragen. Nutze dazu deine Lösungen aus **1 b)** und **c)**.

Schreibplan:	
Einleitung:	
– Was?	– Einbruch bei Familie Meyer …
– Wer?	– Herr Meyer (Geschädigter), … (Tatverdächtige)
– Wann?	– 13. Mai, zwischen … und … Uhr
– Wo?	– Einfamilienhaus der Familie Meyer in …
Hauptteil:	
– Wie?	– Fensterscheibe eingeworfen, …
– Warum?	– …
Schluss:	
Welche Folgen?	– Prüfungsfragen müssen neu …, Prüfung muss …

b) Schreibe mithilfe deines Schreibplans einen Bericht. Beachte dazu die Hinweise 2 bis 4 im **TIPP**. Du kannst den Lückentext ergänzen und fortsetzen.

Zweiter Bericht
Am 13. Mai wurde zwischen … und … im Einfamilienhaus der Familie Meyer in … ein Einbruch verübt. Dabei wurden … aus dem Safe und … gestohlen.
Weitere Ermittlungen der Polizeidienststelle Lorch ergaben, dass als Tatverdächtige … in Frage kommen. So könnte sich der Tathergang zugetragen haben: Der Täter drang wohl in das Haus ein, nachdem …

M a) Plane deinen Bericht. Lege einen Schreibplan an (1. Hinweis im **TIPP**). Trage mithilfe deiner Vorarbeit zu Aufgabe **1 b)** und **c)** die Antworten auf die W-Fragen ein.
b) Verfasse nun mithilfe deines Schreibplans einen Bericht. Beachte dazu die Hinweise 2 bis 4 im **TIPP**.

> **TIPP**
>
> **So schreibst du einen sachlichen Bericht:**
> 1. **Einleitung**: Gib einen Gesamtüberblick über das Ereignis. Fasse die Informationen zu folgenden Fragen kurz zusammen: *Was? Wer? Wann? Wo?*
>   **Hauptteil**: Beschreibe ausführlich, wie und warum es dazu gekommen ist: *Wie? Warum?*
>   **Schluss**: Nenne Auswirkungen oder ein mögliches Ergebnis: *Welche Folgen?*
> 2. Führe die Ereignisse in der **richtigen zeitlichen Reihenfolge** auf.
> 3. Formuliere **sachlich**. Verzichte auf persönliche Kommentare, überflüssige Details und Spannungsmacher.
> 4. Verwende die **Zeitformen der Vergangenheit**: *Herr Meyer verließ das Polizeipräsidium.* (Präteritum) *Herr Meyer verließ das Polizeipräsidium, nachdem er die Fragen des Polizisten beantwortet hatte.* (Plusquamperfekt).

Seite 208/209

Texte sachlich formulieren

1 In einem Bericht musst du immer sachlich bleiben, damit für den Leser kein falscher Eindruck entsteht. Lest gemeinsam den **TIPP** auf Seite 83 und besprecht, was ihr dabei beachten müsst. Bearbeitet dann eure Aufgabe.

G Überarbeite diesen Bericht eines Schülers:

Einbrecher treiben es immer bunter!

Heute passierte etwas Unglaubliches: Die Bewohner eines Einfamilienhauses in der Schillerstraße 36 in Lorch wurden Opfer eines Einbruchs. Komisch ist allerdings, dass nur Prüfungsunterlagen geklaut wurden. Dabei war der Safe voll mit Klunkern und anderen Wertsachen. Wie blöd können Einbrecher eigentlich sein! Zwischen 13.30 Uhr und 14.15 Uhr muss der Einbrecher in die gute Stube gelangt sein, wobei ihn niemand bemerkt hat. Mehr weiß man zum jetzigen Zeitpunkt nicht.
Der Hausbesitzer war schockiert: „Das wirft mich um!", sagte er zu Kommissar Fuchs, der wissen wollte, was geschehen war. Es stellte sich heraus, dass der raffinierte Dieb auf die Prüfungsunterlagen der diesjährigen Abschlussprüfung scharf war. Er durchsuchte zuerst den Computer des Schulleiters und machte sich dann an seinem Blümchenschrank zu schaffen. Pech für ihn zunächst: Der war vorschriftsmäßig mit einem Code gesichert. Wie der Einbrecher ihn trotzdem knacken konnte? Ja, das ist die Frage. Jede Wette, dass der Dieb den Code kannte.
Jetzt sucht also die Polizei nach Leuten, die den Code kennen und für welche die Unterlagen von Bedeutung sein könnten. Der Kommissar blieb jedoch cool und meinte: „Den Dieb haben wir schneller, als er glaubt."

a) Die unsachlichen Textstellen sind bereits unterstrichen. Übernimm die Tabelle und notiere in der zweiten Spalte, weshalb die jeweilige Textstelle unpassend ist.
b) Notiere in der dritten Spalte deine Verbesserungsvorschläge.

Textstelle	Deshalb ist sie unpassend:	Verbesserungsvorschlag:
Überschrift	persönlicher Kommentar / Umgangssprache	Einbruch in …
Z. 2	Spannungsmacher	…
Z. 4	Umgangssprache	…
Z. 4	…	gestohlen
…	…	…

c) Vergleiche deine Ergebnisse mit denen eines Partners. Welche Formulierungen gefallen euch am besten? Verbessert eure Lösungen oder ergänzt sie.

M Überarbeite diesen Bericht eines Schülers. Gehe so vor:

Dreistes Verbrechen in Lorch!

Am heutigen Montag ereignete sich etwas noch nie Dagewesenes! In Lorch in der Schillerstraße 36 wurde in ein Einfamilienhaus eingebrochen. Doch seltsamerweise wurden keine wertvollen Klunker oder Moneten
5 gestohlen, obwohl der Safe voll davon war. Echt dämliche Einbrecher! Zwischen 13.30 Uhr und 14.15 Uhr drang der unbekannte Täter unbemerkt ins Stübchen ein. Das ist jedenfalls der aktuelle Stand der Ermittlungen. „Das hätte ich nie für möglich gehalten!", sagte der sichtlich schockierte Hausbesitzer, als Kommissar Fuchs ihn neugierig nach dem
10 Hergang der Tat fragte. Nach und nach stellte sich heraus, dass der geschickte und zielstrebige Dieb es auf die Prüfungsunterlagen der diesjährigen Abschlussprüfung abgesehen hatte. Zunächst durchforstete er den Computer des Schulleiters und machte sich dann an dessen Blümchenschrank zu schaffen, der aber vorschriftsmäßig mit einem Code gesi-
15 chert war. Wie der Dieb ihn knacken konnte? Ja, das möchte auch Kommissar Fuchs wissen. Er wettet, dass der Dieb den Code gekannt hat. Nun sucht die Polizei Leute, die den Code gekannt haben und etwas mit den Unterlagen anfangen könnten. Kommissar Fuchs blieb relax und sagte: „Es ist nur eine Frage der Zeit, bis wir den Dieb überführt haben!"

a) Lies den Text. Wie ist dein erster Eindruck?
b) Markiere die Textstellen, die du verändern möchtest. Notiere am Rand, weshalb die jeweilige Textstelle unsachlich ist.

Folie

→ Insgesamt gibt es 18 unangemessene Formulierungen. Acht findest du an diesen Stellen im Text: Z. 2, 5, 9, 12, 13, 16 und 18.

c) Schreibe für deine markierten Stellen Verbesserungsvorschläge auf.
d) Überarbeite den Text, sodass er sachlich und sprachlich angemessen ist.
e) Vergleiche deine Formulierungsvorschläge mit denen eines Partners:
– Habt ihr dieselben Textstellen bearbeitet?
– Welche Formulierungen gefallen euch am besten?

💡 TIPP

So schreibst du sachlich:
1. Um einen Text sachlich zu formulieren, musst du auf Erzählmittel verzichten. Dazu gehören:
    – **wörtliche Rede** (*„Ich betrat um 13 Uhr das Haus."*),
    – **Spannungsmacher** (*Plötzlich entdeckte Herr Meyer …*),
    – **ausschmückende Adjektive** (*eine fürchterliche Situation*).
2. Vermeide auch **persönliche Kommentare** und **umgangssprachliche Ausdrücke**: *Der Typ wurde geschnappt und ins Kittchen gebracht.*
    → *Der Täter wurde festgenommen und ins Gefängnis überführt.*

Wichtiges von Unwichtigem unterscheiden

Tag 2 – Verhöre im Fall Meyer

Vernehmung Nr. 1

Verdächtiger: *Tim Köhler, geboren am 23.8.1967, wohnhaft in der Weißengasse 11, 73547 Lorch, verheiratet, Computerspezialist bei Seidel & Meier*

„Herr Meyer ist der Schulleiter meines Sohnes Bernd. Im Augenblick machen wir uns Sorgen um ihn. Aus dem Jungen soll schließlich mal was werden. Er ist ein richtiger Computercrack, genau wie ich. Mit dem Diebstahl der Prüfungsunterlagen habe ich nichts zu tun. Natürlich kann ich mir denken, dass der Schulleiter wichtige Dokumente zu Hause aufbewahrt. Ob er einen Safe hat und wo sich dieser befinden könnte, weiß ich allerdings nicht. Ich habe auch ein Alibi. Zwischen 13.30 Uhr und 14.00 Uhr war ich mit meiner Frau im Gespräch mit Herrn Meyer. Ich habe so um 14.10 Uhr das Schulgebäude verlassen. Ich musste erst einmal eine Zigarette rauchen. Als meine Frau etwa 10 Minuten später kam, haben wir gemeinsam das Schulgelände verlassen. Bernd wartete im Wagen auf uns. Wir waren heute mit meinem Firmenwagen unterwegs, einem neuen 5er BMW."

Vernehmung Nr. 2

Verdächtiger: *Bernd Köhler, geboren am 9.5.2001, wohnhaft in der Weißengasse 11, 73547 Lorch, Schüler*

„Ich bin Schüler der Anne-Frank-Realschule und besuche die zehnte Klasse. Ich kenne Herrn Meyer ganz gut. Er ist Schulleiter an meiner Schule und unterrichtet in meiner Klasse seit zwei Jahren Geschichte. Mit dem Diebstahl der Prüfungsunterlagen habe ich nichts zu tun. Ich wusste zwar vom Aufbewahrungsort der Unterlagen, weil ich ein Gespräch von Herrn Meyer mitgehört habe, aber ehrlich gesagt interessiere ich mich nicht dafür. Mir ist egal, was ich für einen Abschluss mache. Ich habe eh keine Lust auf eine Ausbildung bei der Firma Lürssen und Söhne. Für die Tatzeit habe ich kein Alibi. Ich habe nach der Schule alleine im Auto auf meine Eltern gewartet. Wenigstens hatte ich mein Handy dabei. Ich habe so eine neue coole Spiele-App, damit kriegt man die Zeit ganz gut rum. Mit den Fußabdrücken im Vorgarten habe ich nichts zu tun. Zwar hatte ich meine schwarzen Adidas-Turnschuhe in der Größe 43 an. Aber die trägt hier fast jeder zweite Junge."

Vernehmung Nr. 3

Verdächtiger: *Sven Pfitz, geboren am 17.04.2001, wohnhaft in der Stadtallee 43, 73547 Lorch, Schüler*

„Ich bin Schüler der Abschlussklasse. Ich bin froh, wenn ich das Zeugnis endlich in der Tasche habe. Dass ich nicht der beste Schüler bin, ist Ihnen sicherlich bekannt, sonst würde ich hier nicht sitzen, oder? Mit dem Diebstahl der Prüfungsunterlagen habe ich nichts zu tun. Ich bin direkt nach der Schule nach Hause gegangen und habe das Mittagessen für meine jüngeren Geschwister gekocht. Wer schon vorher die Prüfungsunterlagen hat, ist natürlich klar im Vorteil, das weiß doch jeder. Außerdem kann man die prima über das Internet loswerden. Bestimmt kein schlechtes Geschäft. Natürlich weiß ich von dem Safe des Schulleiters. Meine Mutter arbeitet schließlich für ihn. Die Zahlenkombination kennt sie auch. Aber Sie wissen ja, dass sie mir diese nicht sagen darf."

Vernehmung Nr. 4

Zeugin: *Hildegard Kühner, geboren am 06.01.1945, wohnhaft in der Schillerstraße 33, 73547 Lorch, geschieden*

„Ich wohne genau gegenüber vom Haus der Familie Meyer und kenne die Familie sehr gut. Sehr nette Leute. Gestern Mittag sind mir ein paar merkwürdige Sachen aufgefallen. Kurz vor 13.30 Uhr ist die Putzfrau gegangen. Dabei hat sie das Tor offen gelassen. Das macht sie sonst nie. Die arme Frau, nichts als Ärger hat sie. Sie ist verwitwet und muss ihre drei Kinder mit Putzen durchbringen. Und die danken ihr das nur mit schlechten Noten. Später habe ich einen dunklen Wagen beobachtet, der in die Einfahrt eingebogen ist. Das war so um kurz vor 14.00 Uhr. Ich konnte nur erkennen, dass es sich um einen großen dunklen Wagen handelte, mehr habe ich nicht gesehen. Es könnte ein BMW gewesen sein. Ach, mir ist noch aufgefallen, dass dort ein Mann und eine Frau saßen. Aus dem Wagen stieg jedoch keiner aus. Sie wendeten in der Hofeinfahrt und fuhren dann auf den gegenüberliegenden Lehrerparkplatz. Vielleicht wollten sie zur Schule und haben sich verfahren. Das kommt öfter vor."

Vernehmung Nr. 5

Zeugin: *Elfriede Maibaumer, geboren am 20.01.1968, wohnhaft in der Stuttgarter Straße 14, 73547 Lorch, verheiratet*

„Ich arbeite in der Schule als Putzfrau. Da wird immer ein Dreck hinterlassen, das können Sie sich nicht vorstellen. Kurz nach 14.00 Uhr kam ein Mann aus dem Schulgebäude. Er ist mir aufgefallen, weil er sehr nervös wirkte. Er hat laut vor sich hin geschimpft, hat eine Zigarette geraucht, mir die Kippe natürlich auf den Boden geworfen und ist zu seinem Auto gegangen. Ein BMW, glaub ich. Schicke Karosse, hatte aber eine scheußliche Farbe. Im Auto saß noch ein Jugendlicher, den ich nicht erkennen konnte. Zur gleichen Zeit ist mir aber etwas Seltsames aufgefallen. Ich kann von der Schule auch sehr gut in die Einfahrt von Herrn Meyers Haus sehen. Dort ist ein Junge verdächtig ums Haus herumgeschlichen. Er wirkte sehr nervös und hat sich immer umgeschaut. Er sah aus, als hätte er irgendetwas unter seiner Jacke versteckt. Als er mich gesehen hat, hat er verlegen den Kopf gesenkt. Der Junge kam mir irgendwie bekannt vor. Ich glaube, dass seine Mutter für Herrn Meyer putzt."

1 Wer hat wohl die Prüfungsunterlagen von Herrn Meyer gestohlen? Um das herauszufinden, musst du wichtige von unwichtigen Informationen unterscheiden. Lies dazu den **TIPP** unten rechts.

Untersucht die Aussagen der Verdächtigen und der Zeugen auf Seite 84 und 85 auf Hinweise nach dem Täter. Arbeitet dazu mit einem Partnerpuzzle.

2 Lest den **TIPP** unten links und bildet Partnerteams.

A
A
B
B

3 a) Lege eine Tabelle an, in der alle Verdächtigen aufgeführt werden.

Person	Motiv	Alibi	Sonstiges
Tim Köhler	...	Gespräch beim Schulleiter ...	...
Bernd Köhler			
Sven Pfitz			

Folie

b) Lies nun die Aussagen 1 und 2 (**G**) oder die Aussagen 3 bis 5 (**M**) auf den Seiten 84 bzw. 85 gründlich durch. Markiere dabei im Text alle Angaben, die beim Überführen des Täters helfen könnten. Beachte den **TIPP** unten rechts.
c) Trage die Informationen in die entsprechenden Spalten der Tabelle ein.

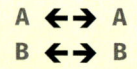

A ⇄ A
B ⇄ B

4 Vergleiche deine Tabelle mit deinem Partner, der die gleichen Texte bearbeitet hat. Verbessert oder ergänzt eure Ergebnisse, wenn nötig.

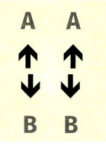

A A
↕ ↕
B B

5 a) Sucht euch einen Partner, der die anderen Texte bearbeitet hat. Stellt euch eure Ergebnisse vor und ergänzt eure Tabellen.
b) Einigt euch auf einen Täter und begründet, was ihn verdächtig macht.

💡 TIPP

So arbeitet ihr mit dem Partnerpuzzle:
Bei dieser Methode arbeitet ihr zu viert: Zwei Schüler übernehmen die Texte 1 und 2 (**G**), zwei Schüler die Texte 3 bis 5 (**M**).
1. Bearbeitet die Aufgaben zuerst alleine.
2. Vergleicht eure Ergebnisse dann mit dem Schüler, der die gleichen Texte bearbeitet hat. Besprecht eure Lösungen, sodass ihr ein Ergebnis habt.
3. Bildet neue Paare. Es treffen sich jeweils ein Schüler mit den Texten 1 und 2 und ein Schüler mit den Texten 3 bis 5. Stellt euch eure Ergebnisse vor und vervollständigt eure Notizen mit den Informationen des neuen Partners.

💡 TIPP

Wichtige von unwichtigen Informationen unterscheiden:
1. Prüfe, welche Informationen zur Lösung des Kriminalfalls wichtig oder interessant sind. Nutze dazu die Informationen, die eng mit der Tat zusammenhängen, z. B. über die **Tat**, den **Tatort**, die **Tatzeit**, die **Tatverdächtigen**, den **Tathergang**, das **Motiv**, das **Tatwerkzeug** oder die **Folgen der Tat**.
2. Persönliche Äußerungen oder Kommentare sind oft nebensächlich: *Die Frau trug eine rote Jacke. Die Farbe gefiel mir gar nicht.*
Deshalb streichst du sie. Manchmal geben sie aber Anlass zu Mutmaßungen.

Einen sachlichen Bericht schreiben und überarbeiten

Tag 3 – 15. Mai, 18.00 Uhr, Lorcher Baggersee

Kommissar Fuchs hat Informationen über ein geheimes Treffen des verdächtigen Täters erhalten. Mit mehreren Polizeibeamten beobachtet er nun, wie sich zwei Personen dem vereinbarten Treffpunkt nähern.

1 a) Wie ist der Fall von Kommissar Fuchs zu Ende gegangen? Schaut euch die Bilder auf Seite 87 genau an und beschreibt sie.

→ Ihr könnt dazu das folgende Wortmaterial nutzen:
Sven Pfitz – gestohlene Prüfungsunterlagen in einer Tasche – Tim Köhler – Auftraggeber des Diebstahls – 10 000 Euro Bargeld – Übergabe erfolgt – bei Fluchtversuch überwältigt – Kreuzbandriss durch Sturz

b) Seid ihr zuvor auch diesen Tätern auf die Schliche gekommen? Welche Hinweise haben euch auf die Lösung gebracht?

→ Lest dafür noch einmal auf den Seiten 84, Z. 4 und Seite 85, Z. 67-71 nach.

2 Schreibe einen abschließenden Bericht, in dem du darstellst, wie der Fall zu Ende gegangen ist. Wähle deine Aufgabe:

G a) Plane deinen Bericht: Übernimm den Schreibplan und beantworte darin die Antworten auf die W-Fragen.

<u>Schreibplan:</u>

<u>Einleitung:</u>	
– Was?	– Übergabe der gestohlenen …
– Wer?	– Sven Pfitz, … (Tatverdächtige)
– Wann?	– 15. Mai, … Uhr
– Wo?	– Parkbank am …
<u>Hauptteil:</u>	
– Wie?	– …
– Warum?	– …
<u>Schluss:</u>	
Welche Folgen?	– Täter festgenommen; Tim Köhler …

b) Verfasse mithilfe deines Schreibplans einen Bericht. Beachte dabei:
– Ordne die Informationen in der richtigen Reihenfolge an.
– Schreibe im Präteritum und formuliere sachlich.
– Vermeide auch persönliche Kommentare sowie Spannungsmacher.

Du kannst den Lückentext ergänzen und fortsetzen.

<u>Abschließender Ermittlungsbericht: Festnahmen im Fall Meyer</u>
Am … fand gegen … Uhr am Lorcher … ein Treffen der beiden Tatverdächtigen … und … statt.
Der Schüler … trug die … in einer Tasche bei sich. Er überreichte sie … auf einer Parkbank und erhielt dafür … Nach der Übergabe griffen … ein und … Diese versuchten daraufhin … Sie konnten aber …
Mithilfe der … wollte … seinem Sohn Bernd einen guten Schulabschluss ermöglichen. Sven Pfitz' Motiv für den Diebstahl war …
Bei seinem Fluchtversuch stürzte … und … Er musste daraufhin …

a) Plane deinen Bericht: Lege einen Schreibplan an (1. Hinweis im **TIPP** auf Seite 81). Halte darin die Antworten auf die W-Fragen fest.
b) Verfasse mithilfe deines Schreibplans einen Bericht. Beachte:
– Ordne die Informationen in der richtigen Reihenfolge an.
– Schreibe im Präteritum und formuliere sachlich.
– Vermeide auch persönliche Kommentare sowie Spannungsmacher.

3 Marc hat bereits den Abschlussbericht geschrieben. Lest ihn und tauscht euch über euren ersten Eindruck aus.

Tatverdächtige bei Übergabe überführt

Endlich konnte die Polizei den Täter, der zwei Tage zuvor einen Einbruch verübt hatte, festnehmen, als er versuchte, seinem Auftraggeber die gestohlenen Prüfungsunterlagen zu übergeben. Jetzt ist der Fall gelöst und
5 die Prüfungsunterlagen sind wieder da! Nur den Ganoven geht es nicht so gut. Der ältere Mann ist auf der Flucht nämlich gestürzt.
Als sich die Tatverdächtigen treffen, war die clevere Polizei schon längst vor Ort. Sie hatte per Telefon einen heißen Tipp erhalten. „Ich konnte unser Glück gar nicht fassen, als uns der Anruf erreichte, dass Sven Pfitz die
10 Prüfungsunterlagen verkaufen wollte", meinte der schlaue Ermittler.
Sven Pfitz zitterten richtig die Hände, als er in die Tasche fasste, um das Bündel Dokumente herauszuziehen.
Der ältere Typ zückte daraufhin einen dicken Umschlag mit viel Zaster. Da schnappte die Polizei zu. Die Beamten riefen „Stehen bleiben!" und die
15 beiden Tatverdächtigen versuchten zu fliehen. Doch sie konnten problemlos festgenommen werden. Was dann passiert, wird sich zeigen.

Erzählmittel

Reihenfolge

genaue Fakten

Umgangssprache

überflüssig

Umgangssprache

genauer

4 Überarbeitet Marcs Bericht. Wählt dazu eure Aufgabe:

a) In der Tabelle sind fünf Textstellen angegeben, die überarbeitet werden müssen. Übernimm sie und notiere für sie Überarbeitungsvorschläge.

CHECK-LISTE Nr.	Das muss überarbeitet werden	Verbesserungsvorschlag
2	genaue Fakten angeben: Wann? Wo? (Z. 2/3)	Einfamilienhaus in Lorch, …
7	Ganoven	…
6	treffen, war	…
5	„Ich konnte …" – keine wörtliche Rede	Die Polizei erhielt einen anonymen Anruf, dass …
7	… schnappte die Polizei zu.	…

b) Trage auch die gelb markierten Textstellen in die Tabelle ein. Auf welche Punkte in der **CHECKLISTE** beziehen sich die Fehler? Ergänze Verbesserungsvorschläge.

Folie

M **a)** Markiere zunächst die Antworten auf die W-Fragen in Marcs Text. Prüfe, ob alle W-Fragen beantwortet wurden.
b) Der Text wurde in einer Schreibkonferenz besprochen. Betrachte dazu die Randnotizen: Auf welche Punkte der CHECKLISTE beziehen sich die Rückmeldungen?

Folie **c)** Prüfe Marcs Text nun selbst mit der CHECKLISTE. Markiere weitere Textstellen, die du überarbeiten möchtest. Welche weiteren Fehler wurden in der Schreibkonferenz nicht erkannt?

→ Diese Zeilenangaben zeigen dir, wo Marc seinen Text noch verbessern könnte und welche Punkte der CHECKLISTE er nicht beachtet hat:
Nr. 1 = Zeile 2/3; Nr. 6 = Zeile 7; Nr. 5 = Zeile 7, 10, 15; Nr. 7 = Zeile 5, 13, 14.
Insgesamt gibt es 18 Fehler im Text.

d) Notiere dir für die fehlerhaften Stellen Verbesserungsvorschläge.

→ So könntest du folgende Stellen verbessern:
Zeile 7: Setze *treffen* ins Präteritum und *war* ins Plusquamperfekt.
Zeile 8: Ersetze „einen heißen Tipp" durch einen sachlichen Ausdruck, z. B. *einen entscheidenden Hinweis*.

e) Überarbeite den Bericht mithilfe deiner Notizen. Ergänze dabei auch Antworten auf W-Fragen. Schreibe den Bericht dann noch einmal sauber in dein Heft.

5 Besprecht in der Klasse eure Korrekturen:
- Wurden die fehlerhaften Stellen gefunden und passend überarbeitet?
- Welche Formulierungen sind besonders gelungen?

6 Überarbeitet auch eure eigenen Berichte mithilfe der CHECKLISTE.

7 ↪ Seid ihr schon richtige Kriminalisten? Spielt zu viert das Spiel „Stadt-Land-Tat" nach den Regeln von „Stadt-Land-Fluss".
a) Legt dazu eine Tabelle mit diesen Spalten an: Tat, Tatort, Täter, Tatwaffe, Motiv, Fluchtfahrzeug, mildernde Umstände, Punkte.
b) Verfasst nach vier Runden mithilfe eurer Spielergebnisse eine Kriminalgeschichte.

☑ CHECKLISTE

Einen sachlichen Bericht überarbeiten
1. Gibt der Bericht Antworten auf alle W-Fragen (Was? Wer? Wie? ...)?
2. Werden die Fakten genau wiedergegeben?
3. Sind die Informationen in der richtigen zeitlichen Reihenfolge angeordnet?
4. Gibt es Stellen, die überflüssig sind?
5. Wird auf Erzählmittel, wörtliche Rede und persönliche Kommentare verzichtet?
6. Werden immer die Zeitformen der Vergangenheit verwendet?
7. Wird sachlich und ohne Umgangssprache formuliert?

G Kompetenz-Check: einen sachlichen Bericht schreiben

Dem Täter auf der Spur | 2.12. Von Ereignissen berichten

Vor Kurzem ereignete sich ein Fall, der dem von Kommissar Fuchs sehr ähnelt. Formuliere dazu einen sachlichen Bericht.

1 Plane deinen Bericht:
   a) Worum geht es in dem Fall? Schau dir die Bilder auf Seite 91 genau an und lies das Wortmaterial im Kasten.

> Schulverweis – Rita Maier – 10.04.2016 – Passau – von Hausmeister überrascht – Anja König – Schuldisco – Lehrerzimmer – Nichtversetzung – Eva Locke – Heinrich-Heine-Realschule – Klassenarbeit – 21.30 Uhr – Lehrer Lüttich

   b) Übernimm den Schreibplan und notiere darin die Antworten auf die W-Fragen.

Schreibplan

Einleitung:	
– Was?	– Aufgaben für die Mathearbeit der 10d gestohlen
– Wer?	– Rita Maier, Anja König …
– Wann?	– …
– Wo?	– Schuldisco, …
Hauptteil:	
– Wie?	– Schlüssel entwendet …
– Warum?	– …
Schluss:	
– Welche Folgen?	– Gespräch mit dem Rektor; …

2 Verfasse mithilfe deines Schreibplans den Bericht. Beachte dabei:
   – Beantworte alle W-Fragen.
   – Ordne die Informationen in der richtigen Reihenfolge an.
   – Formuliere sachlich. Verzichte auf Spannungsmacher und wörtliche Rede.
   – Schreibe im Präteritum (*er sagte, sie ging*).

So kannst du beginnen:

Ermittlungsbericht
Am … wurden um … Uhr die Schülerinnen …, … und … der Klasse … dabei entdeckt, wie sie in das … einbrachen. Sie wollten dort …
Die Schülerinnen besuchten zuvor die … Dort entwendeten sie Herrn … die … für das …

3 a) Überarbeite deinen Bericht mithilfe der **CHECKLISTE** von Seite 90.
   b) Schreibe deinen Bericht dann noch einmal sauber in dein Heft.

Kompetenz-Check: einen sachlichen Bericht schreiben

Unterrichtsausschluss – Maja Schmitz – 07.07.2016 – Karlsruhe – vom Sportlehrer überrascht – Paula Schnur – Umkleidekabine der Turnhalle – Neid – Sonia Frank – Erich-Kästner-Realschule – Majas neues Smartphone – 11.30 Uhr – Rektorin Frau Lanz – Herr Albers – Handyrückgabe

Formuliere zu dem im Material dargestellten Vorfall einen sachlichen Bericht:

1 Plane deinen Text:
   a) Mache dir klar, worum es in dem Fall geht. Schau dir dazu die Bilder genau an und lies das Wortmaterial.
   b) Lege einen Schreibplan an und halte darin die Antworten auf die W-Fragen (*Was? Wer?* ...) fest. Die Bilder und die Stichpunkte liefern dir Antworten.

2 Verfasse mithilfe deines Schreibplans den Bericht. Beachte:
   – Beantworte alle W-Fragen.
   – Ordne die Informationen in der richtigen Reihenfolge an.
   – Formuliere sachlich. Verzichte auf Spannungsmacher und wörtliche Rede.
   – Schreibe im Präteritum.

3 Überarbeite deinen Bericht mithilfe der **CHECKLISTE** auf Seite 90.

Im Blickpunkt: Sprache betrachten
Aktiv und Passiv richtig verwenden

A Der Dieb öffnete den Tresor. B Der Tresor wurde geöffnet.

1 **a)** Vergleicht die Sätze. Welche Informationen erhaltet ihr jeweils zum Täter?
b) Schaut euch das Objekt (Wen oder was?) in Satz A genauer an: Was passiert mit diesem Satzglied in Satz B? Lest dazu den **TIPP**.
c) Erklärt, wie das Prädikat in Satz B gebildet wird.
d) Besprecht, wann es sinnvoll sein könnte, die Variante B zu verwenden.

2 Bearbeite eine der folgenden Aufgaben zum Aktiv und Passiv:

Folie

G Kreuze an, ob die Sätze im Aktiv oder im Passiv stehen. Begründe.

	Aktiv	Passiv
Ein Passant beobachtete die Täter.	☐	☐
Die Spuren wurden bewusst verwischt.	☐	☐
Geld und Wertgegenstände wurden nicht entwendet.	☐	☐
Der Dieb verschwand durch den Garten.	☐	☐

Tresor aufgebrochen
Einbrecher gefasst
Juwelier ausgeraubt
Täter bei Flucht verletzt
Prüfungsunterlagen gestohlen
Dieb beobachtet

M **a)** In Zeitungen wird die Passivform häufig verkürzt dargestellt. Formuliere die Schlagzeilen links zu vollständigen Passivsätzen aus.

→ Ergänze das Subjekt mit einem Artikel (*der Tresor*) und setze als zweites Satzglied „wurde" oder „wurden" ein. Achte dazu auf den Numerus des Subjekts.

b) Formuliere die Sätze in Aktivsätze um. Überlege dabei, wer der Täter sein könnte: *Ein Unbekannter* brach den Tresor auf.

💡 TIPP

So unterscheidest du Aktiv und Passiv:
Aktiv: *Der Dieb* **öffnete** *den Tresor*.

Passiv: **Der Tresor** wurde (von dem Dieb) geöffnet.
1. Im Aktiv-Satz wird das Augenmerk auf einen Täter (= der Dieb) gerichtet.
2. Im Passiv-Satz rückt hingegen die Person oder Sache in den Mittelpunkt, mit der etwas geschieht. Daher wird aus dem Objekt des Aktiv-Satzes (Wen oder was? = den Tresor) im Passiv-Satz das Subjekt (Wer oder was? = der Tresor).
3. Der Täter kann im Passiv-Satz genannt werden. Er wird aber häufig weggelassen, da er für die Handlung weniger wichtig oder nicht bekannt ist.

Im Blickpunkt: richtig schreiben

Groß- und Kleinschreibung von Zeitangaben

Herr Schulze wachte (1. *HEUTE MORGEN*) auf und erinnerte sich an einen Traum, den er (2. *GESTERN*) (3. *IN DER NACHT*), vielleicht auch (4. *MORGENS*) gehabt hatte. Er hatte (5. *AM ABEND*) wie (6. *AN JEDEM ANDEREN SONNTAGABEND*) zwei Stunden lang in seinem Kriminalroman gelesen und war anschließend
5 todmüde ins Bett gefallen. Er hatte gehofft, (7. *AM NÄCHSTEN MORGEN*) ausgeruht aufzustehen, aber (8. *IN DER NACHT*) war er im Traum in einen wilden Bankraub verwickelt gewesen, aus dem es kein Entrinnen gegeben hatte.
Herr Schulze wollte wie immer (9. *MORGENS*) zur Arbeit gehen und kam an der Volksbank an seiner Ecke vorbei. Dort wurde (10. *JEDEN MONTAG*) (11. *FRÜH-*
10 *MORGENS*) der Tresor geleert, während der Geldtransporter kam, um das Geld abzuholen. Auch (12. *HEUTE*) stand der Transporter vor der Tür. Doch dank seines kriminalistischen Scharfsinns erkannte Herr Schulze sofort, dass (13. *AN DIESEM MORGEN*) etwas nicht richtig war. Plötzlich rannten zwei maskierte Gangster aus der Bank direkt auf ihn zu. Sie hatten ihr Diebesgut in der einen
15 und eine geladene Pistole in der anderen Hand. Als einer der verdutzten Täter Herrn Schulze sah, zielte er auf diesen und … Herr Schulze hörte nur noch einen Schuss, als er endlich schweißgebadet aufwachte. Der Albtraum muss wohl bis (14. *IN DEN FRÜHEN MONTAGMORGEN*) gedauert haben, denn für Herrn Schulze schien er endlos lang gewesen zu sein.

1 Zeitangaben können groß- oder kleingeschrieben werden. Lies im **TIPP**, wann du welche Schreibweise anwenden musst. Wähle dann deine Aufgabe.

G Schreibe die Zeitangaben 1 bis 8 in den Klammern in der richtigen Schreibweise auf. Beachte dabei folgende Regeln aus dem **TIPP**:
1 = Regel 2, 2 = Regel 3, 3 = Regel 1, 4 = Regel 3, 5 = Regel 1, 6 = Regel 1 …

M a) Schreibe den Text ab. Entscheide dabei, ob du die jeweilige Zeitangabe groß- oder kleinschreiben musst. Beachte den **TIPP**.
b) Übernimm die Tabelle und ordne die Zeitangaben den richtigen Spalten zu.

kleingeschriebene Zeitangaben	großgeschriebene Zeitangaben	Mischformen (klein- und großgeschrieben)
		heute Morgen

💡 TIPP

So erkennst du die Groß- und Kleinschreibung von Zeitangaben:
1. Zeitangaben, vor denen ein Artikel (*der* Nachmittag, *eines* Nachts) oder eine Präposition (*am* Morgen, *gegen* Mittag) steht, werden großgeschrieben.
2. Nach den Wörtern *heute, gestern, morgen* werden Tageszeiten großgeschrieben: *morgen Abend*.
3. Alle anderen Zeitangaben werden kleingeschrieben.

Im Blickpunkt: Lesen

Der Aufsatz
Wolfgang Ecke
Aus: Club der Detektive

In der Nacht vom Sonnabend zum Sonntag wird in den Kopenhagener Musikbasar von Christensen & Söhne eingebrochen. Die sofort eingeleiteten Ermittlungen ergeben, dass es sich um einen einzelnen Täter gehandelt haben muss. Er zerschlug die Scheibe einer unauffälligen kleinen Seitentür, die sonst nur vom Personal benutzt wird und die sich im unbeleuchteten Hofraum befindet. Er brach drei Registrierkassen auf und entwendete daraus 1225 Kronen. Dann stahl er aus einem der Schaufenster das kostbarste Ausstellungsstück: eine goldene Jazztrompete im Wert von 14000 Kronen. Statt ihrer stellte er ein Serieninstrument gleicher Bauart in die Auslage. Den entsprechenden Trompetenkoffer benutzte er zum Transport des gestohlenen Instruments. Es ist mit Sicherheit anzunehmen, dass der Täter Handschuhe trug, da keinerlei Fingerabdrücke festgestellt werden konnten.

So weit die Fakten zum nächtlichen Einbruch. Bereits 12 Stunden später hat die Spurensicherung der Polizei eindeutig ergeben, dass der Einbrecher in einer benachbarten Lebensmittelgroßhandlung beschäftigt sein muss. Die Durchsuchung der drei Etagen erbringt die Bestätigung: Im obersten Stockwerk werden in einem leeren Seifenkarton die versteckte Trompete und 1200 Kronen gefunden. 25 Kronen fehlen.

Nach dem ersten Verhör der Großhandelsbelegschaft am Montagmorgen durch Kriminalrat Sörensen konzentriert sich die Aufmerksamkeit des Rats auf drei Lehrlinge der Firma. Einer von ihnen muss der Täter sein. Sörensen lässt alle drei zum Polizeipräsidium bringen. Die jungen Männer staunen, als man ihnen Papier und Bleistift in die Hand drückt und sie, jeder für sich allein, an einen Tisch setzt. Und ihre Augen werden noch größer, als Sörensen vor sie hintritt und ihnen gar nicht unfreundlich erklärt: „Ich habe euch hierhergesetzt, um herauszufinden, wer von euch ein Dieb ist. Ja, einer von euch dreien ist Sonnabendnacht in den Musikbasar eingebrochen. Ihr behauptet zwar alle, dass ihr keine Ahnung habt ... Ihr wisst weder, dass eine teure Trompete aus dem Schaufenster, noch, dass Geld gestohlen wurde ... Nun ja, das ist euer gutes Recht. Und solange man euch nicht das Gegenteil beweist, geltet ihr als unschuldig. Hm ... ich hätte jetzt gern gewusst: Wie stellt sich ein völlig Unschuldiger einen Einbruch vor? Um das in Erfahrung zu bringen, habe ich euch Papier und Bleistift hingelegt. Ihr habt dreißig Minuten Zeit, um einen kleinen Aufsatz über den Diebstahl im Basar zu schreiben. Versetzt euch in die Lage des Einbrechers ... Schreibt, wie ihr euch Zugang verschafft, was ihr gestohlen und wie ihr die Spuren verwischt hättet. Alles klar? Also dann los!" [...]

Kriminalrat Sörensen setzt sich nach einem Blick auf die Uhr auf einen Stuhl, zieht eine Zeitung aus der Tasche und beginnt zu lesen ... Das heißt, er tut nur so. In Wirklichkeit jedoch beobachtet er aus den Augenwinkeln heraus jede Regung der drei, die nur zögernd zu schreiben beginnen. Pünktlich nach dreißig Minuten erhebt sich der Kriminalrat und sammelt die Aufsätze ein. Dann liest er:

„Ole Hansen: Ich bin im Basar eingebrochen. Zuerst habe ich genau geguckt, wo man am besten einbricht. Im Hof ging es am besten,

da ist kein Licht. Da habe ich die Scheibe zerhauen und bin rein. Dann habe ich nach Geld gesucht. Ich habe einiges gefunden und in die Tasche gesteckt. Zum Schluss holte ich mir
80 aus dem Schaufenster eine teure Trompete. Alles ging ganz leise, damit mich auch niemand hören konnte. Ich hatte meine Schuhe ausgezogen und trug sie in der Hand. Es war sehr dunkel, und ich musste aufpassen,
85 dass ich nirgendwo anstieß. Als ich Geld und Trompete hatte, bin ich leise davongeschlichen."

„Carsten Laag: Wenn ich im Basar einbrechen wollte, würde ich mit einem Glasschneider
90 ein großes Loch in die Schaufensterscheibe schneiden. Da mich niemand kennt, brauche ich auch keine Handschuhe anzuziehen. Die Trompete käme statt in einen Koffer unter den Mantel. Die drei Registrierkassen würde
95 ich nicht aufbrechen, das macht nur Krach. Ich würde eben Platten mitnehmen. Die kann man auch verkaufen."

„Arne Björnson: In der Nacht bin ich in den Musikbasar eingebrochen. Und zwar durch
100 die kleine Tür im Hof, weil es da nicht so schnell bemerkt wird. Außerdem ist es da dunkel. Damit ich keine Fingerabdrücke hinterlasse, habe ich Handschuhe angezogen. Zuerst habe ich das Geld aus den Schubla-
105 den eingesammelt und dann die Trompete aus dem Schaufenster geholt. Auf die war ich schon immer scharf. Mit dem Geld, das ich gefunden habe, kaufe ich mir dicke, gefütterte Lederhandschuhe. Die Trompete verkaufe
110 ich dann, wenn niemand mehr daran denkt, dass ich sie einmal gestohlen habe."

Kriminalrat Sörensen blickt auf. „Ja, das wär's", sagt er und geht auf einen der Lehrlinge zu.
115 „So, mein Sohn, wir zwei werden uns jetzt einmal gründlich unterhalten. Und du wirst mir erzählen, warum du in den Basar eingebrochen bist ...!"

1 Prüfe, ob du den Text richtig verstanden hast. Wähle deine Aufgabe:

G Beantworte die folgenden Fragen mithilfe dieser Textstellen: 2 und 11–14. **Folie**
Kreuze die richtigen Antworten an.
a) Wo findet der Einbruch statt?
A in einem Juweliergeschäft ☐   C in einem Kaufhaus ☐
B in einem Musikbasar ☐   D in einer großen Villa ☐
b) Was erbeutet der Einbrecher?
A einen wertvollen Trompetenkoffer und eine volle Registrierkasse ☐
B eine Jazztrompete im Wert von 1 225 Kronen und 14 000 Kronen ☐
C 1 225 Kronen und eine Jazztrompete im Wert von 14 000 Kronen ☐
c) Welchen der Lehrlinge hat sich der Kriminalrat vorgeknöpft?
A Ole Hansen ☐   C Arne Björnson ☐
B Carsten Laag ☐

M a) Kriminalrat Sörensen lässt die Lehrlinge über den Einbruch einen Aufsatz schreiben mit der Begründung, er hätte „gern gewusst: Wie stellt sich ein völlig Unschuldiger einen Einbruch vor?" Erläutere, was er wirklich bezweckt.

→ So kannst du beginnen: Der Kriminalrat lässt über den Einbruch einen Aufsatz schreiben, weil er hofft, dass ...

b) Erkläre, durch welche Hinweise du den Täter überführen konntest.
Belege deine Antwort am Text.

2 Besprecht eure Lösungen in der Klasse. Habt ihr denselben Täter überführt?

Dem Täter auf der Spur | 3.6. Deutungshypothesen entwickeln

Man kommt in der Freundschaft nicht weit, wenn man nicht bereit ist, kleine Fehler zu verzeihen.
Jean de La Bruyère (1645–1696)

Wirklich gute Freunde sind Menschen, die uns ganz genau kennen und trotzdem zu uns halten.
Marie von Ebner-Eschenbach (1830–1916)

Freunde werden – Freunde bleiben

1 a) Betrachte die Bilder und überlege, was die dargestellten Situationen mit dem Thema „Freundschaft" zu tun haben.
b) Tausche dich mit einem Partner darüber aus, welches Bild eurer Vorstellung von Freundschaft am meisten / am wenigsten entspricht. Begründet.

2 Lest die Texte oben und ordnet ihnen die folgenden Aussagen zu:
  A Freunden kann man all seine Gedanken anvertrauen.
  B Ein echter Freund hat mich gern trotz meiner Eigenarten.
  C Auch wenn ich wütend auf meinen Freund bin, bleibt er doch mein Freund.

3 a) Was erwartet ihr von einem echten Freund? Tauscht euch aus.
b) Sprecht darüber, was einer Freundschaft schaden könnte.
c) Formuliert in ganzen Sätzen, was Freundschaft für euch bedeutet: *Freundschaft heißt für mich, dass … / Ein Freund ist für mich jemand, der …*

Ein Freund ist ein Mensch, vor dem man laut denken kann.
Ralph Waldo Emerson (1803–1882)

4 a) Mit welchen Zeichen (z. B. Begrüßungsrituale …) zeigen Menschen ihre Freundschaft? Nennt Beispiele dafür.
b) Haben du und dein Freund / deine Freundin ein solches Freundschaftszeichen? Beschreibt es.

5 ↪ Rechts siehst du ein Akrostichon.
a) Mache dir klar, wie es gebildet wird.
b) Sammle in einem Cluster Wörter zum Thema „Freundschaft".
c) Fertige mithilfe deines Clusters ein eigenes Akrostichon an.

ein	**F**	ach
nu	**R**	
lach	**E**	n
z	**U**	sammen
spiele	**N**	
o	**D**	er
	S	chweigend
si	**C**	h
verste	**H**	en
m	**A**	nchen
	F	ehler
er	**T**	ragen

In diesem Kapitel begegnet ihr Geschichten zum Thema „Freundschaft". Dabei erfahrt ihr, wie ihr Texte untersucht und eine Inhaltsangabe mit Stellungnahme schreibt.

Freunde werden – Freunde bleiben | 2.34. Begriffe klären I 2.30. Nach Mustern schreiben

Die Merkmale einer Erzählung kennenlernen

1 a) Schaut euch die Überschrift des folgenden Textes an. Wovon könnte die Geschichte handeln?
b) Lest die Geschichte.

Zwei Trillerpfeifen
James Krüss (1987)

Manche, die Freunde sind, kaufen sich Freundschaftsringe, um das zu beweisen. Andre bringen sich kleine Wunden bei, mischen ihr Blut und trinken es zum Zeichen ihrer Freundschaft. Wieder andere lassen sich, um ihre Freundschaft zu besiegeln, mit gleichen Zeichen tätowieren. So viele Freundschaften, so viele
5 Freundschaftszeichen. Doch welche von den Freundschaften auch halten, bleibt die Frage.

Ulrich und Alf, zwei zwölfjährige Jungen, die in einer Hafenstadt am Meer lebten, hatten zum Zeichen ihrer Freundschaft jeder eine Trillerpfeife umhängen, vielleicht deshalb, weil Alf an Asthma litt und so, wenn ihm die Stimme mal
10 versagte, zumindest noch ein Trillern von sich geben konnte. Und eines windstillen Oktobertages, als Nebel über die Dächer kroch und Häuser, Werft und Hafen in dicke graue Brühe tauchte, sodass man kaum die Hand vor Augen sah, erwiesen sich die beiden Trillerpfeifen als Zeichen einer Freundschaft, die auch hielt.

15 Alf war an jenem Tag mit seinem Ruderboot, der „Pidder Lüng", auf eine spiegelglatte See hinausgefahren. Er ruderte, ohne sich dabei anzustrengen (da ihm das Atmen sonst zu schwer wurde), kam trotzdem aber ein gutes Stück hinaus und sah und merkte nicht, dass bald schon hinter seinem Rücken, vom Horizont her, eine dunkle Wand sich vorschob. Andere an Land sahen die Wand sehr wohl
20 und sahen auch das Ruderboot dort draußen, dachten sich aber: „Wenn der erst in der Suppe steckt, rudert er sicher gleich zurück. Er hat es ja nicht mehr weit zur Mole. Und auf der Mole steht das Nebelhorn."

Was keiner, der so redete, bedachte, war, dass der junge Ruderer an Asthma litt, dass seine Krankheit ihm bei Nebelwetter schwer zu schaffen machte und
25 dass er, wenn er mit dem Asthma kämpfen musste, nicht gleichzeitig auch zum Rudern fähig war.

Ulrich, der Freund von Alf, wusste das zwar, doch war er gerade nicht am Hafen, sondern auf dem Sportplatz. Und so war Alf allein und hilflos, als hinterrücks der Nebel kam. Er kam erstaunlich schnell, wälzte sich übers Wasser landwärts,
30 verschluckte Boot und Ruderer und beendete gleich danach auf dem Vereins-Sportplatz ein Handballspiel, weil es zwischen den Toren keine Sicht mehr gab. Die Spieler mussten sich durch muffig riechende Nebelschwaden heimwärts tasten. Auch Ulrich.

Alf in seinem Boot aber geriet, als sich plötzlich der Nebel um ihn schloss, in Pa-
35 nik. Schon im Augenblick, da er nichts mehr sah, wurde ihm das Atmen schwer. Dann kam dieser Geruch nach feuchten alten Möbeln dazu, der ihm auch körperlich den Atem nahm, und danach quälte ihn der Gedanke, dass er, um rasch

zu seiner hilfreichen Sprühdose zu kommen, in diesem Zustand auch noch rudern müsse. Da er die Ruder aber hatte hängen lassen und das Boot sich drehte, wusste er bald die Richtung nicht mehr. Selbst als das Nebelhorn in Abständen sein tiefes „Muh" ertönen ließ, nützte das nichts, weil es gleichzeitig aus drei Richtungen zu kommen schien. In welche davon aber sollte er sich wenden? Sein Herz fing wild zu klopfen an, das Atmen wurde immer mühsamer, und der verfluchte Nebel wurde noch dicker. Als Alf zu rufen versuchte, schien sein Kopf zu doppelter Größe anzuschwellen; auch drohte er zu ersticken, sodass er den Versuch gleich wieder aufgab. Ans Rudern war gleichfalls nicht mehr zu denken, da er ja immerzu nach Atem rang. Was sollte er tun? Sehnsüchtig dachte er an seine kleine grüne Sprühdose. Warum hatte er sie ausgerechnet heute nicht dabei? Eine ähnliche Frage stellte sich fast zur gleichen Zeit Ulrich, Alfs Freund, durchs Telefon: „Hat Alf die grüne Sprühdose dabei?" „Nein, hat er nicht", antwortete Alfs Schwester, die Ulrich arglos erzählt hatte, Alf sei mit seinem Ruderboot auf See, wobei ihr erst in diesem Moment einfiel, dass Nebel Alf ja immer schwer zu schaffen machte. Auch Ulrich war das eingefallen.

Nun wussten beide, dass Alf ohne Sprühdose im Nebel in Gefahr war zu ersticken. Sie verabredeten daher, sich auf der Mole zu treffen, und strebten, jeder auf seinem Weg, so schnell es der Nebel erlaubte, zum Hafen.

Auf der Mole schien, als die beiden sich durch ihre hallenden Schritte fanden, keine Menschenseele zu sein. So gingen sie, ohne jemanden von ihrem Vorhaben zu unterrichten, zum Molenrand, die Schwester mit der Sprühdose in der Hand, Ulrich mit einem kleinen Außenbordmotor auf der Schulter. Vorsichtig schritten sie am Rand der Mole entlang, bis sie den schwarzen Doppelpoller fanden, stiegen dort die Treppe hinunter, immer schön Schritt für Schritt, da ja die Sicht behindert war, holten das kleine Ruderboot von Ulrichs Bruder mit der Leine heran, turnten hinüber und hinein ins Boot, hängten den Außenbordmotor ans Heck, machten die Leine los, ruderten, ohne irgendwo anzustoßen, ums Molenende herum ins offene Wasser und rissen den Motor an, der in der duffen Luft nicht lärmte, sondern eher schnurrte. „Jetzt brauchen wir ein bisschen Glück und dazu meine Trillerpfeife", sagte Ulrich.

Etwa im gleichen Augenblick keuchte Alf (er konnte nur noch keuchen): „Ob die mich wohl vermissen und suchen?" Er hatte, um seinen rasselnden Atem zu sparen, jeden Versuch, sich selbst zu helfen, aufgegeben. Er lag rücklings auf Ölzeug im Bug, und all sein Denken, Fühlen und Empfinden war auf die Luftröhre und seinen Atem reduziert. Er atmete jetzt nicht mehr, um zu leben, sondern er lebte, um – mühsam genug – zu atmen, und das in einer grauen, für jedes Auge undurchdringlichen Düsternis.

Aber durch diese Düsternis drang plötzlich, wenn schon kein Licht, so doch der schrille Ton einer Trillerpfeife. Und immer, wenn das Nebelhorn muhte, war dieser schrille Triller wieder da. Das half zwar Alf beim Atmen nicht – es bewirkte eher das Gegenteil (es regte ihn ja auf) –, aber jetzt wusste er doch wenigstens, dass Ulrich ihm ganz nah war. Und was er nun zu tun hatte, wusste er auch: Er zog am Kettchen, das er um den Hals trug, die Trillerpfeife aus dem Ausschnitt des Pullovers und blies zwischen zwei „Muh" des Nebelhorns, so kräftig es ihm möglich war, hinein, wobei er zu seiner Freude wirklich einen Triller zustande brachte. Sekunden später wusste er, dass er gehört worden war,

denn durch den Nebel drang ihr altes Signal: lang – lang – kurz, kurz, kurz […]. Und dieses Zeichen gab Alf jetzt zurück, worauf es – näher schon – vom anderen Boot zurückkam. Nun waren nur noch einige Triller hin und her notwendig, bis
90 aus dem Nebel Schatten herauswuchsen und bis ein Boot neben dem andern lag. Da lautete die erste Frage: „Habt ihr meine Sprüh…?" Aber bevor die Frage ausgesprochen war, hielt Alf sie schon in Händen. Und als ein leises Zischen hörbar wurde, hörten Alfs Freund und Schwester ein erlöstes „Ah" und dann: „Mein Gott, ihr kamt zur rechten Zeit. Herzlichen Dank!"
95 Der Schluss unserer Geschichte liegt im Nebel. Der Nebel machte den zwei Booten – eins zog das andere – die Heimfahrt schwer. Der Nebel machte Alf weiter zu schaffen, auch wenn die kleine grüne Dose zunächst half. Aber der Nebel hat den beiden Jungen auch bewiesen, dass ihre Freundschaft haltbar ist.

2 Haben sich eure Erwartungen aus Aufgabe **1** erfüllt? Sprecht darüber.

3 a) Beschreibt das Bild auf Seite 101:
Was ist darauf abgebildet? Welche Personen erkennt ihr? Was machen sie?
b) Ordnet das Bild einer passenden Textstelle zu. Begründet eure Zuordnung.
c) Beschreibt, was *vor* und was *nach* dieser Szene in der Geschichte passiert.
d) Die beiden Jungen verbindet eine tiefe Freundschaft. Erklärt in zwei bis drei Sätzen, woran ihr das erkennt.

Folie

4 Untersuche die Handlung genauer. Markiere dazu die Schlüsselstellen. Dies sind Antworten auf die W-Fragen.

→ Diese W-Fragen kannst du nutzen: **Wann spielt die Handlung? Wo spielt sie? Welche Figuren kommen vor? Was tun sie bzw. was passiert mit ihnen? Warum handeln sie so? Welche Folgen hat die Handlung für die Figuren?**

Seite 284/285

5 a) Die Tabelle enthält schwierige Wörter aus der Geschichte. Übernimm die Tabelle und kläre die Bedeutungen der Wörter aus dem Textzusammenhang oder mithilfe eines **Wörterbuchs**. Notiere die Bedeutung in der Tabelle.

Werft (Z. 11)	…	Außenbordmotor (Z. 62)	…
Mole (Z. 22)	…	duff (Z. 68)	…
Nebelhorn (Z. 22)	…	Heck (Z. 67)	…
Asthma (Z. 9)	…	Ölzeug (Z. 73/74)	…
Doppelpoller (Z. 63)	…	Bug (Z. 74)	…

→ Du kannst den Wörtern folgende Erklärungen zuordnen:
hinterer Teil eines Bootes / Hupe zur Warnung vor Nebel / Motor, der sich an der Außenwand eines Bootes befindet / vorderer Teil eines Bootes / Vorrichtung am Hafen, um Taue festzumachen / wetterfeste Schutzbekleidung / Krankheit der Atemwege / norddeutscher Ausdruck für matt, glanzlos / Hafenanlage zum Bau von Schiffen / Hafenmauer, wo Schiffe und Boote anlegen.

b) Prüft gemeinsam, ob ihr die richtigen Bedeutungen ermittelt habt. Verbessert eure Tabelle, wenn nötig.

6 Wo und wann spielt die Handlung? Wähle deine Aufgabe:

G Lies noch einmal den Anfang auf Seite 100. Beantworte dann in ganzen Sätzen, wo und wann die Handlung spielt. So kannst du formulieren:
Die Handlung spielt in … Als Zeit hat der Autor … gewählt.

M a) Erkläre, wo und wann die Handlung spielt. Nenne dazu die Textstellen, die darüber Auskunft geben: *In Zeile … erfährt man, dass …*
b) Weshalb hat James Krüss wohl gerade diesen Ort und diese Zeit für seine Geschichte gewählt? Erläutere: *James Krüss hat als Ort … gewählt, weil …*

→ Überlege: Hätte die Handlung so geschehen können, wenn der Autor einen ganz anderen Ort und eine ganz andere Zeit gewählt hätte?

7 a) Der Text „Zwei Trillerpfeifen" ist eine Erzählung. Lies dazu die **INFO**.
b) Sammle mit einem Partner Belege dafür, dass es sich bei „Zwei Trillerpfeifen" um eine Erzählung handelt. Macht euch zu diesen Fragen Notizen:
– Passt der Umfang des Textes zu einer Erzählung?
– Was in der Geschichte könnte so passiert sein?
– Lässt sich die Erzählung in Anfang, Hauptteil und Schluss einteilen? Geht auch darauf ein, was in diesen Abschnitten jeweils steht.

M 8 Wie lautet das Thema der Erzählung? Lies den **TIPP** und formuliere es.

→ Du kannst aus diesen Sätzen auswählen: **Die Geschichte handelt von einer Freundschaft, die sich in einer Notlage bewährt. / In der Geschichte geht es um einen Jungen, der seinen Freund auf die Probe stellt. / In „Zwei Trillerpfeifen" wird von einem kranken Jungen erzählt, der sich zu viel zumutet.**

ℹ️ INFO

Erzählungen
1. Erzählungen sind meist kürzere literarische Texte. Im Gegensatz zu einem Sachtext sind die Figuren und die Handlung in der Regel frei erfunden. Das Dargestellte könnte aber so passiert sein.
2. a) Am **Anfang** erhält der Leser Anhaltspunkte, was ihn in der Geschichte erwartet. Die Figuren werden vorgestellt und Angaben zu Ort und Zeit gemacht. Es kann aber auch einen unvermittelten Einstieg geben.
b) Im **Hauptteil** wird meist ein Problem oder ein Konflikt dargestellt. Die spannendste Textstelle nennt man Höhepunkt.
c) Zum **Schluss** wird die Geschichte zu einem Ende gebracht. Man weiß also, wie es ausgeht. Es gibt keine offenen Fragen.

💡 TIPP

So benennst du das Thema:
1. Mit Thema ist der **Hauptgedanke** eines Textes gemeint, also um welches **Problem** oder welchen **Konflikt** es geht.
2. Du ermittelst das Thema, indem du folgende Fragen beantwortest:
   a) Um welche Person(en) geht es?
   b) Was tut/tun sie?
   c) Aus welchem Grund tut/tun sie es?
   d) Welche Folgen hat das?
3. Diese Formulierungen kannst du nutzen, wenn du das Thema benennst:
   – *In der Erzählung geht es um …*
   – *Die Erzählung handelt von …*
   – *In … wird erzählt, wie …*

Eine Inhaltsangabe schreiben

Inhaltsangabe zu „Zwei Trillerpfeifen"
In der 1987 erschienenen Erzählung „Zwei Trillerpfeifen" erzählt James Krüss von der besonderen Freundschaft zwischen zwei zwölfjährigen Jungen, die einander auch in einer gefährlichen Notlage nicht im Stich lassen.
5 Die Freunde Alf und Ulrich leben in einer Stadt an der Küste. An einem Herbsttag im Oktober gerät Alf in große Gefahr, als er mit seinem Ruderboot zur See hinausfährt und dabei von plötzlich aufziehendem Nebel eingeschlossen wird. Dieser brenzligen Situation kann Alf nicht einfach entfliehen, denn er leidet an Asthma. Dieses erschwert ihm vor allem bei Nebel das Atmen
10 und macht ihm das Rudern unmöglich. Da er sein Asthma-Spray nicht dabei hat, treibt er mit dem Boot bald hilflos im Wasser …

1 Mîsel soll zu der Erzählung „Zwei Trillerpfeifen" eine Inhaltsangabe schreiben. Doch worauf kommt es bei einer solchen an?
Untersuche mit einem Partner den Anfang von Mîsels Inhaltsangabe:
a) Lest den Text. Wie ist euer erster Eindruck?
b) Schaut die gelben Markierungen an. Welche Angaben macht Mîsel hier?
c) Erklärt, worauf Mîsel in der blau markierten Textstelle eingeht.
d) Lest noch einmal den Originaltext auf Seite 100. Vergleicht ihn dann mit den Zeilen 5-11 in Mîsels Inhaltsangabe. Macht euch dazu Notizen. Beachtet folgende Punkte: Länge des Textes, wörtliche Rede, Zeitform, Erzählmittel und Spannungsmacher, Reihenfolge.
e) Vergleicht eure Beobachtungen mit der INFO.

INFO

Inhaltsangabe
1. Eine Inhaltsangabe ist ein **sachlicher Text**. Sie gibt kurz und knapp nur das Wichtigste eines Textes wieder. Daher unterscheidet sie sich sehr von der Nacherzählung, in der anschaulich und spannend geschrieben wird.
2. So ist eine Inhaltsangabe aufgebaut:
   a) Zu Beginn werden **T**itel, **A**utor, **T**extsorte (z. B. *Erzählung, Märchen, Fabel* …) und **E**rscheinungsjahr genannt. (TATE-Satz)
   Außerdem gibt es Angaben zum **T**hema des Textes. (TATTE-Satz)
   b) Danach wird der **Inhalt knapp, mit eigenen Worten** und **in einer logischen Reihenfolge zusammengefasst**. Man kann auf besondere Einzelheiten eingehen, die wichtig für das Verständnis der Handlung sind.
3. Die Inhaltsangabe steht im **Präsens**. Ist ein Geschehen in der Vergangenheit passiert, steht es im **Perfekt**: *Alf antwortet, als er den Pfiff gehört hat.*
4. Es wird die **Er-/Sie-Form** verwendet. Tritt im Originaltext ein Ich-Erzähler auf, musst du die Form ändern: *Ich ging ins Haus. → Er geht ins Haus.*
5. Es wird in einer **sachlichen Sprache** geschrieben.
   a) Daher darf man keine Erzählmittel (ausschmückende Adjektive, Spannungsmacher) verwenden.
   b) Wörtliche Rede wird nicht übernommen, sondern nur zusammengefasst.

Seite 125

Setze die Inhaltsangabe von Mîsel fort. So gehst du vor:

Sinnabschnitt	Überschrift	Stichwörter zur Handlung
1 (Z. 1-14)	Trillerpfeifen als Freundschaftszeichen	– Alf und Ulrich → Freunde – beide 12 Jahre alt – Hafenstadt → am Meer – besitzen je eine Trillerpfeife zur Verständigung → Alf hat Asthma – ...

2 Auf Seite 102 hast du die Schlüsselstellen markiert und die Bedeutung schwieriger Begriffe geklärt. Übernimm die Tabelle und mache dir Notizen zur Handlung:
  a) Schau dir die Schlüsselstellen an und gliedere den Text in Sinnabschnitte. Wenn du nicht mehr weißt, was ein Sinnabschnitt ist, lies im **Basiswissen** nach. Notiere die Zeilen der Sinnabschnitte in der 1. Spalte der Tabelle.
  b) Formuliere in der zweiten Spalte für jeden Sinnabschnitt eine Überschrift.

Seite 305

→ Du kannst diese Überschriften verwenden:
Nebel kommt auf / Alfs Schwester und Ulrich machen sich auf die Suche / Der rettende Ton aus Ulrichs Trillerpfeife / Sie fahren heim / Alf rudert hinaus / Alf wird panisch / Alf liegt im Boot / Spraydose bringt die Rettung.

  c) Setze mithilfe deiner markierten Schlüsselwörter die Stichwörter zur Handlung in der dritten Spalte fort.

3 a) In der Erzählung kommt wörtliche Rede vor. Schau dir dazu das Beispiel auf Seite 101, Z. 51-55 an. Unterstreiche darin die wörtliche Rede.
  b) Dies sind zwei Vorschläge, wie man ohne wörtliche Rede auskommt. Welche Formulierung gefällt dir besser? Tausche dich mit einem Partner darüber aus.
  A Ulrich und Alfs Schwester telefonieren miteinander. Dabei stellen sie fest, dass Alf sein Spray nicht dabei hat und er deshalb in Gefahr ist.
  B Alfs Schwester und sein Freund Ulrich sind an Land. Ihnen wird klar, in welcher Gefahr sich Alf ohne sein Spray befindet.
  c) Markiere im Text noch weitere Stellen mit wörtlicher Rede. Formuliere sie um wie in den beiden Vorschlägen.

Folie

Folie

4 Setze Mîsels Inhaltsangabe nun mithilfe deiner Vorarbeit fort. Beachte die **INFO** auf Seite 104.

→ Du kannst diesen Lückentext ergänzen und fortsetzen: **Ulrich weiß, dass Alf bei Nebel ... Von ... erfährt er, dass ... Besorgt beschließen sie, ohne die Hilfe eines Erwachsenen nach Alf ... Ulrich erkennt, dass ihnen ihr gemeinsames .... nun nützlich sein könnte. Denn beide tragen eine ... als ... um den Hals. Als ... und ... mit einem weiteren Boot ..., pustet Ulrich mehrmals in ...**

5 Lest eure Inhaltsangaben in der Klasse vor. Prüft dabei, ob ihr die einzelnen Punkte in der **INFO** eingehalten habt.

Freunde werden – Freunde bleiben | 2.13. Den Inhalt von Texten knapp wiedergeben

Die Figuren einer Erzählung untersuchen

1 a) Schaut euch die Illustration an und beschreibt, was ihr darauf seht. Was könnte sie mit der Überschrift zu tun haben?
b) Lest dann die Geschichte.

Der Klassenaufsatz
Jürgen Banscherus (1985)

Nein, Frau Baumann, ich bin nicht krank. Dann wäre ich heute Morgen bestimmt zu Hause geblieben. Mir ist auch jede Menge zu dem Thema eingefallen. Nur hingeschrieben habe ich es nicht.

Sie wissen nicht, was Sie mit dem leeren Heft anfangen sollen? Wer nicht mit-
5 schreibt, bekommt eine Sechs. Geben Sie mir ruhig die Sechs. Mir macht das nichts aus. Und die anderen werden sich freuen. Garantiert. Endlich kriegt Zwerg Nase mal eine vernünftige Note, werden sie sagen.

Sie haben nicht gewusst, dass sie mich Zwerg Nase nennen? Entschuldigen Sie bitte, Frau Baumann, aber dann müssen Sie stocktaub sein. Ehrlich. Ich brauche
10 doch nur den Mund aufzumachen, und schon grölen alle: Zwerg Nase!

Ich bin nicht sauer auf Sie. Wirklich nicht. Schließlich sind Sie die erste Lehrerin, die mich anruft. Da kann ich wohl stolz drauf sein. Rufen Sie eigentlich jeden an, dem bei einer Klassenarbeit nichts einfällt?

Ach so, ich bin der Beste. Und dem Besten muss immer etwas einfallen. Das
15 meinen Sie doch, oder? Was wäre, wenn ich heute Morgen einfach einen Krampf in der Hand gehabt hätte?

War nur Spaß, Frau Baumann. Entschuldigung. Also gut. „Mein bester Freund oder meine beste Freundin" – mit dem Thema tu ich den Kindern einen Gefallen, haben Sie sich überlegt, stimmt's? Die anderen haben ja auch sofort angefangen
20 zu schreiben, als ginge es um die Versetzung. Dabei war es der erste Aufsatz in der Vier. Friederike hat am Schluss sogar geheult, so kaputt war sie. Nur ich habe vor meinem leeren Heft gesessen und gewartet, dass es endlich klingelt. So oft habe ich noch nie auf die Uhr geguckt. Die Zeit ging einfach nicht rum. Sie haben nichts gemerkt, Frau Baumann. Der kommt schon klar, haben Sie gedacht,
25 der Stefan kommt immer klar. Hinten bei Hartmut und Christian haben Sie gestanden und aufgepasst, dass die nicht abschreiben. Wollen wir wetten, dass die beiden es doch geschafft haben? Die schaffen es immer. Das sind Profis.

Sind Sie noch dran? Sie sagen überhaupt nichts!

Aber ich versuche Ihnen doch die ganze Zeit zu erklären, warum das heute Morgen passiert ist! Haben Sie sich mal überlegt, wie das ist, alleine zu sitzen? Als einziger aus der Klasse?

Und ob das etwas mit Ihrer Frage zu tun hat! Sie wissen doch, wie wir in der Vier sitzen, Frau Baumann: links neben mir Jochen und Alexander, daneben Martin und Miriam, rechts von mir Birgit und Svenja, dahinter Mehmet, Erdal und die anderen. Immer schön zu zweit am Tisch. Ich habe sie alle gefragt, ob ich neben ihnen sitzen darf. Alle. Wissen Sie, was passiert ist? Ausgelacht haben sie mich. Irgendwann habe ich aufgehört zu betteln. Hat sowieso keinen Zweck. Vielleicht wird es auf dem Gymnasium besser.

Wenn sie mich in Ruhe ließen, wäre alles halb so schlimm. Aber kaum dreht sich der Lehrer um, fliegt mir alles Mögliche an den Kopf. Apfelsinenschalen, Brotkugeln, Büroklammern, Papierschnipsel, was weiß ich. Einmal haben sie mir sogar einen lebendigen Frosch ins Hemd gesteckt.

Nein, ich wehre mich nicht. Die sind stärker. Sogar Svenja. Und die ist nur einen Kopf größer als ich.

Glauben Sie wirklich, dass ich Ihnen verrate, wer mich besonders ärgert? Ich bin doch nicht lebensmüde!

Das geht so seit dem ersten Tag in der Grundschule, Frau Baumann. Mein Vater musste lange nach einem Parkplatz suchen. Wir kamen als Letzte in die Klasse. Alle haben mich angestarrt, als ob ich ein Marsmännchen wäre. Nicht nur die Kinder, auch die Eltern kriegten Stielaugen[1]. Damals war ich winzig, genau neunzig Zentimeter. Wie eine große Puppe. Sie hatten mich schon für ein Jahr in eine Schule für Körperbehinderte gesteckt. Aber dann hat es mein Vater geschafft, dass sie mich in einer normalen Grundschule nehmen. Natürlich waren die Tische viel zu hoch für mich. Der Hausmeister hat ein Tischchen und ein Stühlchen aus dem Kindergarten nebenan geholt. Seitdem sitze ich allein.

[1] hier: vor Überraschung große Augen machen

Ich bin jetzt 1,10 Meter groß. Wenn ich 1,30 Meter schaffe, kann ich froh sein, sagt der Arzt. Aber er glaubt, dass ich bei 1,20 Meter stehenbleibe.

Sie waren immer freundlich zu mir, Frau Baumann. Das stimmt. Aber was wäre, wenn ich klein und doof wäre?

Ich bin nicht undankbar. Überhaupt nicht. Es ist gut, dass ich den Haufen Einser habe. Da sind wenigstens die Lehrer freundlich zu mir. Aber glauben Sie wirklich, ich wäre stolz auf meine Noten? Die sind mir total egal. Ehrlich. Ich möchte so groß sein wie die anderen, das ist alles, was ich will. Oder wenigstens fast so groß. Dann hätte ich Freunde, ob ich gut wäre in der Schule oder nicht. Dann müsste ich bestimmt nicht jeden Aufsatz vorlesen. „Aber bitte laut und deutlich, Stefan", sagen Sie immer. Am liebsten möchte ich mich im Erdkundeschrank verkriechen, wenn Sie Klassenarbeiten zurückgeben. Aber diesmal haben Sie sich geschnitten, Frau Baumann. Diesmal werde ich nicht vorlesen. Diesmal werde ich keine Kopfnüsse kriegen, nur weil Sie mir wieder eine Eins gegeben haben. Diesmal werden die anderen klatschen, wenn Sie meine Note vorlesen. Alle werden sich freuen. Und ob Sie es glauben oder nicht – ich mich auch.

Sie lassen wirklich nicht locker. Augenblick, ich muss mich hinsetzen. Ich kann nicht so lange stehen. So. Versprechen Sie, dass alles unter uns bleibt, was ich Ihnen erzähle? Großes Ehrenwort?

Also gut. Ich habe heute Morgen nichts hingeschrieben, weil ich einen Freund habe.

Sie haben schon richtig verstanden, Frau Baumann: Weil ich einen Freund habe. Es ist der Busfahrer. Wissen Sie, der Mann mit der eingeschlagenen Nase, der uns morgens zur Schule bringt.

Dafür, dass er mein Freund ist, ist er ganz schön alt. Das stimmt. Aber warum soll ein Freund nicht alt sein? Keine Ahnung, wie er heißt. Er weiß doch nicht einmal, dass er mein Freund ist. Wahrscheinlich würde er mich für verrückt erklären, wenn er mich reden hörte. Aber er ist der Einzige, für den ich nicht der schlaue Däumling² oder Zwerg Nase bin.

Nein, vor ihm hatte ich noch keinen Freund. Meine Eltern haben sich auf den Kopf gestellt, um Kinder zu finden, die mit mir spielen wollen. Am Anfang geht es auch immer ganz gut. Aber dann spielen wir „Stadt, Land, Fluss" oder so etwas, und schon ist alles aus. Dabei kann ich nicht so schnell laufen wie sie, nicht so weit werfen und bin nicht so stark wie die anderen. Ich bin im Kopf ein bisschen schneller – das nehmen sie mir übel. Aber irgendwo muss doch auch ein Zwerg gut sein!

Ach wissen Sie, Frau Baumann, manchmal tut es richtig weh. Dann hocke ich zu Hause in meinem Zimmer und habe zu überhaupt nichts Lust. Dann möchte ich am liebsten ... Ist ja egal. Irgendwann nehme ich mir ein Buch und träume mich weg. Am liebsten zu den Pygmäen. Die leben in Afrika und sind alle so groß wie ich.

Sofort, sofort, Frau Baumann. Ich konnte nicht über meinen Freund schreiben, weil ... Mist, so geht's nicht. Aber vielleicht so. Stellen Sie sich vor, ich müsste nächste Woche vorlesen:

„Mein bester Freund ist der Busfahrer, der uns jeden Morgen zur Schule bringt und uns mittags nach Hause fährt. Er ist nicht nur mein bester, sondern auch mein einziger Freund. Wenn ich einsteigen will, reiche ich ihm meinen Tornister³. Dann klettere ich die Stufen hinauf. Das ist gar nicht so einfach. Sie sind so hoch, dass Hände und Knie helfen müssen. Manchmal geht es dem Busfahrer nicht schnell genug. Dann schaut er auf die Uhr und schnipst mit den Fingern. Er hat noch nie etwas zu mir gesagt. Ich habe ihn auch noch nie lachen sehen. Vielleicht ist er traurig über seine eingeschlagene Nase. Der Sitz hinter meinem Freund ist immer für mich frei. Keine Ahnung, wie er das schafft. Alexander, Miriam und die anderen sitzen lieber hinten. Deshalb habe ich vorn meine Ruhe. Ich schaue meinem Freund zu, wie er den Bus durch die Stadt lenkt. Er ist ein sehr guter Fahrer. Ich möchte auch einmal Busfahrer werden, aber ich glaube kaum, dass das klappt.

Wenn der Bus hält, reiche ich meinem Freund den Tornister. Er hält ihn fest, bis ich die Stufen hinuntergeklettert bin. Dann wirft er ihn mir zu. Beim ersten Mal bin ich umgefallen, aber inzwischen fange ich die Schultasche mit links. Ich freue mich jeden Morgen, wenn er mich abholen kommt. Und mittags freue ich mich schon in der vorletzten Stunde, dass er mich gleich nach Hause bringt. Er ist mein bester Freund, auch wenn er es nicht weiß."

Was glauben Sie, wäre passiert, wenn ich den Aufsatz vorgelesen hätte? Die anderen hätten mir meinen Freund weggenommen. Garantiert. Die hätten so lange herumgestichelt, bis ich nicht mehr mit dem Bus gefahren wäre. Bestimmt hätten sie dem Busfahrer alles erzählt.

Verstehen Sie denn nicht? Ich will die Sechs. Unbedingt! Vielleicht merken dann die andern, dass ich gar nicht so ein großer Streber bin. Aber eigentlich glaube ich nicht dran. Bis morgen, Frau Baumann.

---

² *Der kleine Däumling* ist eine Märchenfigur der Gebrüder Grimm

³ Schultasche, die auf dem Rücken getragen wird

2 a) Führt ein stummes Schreibgespräch durch. Lest dazu den **TIPP**.
b) Notiert folgende Impulse auf DIN-A3-Blättern:
(1) Meine ersten Gedanken nach dem Lesen … – (2) Welche Meinung hast du zu der Klasse? – (3) … der Lehrerin? – (4) … dem Busfahrer? – (5) … zu Stefan? – (6) Wie könnte man Stefan helfen?
c) Führt nun das stumme Schreibgespräch durch, wie im **TIPP** beschrieben.
d) Teilt eure beschriebenen Blätter gruppenweise auf und wertet sie aus: Was wird am häufigsten/am wenigsten genannt? Gibt es gute Vorschläge?
e) Stellt eure Auswertungen in der Klasse vor.

3 Bearbeitet in Partnerteams folgende Aufgaben zu der Erzählung schriftlich:
a) Nennt Gründe, warum Stefan den Aufsatz nicht geschrieben hat.

→ Schaut euch dafür folgende Textstellen an: 5-7, 60-71, 119-122.

b) Was erhofft sich Stefan von der Sechs für den verweigerten Aufsatz? Erklärt.
So könnt ihr beginnen: *Stefan glaubt, dass er dadurch …*
c) Beurteilt, ob Stefan auf diese Weise sein Ziel erreicht.

→ Ihr könnt diesen Satzanfang übernehmen und vervollständigen:
Wir glauben / glauben nicht, dass Stefan mit dem verweigerten Aufsatz sein Ziel erreicht, weil …

M 4 Die Geschichte trägt die Überschrift „Der Klassenaufsatz".
a) In den Zeilen 100 bis 118 findet man den Text dieses Aufsatzes, obwohl Stefan ihn nicht geschrieben hat. Erklärt den Zusammenhang.
b) Warum hat der Autor aber diesen Titel gewählt? Kreuzt an und begründet.   **Folie**
A Mit der Verweigerung des Aufsatzes zeigt Stefan, dass er nicht wieder wegen einer guten Leistung gemobbt werden will. Außerdem möchte er seine Freundschaft mit dem Busfahrer nicht aufs Spiel setzen. ☐
B Die Verweigerung des Aufsatzes ist für Stefan eine Art Prüfung: Er will den Mitschülern beweisen, dass er auch schlechte Noten schreiben kann. ☐
C Über den nicht geschriebenen Aufsatz erfährt die Lehrerin von Stefans Problemen. Er hofft, dass sie ihm dann hilft. ☐

5 Besprecht eure Lösungen zu den Aufgaben **3** und **4** in der Klasse.

💡 TIPP

So führt ihr ein stummes Schreibgespräch durch:
1. Schreibt Impulse (Fragen oder Satzanfänge) auf DIN-A3-Blätter und legt sie im Klassenzimmer aus. Verwendet für jeden Impuls je zwei DIN-A3-Blätter, dann müsst ihr an den Stationen nicht warten.
2. Geht **still** herum und notiert auf den Blättern eure Antworten und Gedanken.
3. Ergänzt die bereits geschriebenen Sätze mit eurer Meinung. Ihr könnt auch Fragen an die vorherigen Schreiber stellen.

6 a) Nennt die Personen, die in der Geschichte eine Rolle spielen. Lest dazu die Hinweise 1 bis 3 in der **INFO**.
b) Wer sind die Haupt- und die Nebenfiguren? Begründet eure Meinungen.

7 Was könnt ihr über die Figuren erfahren? Untersucht, welche Merkmale und Eigenschaften sie haben. Übernehmt dazu vorher die Tabelle:

Stefan	Lehrerin	Klasse	Busfahrer
kleinwüchsig …	…	…	…

Folie

a) Teilt die Figuren unter euch auf und markiert passende Textstellen. Macht euch entsprechende Notizen in der Tabelle.
b) Stellt eure Ergebnisse vor. Vervollständigt dabei eure Tabelle.

Seite 306

8 Welche Rolle Stefan in der Klasse spielt, lässt sich gut in einem **Standbild** verdeutlichen:
a) Bestimmt einen Regisseur und Mitschüler, die in die Figuren der Erzählung schlüpfen. Überlegt, wie viele Schüler die Klasse von Stefan darstellen sollen. Welche Wirkung wollt ihr dadurch erzielen?
b) Der Regisseur ordnet die Figuren so an, wie sie seiner Meinung nach zueinander stehen. Wenn das Standbild fertig ist, müssen die Figuren einige Augenblicke regungslos verharren, damit die anderen es betrachten können.
c) Entspricht das Standbild eurer Vorstellung? Sprecht darüber.

M 9 a) Beschreibt die Grafik. Was stellt sie dar? Vergleicht mit Hinweis 4 der **INFO**.
b) Die Grafik ist unvollständig: Welche Angaben und welche Personen fehlen? Ergänzt die Figurenkonstellation. Nutzt dazu eure Vorarbeit aus den Aufgaben **7** und **8**.
c) Vergleicht eure Ergebnisse und sprecht über die Unterschiede.

hilft ihm →

> **INFO**
>
> **Figuren und ihre Beziehung zueinander**
> 1. Die Personen eines literarischen Textes nennt man **Figuren**.
>   Sie besitzen oft **besondere Merkmale** (z. B. *klein, besondere Sprache* …) und **Eigenschaften** (z. B. *nachdenklich, aufbrausend* …).
> 2. Man unterscheidet **Hauptfigur(en)** und **Nebenfigur(en)**. Erstere stehen im Mittelpunkt der Geschichte. Letztere treten nur kurz auf oder werden am Rande erwähnt. Dennoch können sie Einfluss auf Hauptfigur(en) haben.
> 3. Figuren stehen nie für sich allein, sondern in Beziehung mit anderen. Dies hat Auswirkungen auf die Handlung und den Verlauf einer Erzählung.
> 4. M Die Beziehungen zwischen Figuren macht man in einer **Figurenkonstellation** sichtbar. Dazu nutzt man Pfeile, um die Figuren zu verbinden. Genaueres zu der Beziehung wird über den Pfeil geschrieben: sieht ihn als Freund.

Fragen zu einem Text beantworten

1 Auf welche Weise verhalten sich die anderen Figuren in der Erzählung gegenüber Stefan? Finde eine Antwort auf diese Frage. Gehe vor, wie im **TIPP** beschrieben. Wähle deine Aufgabe:

G Wie verhält sich der Busfahrer gegenüber Stefan? Woran erkennst du das? Lies dazu noch einmal in den Zeilen 100 bis 118 nach.
So könntest du formulieren: *Der Busfahrer verhält sich Stefan gegenüber freundlich / ruppig / gleichgültig / entgegenkommend / mitleidig … Das erkenne ich daran, dass …*

M a) Wie verhalten sich die Mitschüler gegenüber Stefan? Beschreibe einzelne Begebenheiten, woran du das erkennst.

↪ Du kannst diese Satzanfänge nutzen:
Die Mitschüler verhalten sich Stefan gegenüber zuvorkommend / ablehnend / gewalttätig / herabsetzend / mitleidig … Das erkenne ich daran, dass …

b) ↪ Was stört die anderen Schüler an Stefan? Nenne Gründe für ihre Ablehnung.
c) Gib Textstellen an, die deine Antworten belegen.

2 Stellt in der Klasse eure Aufgaben vor und besprecht eure Antworten. Prüft, ob sie in ganzen Sätzen, mit eigenen Worten und verständlich formuliert sind. Verbessert sie, wenn nötig.

💡 TIPP

So beantwortest du Fragen zu einem Text:
1. Lies die Frage genau: Was sollst du herausfinden?
2. Markiere im Text Stellen, die zu dieser Frage Informationen liefern.
3. Mache dir mithilfe der markierten Stellen Notizen:
   Busfahrer: beachtet Stefan nicht …
4. Formuliere deine Antwort zu der Frage in ganzen Sätzen und mit eigenen Worten: *Sie nennen ihn Zwerg Nase, weil er kleinwüchsig ist.*
5. **M** Gib Textbelege an, die zu deiner Antwort passen: *Diese Information befindet sich in den Zeilen … Dies belegt die Textstelle mit den Zeilen …*

Zu einer Frage oder Aussage Stellung nehmen

1 Wie beurteilst du das Verhalten der anderen Figuren gegenüber Stefan? Lies deinen **TIPP** und bearbeite deine Aufgabe:

G a) Meinst du, der Busfahrer bezeichnet Stefan auch als seinen Freund? Nimm zu dieser Frage Stellung. Schau dir dazu noch einmal deine Lösung zu Aufgabe **1** auf Seite 111 an. So kannst du formulieren:
Ich denke / denke nicht, dass der Busfahrer Stefan auch als seinen Freund bezeichnen würde. Denn ...
b) Nenne Zeilen aus dem Text, die deine Antwort unterstreichen.

M a) Dies meint Hannes zu dem Verhalten der Klasse gegenüber Stefan:
Die Klasse ist bestimmt freundlicher zu Stefan, wenn er die Sechs im Aufsatz bekommt. Denn sie sehen, dass er doch kein Streber ist. Vielleicht werden sie ihn sogar in ihren Kreis aufnehmen.
Nimm zu dieser Aussage Stellung und begründe deine Meinung. Schau dir dazu noch einmal deine Lösung zu Aufgabe **1** auf Seite 111 an.

→ Du kannst diese Satzanfänge verwenden: **Hannes ist der Meinung, dass die Klasse Stefan akzeptieren wird, wenn ... Er begründet es damit, dass ... Dies sehe ich genauso wie Hannes / ganz anders als Hannes, denn ...**

b) Belege deine Meinung. Nenne dazu passende Zeilen aus dem Text.

TIPP

G So nimmst du zu einer Frage Stellung:
1. Lies die Frage genau durch, zu der du Stellung nehmen sollst.
2. Überlege, welcher Meinung **du** bist. Was spricht für deinen Standpunkt?
3. Formuliere deine Stellungnahme in ganzen Sätzen:
    a) Auf welche **Frage** sollst du eingehen? Gib sie **in eigenen Worten** wieder: *Die Frage lautet, ob der Busfahrer Stefan auch als ...*
    b) Stelle deine **Meinung** dar: *Ich finde, dass ... / Ich denke nicht, dass ...*
4. Gib **Textzeilen** an, die zu deiner Meinung passen: *Dies erkennt man an den Zeilen ...*

TIPP

M So nimmst du zu der Aussage anderer Stellung:
1. Lies die Aussage, zu der du Stellung nehmen sollst, genau. Welchen Standpunkt vertritt der andere?
2. Überlege, welcher Meinung **du** bist. Sammle Gründe für deinen Standpunkt.
3. Formuliere deine Stellungnahme in einem kurzen Text:
    a) Greife die **Aussage** des anderen auf. Erläutere sie in **eigenen Worten**.
    b) Stelle deine **Meinung** dar: *Ich stimme der Aussage von Hannes zu / nicht zu, dass sich die Mitschüler anders ...*
    c) **Begründe** deine Meinung nachvollziehbar. Verwende dazu Konjunktionen wie *weil, da, denn*.
4. **Belege** deine Meinung mit dem Text: *Das wird in den Zeilen ... erkennbar.*

Erzähler und Erzählperspektive erkennen

1 a) Lies die Überschrift unten. Was ist wohl mit „Wende" gemeint?
b) Was könnte das Wort im Zusammenhang mit dem Bild bedeuten? Äußert Vermutungen, worum es in diesem Text gehen könnte. Lest dann den Text.

Letzte Wende
Kristina Dunker

Jetzt keine Zeit nachzudenken.
Wir steigen auf die Startblöcke. Jemand wünscht uns Glück. Ich weiß nicht, ob ich welches will. Rike neben mir lacht, ein flatterndes, viel zu lautes Lachen, sie kann ihre Nervosität nicht überspielen. Sie kann's auch nicht lassen, mir vor
5 dem Start noch einen Blick zuzuwerfen: Lässt du mich nicht gewinnen, warst du die längste Zeit meine Freundin!
Sie meint es ernst. Es geht um mehr als den Sieg bei den Stadtmeisterschaften. Mein Fehler war, ihr in den Schwimmverein zu folgen. Als ich in ihre Welt aus Chlorgeruch, nassen Haaren und Fußpilzdesinfektionsspray eindrang, als ich
10 lernte, meinen Kraulstil zu verbessern, kräftiger und schneller wurde, muss sie das wie eine Eroberung ihres Reviers empfunden haben. Sie hatte das Schwimmen schließlich für sich zuerst entdeckt. Sie hatte zuerst von unserem Trainer gesagt bekommen, dass sie Talent habe, sie hatte zuerst eine Urkunde mit nach Hause gebracht und damit angegeben. Wenn ich schon in der Schule stets die
15 Bessere war, dann wollte sie es wenigstens im Sport sein. Dabei hatte ich gar nicht mit dem Training begonnen, um sie zu überholen, ihr etwas wegzunehmen. Ich hab einfach gedacht, es wäre schön, wenn wir noch mehr zusammen unternehmen würden. Ich war einfach begeistert, wenn ich mit ihr zusammen war. Rike war eines der beliebtesten Mädchen in der Schule, neben ihr herzu-
20 gehen war schon eine Ehre, gar mit ihr befreundet zu sein, gab mir das Gefühl von Stärke und Unverwundbarkeit. Das Beste aber war, mit ihr die Nachmittage zu verbringen, an ihren verrückten und fantastischen Ideen teilhaben zu dürfen, mit ihr leidenschaftlich von einer Popband zu schwärmen und sich nachher vorzustellen, selbst eine zu gründen, zu träumen, einfach Spaß zu haben. Schon
25 als Kinder angelten wir in Regenpfützen nach Fischen, bauten in der großen Kastanie Baumhäuser, versteckten junge Kätzchen vor unseren Eltern, zelteten im Garten, tauschten unsere Zahnspangen und bemalten das gelbe Auto von Rikes Bruder an seinem Geburtstag mit roten Lippenstiftherzchen. Wir waren eben Blutsschwestern, treu und unzertrennlich.

„Auf die Plätze!"

Hör auf zu grübeln. Konzentrier dich. Kontrollier deinen Herzschlag, deine Muskeln. Bleib locker. Guck nicht zur Tribüne, nicht zum Trainer, nicht zu Rike. Mit einem verpassten Start ist das Rennen so gut wie verloren.

Verloren hab ich so oder so. [...] Ich möchte vom Start zurücktreten, erklären, dass meine Teilnahme an den Meisterschaften ein Missverständnis, ein Irrtum sei, ich möchte sagen: Mir ist schlecht, ich bin krank, ich will aussteigen.

„Fertig!"

Ich will aussteigen, um Rike nicht zu verlieren. Neben wem soll ich in der Schule sitzen, mit wem gemeinsam für den süßen Alexander aus der Jungenmannschaft schwärmen, mit wem kiloweise Eis essen und nachher über die kleinen Fettpölsterchen jammern, mit wem schrille Klamotten kaufen und auf Inlineskates singend durch die Fußgängerzone fahren: „That's the way – aha – aha – I like it!"

Was ist schon eine blöde Schwimmmedaille! Ohne Rike – Einsamkeit und Langeweile.

„Los!"

Ich schieße pfeilartig, flach hinein ins kachelblaue Wasser. Rike? Allein durch meinen gekonnten Sprung bin ich ihr weit voraus. Sie hat die Bahn links neben mir, platscht schräg hinter mir ins Becken, halb so elegant, halb so schnell, halb so gut. Ein Teil von mir will innehalten, um auf sie zu warten, ein anderer den Abstand vergrößern. Meine Arme und Beine machen, was man ihnen beigebracht hat. Sie durchpflügen das Wasser, arbeiten sich einen Vorteil aus, sorgen dafür, dass mein Puls immer schneller schlägt. Ich weiß nicht, was ich tun soll, deshalb tue ich, was ich kann. Rike bleibt auf der Strecke.

„Na und!", sagt eine Stimme in mir. Sonst bist du es doch immer gewesen, die den Kürzeren zog, die freiwillig Rücksicht nahm und die zweite Geige spielte.

[...] Da! Vor mir die Beckenwand. Wende! Eintauchen, drehen, den Körper zusammenklappen und ruckartig aufschnellen lassen – ich liebe diesen komplizierten Bewegungsablauf, ich bin genial, reine kontrollierte Energie, Kapitän des schnellsten Boots der Welt.

Mit Rike warst du immer nur Matrose. [...]

Erinnere dich mal, als ihr im Trainingslager wart und der süße Alexander euch eingeladen hat, mit zum Tanzen in die Campingplatzdisco zu kommen. Du bist im Zelt geblieben, damit Rike ihn für sich allein haben konnte. Erinnere dich mal an deine Brieffreundin aus Amerika, der Rike plötzlich auch schreiben wollte. Ihr hattet euch immer so viel zu erzählen; nachdem du Rike ihre Adresse gegeben hattest, meldete sie sich nie wieder. Wie oft hat sie in der Schule bei dir abgeschrieben und war dir nie dankbar dafür, sondern immer eifersüchtig, dass du schlauer warst als sie. Die benutzt dich doch!

Wieder Wende. Es geht in die zweite Hälfte. Meine Kräfte lassen nach. Einziger Anhaltspunkt: der Streifen aus schwarzen Kacheln auf dem Beckengrund. Vor meinen Augen nur das Blau des Wassers. Schwimm! [...]

Letzte Wende. Noch fünfzig Meter.

Ich bin die Erste, die in die Zielgerade geht, gönne mir einen sekundenschnellen Blick zurück. Sie sind mir auf den Fersen. Sie holen mich ein. Ich will aber gewinnen. Ich will nicht mehr länger verzichten für Rike. Ich will sie nicht verlieren, aber ich will mir mit diesem Rennen auch selbst etwas beweisen. Die Zuschauer johlen und feuern uns an. Die Bahn rechts kommt näher, ihre Stärke liegt im Endspurt. Rike ist weit abgeschlagen. Mit jeder Bewegung lasse ich

Rike weiter zurück, mit jedem Atem-
80 zug entscheide ich mich mehr für
mich und gegen unsere Freundschaft.
Die Konkurrentin holt mich ein. Noch
ein paar Meter. Jetzt nicht nachlassen.
Gib alles!
85 Ich schlage an. Es ist vorbei. Ich stoße
gegen die Beckenmauer. Meine Füße
tasten den Grund, ich schnappe nach
Luft, hab ich gewonnen, hab ich? Ich
habe.
90 Jubelnde Eltern, jubelnder Trainer.
Traumzeit. Von Rike nichts zu sehen.
Sie ist Dritte oder Vierte, sie dreht sich
zur anderen Seite, weg von mir, steigt
aus dem Wasser.
95 „Rike!"
Ich habe kaum noch Atem übrig. Weiß
nicht, ob ich glücklich oder unglücklich bin. Sie wendet sich mir zu, kühl. „Na,
mal wieder gewonnen?" Ich spüre, wie Wut über ihre abfälligen Worte in mir
aufsteigt. „Nicht ‚mal wieder'. Zum ersten Mal." Rike zieht die Augenbrauen
100 hoch, ich stemme mich aus dem Wasser, sie reicht mir nicht die Hand. „Schade,
dass du's mir nicht gönnst. Schade. Insgesamt", sage ich und zucke so gleichgültig mit den Schultern, wie es mir eben möglich ist, dann kommen die Eltern,
Freunde, um mich zu beglückwünschen.
„Das hast du super gemacht!", ruft jemand.
105 „Ja", antworte ich und sehe Rike an. Sie wirft verächtlich den Kopf in den Nacken, geht davon, und während ich ihr nachsehe, beschließe ich, ihr nicht mehr
nachzulaufen, jetzt nicht, morgen nicht, nie mehr.
Da hängt mir unser Trainer die Medaille um und mein Vater spricht von Freu-
dentränen, keine Ahnung hat er.
110 Guckt Rike denn gar nicht, interessiert sie das denn gar nicht, kommt sie denn
nicht zurück, kommt sie nicht, wirklich nicht?
Na dann: egal!

2 a) Haben sich eure Vermutungen zum Begriff „Wende" bestätigt?
   b) Schaut euch das Bild oben und auf Seite 113 an. Zu welchen Textstellen
   passen die Bilder? Begründet.

3 a) In der Geschichte erfahren wir viel über die Gefühle und Gedanken einer
   Figur. Stellt Vermutungen an, wer hier spricht.
   b) Vergleicht eure Überlegungen mit den Hinweisen 1 und 2 in der INFO auf Seite
   116.

M 4 a) Ein Autor kann eine Erzählung aus einem bestimmten Blickwinkel erzählen.
   Lies dazu den dritten Hinweis in der INFO auf Seite 116.
   b) Welche Erzählform hat die Autorin von „Letzte Wende" gewählt? Belege mit
   einem Beispiel aus dem Text.
   c) Warum hat die Autorin wohl gerade diese Erzählform gewählt? Begründe.

5 Beschäftigt euch nun genauer mit den beiden Figuren: Was erfahrt ihr über die Ich-Erzählerin? Was wird über Rike berichtet? Arbeitet im Partnerpuzzle:
a) Je zwei Schüler übernehmen entweder Tabelle A oder B unten.
b) Sucht in Einzelarbeit Textstellen heraus, aus denen man etwas Wichtiges über die gewählte Figur erfährt. Notiert die Ergebnisse in der ersten Spalte.
c) Erklärt in der zweiten Spalte, was damit über die Figur ausgesagt wird.
d) Besprecht mit eurem Partner, der dieselbe Figur gewählt hat, eure Ergebnisse.

A Ich-Erzählerin

Textstelle (Zeile)	Erklärung
Wenn ich schon in der Schule stets die Bessere war, dann wollte sie es wenigstens im Sport sein. (Zeile 14/15)	Die Ich-Erzählerin ist in der Schule besser als Rike und wahrscheinlich auch im Sport.

B Rike

Textstelle (Zeile)	Erklärung
Lässt du mich nicht gewinnen, warst du die längste Zeit meine Freundin. (Zeile 5/6)	Rike erträgt es nicht zu verlieren. Sie setzt die Ich-Erzählerin unter Druck.

e) Wechselt den Partner, sodass jeweils ein Schüler A und B zusammentreffen. Stellt eure Ergebnisse vor und erläutert, was man über die Figur erfährt.

6 a) Anhand der Textstellen erkennt man, dass die beiden Figuren unterschiedliche Vorstellungen von Freundschaft haben. Sprecht in der Klasse darüber.
b) ↪ Erklärt, warum sich die Ich-Erzählerin gegen Rike und für den Sieg der Meisterschaft entscheidet. Nutzt hierzu eure Ergebnisse aus Aufgabe **5**.

ℹ️ INFO

Autor, Erzähler und Erzählperspektive

1. Wenn ein Autor eine Geschichte schreibt, schlüpft er in die Rolle eines Erzählers. Er kann als Figur erscheinen, wenn z. B. in der Ich-Form erzählt wird.
2. Beachte: Der **Autor** und der **Erzähler** sind **nicht dieselbe Person**. Der Autor hat sich eine Figur ausgedacht, die in der Erzählung spricht und fühlt.
3. **M** Der Autor kann die Geschichte aus verschiedenen Perspektiven erzählen. Dadurch gibt er unterschiedlich viel von der Figur preis:
   a) **Er-/Sie-Form**: Das Geschehen, aber auch Gedanken und Gefühle werden von einem Erzähler wiedergegeben, der wie ein Beobachter die Handlung verfolgt: *Ulrich, der Freund von Alf, wusste das zwar, doch war er gerade nicht am Hafen, sondern auf dem Sportplatz.*
   b) **Ich-Form**: Das Geschehen wird aus der Sicht einer bestimmten Figur erzählt. Man erlebt dabei „hautnah" ihre Gedanken und Gefühle:
   Nur ich habe vor meinem leeren Heft gesessen und gewartet, dass es endlich klingelt.

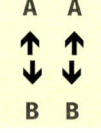

Eine Inhaltsangabe mit Stellungnahme schreiben

1 a) Habt ihr schon einmal jemanden Besonderen kennengelernt, der euch mit außergewöhnlichen Einfällen begeistert hat? Erzählt, was euch an ihr oder ihm besonders gefallen hat.
b) Lest nun den Text.

Die Kreidestadt
Gina Ruck-Pauquèt (1987)

Dass Benze rote Haare hatte, war kein Problem. Einmal hatte einer gewagt, einen Witz zu machen, aber das war lange her. „Holt die Feuerwehr!", hatte er geschrien. „Dem Benze brennt sein Hirn. Die Flammen schlagen raus." Dann hatte er Benzes rechten Haken zu spüren bekommen und es war Ruhe gewesen.
5 Alle respektierten Benze. Es war nicht so, dass er es nötig hatte, mit einem Mädchen zu spielen. Aber das, was er mit Mandi machte, war etwas Besonderes. Etwas Tolles war das: Mandi und Benze bauten eine Stadt. Genau genommen malten sie sie bloß.
Mit Kreide. Ganz hinten, in der Ecke des großen Parkplatzes, da, wo früher die
10 alten Karren vor den Lagerhallen gestanden hatten. Sie hatten sich da mal zufällig getroffen und rumgealbert. Und auf einmal hatte Mandi mit Kreide Striche um Benze rumgemalt. „Jetzt bist du im Gefängnis", hatte sie gesagt. „Da kommst du nicht mehr raus!"
Benze war natürlich mit einem Schlag weg. Als er hinter ihr her wollte, hatte sie
15 ‚Halt' geschrien. Auf dem Ende einer Kreidelinie hatte sie gestanden. „Ich bin ganz oben auf einem Telefonmast! Da kannst du nicht ran!"
So hatte das angefangen. Benze hatte einen Sportplatz gemalt. Mandi Häuser mit Fenstern und Schornsteinen obendrauf. Ein Park mit Bäumen war entstanden, eine Fabrik, in der Schokolade hergestellt wurde, ein Supermarkt, ein Schieß-
20 stand, eine Kirche, ein Kino, zwei Hochhäuser, ein Krankenhaus und zwischen allem Straßen. An den Ecken standen Eisbuden. Ein kleiner Teich war da und dahinter ein Schloss. „Hier wohne ich", sagte Mandi.
Benze baute sich lieber ein Motorrad. „Brr, beng, beng", startete er. „Mensch", sagte Mandi, „mach doch nicht so'n Lärm! Du weckst ja alle auf!" „Wen denn?",
25 wollte Benze wissen. „Na ja", sagte Mandi. „Die Leute. Und die Tiere im Zoo."
Au ja, sie wollten einen Zoo haben! Aber das war gestern gewesen. Und da war es dunkel geworden und sie hatten heim gemusst.
„Kommste morgen wieder her?", hatte Benze gefragt. Mandi hatte genickt.
Doch jetzt war morgen, und Benze war hier und Mandi nicht. Eigentlich hätte
30 er ja anfangen können mit dem Zoo. Er wollte Raubvögel malen, die auf einer Stange saßen, und Wölfe und Füchse und Urtiere mit riesigen Hörnern. Aber allein machte es keinen Spaß. Benze ging durch seine Stadt. Er hatte die Taschen voller Kreide. Extra gekauft. Nur um sie auszuprobieren, brachte er Feuerleitern an den Hochhäusern an. Er machte sie rot. Blau, Gelb und Grün hatte er auch.
35 Mandi würde gucken.

Er rannte rum und hielt nach ihr Ausschau. Vielleicht war ja gar nicht so viel Zeit vergangen. Aber Benze schienen es Stunden zu sein. Das Motorrad, das er gestern gemalt hatte, kam ihm blöd vor. Er fand einen Stein und trat ihn in Mandis Schloss. Sie hatte auch Blumen hingezeichnet. Sonnenblumen.

40 Jetzt komm aber!, dachte Benze. Warten lag ihm nicht. Das hielt er nicht aus. Er nahm ein Stück Kreide aus der Tasche, warf es in die Luft und fing es wieder. Dann hörte er das Fahrrad quietschen. Der Bursche blieb neben ihm stehen. Es war der, der für die Lagerhallen rumfuhr. „Was machst'n?", fragte er. „Wartest du auf die?", fragte der Bursche. „Die kommt heut nicht. Die spielt in der Stein-
45 straße mit den anderen." „Ach Quatsch!", sagte Benze. „Ich warte überhaupt nicht." „Na, denn", sprang der wieder auf sein Fahrrad und sauste ab.
Mandi spielte in der Steinstraße mit den anderen. Und er, der Trottel, stand hier und wartete! Eine Hitze stieg Benze in den Kopf, eine rote, wolkige Hitze, die ihn wild machte und ganz sinnlos.

50 Zuerst zerstörte er das Schloss, rieb es mit seinen Kreppsohlen weg. Spuckte hin und rieb. Die Sonnenblumen zertrampelte er, den Teich. Er radierte die Schornsteinhäuschen aus, die Schokoladenfabrik, den Supermarkt, das Krankenhaus, die Hochhäuser, alles. Spuckte hin, wischte und stampfte und spuckte und kreiselte mit seinen Sohlen Linien aus, machte weg, zerstörte und konnte schon gar
55 nicht mehr spucken, weil sein Mund so trocken war. Die ganze Stadt!, dachte er. Die ganze Stadt! Alles musste weg!
Als Mandi plötzlich wieder neben ihm auftauchte, erstarrte er. Was machst du da? Wahrscheinlich fragte sie: „Was machst du da?" Aber Benze hörte es nicht. In seinem Kopf rauschte es und er sah eine Ecke vom Schießstand, die er nicht
60 erwischt hatte. Als Mandi zu weinen anfing, rannte er weg. Benze rannte, als ob sie hinter ihm her wären. Und er dachte die ganze Zeit an den Burschen mit dem Fahrrad, und wie es möglich ist, dass einer so lügt.

2 Wart ihr auch schon einmal in einer solchen Situation wie Benze oder Mandi? Tauscht euch über eure Eindrücke nach dem Lesen aus.

Folie

3 Untersuche die Handlung genauer, indem du die Schlüsselstellen markierst. Finde dazu die Antworten auf die W-Fragen.

→ Du kannst diese W-Fragen nutzen: Wann spielt die Handlung? Wo spielt sie? Welche Figuren kommen vor? Was tun sie bzw. was passiert mit ihnen? Warum handeln sie so? Welche Folgen hat die Handlung für die Figuren?

Folie

4 Gibt es schwierige Wörter oder Textstellen, die du nicht verstanden hast? Unterstreiche sie mit einer Wellenlinie. Kläre ihre Bedeutung.

Folie

5 a) Schau dir die Schlüsselstellen an und gliedere den Text in Sinnabschnitte. Ziehe dazu nach jedem Sinnabschnitt eine Linie.
b) Formuliere für jeden Sinnabschnitt eine passende Überschrift.

→ Du kannst diese Überschriften verwenden:
Benze wartet auf Mandi / Benze wird geachtet / Der Junge auf dem Fahrrad gibt eine falsche Information / Mandi erscheint / Benze läuft weg / Benze zerstört wütend die Kreidestadt / Benze und Mandi entwerfen eine Stadt.

6 Schreibe eine Inhaltsangabe zu der Erzählung und nimm zu einer Frage bzw. einer Aussage Stellung. Bearbeite deine Aufgabe auf dieser Seite (**G**) oder auf Seite 120 (**M**):

a) Plane deine Inhaltsangabe mit Stellungnahme:
– Übernimm den Schreibplan und mache dir den Aufbau deines Aufsatzes klar.

Arbeitsschritte	Stichworte zur Vorbereitung
1. Einleitung (TATE-Satz): Wie lautet der **Titel**? Wie heißt der **Autor**? Welche **Textsorte** wird verwendet? Wann ist der **Text** erschienen?	– Die Kreidestadt – … – Erzählung – …

2. Hauptteil: Fasse den **Inhalt** des Textes **knapp**, im **Präsens** und **mit eigenen Worten** zusammen.	– Benze → Junge mit roten Haaren
	– Kinder respektieren ihn
	  → lässt sich nichts gefallen
	– lernt Mandi kennen
	  → ein besonderes Mädchen …
	– spielen gemeinsam

3. Schlussteil: (A) Beantworte eine **Frage**. (B) Nimm **Stellung** zu einer Frage. Gib **Textstellen** als Beleg an.	– Benze erstarrt → er … – …

– Notiere zunächst alle Angaben für die Einleitung (**Arbeitsschritt 1**).
– Ergänze mithilfe deiner markierten Schlüsselstellen Stichwörter zur Handlung. (**Arbeitsschritt 2**).
– Wie reagiert Benze, als Mandi plötzlich hinter ihm steht?
  Lies dazu die Zeilen 57 bis 62 (**Arbeitsschritt 3 A**).
– Glaubst du, dass Mandi und Benze Freunde bleiben?
  Nimm dazu Stellung. Nenne passende Zeilen, die deine Antwort unterstreichen (**Arbeitsschritt 3 B**).

b) Verfasse mithilfe des Schreibplans eine Inhaltsangabe mit Stellungnahme. Beachte dabei die **INFO** auf Seite 104 und die **TIPPs** auf Seite 111 und 112. Du kannst den Lückentext übernehmen und fortsetzen:

In der Erzählung … aus dem Jahre … erzählt … von der Freundschaft zwischen dem … Jungen … und …
Benze wird schnell …, wenn sie ihn … Daher haben andere Kinder auch … vor ihm. Obwohl … ein Mädchen ist, trifft sich Benze gerne mit ihr auf einem …, um dort zu … Eines Tages fängt … an, mit … auf der Straße zu … Dabei entsteht …
Als Mandi plötzlich hinter Benze steht, reagiert er … Er erstarrt zunächst und …
Ich kann mir (nicht) vorstellen, dass Mandi weiterhin …

M a) Plane deine Inhaltsangabe mit Stellungnahme:
– Übernimm den Schreibplan und mache dir den Aufbau deines Aufsatzes klar.

Arbeitsschritte	Stichworte zur Vorbereitung
1. Einleitung (TATTE-Satz): Titel – Autor – Thema – Textsorte – Erscheinungsjahr	– … – Gina Ruck-Pauquèt – Freundschaft gefährden durch voreilige … – …
2. Hauptteil: Fasse den **Inhalt** des Textes **knapp**, im **Präsens** und **mit eigenen Worten** zusammen.	– Benze → Junge, rote Haare – Kinder haben Respekt → lässt sich nichts gefallen – …
3. Schlussteil: (A) Beantworte eine **Frage**. (B) Nimm **begründet Stellung** zu einer **Aussage** und nenne Textstellen als **Beleg**.	– Benze wird wütend → er … – Susanne ist der Meinung, dass … – Das sehe ich genauso / anders, denn …

– Notiere zunächst alle Angaben für die Einleitung (**Arbeitsschritt 1**).
– Ergänze mithilfe deiner markierten Schlüsselstellen Stichwörter zur Handlung (**Arbeitsschritt 2**).
– Wie verhält sich Benze, als er erfährt, dass Mandi mit anderen Kindern spielt? Beschreibe. Gib Textstellen als Beleg an. (**Arbeitsschritt 3 A**).
– Susanne meint zu Benzes Reaktion:
„Es war falsch von ihm wegzurennen, denn nun will Mandi ganz bestimmt nichts mehr von ihm wissen wollen."
Nimm zu dieser Aussage Stellung und begründe deine Meinung. Belege mit passenden Zeilen aus dem Text. (**Arbeitsschritt 3 B**).

b) Verfasse mithilfe des Schreibplans eine Inhaltsangabe mit Stellungnahme. Beachte dabei die **INFO** auf Seite 104 und die **TIPPs** auf Seite 111 und 112.

→ Du kannst diese Satzanfänge für die Einleitung und den Schlussteil nutzen:
Die … mit dem Titel … wurde … von Gina Ruck-Pauquèt geschrieben. Sie handelt von einer Freundschaft, die aber durch … gefährdet wird …
Als Benze erfährt, dass … rastet er völlig aus und … Dies wird ausführlich in den Zeilen … beschrieben.

7 Tragt in gemischten Kleingruppen eure Texte vor und besprecht sie. Prüft:
– Werden alle Teilaufgaben bearbeitet?
– Wird der Inhalt knapp und richtig zusammengefasst?
– Wird die Stellungnahme nachvollziehbar begründet (**M**) und mit passenden Textstellen belegt?
– Ist der Text sachlich formuliert (keine wörtliche Rede oder Erzählmittel)?
– Steht er im Präsens?

Eine Inhaltsangabe mit Stellungnahme überarbeiten

1 Alex und Christa haben zu der Erzählung „Die Kreidestadt" jeweils eine Inhaltsangabe mit Stellungnahme geschrieben. Prüfe, wie gut sie ihnen gelungen sind. Wähle deine Aufgabe:

Gina Ruck-Pauquèt schrieb 1987 „Die Kreidestadt".	*Einleitung unvollständig, falsche Zeitform*
Benze und Mandi trafen sich zufällig auf einem Parkplatz. Weil sie sich ein bisschen ineinander verlieben, verbringen sie den Nachmittag zusammen. Sie malen mit Kreide eine ganze Stadt auf den Boden und spielen richtig schön. „Kommste morgen wieder her?", will Benze wissen. Sie verabredeten sich für den nächsten Tag.	*keine wörtliche Rede falsche Zeitform falsche Zeitform*
Benze ist zuerst da und wartet. Er hatte die Taschen voller Kreide. Da erscheint ein anderer Junge und erklärt ihm, dass Mandi heute woanders und mit anderen spielt. Plötzlich ist Mandi doch da. Benze ist stocksauer und wischt wütend die Kreidestadt weg. Als sie die Zerstörung sieht, muss sie weinen. Benze rannte weg und denkt dabei, wie gemein der andere Junge gewesen ist und er dem jetzt gleich eine reinhaut.	*Reihenfolge unlogisch umformulieren falsche Zeitform nicht im Text*
Als Mandi plötzlich hinter ihm steht, ist Benze total erschrocken. Er versteht nicht, was passiert ist. Er läuft daher einfach weg, ohne etwas zu sagen.	
Ich kann verstehen, dass Benze so reagiert. Er ist enttäuscht, dass die Zicke nicht kommt, sondern mit anderen spielt. Er ist wütend, dass sie ihn einfach warten lässt.	*anders formulieren* *Textbeleg fehlt*

G a) Lies den Text von Alex. Wie ist dein erster Eindruck?
b) Prüfe, ob Alex alle Teilaufgaben bearbeitet hat. Notiere dazu die Nummer der Arbeitsschritte an den Rand (siehe Seite 119).
c) Übernimm die Tabelle und trage die markierten Textstellen in die zweite Spalte ein. Auf welche Punkte in der **CHECKLISTE** auf Seite 122 beziehen sich die Fehler?

Folie

Nr. der Checkliste	Das muss man überarbeiten:	Verbesserungsvorschläge:
2	Textsorte ergänzen	...
...	trafen	Präsens verwenden: treffen
...	„Kommste morgen wieder her?" umformulieren	Benze gefällt das Spiel mit Mandi. Deshalb fragt er sie, ob ...

d) Notiere in der dritten Spalte Verbesserungsvorschläge für diese Textstellen.
e) Suche dir einen Partner und prüft gemeinsam eure Ergebnisse.

Textsorte/Autorin fehlen = 1
wörtlich übernommen =
falsche Zeitform =

In „Die Kreidestadt" gerät eine Freundschaft zwischen einem Jungen und einem Mädchen durch eine falsche Information in Gefahr.
Benze und Mandi treffen sich zufällig auf einem Parkplatz, wo früher die Karren der Lagerhallen gestanden hatten. Sie können sich leiden und
5 spielen miteinander. Im Laufe des Nachmittags zeichneten sie mit Kreide eine große Stadt auf den Boden. Sie verabreden sich für den nächsten Tag. Benze war als Erster da und wartet. Er hatte Kreide in Grün, Blau und Gelb dabei. Plötzlich kommt ein Junge vorbei und sagt: „Wartest du auf die?" Er erzählt, dass Mandi mit anderen spielen würde. Benze ärgert sich
10 und wird so stinkig, dass er die Kreidestadt zerstört. Da erscheint Mandi. Als sie die kaputte Stadt sieht, beginnt sie zu weinen. Benze haut ab. Ich kann verstehen, dass er wegrennt. Zuerst hatte er eine Sauwut auf Mandi und daher das, was ihr Spaß gemacht hat, zerstört. Dann merkt er, dass das eine falsche Information war. Jetzt hat er eine Wut auf den Ty-
15 pen und auf sich selbst. Als Mandi auch noch heult, reicht es ihm. Deshalb haut er ab. Irgendwie blöd.

Folie **M**

a) Prüfe, ob Christa alle Teilaufgaben bearbeitet hat. Notiere dazu die Nummer der Arbeitsschritte an den Rand (siehe Seite 120).
b) Christa hat in einer Schreibkonferenz Rückmeldungen erhalten. Betrachte die Randnotizen: Auf welche Punkte der **CHECKLISTE** beziehen sie sich?

Folie

c) Prüfe Christas Text nun selbst mit der **CHECKLISTE**. Markiere weitere Textstellen, die du überarbeiten möchtest.

→ Diese Zeilenangaben zeigen dir, wo Christa ihren Text noch verbessern könnte und welche Punkte der CHECKLISTE sie nicht beachtet hat:
Nr. 1 = Z. 12; Nr. 3 = Z. 6; Nr. 7 = Z. 7, 12; Nr. 8 = Z. 8, 9, 10, 12; Nr. 10 = Z. 12, 14, 16.

d) Notiere dir für die markierten Stellen Überarbeitungsvorschläge.
e) Überarbeite die Inhaltsangabe und schreibe sie sauber in dein Heft.
f) Suche dir einen Partner und prüft gemeinsam eure Ergebnisse.

☑ CHECKLISTE

Eine Inhaltsangabe mit Stellungnahme überarbeiten
1. Werden alle Teilaufgaben bearbeitet?
2. Ist die Einleitung vollständig? Ist das Thema richtig formuliert (M)?
3. Wird der Inhalt der Geschichte genau und richtig wiedergegeben?
4. Wird der Inhalt knapp und in logischer Reihenfolge zusammengefasst?
5. Wird mit eigenen Worten formuliert?
6. Wird die Er-/Sie-Form verwendet?
7. Steht der Text in der richtigen Zeitform (Präsens und Perfekt)?
8. Wird sachlich formuliert ohne Erzählmittel oder wörtliche Rede?
9. Wird die Frage richtig beantwortet und mit Textstellen belegt (M)?
10. Ist die Stellungnahme nachvollziehbar begründet (M) und belegt?

Kompetenz-Check: eine Inhaltsangabe verfassen und Stellung nehmen

Der Brief
Susanne Kilian (1973)

In der Deutschstunde stieß Karin die Ingrid an. „Guck mal, der Oliver schaut dich schon wieder so an!", flüsterte sie ihr zu. Sie sahen beide zum Oliver hin. Der drehte sich weg. Er hatte die ganze Zeit die Karin angestarrt. Jetzt sah er nach vorne zur Tafel. Die Karin und die Ingrid kicherten hinter vorgehaltenen Händen. Verdammt! Jetzt hatte die Lehrerin sich zu ihnen umgedreht. Und sie wollten bei dem blöden Gedicht auf keinen Fall drankommen. Gerade fing der Klaus an: „Mietegäste, vier im Haus, hat die alte Buche ..." Die Mädchen setzten sich ordentlich zurecht und machten aufmerksame Gesichter. Inzwischen sagte die Gerti weiter: „Weiter oben im Geäst, pfeift ein winzig kleiner ..." „Der Oliver ist in dich verliebt!", wisperte Ingrid. Karin wischte ihr unterm Tisch eins gegen die Beine: „Aber ich nicht in ihn!", zischte sie. Klar, dass der Oliver sie mochte, wusste sie schon lange. Immer wartete er, bis sie zum Schultor reinging. Zum Glück hatte sie immer all ihre Freundinnen um sich rum. Und sie beachtete den Oliver gar nicht. Nie. Auch wenn er mittags, zehn Schritte Abstand, hinter ihr herging. Er wohnte nur eine Ecke weiter. Sie fand Jungs an sich schon blöd. Aber der Oliver, wie er sie immer ansah, er war einfach Luft für sie.

In der Pause beriet Karin sich mit all ihren Freundinnen. Sie wollten dem Oliver eins auswischen. Der würde die Glotzerei schon bleiben lassen. Sie drängelten sich in eine Schulhofecke, machten einen Kreis um Karin, dass man nicht sehen konnte, was sie machte. Sie benutzte die Mauer als Unterlage und krakelte auf einen Fetzen Butterbrotpapier, was die Freundinnen ihr flüsternd diktierten.

Lieber Oliver, ich fände es sehr schön, wenn ich mal mit dir nach Hause gehen könnte. Würdest du auch meine Schultasche tragen? Einen heißen Kuss von deiner dich liebenden Karin.

In der Erdkundestunde schrieb Karin den Text sauber auf ein Blatt aus dem Rechenheft. Sie faltete es zusammen. Schrieb darauf: „An Oliver!" und schickte es los. Sie saß am vierten Tisch in der letzten Reihe und der Oliver am zweiten Tisch in der ersten Reihe. Sie konnte den Weg des Briefes gut verfolgen. Die Freundinnen, mit denen alles ausgemacht war, gaben ihn sehr vorsichtig von Tisch zu Tisch. Damit ihn die Lehrerin ja nicht erwischte.

Jetzt musste der Brief beim Oliver sein. Ingrid und Karin sahen, wie er unterm Tisch herumkramte, etwas auseinanderfaltete, es in seinen Erdkundeatlas schob und las. Langsam stieg ihm vom Hals hoch Röte ins Gesicht. Sie konnten es von hinten deutlich sehen. Und jetzt drehte er sich zur Karin um und nickte. Karin hatte entsetzliche Mühe, ein todernstes Gesicht zu machen. Schließlich bekam sie's doch hin, nickte sogar zurück. Als Oliver sich wieder nach vorn drehte, platzte sie fast vor Lachen. Sie konnte es kaum abwarten, bis die Schule aus war. Da klingelte es.

Die Eingeweihten packten kichernd ihre Ranzen ein. Jetzt stand Karin das Schwierigste bevor. Sie packte langsam und mit ernstem Gesicht ihre Schultasche. Es war ausgemacht, dass die anderen vor der Schule auf sie warteten.

Es klappte großartig. Oliver packte seine Sachen genauso langsam zusammen. Ab und zu schielte er zur Karin hin. Hintereinander gingen sie durch die Klassentür. Stumm gingen sie den Gang entlang. Als sie über den Schulhof liefen, schaute Oliver die Karin von der Seite an. Und fragte: „War's wirklich ernst, was in dem Brief stand?" Karin biss die Zähne zusammen. „Klar war's ernst", sagte sie hochnäsig und rannte los. Gott sei Dank! Ihre Freundinnen warteten am Schultor. Als Oliver vorbeigehen wollte, stellten sie sich ki-

85 chernd in den Weg. Verbeugten sich vor ihm. „Möchtest du mit mir nach Hause gehen?" – „Darf ich deine Schultasche tragen?", schrien sie durcheinander. Und Karin machte die Augen zu und flötete: „Einen heißen Kuss von
90 deiner dich liebenden Karin!"

Oliver wurde rot. Er sah die kichernden Mädchen an. Und die Karin, wie sie sich in die Hand biss vor Lachen. Er sah nur noch die Karin an. Und sagte bloß: „Du bist richtig ge-
95 mein!"

1 Schreibe eine Inhaltsangabe zu dem Text „Der Brief" und nimm zu einer Frage bzw. einer Aussage Stellung. Bearbeite deine Aufgabe:

G Plane deinen Aufsatz:
a) Erschließe den Text mit der Lesemethode für erzählende Texte.
b) Übernimm den Schreibplan und mache dir darin Notizen:

Arbeitsschritte	Stichworte zur Vorbereitung
1. Einleitung (TATE-Satz): Wie lautet der Titel? Wie heißt der Autor? Welche Textsorte wird verwendet? Wann ist der Text erschienen?	– Der Brief – ... – Erzählung – Deutschunterricht
2. Hauptteil: Fasse den **Inhalt knapp**, im **Präsens** und **mit eigenen Worten** zusammen.	– Oliver beobachtet Mädchen – Karin merkt es → macht sich mit Freundin Ingrid lustig
3. Schlussteil: (A) Beantworte eine **Frage**. (B) Nimm **Stellung** zu einer Frage. Gib **Textstellen** als Beleg an.	– ... – Oliver hätte es (nicht) merken können, denn er ...

– Notiere alle Angaben für die Einleitung (**Arbeitsschritt 1**).
– Ergänze Stichwörter zur Handlung. (**Arbeitsschritt 2**).
– Wie reagiert Oliver, als er den Brief erhält? (**Arbeitsschritt 3 A**).
– Findest du, Oliver hätte merken können, dass er von den Mädchen hereingelegt wird? Nimm dazu Stellung. Nenne passende Zeilen, die deine Antwort unterstreichen (**Arbeitsschritt 3 B**).
c) Verfasse mithilfe des Schreibplans eine Inhaltsangabe mit Stellungnahme. Schreibe sachlich und verzichte auf Erzählmittel (wörtliche Rede ...).

M Plane deinen Aufsatz:
a) Erschließe den Text „Der Brief" mit der Lesemethode für erzählende Texte.
b) Lege dir einen Schreibplan an und mache dir darin Notizen:
– Notiere alle Angaben für den TATTE-Satz (**Arbeitsschritt 1**).
– Ergänze Stichwörter zur Handlung (**Arbeitsschritt 2**).
– Wie verhalten sich Karin und Ingrid gegenüber Oliver? Beschreibe. Gib Textstellen als Beleg an (**Arbeitsschritt 3 A**).
– Otto meint zum Verhalten der Mädchen: „Ich finde das lustig, was sie gemacht haben. Oliver hat selbst Schuld." Nimm zu dieser Aussage Stellung und begründe deine Meinung. Belege mit Textstellen (**Arbeitsschritt 3 B**).
c) Verfasse mithilfe des Schreibplans eine Inhaltsangabe mit Stellungnahme.

Sprache betrachten
Vorzeitigkeit in der Inhaltsangabe ausdrücken

A Als der Busfahrer Stefan den Ranzen zuwirft, fällt Stefan um.
B Die Lehrerin ruft an, als Stefan den Aufsatz nicht schreibt.

1 a) Die Sätze erwecken den Eindruck, dass zwei Dinge gleichzeitig geschehen. Untersucht, woran das liegt und was geändert werden muss.
b) Formuliert die Sätze so um, dass die richtige Reihenfolge deutlich wird. Lest dazu den **TIPP**.

2 a) Lest die Sätze: Zu welchen Geschichten gehören sie?
b) Welche Sätze passen zusammen? Verbinde sie.
c) Schreibe die Sätze so auf, dass die Abfolge der Handlungen deutlich wird. Unterstreiche vorher die Handlung, die zuerst passiert ist, rot.

A	Ulrich pfeift auf der Trillerpfeife.	1.	Benze zerstört die Kreidestadt.
B	Therese stellt Bull zur Rede.	2.	Alf antwortet ihm.
C	Der andere Junge fährt davon.	3.	Oliver verlässt das Schulgebäude.
D	Alf rudert hinaus auf die See.	4.	Die Klasse entdeckt den Diebstahl.
E	Die Mädchen lachen ihn aus.	5.	Er bemerkt das Fehlen des Sprays.
F	Ulrich gibt Alf das Spray.	6.	Sie finden Alf und das Ruderboot.
G	Therese fährt zu der Lehrerin.	7.	Rike reagiert abfällig.
H	Die Ich-Erzählerin gewinnt.	8.	Bull gibt den Janker nicht zurück.

→ So beginnen die ersten drei Sätze. Entscheide, welche Zeitform du einsetzen musst: **Nachdem Ulrich auf der Trillerpfeife** (*pfeift/gepfiffen hat*), … / **Als die Klasse den Diebstahl** (*bemerkt/bemerkt hat*), … / **Nachdem der andere Junge** (*davonfährt/davongefahren ist*), …
Denke daran, dass im Nebensatz mit *nachdem* oder *als* das Verb an letzter Stelle steht.

💡 TIPP

So drückst du Vorzeitigkeit in einer Inhaltsangabe aus:
1. Wenn du den Inhalt eines erzählenden Textes für eine Inhaltsangabe zusammenfasst, verwendest du in der Regel das **Präsens**:
 Ingrid diktiert Karin den Text für einen Brief.
2. Wenn in deiner Inhaltsangabe **ein Geschehen vor einem anderen** abläuft, verwendest du für die frühere der beiden Handlungen das **Perfekt**:
 Nachdem Ingrid Karin den Text für einen Brief diktiert hat, schreibt sie ihn noch einmal sauber ab.
3. **Satzgefüge**, die deutlich machen, dass ein Vorgang schon beendet ist, als der andere beginnt, fangen meist mit den Konjunktionen *als* oder *nachdem* an.

Richtig schreiben

Kommasetzung bei Relativsätzen

Freunde für immer
Die beiden Männer kennen sich schon lange.
Die beiden Männer, die sich schon lange kennen, sitzen in der Sonne.
Die beiden Männer, die in der Sonne sitzen, treffen sich jeden Tag.
Die beiden Männer, die sich jeden Tag treffen, erzählen von früher.
Die beiden Männer, die von früher erzählen, sind Freunde – für immer.

1 Fenja hat zu einem Foto von der Einstiegsseite ein Gedicht geschrieben:
  a) Lest Fenjas Gedicht. Zu welchem Foto auf den Seiten 98 und 99 passt es?
  b) Beschreibt den Bauplan des Gedichts. Wie ist Fenja vorgegangen?
  c) Fenja hat in ihrem Gedicht Relativsätze verwendet. Lies dazu die INFO.
  d) Unterstreiche alle Relativsätze. An welcher Stelle stehen sie im Satzgefüge?
  e) Gib an, auf welches Wort sich der Relativsatz jeweils bezieht.

Folie

2 Schreibe ein Parallelgedicht zu dem Bild links.
  a) Sammle in einem Cluster Ideen für das Gedicht.

  → Dieses Wortmaterial kannst du verwenden:
  Urlaub am Meer – Geheimnisse teilen – sich alles erzählen – sehen sich jeden Tag – zusammenhalten – viel unternehmen.

  b) Formuliere mithilfe deines Clusters ein Gedicht mit mindestens fünf Versen. Denke daran, den Bauplan einzuhalten und Relativsätze zu verwenden.

  → So kannst du anfangen:
  Die beiden Mädchen machen Urlaub.
  Die beiden Mädchen, die Urlaub machen, sehen sich jeden Tag.

INFO

Kommasetzung in Relativsätzen
1. Relativpronomen (*der, die, das* und *welcher, welche, welches*) leiten Nebensätze ein. Man nennt sie Relativsätze.
2. Ein Relativsatz wird durch ein **Komma** vom Hauptsatz getrennt:
  Ich habe eine Freundin, die immer zu mir hält.

3. Manchmal ist das Relativpronomen auch mit einer Präposition verbunden (*von dem, in den*): *Ronja trifft ihre Freundin, mit der sie sich verabredet hat.*

4. Relativsätze können in einen Hauptsatz eingeschoben sein. Dann werden sie durch zwei Kommas vom Hauptsatz abgegrenzt:
  Der Junge, der sich verletzt hat, wird von seinem Freund getröstet.

Im Blickpunkt: Lesen

Der Freund
Gina Ruck-Pauquèt

Er war älter als sie. Aber das machte Therese nichts. „Das Kind ist weit über sein Alter hinaus", pflegte die Mutter zu sagen. Vielleicht war das der Grund dafür, dass Therese keine
5 Freundin in ihrer Klasse hatte. Bull war mindestens vierzehn. Er ging nicht mehr in die Schule. Möglicherweise ging er auch darum nicht, weil er einfach keine Lust hatte. Bull war das zuzutrauen. Bull!

10 „Warum heißt du Bull? Wieso hat deine Mutter dich Bull genannt?" Bull hatte gelacht. „Den Namen hab ich mir selber gegeben." „Und wie heißt du echt?" „Rumpelstilzchen", hatte Bull gesagt.
Normalerweise hätte ja Therese einen Jungen wie Bull überhaupt nicht kennengelernt. In ihrer Gegend waren die Jungen anders. Entweder sie gingen in die
15 Schule oder sie arbeiteten irgendetwas. Bull machte nichts. Jedenfalls nichts von dem, was man meinen sollte. Nichts von all den vielen Dingen, die Erwachsene für vernünftig halten.
Als Therese Bull zum ersten Mal sah, lag er im Gras. Sie hatte ihrem Vater das Essen in die Gärtnerei gebracht. Die Gärtnerei war am Stadtrand. Therese fuhr
20 mit dem Fahrrad hin. Sie machte das gern. Immer blieb sie eine Weile dort. Im Frühjahr konnte man die Pflänzchen in den Glasbeeten förmlich wachsen sehen. Von Tag zu Tag waren sie ein bisschen größer geworden. Therese nahm dann eine Handvoll Erde und fühlte die Wärme der Sonne darin. Jetzt war Herbst. Da blühten Felder voller Astern in leuchtenden Farben. Und die Dahlien standen
25 auch noch bis zum ersten Nachtfrost. Therese hockte sich zu ihrem Vater ins Treibhaus und sah zu, wie er aß und dabei auf einem Zettel Preise ausrechnete. Viel sprachen sie nie miteinander. Höchstens, dass der Vater fragte, ob in der Schule alles gut gegangen war. „Ja", sagte Therese dann. Sie wartete, bis er aufgegessen hatte, packte den Teller und das Besteck in Zeitungspapier und stopfte
30 alles in die Strohtasche. „Tschüs!", sagte sie. Aber manchmal hörte ihr Vater das schon gar nicht mehr.
An dem Tag, an dem Therese Bull traf, drangen zuerst die Fetzen einer Melodie zu ihr. Dann sah sie ihn draußen vor der Gärtnerei, wo das Gras ausgebleicht und hoch stand, weil es nie jemand mähte. Er lag auf dem Rücken, die Hände
35 unter dem Kopf, und schaute sie an. „Na?", sagte Bull. „Hast du Mundharmonika gespielt?", fragte Therese. Er zog das Instrument aus der Hosentasche und spielte noch einmal. „Willst du?", fragte er dann und hielt es ihr hin. „Das kann ich nicht", sagte Therese. „Probier's." Therese schüttelte den Kopf. Bull stand auf. Er war lang und dünn und hatte breite Schultern. „Wohnst du hier irgend-
40 wo?", fragte Therese. Er zeigte hinter sich. Da waren die Häuser, die sie die Silos nannten.
„Wohnmaschinen", hatte die Mutter gesagt. „Die sind nicht mal alt. Aber das Gesindel, das da lebt, lässt alles verkommen." Therese ging zu ihrem Rad.

Freunde werden – Freunde bleiben | 3.2. Sinnbezogen lesen

„Lässt du mich mal fahren?", fragte Bull. Sie brachte es nicht fertig, Nein zu sagen. Dann hatte sie die ganze Zeit Angst, dass er nicht zurückkommen würde. Er kam aber. Von da an trafen sie sich fast jeden Tag. Sie saßen da, aßen Sonnenblumenkerne und wetteten, wer die Schalen am weitesten spucken konnte. Bull spielte Mundharmonika oder er ahmte Tiere nach. Sprang rum wie ein Affe, hüpfte wie ein Känguru und machte den Stier mit gesenkten Hörnern.

Therese hatte noch nie so gelacht. „Woher hast du die Sonnenblumenkerne?", fragte sie einmal. Da guckte er bloß und drückte ein Auge zu. Therese versuchte nicht daran zu denken, dass sie aus der Gärtnerei stammen mussten. Vielleicht war es ja auch nicht wahr. [...]

Mit Bull war alles anders, leichter, fröhlicher. Ganz einfach war alles mit Bull.

Daheim hatte Therese nichts von ihm erzählt. Die hätten das doch nicht verstanden.

Als Therese ihn eines Tages von ihrem Fensterplatz im Klassenzimmer auf dem Schulhof sah, erschrak sie. Er schien da nicht hinzupassen. Sie erinnerte sich, ihm gesagt zu haben, in welche Schule sie ging. Aber was wollte er hier? Wollte er sie abholen?

Am Schluss der Stunde war er nicht mehr da.

„Mein Wollschal ist weg!", sagte da Brigitte. „Der hat hier im Flur gehangen. Bei den anderen Sachen. Mein gelber Wollschal. Den hat einer geklaut."

„Spinn doch nicht", sagte Doris.

Dann rannten sie alle durcheinander und suchten. Die Lehrerin suchte auch. Therese wusste, dass sie den Schal nicht finden würden. Und sie fanden ihn nicht.

Mittags konnte Therese nichts essen. Ihr war schlecht vor Enttäuschung und Zorn. Zum ersten Mal war sie schon vor Bull bei der Gärtnerei.

„Hallo", sagte er. „Ich hab Brombeeren." „Das war gemein von dir!" Therese musste es gleich aussprechen. „Du hast einen Wollschal weggenommen. Bei uns in der Schule!" Sie sah ihn an und hoffte, es möge sich herausstellen, dass er unschuldig war. Aber Bull grinste bloß. Und die Art, wie er grinste, sprach für sich. „Gib ihn zurück", sagte Therese. „Bitte, gib ihn mir. Ich häng ihn hin, dann ist er einfach wieder da." „Du bist ja verrückt", sagte Bull. „Ich klaue doch nicht!" Therese brachte ihrem Vater das Essen. Und wenn sie wirklich Unrecht hatte? Wenn er es nicht gewesen war? Lieber Gott, dachte Therese, mach, dass er es nicht gewesen ist.

Als sie hinauskam, konnte sie Bull nicht finden. Sie rief ein paar Mal nach ihm, dann stieg sie auf ihr Fahrrad. Ein Stückchen Ast fiel von einem Baum auf sie herab. Oben saß Bull. „Gelb ist meine Lieblingsfarbe!", schrie er.

Er ist mein Freund, dachte Therese, als sie am Abend nicht einschlafen konnte. Er wird es nicht wieder tun. Sie wollte, dass alles so wurde, wie es gewesen war. Bull war wie immer, am nächsten Tag und am übernächsten. Aber Therese musste sich anstrengen, um fröhlich zu wirken.

Es wurde jetzt Winter. In einer der Nächte waren die Dahlien erfroren. „Hast du nichts Wärmeres anzuziehen?", fragte Therese. „Werd mir schon was besorgen", sagte Bull. „Bull!" Therese packte ihn am Arm. „Bleib ein anständiger Mensch", – Bull grinste –, „willst du doch sagen, oder?" Therese ließ ihn stehen. Sprang aufs Fahrrad und fuhr weg.

Am nächsten Tag fehlte der Janker¹. Jochens dicker, grauer Janker, der im Flur der Schule an einem Haken gehangen hatte. Die aufgeregten Kinder und Lehrer

der Janker

summten um Therese herum wie ein Bienenschwarm. Nein, dachte sie immer wieder. Nein! „Ist dir nicht gut?", fragte jemand. Therese gab keine Antwort.
95 „Soll ich dich heimbringen?" Therese schüttelte den Kopf. Dann war sie daheim und etwas später saß sie auf dem Fahrrad und fuhr zur Gärtnerei.
Bull war nicht da. Erst als sie wieder herauskam, sah sie ihn. Der Janker stand ihm gut. „Gib her!", sagte Therese. „Gib die Jacke her!" „Bei dir piept's wohl!" Bull sprang einen Schritt zurück. „Du hast sie gestohlen", sagte Therese. „Was
100 geht es dich an?", sagte Bull. „Gib sie her oder ich sag, dass du es warst." „Das machst du nie!" Bull lachte. „Ich zähl bis drei", sagte Therese.
Dann fuhr sie, und während des ganzen Weges dachte sie sich Entschuldigungen für Bull aus. Dass er arm war. Dass seine Mutter sich nicht um ihn kümmerte. Dass er keinen Vater hatte. Und dass er aus dem Silo kam. Aber dazwischen
105 schossen immer wieder die anderen Gedanken. Dass er es trotzdem nicht durfte. Weil kein Mensch das Recht hat, einem anderen etwas wegzunehmen. Als Therese in die Straße einbog, in der die Lehrerin wohnte, war sie ganz ruhig. Sie klingelte und wartete, bis aufgemacht wurde. „Therese?" Die Lehrerin wunderte sich. „Ich weiß, wer die Sachen genommen hat", sagte Therese. Und sie dachte,
110 dass sie es schnell hinter sich bringen wollte. Noch bevor sie anfangen würde zu weinen.

1 Lies die Erzählung gründlich.

2 Schreibe die Satzanfänge ab und vervollständige sie:
   a) Therese lernt Bull kennen, als sie …
   b) Im Sommer verbringen sie viel Zeit miteinander. Sie …
   c) Therese traut Bull nicht so ganz, da sie befürchtet, dass …
   d) Als in ihrer Schule ein Schal gestohlen wird, fragt sie …
   e) Beim nächsten Diebstahl …

   → Diese Textstellen helfen dir weiter: 18/19, 44-53, 70-78, 91-110.

3 a) Schreibe Textstellen heraus, aus denen deutlich wird, was Therese an Bull gefällt. Zeile 54: Mit Bull war alles …
   b) Erläutere in einem kurzen Text, warum Therese Bull mag.
   Therese mag Bull, weil er anders ist als die Kinder in ihrer Schule. Er …

4 Verfasse einen Text zu der Erzählung. Wähle deine Aufgabe:

G Schreibe einen Brief an Bull. Sprich ihn auf sein Verhalten an und erkläre: Was müsste er tun, wenn er weiter mit Therese befreundet sein möchte?

M **a)** Schreibe mit einem Partner das Gespräch zwischen Therese und ihrer Lehrerin auf. Überlegt, was Therese über Bull erzählen könnte. Welche Fragen könnte die Lehrerin haben oder welche Ratschläge könnte sie Therese geben?
   b) Stellt das Gespräch in einem szenischen Spiel vor.

5 Stellt in der Klasse eure Briefe an Bull und das Gespräch zwischen Therese und der Lehrerin vor.

Ferienfreizeit im Abenteuercamp

„Letztes Jahr war ich während einer Ferienfreizeit im Abenteuercamp. Das war richtig cool! Zuerst fand ich es nicht so super, dass ich mein Smartphone und mein Tablet zuhause lassen musste. Dafür kamen ein Kompass und Werkzeuge, die ich noch gar nicht kannte, zum Einsatz. Doch dann haben mir besonders die verschiedenen Aktivitäten in der Gruppe Spaß gemacht. Zusammenarbeit und Teamgeist waren sehr wichtig, als wir zum Beispiel aus Autoreifen ein Floß bauen mussten"

Jan, 14 Jahre

Willkommen im Camp

1 Wart ihr selbst schon einmal in einem Abenteuercamp? Habt ihr eine der Aktivitäten auf den Fotos ausprobiert? Erzählt euch davon.

2 a) Was erwartet euch in einem solchen Camp? Lest dazu die Texte und beschreibt die Bilder.
b) Welche Aktivität spricht euch mehr an, welche weniger? Begründet.

→ Diese Formulierungen könnt ihr zur Begründung nutzen:
Nervenkitzel haben, unter Höhenangst leiden, pure Spannung spüren, wasserscheu sein, eine Wasserratte sein, orientierungslos sein, zittern, schwindelig werden, Herzklopfen bekommen, zwei linke Hände haben, ungeschickt sein ...

c) Welche weiteren Aktivitäten und Erfahrungen erhofft ihr euch von einem Abenteuercamp? Tauscht euch darüber aus.

Überleben in der Natur

„An einem Tag mussten wir ein Survivaltraining absolvieren. Mit nichts als einer Plastikplane, einer Plastikflasche und einem Seil sollten wir einen Tag in der Natur überleben.
Wir lernten, mit der Plastikflasche und Blättern schmutziges Wasser zu filtern. Als es auf einmal zu regnen begann, bauten wir aus der Plane und dem Seil ein Notzelt. Einige trauten sich sogar, Entengrütze zu essen.

Vera, 13 Jahre

3 a) Stellt euch vor, ihr fahrt in den Sommerferien in ein Abenteuercamp. Dafür sollt ihr eine Packliste erstellen. Überlegt, was ihr für das Zeltlager, zum Kochen und Essen, zum Klettern … benötigt. Legt dann einen Notizzettel an wie im Beispiel rechts.
b) Stellt einander eure Ergebnisse vor. Erstellt dann eine gemeinsame Packliste für das Abenteuercamp.

Packliste für das Abenteuercamp:

– Zeltlager: Zelt, …
– Kochen und Essen: Gaskocher, …

Verboten sind: Handys, …

In diesem Kapitel erfahrt ihr, wie ihr Gegenstände, Wege und Vorgänge rund um das Thema „Abenteuercamp" richtig beschreibt. Außerdem lernt ihr, wie ihr eine Bedienungsanleitung erschließt.

Ich packe meinen Rucksack – Gegenstände beschreiben

Die Geschwister Jule und Matti wollen am Abenteuercamp teilnehmen. Beide brauchen dafür noch Schuhe und eine Funktionsjacke. Sie besuchen deshalb ein Fachgeschäft in ihrer Nähe.

Verkäuferin: Guten Tag, ihr zwei! Kann ich euch vielleicht helfen?
5 **Jule:** Ja, wir suchen ein paar Dinge für unser Abenteuercamp. Matti braucht noch Schuhe.
Verkäuferin: Okay, an welche Art von Schuhen hast du denn gedacht?
Matti: Schuhe halt. Zum Wandern und so. Ich möchte keine nassen Füße oder Blasen bekommen.
10 **Verkäuferin:** Also wasserundurchlässige Wanderschuhe. Hättest du gerne welche mit hohem Schaft oder mit niedrigem Schaft? Sollen die Sohlen ein starkes Profil haben und rutschfest sein? Aus welchem Obermaterial sollten sie sein? Sind dir Schnürsenkel oder Klettverschlüsse lieber?
Matti: Ähm, keine Ahnung. Ich glaube, ich schaue mich mal ein bisschen um.
15 **Verkäuferin:** Und wie kann ich dir weiterhelfen?
Jule: Ich brauche eine Funktionsjacke, die auch kein Wasser durchlässt, innen aber schön warm ist. Am liebsten hätte ich das Modell „Everest" von „Brice". Ich denke, Größe M müsste mir passen. Ist die Jacke zufällig in Lila da? Dann würde ich sie sofort mitnehmen!
20 **Verkäuferin:** Da hast du aber Glück! Genau diese Jacke ist im Angebot. Ich zeige sie dir mal.

1 a) Lest den Text in verteilten Rollen.
b) Was möchte die Verkäuferin von Matti wissen, damit sie das Passende für ihn finden kann?
c) Besprecht, warum Matti wohl ohne neue Wanderschuhe nach Hause gehen wird und Jule zu ihrer Jacke kommt.
d) Was sollte man beachten, wenn man einen Gegenstand beschreibt? Lest dazu den **TIPP** auf Seite 133.

2 Die Geschwister benötigen noch Wanderschuhe. Fertigt für Matti (**G**) oder Jule (**M**) eine Gegenstandsbeschreibung an. Bearbeitet eure Aufgabe auf Seite 133.

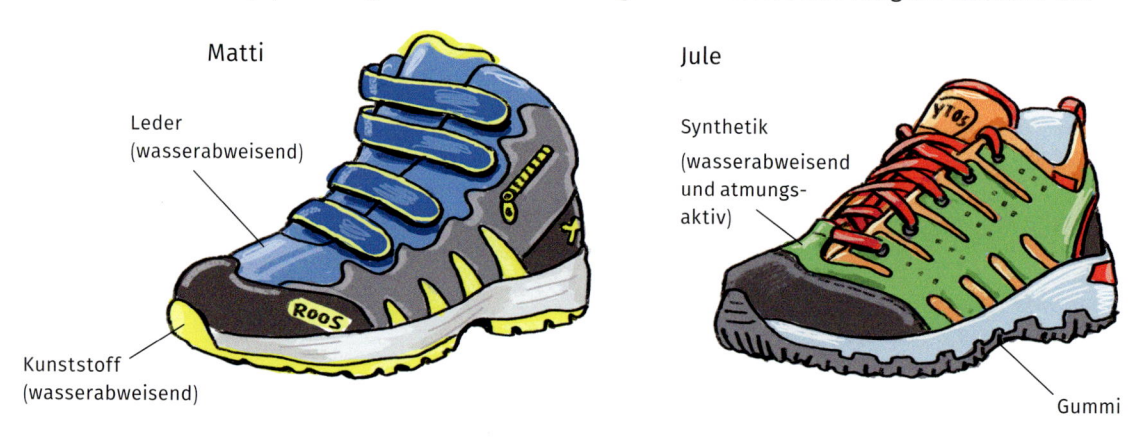

Matti
Leder (wasserabweisend)
Kunststoff (wasserabweisend)

Jule
Synthetik (wasserabweisend und atmungsaktiv)
Gummi

G **a)** Plane deine Beschreibung:
- Schau dir Abbildung A genau an.
- Übernimm die Mindmap. Mache dir darin Notizen.

b) Beschreibe den Gegenstand in einem kurzen Text. Nutze die Mindmap als Schreibplan und beachte die Hinweise 3 bis 5 im **TIPP**. Beginne so: *Bei dem Gegenstand handelt es sich um einen … Man nutzt ihn zum … oder … Er hat eine … Form mit einem hohen … und einer … Schuhspitze. Er ist ca. … lang und … hoch.*

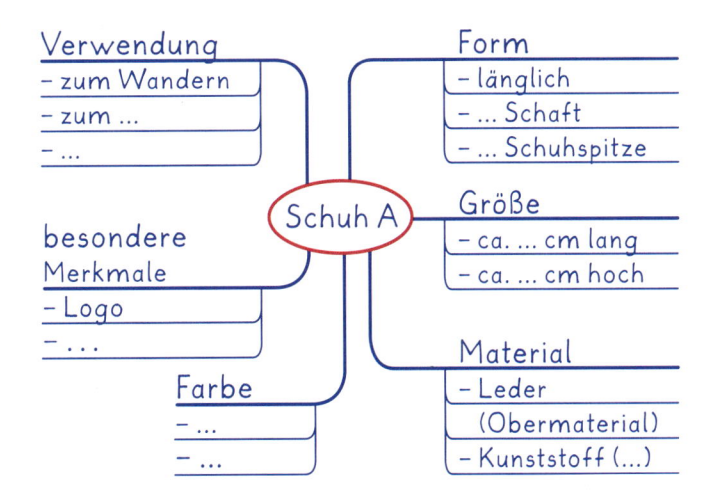

Mindmap **Schuh A**:
- **Verwendung**: – zum Wandern; – zum …; – …
- **besondere Merkmale**: – Logo; – …
- **Farbe**: – …; – …
- **Form**: – länglich; – … Schaft; – … Schuhspitze
- **Größe**: – ca. … cm lang; – ca. … cm hoch
- **Material**: – Leder (Obermaterial); – Kunststoff (…)

M **a)** Plane deine Gegenstandsbeschreibung:
- Schau dir die Abbildung B genau an.
- Lege mithilfe des zweiten Hinweises im **TIPP** eine Mindmap an und mache dir darin stichwortartig Notizen. Orientiere dich am Beispiel in Aufgabe G.

b) Beschreibe den Gegenstand in einem zusammenhängenden Text. Nutze deine Mindmap als Schreibplan und beachte die Hinweise 3 bis 5 im **TIPP**.

→ Du kannst diese Formulierungshilfen nutzen: **Der Gegenstand, den ich beschreiben möchte, ist ein … Er ist zum … und … geeignet. Seine Form ist …**

3 Lies einem Partner, der die andere Aufgabe bearbeitet hat, deine Beschreibung vor. Dein Partner prüft, ob du den Gegenstand treffend beschrieben hast.

4 → Fertige eine Beschreibung von deinem Lieblingskleidungsstück an. Lies deinen Text jemandem vor, der dabei eine Zeichnung von dem Gegenstand anfertigt. Vergleiche sie dann mit dem Gegenstand. Stimmen sie überein?

💡 TIPP

So beschreibst du einen Gegenstand:

1. Wenn du einen Gegenstand beschreibst, musst du **sachlich bleiben** und auf alle **Einzelheiten** eingehen. So kann sich der Leser ein genaues Bild machen.
2. a) Benenne zunächst den Gegenstand und wozu er verwendet wird: *Sportschuhe zum Klettern, zum Wandern …*
   b) Beschreibe dann ganz genau die Größe (*cm …*), die Form (*rund, länglich, spitz …*), das Material (*Leder, Kunststoff …*) und die Farbe. Gehe dabei auf die Einzelteile ein (*Obermaterial, Sohle, Schnürsenkel …*).
   Gib auch besondere Merkmale (*Verzierung, Beschriftung, Schäden …*) an.
3. Beschreibe den Gegenstand zunächst **allgemein** (*Der Schuh ist dunkelblau.*) und gehe dann ins **Detail** (*Die Sohle ist braun.*).
4. Schreibe im **Präsens** (*er besitzt, sie enthält, sie kann*).
5. Verwende **anschauliche Adjektive** und **Fachbegriffe** (*Profilsohle, Spikes …*).

Wie funktioniert das denn? – Eine Bedienungsanleitung verstehen

Matti und Jule sollen sich für das Camp mit einem Funkgerät vertraut machen. Dazu haben sie eine Bedienungsanleitung erhalten.

1 a) Tauscht euch darüber aus, was in eine Bedienungsanleitung gehört. Vergleicht eure Überlegungen dann mit der **INFO** auf Seite 135.
b) In welchen Alltagssituationen könnten Bedienungsanleitungen wichtig sein?
c) Hattet ihr schon einmal Schwierigkeiten, eine Bedienungsanleitung zu verstehen? Sprecht darüber, woran es gelegen haben könnte.

2 In jeder Bedienungsanleitung werden erst die Teile des Geräts aufgeführt:
a) Erklärt, warum so eine Übersicht für das Verständnis des Geräts hilfreich ist.
b) Ordnet den Bedienelementen des Funkgerätes die richtigen Bezeichnungen aus dem Wortmaterial zu. Schreibt sie zu den Zahlen in der Abbildung.

> Menü – Ein-Aus-Taste – Display – „+/– Auswahltaste"
> – Ruftaste – Antenne – OK-Taste

3 a) Überlege mit einem Partner, welche Funktion die einzelnen Bedienelemente haben könnten.
b) Überprüft, ob eure Vermutungen zutreffen. Lest dazu die Bedienungsanleitung zum Funkgerät auf Seite 135.
c) Wie funktioniert das Funkgerät nun genau? Lies die Bedienungsanleitung noch einmal gründlich. Markiere dabei wichtige Stichworte, wie man das Funkgerät benutzt (Einschalten, Sender einstellen …).

4 Prüfe, ob du die Anleitung auch richtig verstanden hast. Bearbeite dazu deine Aufgabe auf Seite 135.

Bedienungsanleitung zum Funkgerät „Speaker 2001w"

1. Bevor Sie das Produkt verwenden, nehmen sie es aus der Verpackung.
2. Legen Sie die beigefügten Batterien ein. Die Funkgeräte sind nun betriebsbereit.
3. Schalten Sie die Geräte ein, indem Sie die Ein-Aus-Taste für ca. drei Sekunden drücken. Nun leuchtet das Display auf.
4. Stellen Sie die Sender ein. Dazu drücken Sie kurz die Menütaste. Eine Auswahl an Menüpunkten erscheint. Wählen Sie den Punkt „Sender einstellen" und bestätigen Sie mit der OK-Taste. Legen Sie nun mithilfe der „+/− Auswahltaste" den passenden Sender fest und drücken Sie erneut die OK-Taste. Jetzt können Sie Kontakt zu dem anderen Funkgerät aufnehmen.
5. Um mit dem anderen Funkgerät in Kontakt zu treten, betätigen Sie die Ruftaste. Sprechen Sie, während Sie die Ruftaste gedrückt halten. Wenn Sie eine Antwort empfangen wollen, lassen Sie die Ruftaste los.

G Kreuze an, welche Aussagen zur Bedienungsanleitung richtig sind. Stelle falsche oder unvollständige Aussagen richtig.

	richtig	falsch
a) Die Geräte werden mit Batterien betrieben.	☐	☐
b) Das Gerät schaltet sich ein, wenn man die Ein-Aus-Taste drückt.	☐	☐
c) Die Sender stelle ich im Menü mit der Ruftaste ein.	☐	☐
d) Wenn ich mit jemandem sprechen will, muss ich die Ruftaste loslassen.	☐	☐

M Beantworte folgende Fragen zur Bedienungsanleitung in ganzen Sätzen. Gib dafür die Zeilen an, in denen du die Antworten gefunden hast.
   a) Was muss ich zuerst tun, bevor ich das Gerät in Betrieb nehmen kann?
   b) Wie stelle ich den Sender am Funkgerät ein?
   c) Welche Tasten muss ich drücken, um mit jemandem zu sprechen?
   d) Wozu musst du die Ein-Aus-Taste ca. drei Sekunden betätigen?

5 Besprecht eure Ergebnisse in der Klasse. Erklärt euch mithilfe eurer Lösungen, wie das Funkgerät funktioniert. Verbessert eure Angaben, wenn nötig.

ℹ INFO

Was ist eine Bedienungsanleitung?

1. Eine Bedienungs- oder Gebrauchsanweisung ist ein **informierender Text**. Er hilft dem Nutzer eines Produkts, es richtig zu verwenden. So kann weder dem Produkt noch dem Nutzer geschadet werden.
2. Eine Bedienungsanleitung enthält meist eine Übersicht mit der Abbildung des Gegenstandes und den einzelnen Bedienelementen. So sieht man auf den ersten Blick, wo welche Teile zu finden sind.
3. Es folgen Informationen, wie man das Gerät in Betrieb nimmt und wie es in unterschiedlichen Situationen eingesetzt wird.
4. Bedienungsanleitungen sind **sachlich** und **knapp** formuliert. Sie enthalten oft **Fachbegriffe**, die man zum besseren Verständnis erst klären muss.

Wege und Standorte beschreiben

1 Vor dem Campgelände werden Jule und Matti zwei Gruppen zugeteilt. Jeder soll einzeln mithilfe eines Geländeplans von unterschiedlichen Ausgangspunkten den Weg zum Lagerplatz finden. Lies den **TIPP** auf Seite 137. Beschreibe dann entweder für Matti (**G**) oder für Jule (**M**) den Weg zum Lagerplatz.

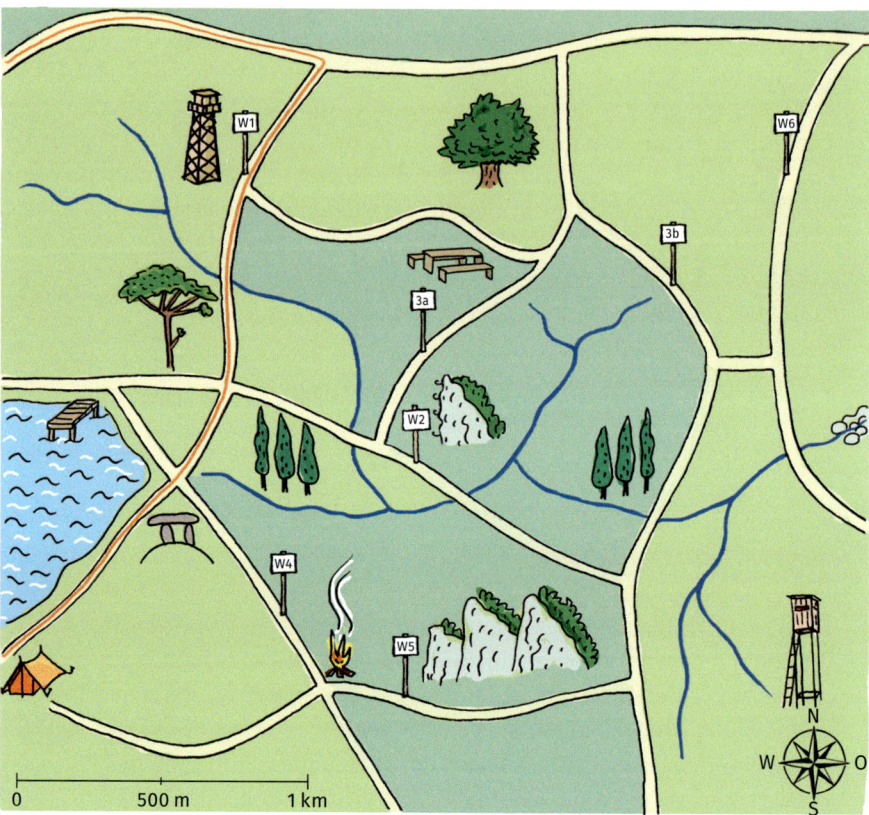

Legende:
- Hochsitz
- große Eiche
- Bach
- Quelle
- Hünengrab
- Pinie
- Feuerstelle
- Felsen
- Feuerwachturm
- Pappeln
- Lagerplatz
- Rastplatz
- Steg
- Wegweiser

Formulierungshilfen:
- zuerst ... gehen
- bei ... rechts halten, in Richtung ... gehen
- an ... vorbeilaufen
- an ... weiter ... gehen
- beim ... ... halten
- dem ... entlang bis zum Lagerplatz folgen

G a) Schau dir die eingezeichnete Strecke auf der Karte genau an.
b) Notiere, in welche Richtung Matti gehen muss. Du kannst dazu den Notizzettel links vervollständigen. Beachte den **TIPP** auf Seite 137.

Folie

M a) Schau dir an, wo Jule startet und wo sich das Ziel befindet. Überlege dann, wie Jule am besten zum Lagerplatz gelangt. Zeichne den Weg ein.
b) Notiere stichwortartig, in welche Richtung Jule gehen muss. Nutze dazu den eingezeichneten Kompass und den **TIPP** auf Seite 137.

2 Beschreibe einem Partner mithilfe deiner Notizen den Weg zum Lagerplatz, ohne dabei auf die Geländekarte zu schauen. Dein Partner verfolgt auf der Karte deine Erklärungen. Falls deine Angaben nicht eindeutig sind, sagt er „Stopp!". Markiere die betreffende Stelle in deinen Notizen und überarbeite sie.

136 Willkommen im Camp | 1.13. Formen mündlicher Darstellung verwenden: beschreiben

3 Matti ist eine halbe Stunde nach Jule losgelaufen.
Da meldet er sich auf einmal über das Funkgerät:

Hallo, Jule? Du, ich glaube, ich bin nicht mehr auf dem richtigen Weg! Hilf mir!

Keine Sorge! Beschreibe doch mal, wie es in deiner Umgebung aussieht. Dann kann ich deinen Standort bestimmt auf der Karte finden!

Also, wenn ich mich hier so umschaue, dann sehe ich …

a) Beschreibt zu zweit aus Mattis Sicht den Standort genau, den ihr auf dem Bild seht. Gibt es besondere Orientierungspunkte (Gebäude, Landschaft …)?
b) Sucht auf der Geländekarte nach Mattis Standort. Kreuzt die Stelle an.
c) Setzt das Gespräch fort und lotst Matti zum Lagerplatz.
d) Spielt euer Gespräch in der Klasse vor. Gebt einander eine Rückmeldung, ob die Wegbeschreibung eindeutig war.

Folie

4 ↪ Bringt Fotos von Orten mit, die zu einem Abenteuercamp passen. Beschreibt euch gegenseitig diese Orte. Während Partner 1 beschreibt, macht sich Partner 2 eine Skizze von dem jeweiligen Ort, ohne das Foto gesehen zu haben. Vergleicht dann die Skizze mit dem Foto.

💡 TIPP

So beschreibst du einen Weg möglichst genau:
Wenn du jemandem einen Weg beschreiben sollst, ist es wichtig, ganz genaue Angaben zu machen. So gehst du dabei vor:
1. Nenne deutliche **Orientierungspunkte** (z. B. *große Eiche, Feuerwachturm, Hünengrab*).
2. Gib **Straßennamen** oder **Wegenummern** an (z. B. *Wanderweg 2*).
3. Mache **genaue Richtungsangaben** (z. B. *Norden, Süden, links, rechts …*).
4. Achte auf die **richtige Reihenfolge** deiner Angaben.
5. Verwende **treffende** und **abwechslungsreiche Verben** (z. B. *Biege an der Kreuzung links ab. / Halte dich rechts und gehe dann … / Verlasse den Weg.*).

Gewusst wie – einen Vorgang beschreiben

Jule und Matti sind nun im Camp. Dort geht es mit dem nächsten Abenteuer weiter: Matti muss ein Zelt aufbauen und Jule Trinkwasser aufbereiten.

1 a) Habt ihr schon einmal ein Zelt aufgebaut oder Trinkwasser aufbereitet? Tauscht euch darüber aus.
b) Was sollte man dabei beachten? Sammelt an der Tafel eure Ideen.

2 Fertigt eine Anleitung zum Zeltaufbau (**G**) oder zur Trinkwasseraufbereitung (**M**) (Seite 139) an. Lest dazu den **TIPP** auf Seite 139 und macht euch klar, was in eine Anleitung gehört.

Materialliste:
– Innenzelt
– Außenzelt
– 2 Glasfiberstangen
– 11 Heringe
– 3 Abspannleinen
– Gummihammer

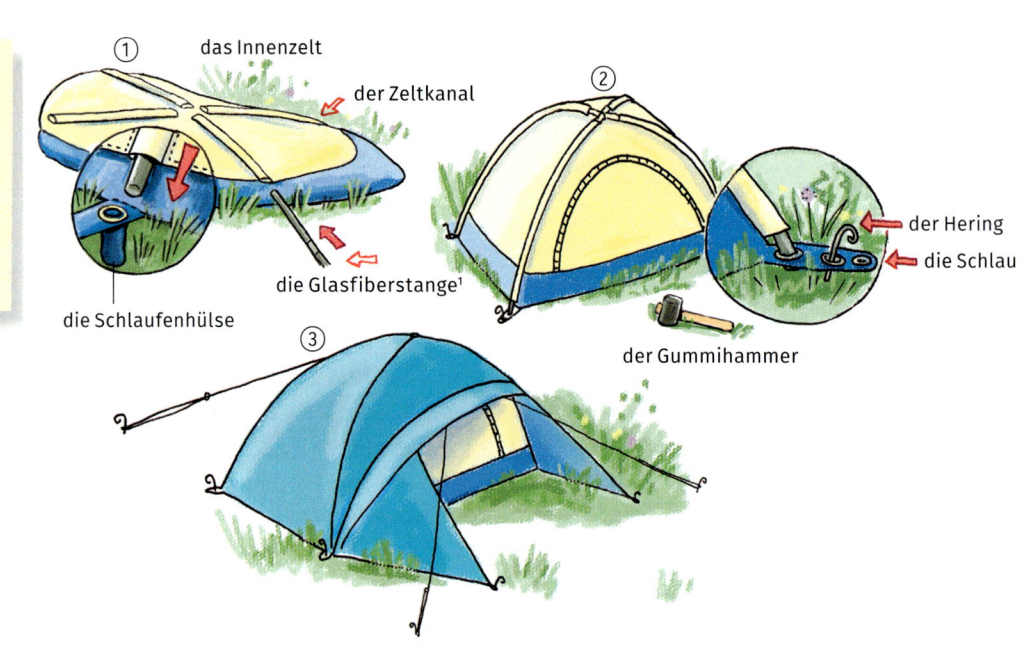

① das Innenzelt
der Zeltkanal
die Glasfiberstange[1]
die Schlaufenhülse

② der Hering
die Schlau

③ der Gummihammer

G a) Plane deine Anleitung:
– Betrachte die Abbildung und lies die Materialliste. Aus welchen Teilen besteht das Zelt?
– Übernimm den Schreibplan und mache dir darin Notizen zum Zeltaufbau.
– Welche besonderen Hinweise könntest du zum Schluss geben? Greife z. B. auf die Ergebnisse aus eurem Gespräch in Aufgabe **1** zurück.

Schreibplan:

1. Überschrift	Ein Zelt aufbauen
2. Material	Innenzelt, Außenzelt …
3. Arbeitsschritte	1. Innenzelt auf flachen, weichen Boden legen 2. Stange durch Zeltkanal schieben 3. …
4. Hinweise (Schwierigkeiten, Gefahren)	– Zelt nicht am Hang aufbauen – …

b) Verfasse mithilfe deines Schreibplans eine Anleitung zum Zeltaufbau. Du kannst den Lückentext als Vorlage verwenden und fortsetzen:

<u>Ein Zelt aufbauen</u>
Du brauchst: ein Innenzelt, ein Außenzelt, …
So gehst du dabei vor: Zuerst rollst du das … aus. Dabei sollte es möglichst … auf dem Boden liegen, damit man keine Druckstellen bekommt. Danach schiebst du die … nacheinander in den … Nun steckst du das eine Ende der ersten Stange in die …, dann das andere Ende in die gegenüberliegende … Jetzt biegt die … durch. Mit der zweiten … gehst du genauso vor. Das … steht jetzt bereits. Jetzt musst du …
Beim Zeltaufbau solltest du unbedingt darauf achten, dass …

M **a)** Plane deine Anleitung:
- Betrachte die Abbildung. Was benötigt man zur Trinkwasseraufbereitung?
- Lege dir einen Schreibplan an (Schritte 1-4 im **TIPP**). Mache dir darin Notizen zur Trinkwasseraufbereitung.

→ Dieses Wortmaterial kannst du verwenden: legen – darüberschütten – mischen – gießen – tropfen – filtern.

- Welche besonderen Hinweise könntest du zum Schluss geben?

→ Gehe z.B. auf die Sauberkeit der Materialien und die richtige Reihenfolge der Schichten ein.

b) Verfasse mithilfe deines Schreibplans eine Anleitung.

3 Stellt einem Partner eure Anleitung vor. Prüft, ob die Arbeitsschritte in der richtigen Reihenfolge und mit passenden Fachbegriffen beschrieben wurden.

> **💡 TIPP**
>
> **So schreibst du eine Anleitung:**
> In einer Anleitung beschreibst du einen Vorgang genau und in der richtigen Reihenfolge. So kannst du dich später erinnern, wie du vorgegangen bist, bzw. jemanden darüber informieren, der den Vorgang nicht kennt.
> 1. Nenne in der **Überschrift** den Vorgang, um den es geht.
> 2. Zähle die benötigten **Werkzeuge** und **Materialien** auf.
> 3. Beschreibe die **Arbeitsschritte** in der **richtigen Reihenfolge** und im **Präsens**. Erkläre außerdem die Funktion der einzelnen Arbeitsschritte (*Warum muss der Boden für das Zelt flach sein?*). Verwende dabei **Fachbegriffe** (*Hering …*).
> 4. Gib Hinweise, worauf man besonders achten sollte (z.B. *genau arbeiten, Teile nicht verwechseln, falscher Standort, Material nicht gut befestigt …*).

Sicher sichern – treffend beschreiben

1 Am nächsten Tag besuchen die Teilnehmer des Abenteuercamps den Klettergarten. Jule und Matti müssen sich dabei gegenseitig sichern.
Was würdet ihr beim Klettern von eurem Partner erwarten?

2 Um sich abzusichern, müssen Jule und Matti Knoten knüpfen. Schreibe für sie eine Anleitung zum Mickey-Maus-Knoten (**G**) oder zum Prusik-Knoten (**M**).

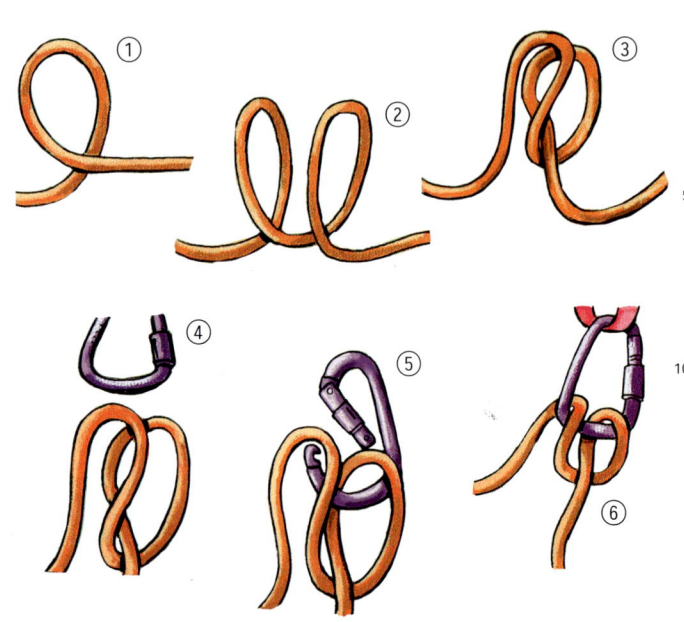

Der **Mickey-Maus-Knoten** wird zur Sicherung beim Klettern verwendet. Das Seil läuft durch den Karabiner, der am Klettergurt befestigt ist. So wird es durch die
5 Reibung gebremst. Bei einem Sturz hält der Partner das Bremsseil fest, sodass sich der Knoten zuzieht. Das Seil dehnt sich und bremst so den Sturz. Das Bremsseil darf nicht losgelassen werden, während
10 der Partner klettert. Es wird locker in der Bremshand mitgeführt. Der Knoten hat seinen Namen von den zwei großen Schlaufen, die wie große Ohren aussehen.

G a) Plane deine Anleitung:
– Lies den Text zum Mickey-Maus-Knoten und betrachte die Bilder. Versuche dann selbst, mit einem Seil den Knoten zu legen.
– Übernimm den Schreibplan und trage das Wortmaterial in der richtigen Reihenfolge ein. Manchmal gehören mehrere Stichworte zu einem Arbeitsschritt.

Schreibplan:	
1. Überschrift	
2. Material	Seil, …
3. Arbeitsschritte	1. mit dem Seil ein Ohr legen 2. ein zweites Ohr …
4. Hinweise (Schwierigkeiten, Gefahren)	Partner darf Seil nicht …

ein zweites Ohr legen – Ohren zusammendrücken und in Karabiner einhängen – ein Ohr legen – Karabiner aufschrauben – Mickey Maus mit zwei Ohren entsteht – Ohren sind zusammengeklappt – Knoten hängt an Karabiner – ein Ohr ist hinten, ein Ohr ist vorn – Ohren nach vorne zusammenklappen – Karabiner zuschrauben – das eine Ohr auf das andere legen

b) Schreibe nun die Anleitung. Überlege vorher, welche Anrede du verwenden willst (1. Hinweis im **TIPP**, S. 141). Schreibe so: *Zuerst legt man … / legst du … / wird … gelegt.* Nutze auch die weiteren Hinweise im **TIPP**.

Der **Prusikknoten** wird mit einer dünneren Reepschnur um ein festes Seil gelegt. Er zieht sich unter Belastung zu und wird bei einer Entlastung gelockert. Er wird verwendet, um an
⁵ einem Seil hinauf- oder hinabzuklettern. Entscheidend für die Klemmwirkung ist die Dicke der verwendeten Schnur. Sie sollte etwa halb so dick sein wie der Durchmesser des Seiles. Ist die Schnur zu dünn, ist die Klemmwirkung
¹⁰ zu stark. Dadurch lässt sich der Knoten kaum mehr lösen. Ist die Schnur zu dick hat man keine ausreichende Klemmwirkung.
Benannt ist der Knoten nach Karl Prusik, einem Klavierlehrer aus Wien.

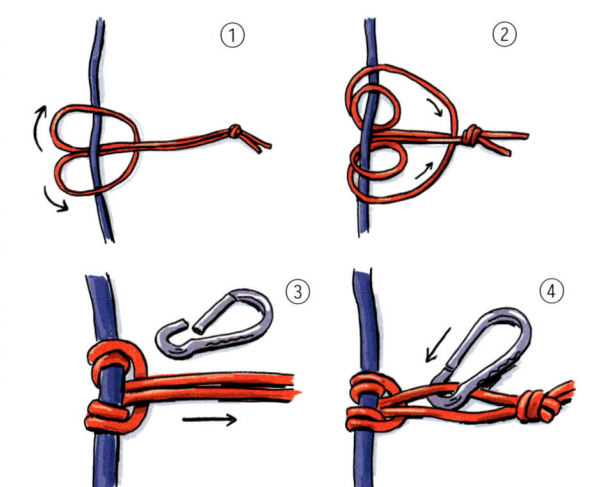

M a) Plane deine Anleitung:
– Lies den Text zum Prusikknoten und betrachte die Bilder. Lege dann mithilfe von zwei Seilen den Knoten. Notiere sorgfältig die einzelnen Schritte.
– Lege einen Schreibplan an. Fülle ihn mithilfe der Bilder, des Textes und deiner Notizen aus. Ein Beispiel findest du in Aufgabe G.

→ Du kannst folgende Verben nutzen: **einhaken – einhängen – zuziehen – winden – legen – entstehen – befestigen – festziehen.**
Hinweise für deinen Schlussteil findest du im Text in den Zeilen 9–12.

b) Schreibe mithilfe deines Schreibplans die Anleitung. Überlege dazu, welche Anrede du verwenden willst. Nutze den **TIPP**.

3 Überprüft eure Anleitungen in gemischten Partnergruppen:
a) Lest euch eure Anleitungen vor. Euer Partner legt den Knoten genau nach euren Anweisungen. Markiert Stellen, an denen er Schwierigkeiten hatte.
b) Welche Anredeformen habt ihr verwendet? Probiert aus, wie eure Anleitung mit einer anderen Anrede klingen würde. Welche gefällt euch besser?

💡 TIPP

So formulierst du genaue Arbeitsanweisungen:
1. Entscheide dich, welche Anredeform du verwenden willst:
   Man-Form: *Zuerst legt man mit dem Seil ein Auge.*
   Du-Form: *Zuerst legst du mit dem Seil ein Auge.*
   Passiv-Form: *Zuerst wird das Seil zu einem Auge gelegt.*
   Imperativ-Form: *Lege zuerst das Seil zu einem Auge.*
2. Verwende **Verbindungswörter**, um die Reihenfolge der Arbeitsschritte zu verdeutlichen (z.B. *zuerst, dann, anschließend, danach*).
3. Nutze **treffende Verben** (z.B. *auslegen, einfädeln, befestigen* …).
4. Verwende **Fachbegriffe** und erkläre sie: *Der Karabiner ist der Gegenstand, an dem das Seil* …
5. Schreibe im **Präsens**.

Seite 146

Seite 147

Eine Anleitung überarbeiten

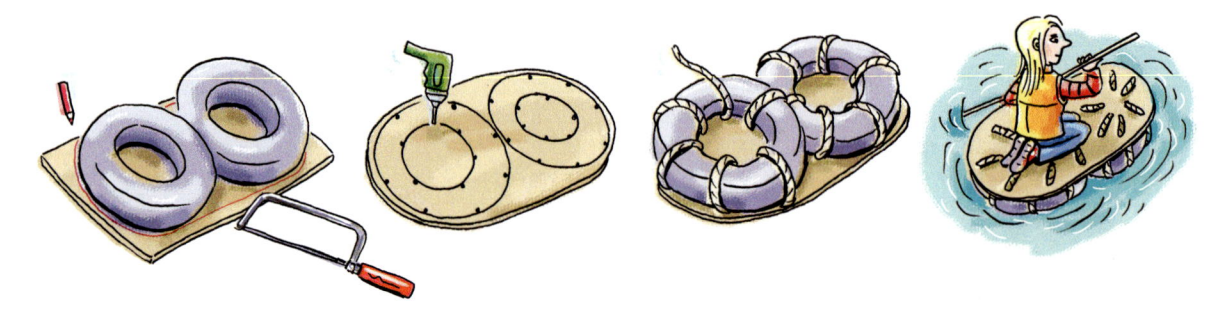

1 a) Schaut die Bilder an. Macht euch klar, was man zum Floßbau benötigt.
b) Welche Arbeitsschritte sind für den Bau des Floßes notwendig? Notiert sie.

↪ Ihr könnt das Wortmaterial den Bildern zuordnen:
Seile durch die gebohrten Löcher über Reifenschläuche spannen und festknoten – das Floß mit den Reifen nach unten auf das Wasser lassen und losfahren – durch vorgezeichnete Reifenschläuche Löcher bohren, Konturen aussägen – Reifenschläuche auf ein großes Holzbrett legen und als Schablone mit einem Stift aufzeichnen

2 Mareike und Peter haben eine Anleitung geschrieben. Prüfe, ob sie alles richtig gemacht haben. Bearbeite entweder Mareikes (**G**) oder Peters (**M**) Anleitung.

G a) Lies Mareikes Anleitung. Wie ist dein erster Eindruck?

Überschrift unpassend	Eine Floßfahrt machen
Material fehlt	Materialliste: zwei Reifenschläuche, ein großes Holzbrett, ein Bohrer
Verb ändern	Zuerst tust du die beiden Reifenschläuche auf das Brett. Darum herum
Anrede ändern	bohrt man einige Löcher. Du musst natürlich beim Bohren und Sägen auf-
genauer; Zeit!	5 passen! Nun hast du die Reifenschläuche auf das Holzbrett gelegt. Die
Anrede ändern	Schläuche bindet man fest, indem du die Seile durch die Löcher ziehst.
Reihenfolge ändern	Dann wird das Ganze umgedreht und du kannst losfahren. Das Brett kannst du so zurechtsägen, dass es zu den Umrissen der Schläuche passt.

Nr. der CHECKLISTE	Das muss überarbeitet werden:	Verbesserungsvorschläge:
...	(Z. 1) Vorgang in Überschrift nennen	Ein Floß aus ... bauen
2	(Z. 2) Materialliste ergänzen	ein Stift, ...
5	(Z. 5) ...	...
...	(Z. 4) falsche Anrede	bohrst du ...

b) In Mareikes Anleitung sind bereits Stellen markiert, in denen etwas fehlt oder ungenau beschrieben wird. Übernimm die Tabelle von Seite 142. Ordne darin diese Textstellen den Punkten in der **CHECKLISTE** zu.
c) Notiere in der Tabelle Verbesserungsvorschläge für diese Textstellen.
d) Vergleiche deine Ergebnisse mit denen eines Partners.

M   **a)** Lies Peters Anleitung. Findest du sie gelungen? Begründe.

> Ein Floß machen
> Materialliste: 2 Reifenschläuche, Bleistift, Bohrer, Säge, Schnur
> Zuerst wurden die Reifenschläuche auf das Brett gelegt. Die Umrisse zeichnet <mark>man</mark> mit dem Bleistift ein. Anschließend werden die Schläu-
> 5 che vom Brett genommen und entlang der Umrisse Löcher gebohrt. Beim Bohren und Sägen muss man aufpassen, damit man sich nicht verletzt.
> Nun werden die Reifenschläuche wieder auf das Brett geworfen. Die Schnur wird durch die Löcher <mark>gemacht</mark> und zum Schluss leicht verkno-
> 10 tet. Dreh das Floß jetzt um und die Fahrt kann losgehen. Das Brett wird mit der Säge zugesägt.

Anrede ändern = 9

Verb ändern = …

b) Markiere die Stellen im Text, die nicht gelungen sind. Ordne sie den Punkten in der **CHECKLISTE** zu. Setze dazu die Notizen am Rand fort.   Folie ✍

→ Diese Zeilen zeigen dir, wo Peter seinen Text noch verbessern könnte und welche Punkte der CHECKLISTE er nicht beachtet hat:
Z. 1 = 1, Z. 2 = 2, Z. 3 = 7, Z. 5/6 = 4/3, Z. 7 = 6, Z. 9 = 9, Z. 9/10 = 3.

c) Notiere dir für die markierten Stellen Überarbeitungsvorschläge.
d) Überarbeite die Anleitung mithilfe deiner Verbesserungsvorschläge.
e) Besprich deine Überarbeitung mit einem Partner.
f) → Für eine Floßfahrt benötigt man auch ein Paddel. Überlege oder recherchiere, wie du ein Paddel bauen kannst. Ergänze dann die Floß-Anleitung.

☑ CHECKLISTE

Eine Anleitung überarbeiten
1. Wird der Vorgang in der **Überschrift** treffend genannt?
2. Ist die **Materialliste** (auch Werkzeuge) vollständig?
3. Werden die **Arbeitsschritte** in der richtigen Reihenfolge beschrieben?
4. Werden zum Schluss **Hinweise** (Gefahren/Schwierigkeiten) gegeben?
5. Ist die Beschreibung durch **Absätze** gegliedert (Überschrift, Materialliste, Arbeitsschritte, Hinweise)?
6. Werden **treffende Verben** verwendet?
7. Sind die **Sätze sinnvoll verbunden** (als Erstes, zunächst, danach …)?
8. Ist der Text im **Präsens** geschrieben?
9. Wird die **Anredeform** (Man-Form, Du-Form …) beibehalten?

G Kompetenz-Check: eine Anleitung schreiben

Eine Waldhütte ist beim Campen manchmal unentbehrlich. Daher lernen Matti und Jule, wie sie diese bauen können. Beschreibe den Aufbau der Waldhütte in einem zusammenhängenden Text:

1 Plane deine Anleitung:
   a) Betrachte die einzelnen Bilder genau und notiere, welche Materialien und Werkzeuge zu benötigst.
   b) Übernimm den Schreibplan und vervollständige ihn. Du kannst folgendes Wortmaterial zu den einzelnen Arbeitsschritten verwenden:

> weitere Äste im Wechsel waagerecht einflechten – die Astenden mit Kordelband zusammenbinden – in die Erde kreisförmig Weidenruten stecken – die Weidenruten an ihren Enden zusammenziehen – möglichst dicht Laubäste einstecken

Schreibplan:

1. Überschrift	Eine Waldhütte bauen
2. Material	Kordelband, Weidenruten (ca. 2 m), …
3. Arbeitsschritte	1. in die Erde kreisförmig Weidenruten stecken 2. einen Eingang freilassen 3. …
4. Hinweise (Schwierigkeiten, Gefahren)	– möglichst feuchte Weidenruten verwenden (brechen nicht so schnell) – …

2 Verfasse mithilfe deines Schreibplans eine Anleitung. Beachte:
   – Entscheide dich für eine Anredeform (Du-Form, Man-Form) und halte sie ein.
   – Verdeutliche die Reihenfolge der einzelnen Arbeitsschritte durch passende Verbindungswörter (*als Nächstes, dann, zuerst, vorher*).
   – Verwende treffende Verben (z.B. flechten, befestigen, zusammenbinden).
   – Schreibe im Präsens (*er drückt, sie legt*).

3 a) Überarbeite deine Anleitung mit der **CHECKLISTE** auf Seite 143.
   b) Schreibe sie noch einmal sauber ab.

Ⓜ Kompetenz-Check: eine Anleitung schreiben

Jule und Matti machen mit ihrer Gruppe eine mehrtägige Wanderung. Dafür sollen sie ein Notzelt bauen, damit sie nachts ein Dach über den Kopf haben.

Beschreibe den Aufbau des Notzelts in einem zusammenhängenden Text.

1. Plane deine Anleitung:
   a) Betrachte das Bild genau und notiere, welche Materialien und Werkzeuge du benötigst.
   b) Lege dir einen Schreibplan an. Mache dir darin Notizen zum Bau eines Notzelts.

2. Verfasse mithilfe deines Schreibplans eine Anleitung. Beachte:
   - Entscheide dich für eine Anredeform und halte sie ein.
   - Verdeutliche die Reihenfolge der einzelnen Arbeitsschritte durch passende Verbindungswörter.
   - Verwende treffende Verben.
   - Schreibe im Präsens.

3. a) Überarbeite deine Anleitung mit der **CHECKLISTE** auf Seite 143.
   b) Schreibe sie noch einmal sauber ab.

Willkommen im Camp | 2.12. Vorgänge beschreiben

Im Blickpunkt: Sprache betrachten
Die Reihenfolge von Arbeitsschritten angeben

1 In den Anleitungen unten fehlen die Verbindungswörter. Lies den **TIPP** und bearbeite dann deine Aufgabe.

Folie **G** a) Lies die Anleitung. Markiere darin Stellen, an denen du Verbindungswörter einsetzen willst.
b) Wähle passende Verbindungswörter aus dem **TIPP** aus und verbinde die Sätze. Schreibe den Text in dein Heft. Manchmal musst du die Sätze auch umstellen: Als Erstes sucht man einen passenden Platz …

Eine Feuerstelle errichten
Materialliste: trockenes Holz, einen Spaten, große Steine, ein mit Wasser gefüllter Eimer
Man sucht einen passenden Platz, zum Beispiel auf steinigem oder sandigem
5 Boden. Trockene Zweige und Laub muss man wegkehren. Mit dem Spaten gräbt man eine passende Grube, die ungefähr 15 cm tief sein sollte. Man muss auch die Feuerstelle durch Steine begrenzen, sonst kann das Feuer sich leicht ausbreiten. Man muss Holz sammeln. Das Feuer muss man anzünden. Dazu nimmt man am besten trockenes Gras, Holzspäne oder Reisig. Mit
10 einem Streichholz zündet man das Feuer an. Um das Feuer zum Lodern zu bringen, muss man Holz drauflegen. Zur Sicherheit muss man einen Eimer Wasser in Reichweite stellen, damit das Feuer sich nicht unkontrolliert ausbreiten kann. Man wartet ab, bis das Feuer erloschen ist. Zur Sicherheit wirft man die Erde, die man ausgehoben hat, darüber.

Folie **M** a) Nummeriere in der Kurzanleitung die Arbeitsschritte in der richtigen Reihenfolge.
b) Schreibe eine vollständige Anleitung mit passenden Verbindungswörtern in dein Heft. Nutze den **TIPP**: Zuerst suchst du dir einen passenden Platz. …
c) ⮕ Ergänze den Text um Hinweise, was man besonders beachten sollte.

Eine Feuerstelle errichten (Kurzanleitung)
zum Brennen bringen – passenden Platz suchen – Feuerstelle mit Steinen begrenzen – Grube ausheben – Feuerstelle löschen – Holz sammeln – anzünden

2 Überprüft eure Anleitungen. Habt ihr passende Wörter eingesetzt?

die Feuerstelle lodert

> **💡 TIPP**
>
> **So verdeutlichst du die Reihenfolge von Arbeitsschritten:**
> Mit diesen Wörtern kannst du die zeitliche Abfolge von Arbeitsschritten angeben. Sie machen deutlich, wann welcher Schritt vor dem anderen erfolgt:
> *zuerst, als Erstes, zu Beginn, zunächst, als Nächstes, nun, danach, dann, anschließend, schließlich, zum Schluss, zuletzt.*

Im Blickpunkt: richtig schreiben
Fachbegriffe verstehen und nachschlagen

1 Um Vorgänge richtig zu beschreiben, benötigst du auch Fachbegriffe. Dafür ist ein Glossar hilfreich. Lies den TIPP und bearbeite deine Aufgabe.

G Übernimm das Glossar. Prüfe, welche Erklärungen in der blauen Spalte zu den Fachbegriffen passen. Schlage dazu im Wörterbuch nach.

Fachbegriff	Erklärung
die Seilschaft	Betreuer eines Camps oder Führer bei Wanderungen
die Legende	Verhältnis zwischen einer abgebildeten Größe und der Größe in Wirklichkeit
der Maßstab	Gruppe, die beim Klettern durch ein Sicherungsseil verbunden ist
der Guide	ein Funksprechgerät
das Walkie-Talkie	Zeichenerklärung auf Landkarten

M a) Übertrage das Glossar in dein Heft und ergänze die Fachbegriffe, die fehlen. Schlage sie im Wörterbuch nach, damit du sie richtig schreibst.
b) Ergänze die fehlenden Erklärungen zu den Fachbegriffen.

Fachbegriff	Erklärung
der …	ein Pflock, mit dem man das Zelt am Boden befestigt
die Plane	…
der Karabiner	…
die Abspannleine	…
der …	Gerät, um Himmelsrichtungen zu bestimmen

2 a) Vergleicht eure Glossare in der Klasse. Ergänzt sie gemeinsam mit weiteren Fachbegriffen und Erklärungen aus dem Kapitel.
b) Übt die Schreibweise der Fachbegriffe in Partnerarbeit: Partner 1 nennt ein Wort aus seiner Liste. Partner 2 schreibt das Wort auf einen Zettel. Partner 1 kontrolliert es. Ist das Wort richtig geschrieben, erhält Partner 2 den Zettel zurück. Wechselt euch ab. Wer die meisten Zettel hat, ist Sieger.

💡 TIPP

Ein Glossar erstellen und verwenden
1. Ein **Glossar** ist eine Wörterliste mit Fachbegriffen. Mit ihrer Hilfe weiß man gleich, was gemeint ist, und muss es nicht lange umschreiben.
2. Notiere in der linken Spalte den Fachbegriff. Wenn es sich um ein Nomen handelt, schreibst du den Artikel dazu.
3. Ergänze in der rechten Spalte eine passende Erklärung. Du kannst dazu in einem **Wörterbuch nachschlagen** oder im **Internet recherchieren**.

Seite 282-284
Seite 286/287

Im Blickpunkt: Lesen

Schatzsuche per GPS
Katja Grundmann

[...] Als Dave Ulmer am 3. Mai 2000 eine kleine Kiste mit Krimskrams in den Wäldern von Portland im US-Bundesstaat Oregon versteckte, ahnte er sicher nicht, dass diese Aktion einen weltweiten Trend auslösen würde. Er hatte das Geocaching erfunden. Voraussetzung für Ulmers Aktion war eine Entwicklung des amerikanischen Militärs zu Beginn der siebziger Jahre, die dann 30 Jahre später jedermann zur freien Verfügung stand. Mit dem Satelliten-Navigations-System GPS (Global Positioning System) konnten die Soldaten – egal, wo auf der Weltkugel sie sich gerade befanden – ihre Position bestimmen. Und zwar mit Hilfe eines GPS-Geräts und Satelliten, die auf festen Umlaufbahnen unseren Planeten umkreisen. Sie übertragen verschiedenste Informationen direkt zur Erde. Wenn ein GPS-Empfänger mit mindestens drei dieser Satelliten Kontakt aufnehmen kann, ist es möglich, bis auf wenige Meter genau die Koordinaten des Empfänger-Standortes zu bestimmen. Als der amerikanische Präsident Bill Clinton das System im Jahr 2000 für die Allgemeinheit freigab, probierte Dave Ulmer das System sofort aus: Er platzierte eine Kiste in der Nähe seines Hauses und veröffentlichte die Koordinaten des Verstecks in einem Internet-Forum. Innerhalb weniger Stunden machte sich jemand mit einem GPS-Navigationssystem auf die Suche und fand den Schatz. Keinen Monat später hatten Menschen weitere Verstecke in anderen Bundesstaaten der USA angelegt.

Das neue Hobby „Geocaching" verbreitete sich blitzschnell über die ganze Welt. Über eine Million der sogenannten „Caches" sind heute im Internet registriert. Das sind die kleinen Behälter, die neben einem Stift und einem Logbuch auch immer eine Reihe an Tauschgegenständen enthalten, beispielsweise kleines Spielzeug oder Werbegeschenke. Diejenigen, die einen Cache verstecken, werden „Owner" genannt. Sie tragen die Koordinaten, wo der Schatz zu finden ist, wie Dave Ulmer vor 10 Jahren im Internet ein. Mit so vielen Geocaching-Fans rund um den Globus gibt es inzwischen natürlich spezielle Homepages für dieses Hobby.

Wer auf Schatzsuche gehen möchte, benötigt dafür gutes Schuhwerk sowie ein GPS-Gerät, um die Koordinaten des eigenen Standpunktes zu bestimmen und das Versteck finden zu können. Im Gegensatz zu früher sind diese Geräte heute handlich klein und passen in jede Tasche. Auch viele Touristeninformationen verleihen die Geräte inzwischen an ihre Besucher. Doch man braucht nicht zwingend ein extra Gerät. Viele neue Handys haben ein integriertes GPS. Außerdem lassen sich ebenfalls einige Auto-Navigationsgeräte zum Geocachen verwenden. Beim Geocaching folgt ihr nicht alt bekannten Straßen, sondern bewegt euch entlang der Luftlinie zum Ziel. So lernt ihr die Landschaft aus anderen Blickwinkeln kennen. Per GPS lokalisiert ihr eure eigene Position und die des Caches. Das Gerät zeigt euch, in welche Richtung ihr gehen müsst, um auf dem direktesten Weg zum Versteck zu gelangen. In der Regel müsst ihr Umwege in Kauf nehmen, weil Hindernisse im Weg sind. Soweit das möglich ist, solltet ihr auf den Wegen bleiben. Denn Naturschutz gehört zu den Grundregeln des Geocachings.

Seid ihr an der Zielposition angekommen, müsst ihr euch gut umschauen, um das Versteck zu finden. Habt ihr den Cache gefunden, dann lasst euch überraschen, welche Gegenstände schon in den Kisten sind. Jeder Schatzsucher kann einen der Gegenstände gegen einen anderen austauschen und trägt seinen Namen und das Datum in das Logbuch ein. Anschließend muss der Cache natürlich wieder zurückgelegt werden, damit auch andere Geocacher denselben Spaß damit haben. Den Fund solltet ihr zu Hause auf der Internetseite, auf der der Cache registriert ist, eintragen – oder „loggen", wie die Geocacher sagen. So wissen andere Teilnehmer, dass der Cache zu diesem Zeitpunkt noch intakt war. Unter Profis ist ein richtiger Wettlauf entbrannt, wer schon die meisten Caches aufgestöbert hat. Ob euch auch bald das Geocaching-Fieber packt? [...]

1 Erschließe den Text mit der **Lesemethode für Sachtexte**.   **Seite 298/299**

2 Prüfe, ob du den Text richtig verstanden hast. Wähle deine Aufgabe:

G   **a)** Prüfe die Aussagen mithilfe der folgenden Textstellen: Zeile 1–7 und 13–15.   **Folie**
Kreuze an, ob sie zutreffen oder nicht. Verbessere die falschen Aussagen.

	trifft zu	trifft nicht zu
A Bill Clinton erfand zufällig das Geocaching.	☐	☐
B GPS bedeutet „Global Personal System".	☐	☐
C Im Jahr 2000 wurde das System für die Öffentlichkeit freigegeben.	☐	☐

b) Was bedeutet der Begriff „Cache"? Erkläre. Ergänze dazu den Lückentext.
Ein „Cache" ist ein kleiner ..., der einen ..., ein ... und einige ... beinhaltet.
Die Personen, die einen Cache verstecken, werden ... genannt. Sie tragen
die ... des Verstecks im Internet ein.

M   **a)** „Als Dave Ulmer [...] eine kleine Kiste [...] versteckte, ahnte er sicher nicht, dass
er einen weltweiten Trend auslösen würde."
Erkläre anhand des Textes, wie sich dieser Trend entwickelte.
b) Erarbeite aus dem Text, welche Gegenstände du zum Geocaching benötigst.
c) Kreuze an, welche Aussagen zur Funktionsweise von GPS richtig sind. Nenne   **Folie**
dazu die passenden Textstellen.

A GPS ist ein Satelliten-Navigationssystem, entwickelt vom US-Militär. ☐
B Ein GPS-Empfänger muss mit zwei Satelliten Kontakt aufnehmen. ☐
C GPS ermöglicht es, den Standort auf wenige Meter zu bestimmen. ☐

3 Besprecht eure Ergebnisse in der Klasse. Beurteilt, ob das Geocaching in euren
Lösungen richtig und nachvollziehbar erklärt wird.

4 a) Gestalte selbst einen „Cache". Beachte, was du dafür einpacken musst.
b) ↪ Erstelle ein Werbeplakat für eine Geocaching-Aktion an deiner Schule.
Erkläre darin, was Geocaching ist und wie man dabei vorgehen muss.

Magische Welten im Film entdecken

1 a) Bestimmt kennt ihr Filme, in denen magische Orte, Personen oder Gegenstände eine Rolle spielen. Benennt Filme mit solchen magischen Welten.
b) Besprecht, worin das „Magische" in diesen Filmen besteht.
c) Was hat euch an diesen Filmen gefallen oder nicht gefallen? Tauscht euch darüber aus.

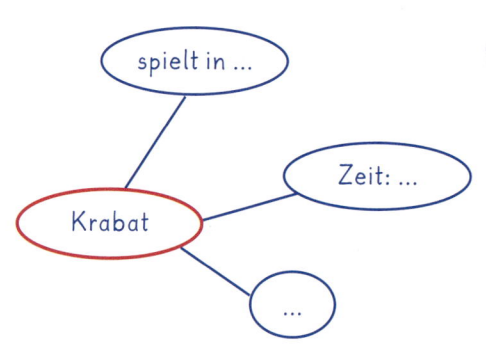

2 In diesem Kapitel lernt ihr den Film „Krabat" aus dem Jahr 2008 kennen.
a) Beschreibt das Kinoplakat: Wie wird das Magische im Film angedeutet?
b) Worum könnte es in dem Film gehen? Haltet eure Vermutungen in einem Cluster fest.
c) Wie könnte die Stimmung des Films sein? Ist sie lustig, ernst …? Ergänzt das Cluster und begründet.

> *Ach, Buch oder Film, das ist doch egal. Ob es nun Bilder im Kopf sind oder auf der Leinwand …*

> *Schaut mal, von Krabat gibt es auch ein Buch. Oft gefällt mir das ja besser. Bei Harry Potter hatte ich mir z.B. alles anders vorgestellt als im Film.*

> *Ich finde es besser, dass wir uns den Film anschauen. Das hat viel mehr Action und ist nicht so anstrengend wie so ein dickes Buch.*

M 3 Schaut euch die Sprechblasen oben an.
   a) Worüber reden die Schüler?
   b) Welcher Meinung würdet ihr euch anschließen? Begründet.

M 4 a) Berichtet von euren Erfahrungen mit Literaturverfilmungen (z. B. Harry Potter; Rico, Oscar und die Tieferschatten …). Stellt dar, was euch gefallen oder nicht gefallen hat.
   b) Besprecht, welche Vorteile das Buch gegenüber dem Film haben könnte.
   c) Welche zusätzlichen Möglichkeiten könnte dagegen ein Film haben?

In diesem Kapitel lernt ihr anhand der Geschichte von Krabat, wie ihr die Handlung und Gestaltung eines Films untersuchen könnt. **M** Außerdem erfahrt ihr, wie das gleichnamige Jugendbuch in einen Film umgesetzt wurde.

Magische Welten im Film entdecken | 1.10. Wesentliche Aussagen bestimmen

Den Inhalt eines Films wiedergeben

1 a) Schaut euch gemeinsam den Film „Krabat" an. Macht euch dabei in Partnerarbeit Notizen. Übernehmt dazu die folgende Tabelle und teilt die Fragen unter euch auf.

Beobachtungsaufgaben	Unsere Notizen
A Wann spielt die Handlung? Über welchen Zeitraum erstreckt sie sich?	
B Wo spielt die Handlung?	
C Um was für einen Konflikt geht es?	
D Wer sind die Hauptfiguren? Wer von ihnen ist gut und wer ist böse?	
E In welche Situationen geraten die Figuren?	
F Wie kommen sie aus brenzligen Situationen wieder heraus?	
G Wie endet der Film für die Hauptfiguren?	

b) Tauscht euch mit eurem Partner über eure Notizen aus. Ergänzt dabei eure Tabelle mit den Informationen eures Partners. Verbessert eure eigenen Notizen, wenn nötig.

2 Beschreibt nach dem Film eure ersten Eindrücke in der Klasse:
a) Vergleicht eure Eindrücke mit dem Cluster von Seite 150:
Haben sich eure Vermutungen bestätigt? Nutzt dazu eure Tabelle.

→ Ihr könnt diese Satzanfänge nutzen:
In dem Film ging es tatsächlich um … / Nicht ganz richtig gelegen haben wir mit … / Ich hätte erwartet, dass … / Überrascht hat mich, dass …

b) Wo war Magie im Spiel? Begründet, ob der Film euren Erwartungen an einen magischen Film entspricht.

Bearbeitet zu zweit die folgenden Aufgaben, um den Inhalt des Films wiederzugeben. Nehmt dazu eure Tabelle zu Hilfe.

3 a) Die Kästchen auf Seite 153 geben den ersten Teil des Films wieder. Lest die Inhaltsabschnitte und schreibt sie in der richtigen Reihenfolge in euer Heft.

→ Ihr könnt die Bilder zu Hilfe nehmen. Sie zeigen, welcher Abschnitt an erster und welcher an letzter Stelle stehen muss. Prüft, was ihr auf den Bildern in den Abschnitten wiederentdecken könnt.

b) In den Kästchen findet ihr Buchstaben in Klammern. Wenn ihr die Kästchen in die richtige Reihenfolge gebracht habt, erhaltet ihr ein Lösungswort.

Tonda und Krabat beobachten Mädchen, die zu Ostern singen und Kerzen anzünden. Dabei stolpert eines der Mädchen. Instinktiv fängt Krabat sie auf und macht sich dadurch verbotenerweise bemerkbar. (**R**)

Krabat hat seine Probezeit bestanden. Zum Lohn für ihre harte Arbeit feiern die Burschen ein Fest. (**E**)

Krabat zieht mit zwei anderen Jungen durch das von Krieg verwüstete Land. Als Sternensänger erbetteln sie sich das Nötigste zum Leben. (**M**)

Krabat muss schwer auf der Mühle arbeiten. Doch für viele Tätigkeiten fehlt ihm die Kraft. Zum geheimnisvollen siebten Mahlgang bleibt ihm der Weg versperrt. (**E**)

Mithilfe von Magie verlassen Tonda und Krabat ihre Körper und gehen, für andere unsichtbar, ins Dorf nach Schwarzkollm. (**U**)

Krabat träumt von elf Raben. Unter ihnen ist ein Platz frei. Eine Stimme fordert ihn auf, zur Mühle nach Schwarzkollm zu gehen. Als der Traum sich wiederholt, verlässt Krabat seine Freunde und folgt dem Ruf. (**Ü**)

Bei Ankunft in der Mühle müssen sich alle unter ein Ochsenjoch beugen und dem Meister Treue geloben. (**C**)

Ein Fremder erscheint mit einer Fuhre von Säcken. Krabat beobachtet heimlich, wie die Müllerburschen diese zum siebten Mahlgang bringen. Dabei sieht er menschliche Knochen. Tonda entdeckt Krabat und schickt ihn zurück ins Bett, bevor der Meister ihn sieht. Dabei verliert Krabat ein Holzkreuz. (**R**)

Krabat lernt die elf Gesellen kennen. Einige begegnen ihm ablehnend und wollen ihn nicht bei sich haben. Große Unterstützung erfährt er von Tonda, dem Altgesellen. (**L**)

Die Nacht zu Ostersonntag müssen die Müllerburschen an einem Ort verbringen, wo jemand durch Gewalt gestorben ist. Dabei tragen sie einen Drudenfuß auf der Stirn. (**B**)

Krabat kommt bei der Mühle an. Dort trifft er auf einen einäugigen Mann, den Meister. Dieser fragt ihn, ob Krabat Lehrjunge werden möchte und ob er ihn auch alles andere lehren soll. Krabat nimmt das Angebot an. Da beginnt die Mühle zu laufen. (**L**)

Der Meister gibt Krabat das Holzkreuz, damit er es vergräbt. Das Kreuz gehörte einst seiner Mutter. Doch Krabat gehorcht. (**N**)

Die Müllerburschen müssen so lange schuften, bis sie den Drudenfuß abgeschwitzt haben. Am Morgen entdeckt Krabat, dass alle Wunden verschwunden sind und er übermenschliche Kräfte besitzt. (**H**)

Krabat und Tonda müssen zurück. Doch Tonda fordert Krabat auf, die Mühle zu verlassen. Krabat will davon nichts wissen. (**S**)

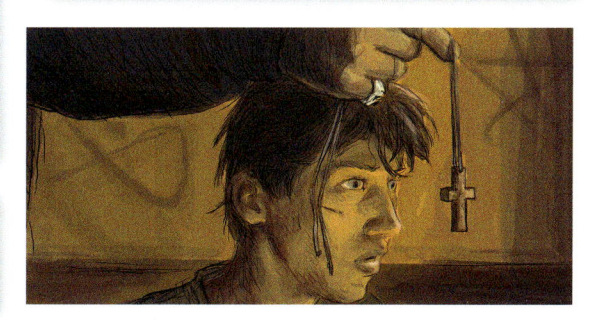

Magische Welten im Film entdecken | Inhalte eines Films wiedergeben

4 Im zweiten Teil unten fehlen mehrere Angaben. Schreibt den Text ab und vervollständigt ihn. Setzt dazu das Wortmaterial an die passenden Stellen. Die Buchstaben ergeben in der richtigen Reihenfolge einen Lösungssatz.

> (S) Lyschko – (W) Todesschrei – (W) Soldaten – (E) ihren Namen – (R) einer List – (E) Kräfte – (L) Gesellen – (H) Silvesternacht – (I) Raben – (Z) ein Grab – (N) in die Lüfte schwingen – (A) Tondas Leichnam – (D) tot im Fluss – (D) Meister – (K) Macht – (C) einen Sarg – (I) Magie – (R) beerdigen – (I) Worschula – (G) das Mädchen

→ Der Lösungssatz erklärt, was mit Tondas Messer bei Gefahr geschieht.

Krabat wird nun auch vom (1) in die Kunst der dunklen (2) eingewiesen. Durch sie erhält er (3), die ihn normalen Menschen überlegen machen. Diese (4) fasziniert Krabat und er lernt fortan eifrig. Schon bald wird Krabat zum (5) ernannt. Nun kann er sich in einen (6) verwandeln und sich (7). Das Einzige, was ihm fehlt, ist (8), das er in der Nacht zu Ostern beobachtet hat. Als Tonda jedoch von Krabats Wunsch erfährt, warnt er ihn, dem Meister nie (9) zu verraten. Bald darauf erhält Krabat die Möglichkeit, sie wiederzusehen. Um sich und das Dorf zu schützen, ziehen einige Gesellen nach Schwarzkollm. Dort kämpfen sie erfolgreich gegen (10), die die Gegend unsicher machen. Auch (11), das Mädchen von Tonda, lebt dort. Mit (12) gelingt es dem Meister, ihren Namen zu erfahren. Am nächsten Tag wird sie (13) entdeckt. Krabat ist überzeugt, dass (14) Worschula und Tonda verraten hat. Als das Jahr fast vorbei ist, verlässt der greisenhaft erscheinende Meister die Mühle. Zuvor hatte der geheimnisvolle Fremde aus den Neumondnächten (15) abgeliefert. Die Gesellen sind nun bis aufs Äußerste gereizt. Nur Tonda bewahrt Ruhe. In der (16) erwacht Krabat durch einen (17). Am Neujahrsmorgen wird (18) gefunden. Krabat ist außer sich vor Trauer. Als sie den Toten (19) wollen, stellt Krabat fest, dass bereits (20) ausgehoben wurde.

5 Gebt den dritten Teil der Handlung mithilfe der Stichworte unten wieder.

- Meister jünger; mit neuen Kräften zurück
- neuer Altgesell (Hanzo) und neuer Lehrjunge (Lobosch) → kennt Krabat von früher
- Krabat deutlich älter → Schnurrbart
- erfährt, dass alle dem Tod geweiht sind → Opfer, damit der Meister leben darf
- Krabat will fliehen → magische Kräfte des Meisters verhindern das
- Krabat stiehlt Getreide; versteckt es in einer Höhle → für die Menschen im Dorf
- Wiedersehen mit dem Mädchen (Kantorka) → soll echten Namen nicht verraten (Angst)

- Osternacht mit dem dummen Juro
- Dorf steht in Flammen → Sorge um Kantorka → will bei ihr bleiben
- Juro zwingt Krabat zurück → in Wirklichkeit ein starker Magier; stottert nicht
- Plan: Kantorka muss ihn an Silvester freibitten und ihn unter den Gesellen erkennen
- Juro lehrt Krabat, dem Meister zu widerstehen → darf sich nicht verraten
- Kantorka gibt ihm einen Ring aus Haar → ein Vertrauter bringt ihn, wenn sie auf der Mühle erscheinen soll

6 Wie endet der Film? Gebt die Schlusshandlung nun alleine wieder, wie es Krabat und der Kantorka gelingt, den Meister zu bezwingen.

Gestaltungsmittel im Film
Filmbilder und ihre Wirkung beschreiben

1 a) Beschreibe das Szenenbild. Was geschieht in der Szene?
b) Formuliere Gedanken, die den Personen durch den Kopf gehen könnten.

2 a) Was wird in diesem Szenenbild besonders betont? Kreuze an: *Folie*

A Die Umgebung mit dem Ochsenjoch wird hervorgehoben. ☐
B Der Meister wird betont, weil er groß zu sehen ist. ☐
C Die Unterwerfung Krabats unter den Meister wird betont. ☐

b) Lest zu zweit die INFO und erläutert, wie dieses Szenenbild gestaltet ist.

3 a) Gebt an, in welcher Einstellungsgröße und Kameraperspektive das Szenenbild aufgenommen wurde.
b) Begründet, warum der Regisseur nicht die Totale gewählt hat.

ℹ️ INFO

Gestaltungsmittel im Film (I)
Ein Film setzt sich aus verschiedenen Bildschnitten zusammen. Diese werden mit der Kamera besonders gestaltet, um eine Wirkung zu erzielen:
1. Mit der **Einstellungsgröße** wird festgelegt, wie nah oder fern der Zuschauer die gefilmte Handlung erlebt. Man unterscheidet:
   a) **Totale**: Ein Großteil der Umgebung ist zu sehen. Man entdeckt verschiedene Dinge oder Personen, die eher klein erscheinen. Der Zuschauer erlebt die Szene nur aus der Entfernung, erhält aber einen guten Überblick.
   b) **Nahaufnahme**: Die Personen sind im Vordergrund. Man sieht ihren Kopf und Oberkörper. Mimik und Gestik können intensiver wahrgenommen werden.
   c) **Großaufnahme**: Man sieht nur noch den Kopf einer Person. Dadurch erlebt man aus nächster Nähe, was die Person gerade fühlt und erlebt.
2. Die Kamera kann besondere **Perspektiven** einnehmen. Dadurch erlebt der Zuschauer das Geschehen aus einem bestimmten Blickwinkel:
   a) **Vogelperspektive**: Bei dieser Sicht erhält man einen besonderen Überblick auf eine Szene. Personen wirken so eher klein und eingeschüchtert.
   b) **Froschperspektive**: Bei der Sicht von unten nach oben wirken die Umgebung und die Personen darin besonders groß und bedrohlich.

Totale

Nahaufnahme

Großaufnahme

4 Ihr seht hier weitere Szenenbilder aus dem Film „Krabat". Untersucht auch sie zu zweit:

① ② ③ ④ ⑤ ⑥

a) Beschreibt die Bilder: Wer bzw. was ist darauf zu erkennen?

→ Ihr könnt dieses Wortmaterial zuordnen: **Der Fremde verlässt die Mühle mit seiner Fuhre. – Die Müllerburschen müssen schwerste Arbeiten verrichten. – Der Fremde wartet darauf, dass sein Mahlgut fertig wird. – Der Meister erwartet die Burschen zurück. – Lyschko wendet sich auf Befehl des Meisters ab. – Der düstere Fremde kommt in der Neumondnacht auf der Mühle an.**

b) Formuliert zu den Bildern 1-4 Gedanken, die den Personen durch den Kopf gehen könnten.
c) Erläutert, was in diesen Szenenbildern besonders betont wird. Welche Wirkung wird dadurch erzielt? Nutzt dazu die **INFO** von Seite 155.
d) → Nennt die Einstellungsgrößen und Kameraperspektiven, die jeweils verwendet wurden.
e) Stellt euch eure Ergebnisse vor und besprecht sie: Habt ihr die Wirkung der Bilder auf die gleiche Weise empfunden?

Einen Filmausschnitt untersuchen

1 Untersucht in Kleingruppen die Szene, als Krabat an der Mühle ankommt (Minute 5:22 bis 6:40). Übernehmt dazu die Tabelle. Wählt dann eure Aufgabe:

1. Abschnitt	2. Handlung	3. Personen / Ort	4. Bildeinstellung / Perspektive	5. Beleuchtung / Farbgebung (M)	6. Ton (M)	7. Stimmung
1	Krabat betritt die Mühle und geht bis zur Kammertür ...	Krabat Mühle	...	dunkel, ...	Türknarren	

G a) Schaut euch die Filmszene mehrmals an und gliedert sie in kurze Abschnitte. Macht euch Notizen in der Tabelle (Handlung, Personen Ort).
b) Wie wurden die Bilder in der Szene gestaltet? Ergänzt Notizen dazu, was im Vordergrund steht (Bildeinstellung) und aus welcher Sicht es dargestellt wird (Perspektive). Besprecht die Wirkung.

M a) Ihr habt bereits erfahren, wie durch die Kameraeinstellung eine Filmszene gestaltet werden kann. Auf welche Weise könnte man die Wirkung einer Filmszene noch beeinflussen? Lest dazu die **INFO**.
b) Schaut euch die Filmszene mehrmals an und gliedert sie in kurze Abschnitte. Macht euch Notizen in der Tabelle (Handlung, Personen Ort).
c) Ergänzt Notizen zu den Gestaltungsmitteln. Besprecht dabei ihre Wirkung.

2 a) Vergleicht eure Ergebnisse mit denen einer anderen Gruppe.
b) Seht euch den Filmabschnitt ein weiteres Mal an. Achtet besonders auf Stellen, an denen ihr zu unterschiedlichen Ergebnissen gekommen seid.
c) Korrigiert oder ergänzt euer Protokoll, wenn nötig.

INFO

Gestaltungsmittel im Film (II)
Auch mit diesen Gestaltungsmitteln kann die Aufmerksamkeit des Zuschauers auf bestimmte Dinge gelenkt und eine besondere Wirkung erzielt werden:
1. **Beleuchtung/Farbgebung**:
   a) Werden überwiegend helle Farben verwendet? Ist alles hell ausgeleuchtet und deutlich erkennbar? → Dies kann auf eine positive Stimmung hindeuten. Es herrscht Hoffnung, Zuversicht, Glück und Unbeschwertheit.
   b) Werden eher dunkle Farben verwendet? Gibt es ausgedehnte Schatten? → Dies kann z. B. auf Gefahren, Geheimnisse oder eine dramatische Zuspitzung in der Handlung hinweisen.
2. **Ton**: Mit bestimmten Geräuschen (z. B. Türknarren, Fußschritte, Vogelgezwitscher ...) oder Musik wird die Wirkung der Bilder verstärkt. Auf diese Weise werden beim Zuschauer Gefühle hervorgerufen und er kann sich leichter in die Szene und die Filmfiguren hineinversetzen.

Eine Filmempfehlung schreiben

Verfasse eine Filmempfehlung zu „Krabat" für die Homepage eurer Schule, aus der andere Schüler erfahren, wie dir der Film gefallen hat.

1 Übernimm die Mindmap und sammle darin deine Eindrücke zum Film in Stichworten. Sieh dir den Film dazu noch einmal an.

Mindmap mit zentralem Begriff "Krabat" und vier Ästen:
- **Handlung verständlich?** – ... – ...
- **Stimmung / Atmosphäre** – düster (Krieg, Verwüstung) – ...
- **schauspielerische Leistung** – Juros Wandel vom ... – ...
- **besondere Filmmomente:** – der unheimliche Fremde fährt vor – ...

2 a) Lies den **TIPP** und mache dir den Aufbau deiner Filmempfehlung klar.
b) Nutze deine Mindmap als Schreibplan. Markiere darin die Eindrücke, auf die du in deiner Filmempfehlung eingehen willst.
c) Verfasse mithilfe deiner Vorarbeit eine Filmempfehlung zum Film. So kannst du beginnen:

Ich möchte euch den Fantasy-Film ... aus dem Jahre ... vorstellen. In diesem (z. B. düsteren / spannenden / gelungenen / langweiligen ...) Film geht es um den Jungen Krabat, der sich mit ... einlässt und dabei fast ...

→ Du kannst die folgenden Satzanfänge nutzen: **Besonders spannend wird es, als ... – Ganz anders als erwartet ist die Filmszene, in der ... – Der Film hält, was er verspricht, denn ... – Ich rate von dem Film Krabat ab, weil ...**

> ### 💡 TIPP
>
> **So schreibst du eine Filmempfehlung:**
> In deinem Text kannst du den Film weiterempfehlen, du kannst dich aber auch kritisch äußern und sogar von dem Film abraten.
> 1. Nenne in der **Einleitung** den Titel des Films, wann er in die Kinos gekommen ist und welchen Eindruck der Film insgesamt hinterlässt.
> 2. Gehe im **Hauptteil** genauer auf den Film ein. Beschreibe drei bis vier Eindrücke. Belege sie mit Beispielen aus dem Film:
>   *Gut gefallen hat mir die schauspielerische Leistung des Krabat-Darstellers David Kross. Er stellt die Veränderung vom staunenden Kind zum jungen Erwachsenen, der sich für andere einsetzt, überzeugend dar.*
> 3. Bekräftige im **Schlussteil** noch einmal deine Meinung, sprich eine Empfehlung aus bzw. rate von dem Film ab.
>
> Beachte beim Schreiben, an wen du deine Filmempfehlung richtest (Adressat). Drücke dich **sachlich** und **sprachlich angemessen** aus.

Vom Buch zum Film

Das Jugendbuch „Krabat" kennenlernen

Auf den folgenden Seiten lernst du Auszüge aus dem Jugendbuch „Krabat" kennen. Dabei vergleichst du die Handlung im Buch mit der Darstellung im Film.

1 a) Lies das erste Kapitel von „Krabat".
  b) ↪ Achte beim Lesen darauf, welche Bilder dabei in deiner Vorstellung entstehen.

Die Mühle im Koselbruch

Es war in der Zeit zwischen Neujahr und dem Dreikönigstag. Krabat, ein Junge von vierzehn Jahren damals, hatte sich mit zwei anderen wendischen Betteljungen zusammengetan, und obgleich Seine allerdurchlauchtigste Gnaden[1], der Kurfürst von Sachsen[2], das Betteln und Vagabundieren[3] in Höchstderoselben[4]
5 Landen bei Strafe verboten hatten (aber die Richter und sonstigen Amtspersonen nahmen es glücklicherweise nicht übermäßig genau damit), zogen sie als Dreikönige in der Gegend von Hoyerswerda von Dorf zu Dorf: Strohkränze um die Mützen waren die Königskronen; und einer von ihnen, der lustige kleine Lobosch aus Maukendorf, machte den Mohrenkönig und schmierte sich jeden
10 Morgen mit Ofenruß voll. Stolz trug er ihnen den Bethlehemstern voran, den Krabat an einen Stecken genagelt hatte.
Wenn sie auf einen Hof kamen, nahmen sie Lobosch in die Mitte und sangen: „Hosianna Davidssohn!" – das heißt: Krabat bewegte nur stumm die Lippen, weil er gerade im Stimmbruch war. Dafür sangen die anderen Hoheiten umso
15 lauter, da glich sich das wieder aus. […]
Die folgende Nacht verbrachten sie in der Schmiede von Petershain auf dem Heuboden; dort geschah es, dass Krabat zum ersten Mal jenen seltsamen Traum hatte. Elf Raben saßen auf einer Stange und blickten ihn an. Er sah, dass ein Platz auf der Stange frei war, am linken Ende. Dann hörte er eine Stimme. Die
20 Stimme klang heiser, sie schien aus den Lüften zu kommen, von fern her, und rief ihn bei seinem Namen. Er traute sich nicht zu antworten. „Krabat!", erscholl es zum zweiten Mal – und ein drittes Mal: „Krabat!" Dann sagte die Stimme: „Komm nach Schwarzkollm in die Mühle, es wird nicht zu deinem Schaden sein!" Hierauf erhoben die Raben sich von der Stange und krächzten: „Gehor-
25 che der Stimme des Meisters, gehorche ihr!" Davon erwachte Krabat. „Was man nicht alles zusammenträumt!", dachte er, wälzte sich auf die andere Seite und schlief wieder ein. Anderntags zog er mit seinen Gefährten weiter und wenn ihm die Raben einfielen, lachte er.
Doch der Traum wiederholte sich in der Nacht darauf. Abermals rief ihn die
30 Stimme beim Namen, und abermals krächzten die Raben: „Gehorche ihr!" Das gab Krabat zu denken. Er fragte am anderen Morgen den Bauern, bei dem sie genächtigt hatten, ob er ein Dorf kenne, das Schwarzkollm heiße oder so ähnlich.

---

[1] altertümliche Anrede für eine mächtige Person

[2] gemeint ist August der Starke (1670-1733)

[3] ohne festen Wohnsitz umherziehen

[4] altertümliche Bezeichnung für „seinen"

Der Bauer entsann sich, den Namen gehört zu haben. „Schwarzkollm ...", überlegte er. „Ja doch – im Hoyerswerdaer Forst, an der Straße nach Leippe: Da gibt es ein Dorf, das so heißt."

Das nächste Mal übernachteten die Dreikönige in Groß-Partwitz. Auch hier träumte Krabat den Traum von den Raben und von der Stimme, die aus den Lüften zu kommen schien; und es spielte sich alles genauso ab wie beim ersten und zweiten Mal. Da beschloss er, der Stimme zu folgen. Im Morgengrauen, als die Gefährten noch schliefen, stahl er sich aus der Scheune. Am Hoftor begegnete er der Magd, die zum Brunnen ging. „Grüß mir die beiden", trug er ihr auf, „ich hab wegmüssen."

Von Dorf zu Dorf fragte Krabat sich weiter. [...] Vergebens hielt Krabat Ausschau nach einer Mühle. Ein alter Mann, der ein Bündel Reisig trug, kam die Straße herauf: Den fragte er.

„Wir haben im Dorf keine Mühle", erhielt er zur Antwort.

„Und in der Nachbarschaft?"

„Wenn du die meinst ..." Der Alte deutete mit dem Daumen über die Schulter. „Im Koselbruch hinten, am Schwarzen Wasser, da gibt es eine. Aber ..." Er unterbrach sich, als habe er schon zu viel gesagt.

Krabat dankte ihm für die Auskunft, er wandte sich in die Richtung, die ihm der Alte gewiesen hatte. Nach wenigen Schritten zupfte ihn wer am Ärmel; als er sich umblickte, war es der Mann mit dem Reisigbündel.

„Was gibt's?", fragte Krabat. Der Alte trat näher, sagte mit ängstlicher Miene: „Ich möchte dich warnen, Junge. Meide den Koselbruch und die Mühle am Schwarzen Wasser, es ist nicht geheuer dort ..."

Einen Augenblick zögerte Krabat, dann ließ er den Alten stehen und ging seines Weges, zum Dorf hinaus. Es wurde rasch finster, er musste achtgeben, dass er den Pfad nicht verlor, ihn fröstelte. Wenn er den Kopf wandte, sah er dort, von woher er kam, Lichter aufschimmern: hier eines, da eines. Ob es nicht klüger war umzukehren? „Ach was", brummte Krabat und klappte den Kragen hoch. „Bin ich ein kleiner Junge? Ansehen kostet nichts."

Krabat tappte ein Stück durch den Wald wie ein Blinder im Nebel, dann stieß er auf eine Lichtung. Als er sich anschickte, unter den Bäumen hervorzutreten, riss das Gewölk auf, der Mond kam zum Vorschein, alles war plötzlich in kaltes Licht getaucht. Jetzt sah Krabat die Mühle.

Da lag sie vor ihm, in den Schnee geduckt, dunkel, bedrohlich, ein mächtiges, böses Tier, das auf Beute lauerte. „Niemand zwingt mich dazu, dass ich hingehe", dachte Krabat. Dann schalt[5] er sich einen Hasenfuß, nahm seinen Mut zusammen und trat aus dem Waldesschatten ins Freie. Beherzt schritt er auf die Mühle zu, fand die Haustür geschlossen und klopfte.

Er klopfte einmal, er klopfte zweimal: Nichts rührte sich drinnen. Kein Hund schlug an, keine Treppe knarrte, kein Schlüsselbund rasselte – nichts. Krabat klopfte ein drittes Mal, dass ihn die Knöchel schmerzten.

Wieder blieb alles still in der Mühle. Da drückte er probehalber die Klinke nieder: Die Tür ließ sich öffnen, sie war nicht verriegelt, er trat in den Hausflur ein. Grabesstille empfing ihn und tiefe Finsternis. Hinten jedoch, am Ende des Ganges, etwas wie schwacher Lichtschein. Der Schimmer von einem Schimmer bloß. „Wo Licht ist, werden auch Leute sein", sagte sich Krabat. Die Arme vorgestreckt, tastete er sich weiter.

[5] von schelten = schimpfen

Das Licht drang, er sah es im Näherkommen, durch einen Spalt in der Tür, die den Gang an der Rückseite abschloss. Neugier ergriff ihn, auf Zehenspitzen schlich er sich zu der Ritze und spähte hindurch. Sein Blick fiel in eine schwarze, vom Schein einer einzigen Kerze erhellte Kammer. Die Kerze war rot. Sie
85 klebte auf einem Totenschädel, der lag auf dem Tisch, der die Mitte des Raumes einnahm. Hinter dem Tisch saß ein massiger, dunkel gekleideter Mann, sehr bleich im Gesicht, wie mit Kalk bestrichen; ein schwarzes Pflaster bedeckte sein linkes Auge. Vor ihm auf dem Tisch lag ein dickes, in Leder eingebundenes Buch, das an einer Kette hing: darin las er. Nun hob er den Kopf und starrte herüber,
90 als habe er Krabat hinter dem Türspalt ausgemacht. Der Blick ging dem Jungen durch Mark und Bein. Das Auge begann ihn zu jucken, es tränte, das Bild in der Kammer verwischte sich. Krabat rieb sich das Auge – da merkte er, wie sich ihm eine eiskalte Hand auf die Schulter legte, von hinten, er spürte die Kälte durch Rock und Hemd hindurch. Gleichzeitig hörte er jemand mit heiserer Stimme auf
95 Wendisch[6] sagen: „Da bist du ja!"

[6] alte sächsische Sprache

Krabat zuckte zusammen, die Stimme kannte er. Als er sich umwandte, stand er dem Mann gegenüber – dem Mann mit der Augenklappe. Wie kam der auf einmal hierher? Durch die Tür war er jedenfalls nicht gekommen. Der Mann hielt ein Kerzenlicht in der Hand. Er musterte Krabat schweigend, dann schob er
100 das Kinn vor und sagte: „Ich bin hier der Meister. Du kannst bei mir Lehrjunge werden, ich brauche einen. Du magst doch?"
„Ich mag", hörte Krabat sich antworten. Seine Stimme klang fremd, als gehörte sie gar nicht ihm.
„Und was soll ich dich lehren? Das Müllern – oder auch alles andere?", wollte der
105 Meister wissen. „Das andere auch", sagte Krabat.
Da hielt ihm der Müller die linke Hand hin.
„Schlag ein!" In dem Augenblick, da sie den Handschlag vollzogen, erhob sich ein dumpfes Rumoren und Tosen im Haus. Es schien aus der Tiefe der Erde zu kommen. Der Fußboden schwankte, die Wände fingen zu zittern an, Balken und
110 Pfosten erbebten. Krabat schrie auf, wollte weglaufen: weg, bloß weg von hier! – Doch der Meister vertrat ihm den Weg.
„Die Mühle!", rief er, die Hände zum Trichter geformt. „Nun mahlt sie wieder!"

2 Wie ist dein erster Eindruck? Tausche dich mit einem Partner aus.

3 ↪ Setze den Text in Bleistiftskizzen um.
   a) Schließe deine Augen und erinnere dich an die Bilder beim Lesen.
   b) Fertige Bleistiftskizzen an, die deinen inneren Bildern entsprechen.
   c) Tauscht euch in Partnerarbeit über eure Skizzen aus: Welche Situationen sind abgebildet? Welche Atmosphäre wird deutlich? Welche Personen sind dargestellt? Wertet eure Ergebnisse in einer Tabelle im Heft aus:

Skizze Nr.	Situation:	Diese Atmosphäre wird deutlich:	Diese Personen werden dargestellt:
1	Betteljungen singen als Dreikönige	…	…
2	…	…	…

Magische Welten im Film entdecken | Eigene Bildvorstellungen entwickeln

4 Fasse kurz schriftlich zusammen, worum es in dem Kapitel geht:
   a) Überlege, wann die Geschichte spielen könnte. Woran erkennst du das?
   b) Wo spielt die Handlung? Gib die Orte an, die im Kapitel genannt werden. Finde sie auf einer Landkarte.
   c) Welche Personen kommen vor? Stelle dar, was du über sie erfährst.

5 Der Anfang des Buches erhält bereits einige spannende Stellen. Nenne sie und erkläre, wie in den einzelnen Situationen Spannung erzeugt wird.

→ Du findest eine solche Stelle z.B. in den Zeilen 16 bis 25.

6 a) Besonders interessant für die weitere Handlung ist diese Textstelle:
„Ich mag", hörte Krabat sich antworten. Seine Stimme klang fremd, als gehörte sie gar nicht ihm. Finde diese Textstelle im Kapitel und erkläre, in welchem Zusammenhang sie steht.

→ Du kannst diese Satzanfänge vervollständigen:
Der Meister möchte von Krabat wissen, ob dieser ... Krabat antwortet darauf ... Es klingt aber so, als würde ...

b) Diskutiere mit einem Partner, ob Krabat freiwillig zur Mühle geht oder unter Zwang handelt. Begründet eure Meinung.
c) → Wie bewertest du Krabats Entscheidung, Lehrjunge auf der Mühle zu werden? Nimm dazu Stellung.

Seite 157

7 a) Auf Seite 157 habt ihr die Filmszene genauer untersucht, in der Krabat zur Mühle gelangt. Schau dir noch einmal eure Ergebnisse in der Tabelle an und lies den entsprechenden Abschnitt im Kapitel (Zeile 63 bis 112).
b) Welche Unterschiede und welche Übereinstimmungen fallen dir zwischen der Buchstelle und der Filmszene auf? Übernimm die folgende Tabelle und halte deine Eindrücke darin fest.

Krabat als Buch und als Film

Gemeinsamkeiten	Unterschiede
...	

c) → Schau dir den vollständigen Filmanfang von „Krabat" an und vergleiche auch ihn mit dem Kapitelauszug.
d) Vergleiche dein Ergebnis mit dem eines Partners. Korrigiert oder ergänzt eure Tabellen, wenn nötig.
e) Sprecht darüber, welche Möglichkeiten der Film gegenüber dem Buch hat. Welchen Vorteil könnte das Buch gegenüber dem Film haben? Begründet.
f) Krabat antwortet dem Müller: *„Das andere auch."* (Z. 105) Wie wird diese Szene im Film umgesetzt? Beschreibt.
g) Welchen Eindruck will die Filmszene erwecken – dass Krabat unter Zwang einschlägt oder dass er freiwillig zustimmt? Erläutert, mit welchen Gestaltungsmitteln der Regisseur dies zum Ausdruck bringt.

Bilder im Kopf entwickeln

So wie beim Lesen innere Bilder entstehen, macht sich auch ein Filmregisseur zunächst Bilder, bevor er eine Szene verfilmt. Stimmung, Atmosphäre und Orte einer Szene lässt er in sogenannten Moodboards (mood = Stimmung, board = Tafel; hier: Bild) von Künstlern darstellen.

1 a) Was siehst du auf den Bildern? Beschreibe die Moodboards.
 b) Wie wirken die Moodboards auf dich? Beschreibe die Stimmung, die auf den Bildern deutlich wird (unheimlich, kalt, dunkel, beängstigend …).
 c) Suche Textstellen, die der Stimmung auf den Moodboards entsprechen.
 d) ➔ Vergleiche die Moodboards mit deinen Skizzen. Welche Unterschiede und Gemeinsamkeiten kannst du feststellen?

Ein Romankapitel mit dem Drehbuch vergleichen

1 Lies den folgenden Auszug aus dem Roman.

Ohne Pastor und Kreuz

Der Winter ist eingezogen und Weihnachten wie alle anderen Arbeitstage vergangen. Nun steht Krabats erste Silvesternacht auf der Mühle bevor. Schon seit Tagen reagieren die Müllerburschen ausgesprochen gereizt. Es scheint, als würde ihnen etwas Angst machen. Es ist Abend. Die Müllerburschen liegen in ihren Betten.

Am Silvesterabend gingen sie früher als sonst zu Bett. Der Meister hatte sich während des ganzen Tages nicht blicken lassen. Vielleicht saß er in der Schwarzen Kammer und hatte sich eingeschlossen, wie er das manchmal tat – oder er war mit dem Pferdeschlitten über Land gefahren. Niemand vermisste ihn, keiner sprach von ihm.

Wortlos verkrochen die Burschen sich nach dem Abendbrot auf die Strohsäcke. „Gute Nacht", sagte Krabat wie jeden Abend, weil es sich für den Lehrjungen so gehörte. Heute schienen ihm die Gesellen das übel zu nehmen.

„Halt's Maul!", fauchte Petar, und Lyschko warf einen Schuh nach ihm.

„Öha!", rief Krabat, vom Strohsack hochschnellend. „Immer sachte! Man wird doch wohl Gute Nacht sagen dürfen ..."

Ein zweiter Schuh kam geflogen, er streifte ihn an der Schulter; den dritten fing Tonda ab.

„Lasst den Jungen in Frieden!", gebot er. „Auch diese Nacht wird vorübergehen." Dann wandte er sich an Krabat. „Du solltest dich hinlegen, Junge, und still sein."

Krabat gehorchte. Er ließ es geschehen, dass Tonda ihn zudeckte und ihm die Hand auf die Stirn legte. „Schlaf du nun, Krabat – und komm gut hinüber ins neue Jahr!"

Für gewöhnlich schlief Krabat die Nächte durch bis zum nächsten Morgen, es sei denn, man weckte ihn.

Heute erwachte er gegen Mitternacht ganz von selber. Es wunderte ihn, dass das Licht in der Lampe brannte und dass auch die anderen Burschen wach waren – alle, soweit er es übersehen konnte.

Sie lagen auf ihren Pritschen und schienen auf etwas zu warten. Kaum dass sie atmeten, kaum dass sich einer zu rühren wagte.

Im Haus war es totenstill – so still, dass der Junge sich vorkam, als sei er taub geworden.

Aber er war nicht taub, denn mit einem Mal hörte er dann den Schrei – und das Poltern im Hausflur – und wie die Gesellen aufstöhnten: halb entsetzt, halb befreit. War ein Unglück geschehen? Wer war es, der da geschrien hatte in höchster Todesnot? Krabat besann sich nicht lange. Mit einem Satz war er auf den Beinen. Er rannte zur Bodentür, wollte sie aufreißen, wollte die Treppe hinuntereilen, um nachzusehen. Die Tür war von draußen verriegelt. Sie ließ sich nicht öffnen, so wild er auch daran rüttelte.

Jemand legte ihm dann den Arm um die Schulter und sprach ihn an. Es war Juro, der dumme Juro, Krabat erkannte ihn an der Stimme.

„Komm", sagte Juro. „Leg dich jetzt wieder auf deinen Strohsack."

„Aber der Schrei!", keuchte Krabat. „Der Aufschrei vorhin!"

„Meinst du", erwiderte Juro, „wir hätten ihn nicht gehört?" Damit führte er Krabat an seinen Platz zurück.

Die Mühlknappen hockten auf ihren Pritschen. Schweigend, mit großen Augen starrten sie Krabat an. Nein – nicht Krabat!

Sie starrten an ihm vorbei, auf den Schlafplatz des Altgesellen.

„Ist – Tonda nicht da?", fragte Krabat.

„Nein", sagte Juro. „Leg dich wieder hin und versuch zu schlafen. Und heul nicht, hörst du! Mit Heulen macht man nichts ungeschehen."

Am Neujahrsmorgen fanden sie Tonda. Mit dem Gesicht nach unten lag er am Fuß der Bodenstiege. Die Mühlknappen schienen nicht überrascht zu sein; nur Krabat vermochte es nicht zu fassen, dass Tonda tot war. Schluchzend warf er sich über ihn, rief ihn beim Namen und bettelte: „Sag doch was, Tonda, sag doch was!"

Er griff nach der Hand des Toten. Gestern noch hatte er sie gespürt, auf der Stirn, vor dem Einschlafen. Jetzt war sie starr und kalt. Und sehr fremd war sie ihm geworden, sehr fremd.

„Steh auf", sagte Michal. „Wir können ihn hier nicht liegen lassen."

Er und sein Vetter Merten trugen den Toten in die Gesindestube und legten ihn auf ein Brett.

„Wie ist es dazu gekommen?", fragte der Junge.

Michal zögerte mit der Antwort. „Er hat sich", sagte er stockend, „den Hals gebrochen."

„Dann ist er wohl – auf der Treppe fehlgetreten – im Finstern …"

„Kann sein", sagte Michal.

Er drückte dem Toten die Augen zu, schob ihm ein Bündel Stroh in den Nacken, das Juro geholt hatte.

Tondas Gesicht war fahl. „Wie aus Wachs", dachte Krabat. Er konnte nicht hinsehen, ohne dass ihm die Tränen kamen. Andrusch und Staschko brachten ihn in den Schlafraum.

„Lass uns hierbleiben", meinten sie. „Unten stünden wir bloß im Weg herum."

Krabat hockte sich auf den Rand der Pritsche. Er fragte, was nun mit Tonda geschehen werde.

„Was eben so geschieht", sagte Andrusch. „Juro versorgt ihn, der tut so was nicht zum ersten Mal – und dann werden wir ihn begraben."

„Wann?"

„Heute Nachmittag, denke ich."

„Und der Meister?"

„Den brauchen wir nicht dazu", sagte Staschko barsch.

2 Tauscht euch darüber aus, was in dem Textauszug passiert.
   a) Warum ahnt der Leser bereits nach wenigen Zeilen, dass Tonda etwas passieren wird? Suche im Text Hinweise auf ein bevorstehendes Ereignis.
   b) Nenne Anzeichen im Text, die darauf hindeuten, dass Tondas Tod kein Unfall war.

3 Im Folgenden findet ihr die Textstelle „Ohne Pastor und Kreuz" als Drehbuchauszug. Lest das Drehbuch mit verteilten Rollen. Dazu müsst ihr die Rollen von Krabat, Tonda, Michal und Lyschko besetzen. Außerdem braucht ihr jemanden, der die Beschreibungen (*schräg gedruckte Angaben im Drehbuch*) liest.

Tondas Tod (Szene 100–105)

100 Schlafkammer
I (= Innen) / N (= Nacht)
Krabat ist eingeschlafen. Tonda deckt ihn zu und legt ihm die Hand auf die Stirn. Er steckt sein Klappmesser in Krabats Jackentasche.

TONDA: Komm gut hinüber ins neue Jahr!

Überblendet auf:
101 Hoftor – Weg zur Mühle
A (= Außen) / N
Eisiger Wind fegt über den Weg und treibt Schneestaub vor sich her. Das Hoftor ist offen. Wir gleiten hindurch und bewegen uns auf das Haupthaus zu.

102 Eingangstür – Flur – Stiege A/I/N
In der gleichen, ruhigen Bewegung gleiten wir durch die offene Eingangstür und sehen, wie der Schneestaub sich im Flur und auf der Stiege verteilt hat. Wir schweben die Stiege hinauf zur offenen Luke und gelangen in die ...

103 Schlafkammer I/N
... wo die Mühlenknappen auf ihren Pritschen schlafen. Während wir uns umblicken, sehen wir, wie die Luke sich leise schließt. Nur einer liegt mit weit geöffneten Augen auf seiner Pritsche: Merten. Plötzlich wird ein Fenster aufgestoßen. Der Sturm wirbelt unzählige Eiskörner herein. Merten erschrickt heftig und zieht seine Decke bis zu den Augen hoch. Michal steht auf und schließt das Fenster. Auch Juro und Lyschko sind wach geworden. Krabat sieht, dass Tondas Bett leer ist.

KRABAT: Tonda ist nicht da.

Bis auf den Wind ist es totenstill. Merten blickt starr geradeaus, als habe er etwas Schreckliches gesehen. Und dann, ganz unvermittelt, ist im Hausflur ein Poltern zu hören und ein Schrei in höchster Todesnot. Keiner von den Burschen wagt zu atmen. Krabat springt auf, rennt zur Luke, will sie hochreißen – aber es ist unmöglich. Trotz aller Anstrengung lässt sie sich nicht öffnen.

KRABAT: Tonda! Tonda!

Michal will Krabat von der Luke wegziehen.

MICHAL: Leg dich wieder hin! Wir können nichts tun, Krabat.

Juro hockt wie gelähmt da. Mertens dünnes, bleiches Gesicht wirkt unheimlich. In der Gewissheit, dass etwas Schreckliches geschehen ist, legt Krabat sich auf seine Pritsche. Auch Michal geht auf seinen Platz zurück.

104 Schlafkammer
I/D (= Dämmerung)
Durch die verhängten Fenster dringt das erste fahle Morgenlicht ... Krabat blickt sich um. Er sieht zu Merten, der regungslos auf dem Rücken liegt und an die Decke starrt. Hat er die ganze Nacht kein Auge zugetan? Es ist so kalt, dass Krabat den Atem Mertens sehen kann. Jetzt bemerkt Krabat, dass auch die anderen nach und nach wach werden und stumm ins Leere blicken. Krabat erhebt sich und setzt sich an den Rand seiner Pritsche. Juro scheint ihn nicht zu bemerken, obwohl er die Augen offen hat und Krabat ihn jetzt an der Schulter nimmt und schüttelt. Auch Michal lässt sich nicht aus seinem Wachschlaf befreien.
Erst als der Hahn kräht, erwachen die Burschen aus ihrem Erstarrungszustand. Schweigend und ohne einander anzusehen, ziehen sie sich an. Michal ist der Erste, der den Griff der Luke anpackt. Es ist nicht abgeschlossen, die Luke öffnet sich. Michal blickt die Stiege hinab. Dann sieht er zu Krabat.

105 Stiege – Flur
I/T (= Tag)
Michal, Krabat, Merten, Juro und Lyschko finden Tonda mit dem Gesicht nach unten am Fuß der Stiege. Krabat beugt sich über ihn und dreht seinen Körper auf den Rücken. Kein Zweifel, er ist tot. Während Krabat ihm über die Hand streicht, drückt Michal ihm die Augen zu. Krabat weint bitterlich.

MICHAL *(mit belegter Stimme)*: Er hat sich den Hals gebrochen …
KRABAT: Was ist passiert? Tonda, was hast du bloß gemacht?
LYSCHKO: Ein falscher Schritt vielleicht … Im Dunkeln.

Lyschkos Stimme klingt unsicher.
Krabat kann kaum sprechen, so sehr bebt seine Stimme.

KRABAT: Tonda kannte die Mühle … Selbst mit verbundenen Augen hätte er sich zurechtgefunden.

LYSCHKO *(leise)*: Das ist wahr.

Merten zittert am ganzen Körper, wie unter Schock. Krabat bemerkt es.

MICHAL: Helft mir. Wir können ihn hier nicht liegen lassen.

Merten geht immer weiter zurück, drängt sich in eine Ecke.
Krabat und Juro kommen Michal zu Hilfe. Sie heben den Toten gemeinsam an.

4 Untersuche den Drehbuchtext:
   a) Beschreibe die Form. Worin besteht der Unterschied zum Romantext?
   b) Überprüfe deine Feststellungen mit der **INFO**.

5 Benenne inhaltliche Unterschiede. Untersuche dazu den Romanauszug und den Drehbuchtext im Hinblick auf Ort, Personen, Sprechanteile und Handlung.
   a) Notiere Unterschiede.
   b) Vergleicht eure Ergebnisse in Partnerarbeit.

6 Seht euch die Szene im Film an. Was findet ihr gelungener – die Umsetzung der Szene im Roman oder im Film? Begründet eure Einschätzung.

→ Ihr könnt diese Satzanfänge verwenden: **Mir hat die Szene im Buch / im Film besser gefallen, da … – Im … bekommt man einen besseren Eindruck von … – Man kann im … besser mit den Figuren mitfühlen, was …**

ℹ️ INFO

Aufbau eines Drehbuchs
Ein Drehbuch weicht inhaltlich meist von einem Roman ab, da der Regisseur Personen und Handlungen für die Darstellungen im Film anders gestalten muss. Auch äußerlich unterscheidet sich ein Drehbuchtext von einem Roman, da das Drehbuch alle Angaben für die Schauspieler, Kameraleute, Beleuchter usw. enthalten muss.
1. In einer Zwischenüberschrift wird der **Ort** genannt, an dem die Szene spielt. Dabei wird auch festgelegt, ob die Szene innerhalb der Mühle (*I = Innen*) oder außerhalb der Mühle (*A = Außen*) stattfindet.
2. Für die Beleuchter wird eine angemessene **Lichteinstellung** (z. B. *N = Nacht*) angegeben.
3. Dialoge werden so notiert, dass sie einem Sprecher zugeordnet werden können.
4. Die schräg gedruckten Anweisungen geben an, wie das Kamerateam oder der spätere Betrachter (*wir*) die Szene sieht bzw. hört. Es wird auch angegeben, wie sich die Kamera auf die Szene zubewegt (*gleiten wir*).

M Autor und Regisseur über „ihren" Krabat

Otfried Preußler ist der Autor des Romans Krabat. Er wurde am 20. Oktober 1923 in Reichenberg (Tschechoslowakei) geboren und starb am 18. Februar 2013 in Prien am Chiemsee. Als der Zweite Weltkrieg 1939 begann, war Otfried Preußler sechzehn Jahre alt. Wenig später, nach seinem Abitur 1942, wurde er
5 als Neunzehnjähriger in den Krieg eingezogen. Als 21-jähriger Leutnant geriet er in Russland 1944 in Kriegsgefangenschaft. 1949 wurde er aus der Gefangenschaft entlassen. 1971 erschien sein Roman Krabat. Dazu erklärte er, dass die Entstehung des Buches, das er als eines seiner wichtigsten Werke bezeichnete, mit seinen Erlebnissen aus dieser Zeit als Soldat und Gefangener zusammen-
10 hängt: „Mein Krabat [...] ist die Geschichte von einem jungen Menschen, der sich mit finsteren Mächten einlässt, von denen er fasziniert ist, bis er bemerkt, worauf er sich da eingelassen hat. Da gibt es nur einen Ausweg, den einzigen, den ich kenne: den festen Willen, sich davon freizumachen, die Hilfe von treuen Freunden – und jene Hilfe, die einem aus der Kraft der Liebe zuwächst, der Lie-
15 be, die stärker ist als die Macht des Bösen und alle Verlockungen dieser Welt."
Für Krabat, der in 31 Sprachen übersetzt wurde, erhielt Otfried Preußler zahlreiche internationale Auszeichnungen, u. a. den Deutschen Jugendbuchpreis 1972. Als Krabat im Oktober 2008 als Spielfilm in die Kinos kam, wurde Otfried Preußler wenig später 85 Jahre alt. In einem Brief dankte er den Filmemachern
20 mit den Worten: „Für mich ist es Fügung, dass die Geschichte, mit der ich mich mein ganzes Leben auseinandergesetzt habe, ausgerechnet zu meinem 85. Geburtstag ins Kino kommt. [...] Es ist immer ein Wagnis, wenn man seine Geschichten jemandem anvertraut, der sie in ein anderes Medium umsetzt. [...] Der Regisseur und Drehbuchautor hat meiner Meinung nach tatsächlich das
25 Kunststück fertiggebracht, sowohl dem Medium Film als auch meinem Buch gerecht zu werden. Die Besetzung der Rollen hat mich tief beeindruckt, wobei ich keinen der Schauspieler besonders hervorheben möchte [...]. Es ist ein besonders anspruchsvolles, in sich stimmiges Ganzes entstanden – inklusive Kameraführung, Ausstattung, Musik."

1 Was erfährst du über Otfried Preußler? Lege einen Zeitstrahl an und trage darin wichtige Stationen seines Lebens ein.

2 a) Erklärt, was ihr unter *„finsteren Mächten"* versteht. Was könnte Preußler damit meinen?
b) Welche Auswege nennt Preußler, um sich von bösen Mächten zu befreien?
c) Überlegt gemeinsam, welche „finsteren Mächte" jungen Menschen heute gefährlich werden können.
d) Beurteilt, ob die von Preußler genannten Auswege in schwierigen Situationen tatsächlich helfen könnten. Begründet eure Meinung.

3 Stelle dar, wie Preußler die Verfilmung seines Romans *Krabat* beurteilt. Wie begründet er seine Meinung?

→ Schau dir dazu die Zeilen 19-29 an und gib sie mit eigenen Worten wieder:
Otfried Preußler findet die Verfilmung ... Er begründet das mit ...

Marco Kreuzpaintner ist der Regisseur des Films Krabat. Er wurde am 11. März 1977 in Rosenheim geboren. Im folgenden Interview beantwortet er Fragen zu seinem Film.

Frage: Krabat ist deine erste Literaturverfilmung eines bekannten Buches, inwieweit bist du anders vorgegangen als bei deinen bisherigen Filmen?
Kreuzpaintner: Ich konnte mir keine hundertprozentige Freiheit herausnehmen. Z. B. konnte ich nicht plötzlich einer Figur einen anderen Namen geben oder den groben Handlungsverlauf abändern. Denn die Kinozuschauer erwarten, dass sie eine Umsetzung des Romans zu sehen bekommen. Als Regisseur taucht man deshalb ein in den Roman, liest ihn mehrmals und schreibt ein Drehbuch. Das Drehbuch habe ich mit mehr „Blut" angereichert, sodass Schauspieler es auch umsetzen können. Denn in einem Roman werden ja häufig Gedankengänge der Figuren beschrieben. Diese sind im Film schwierig darzustellen. Die Gedankengänge habe ich in Aktionen umgesetzt, die Schauspieler ausführen können.
Frage: Wie hast du als Jugendlicher die Geschichte empfunden?
Kreuzpaintner: Ich kann mich nur dran erinnern, dass es mich unglaublich gegruselt hat, als ich Krabat zum ersten Mal gelesen habe. Es ist ja eine sehr düstere Geschichte, die mit dem Tod umgeht. Das war eigentlich das erste Mal, dass ich mich als Jugendlicher überhaupt mit dem Thema Tod beschäftigt habe. Ich müsste so vierzehn gewesen sein.
Frage: Was war der Ausgangspunkt zu deiner Idee, Krabat filmisch umzusetzen, was hat dich daran gereizt?
Kreuzpaintner: Ich wollte dieses Buch auf die Leinwand bringen. Und die technische Herausforderung hat mich gereizt, so eine Geschichte, die über drei Jahre erzählt wird, zu einem Film zu machen. Wir mussten die unterschiedlichen Jahreszeiten darstellen und diese enormen Bauten bewerkstelligen. Wir haben ja die Mühle und das Dorf komplett aufgebaut. Eine weitere Herausforderung war es, mit einer Gruppe von dreizehn Schauspielern, zwölf Müllerburschen und dem Meister, da tagtäglich zu arbeiten. Es ist natürlich für einen Schauspielerregisseur ein großes Ziel, alle Figuren komplett durch den Film hindurch folgerichtig zu erzählen. Man muss die einzelnen Figuren im Film ja voneinander unterscheiden können.

4 Beschreibe die Empfindungen, mit denen Marco Kreuzpaintner auf den Roman als Jugendlicher reagiert hat. Wie begründet er seine Gefühle?

5 ↪ Der Regisseur sagt, dass er das Drehbuch mit „mehr Blut" anreichern musste. Erkläre, was er damit meint.

6 Preußler und Kreuzpaintner nennen verschiedene Gründe, die sie an *Krabat* fasziniert haben. Beschreibe Unterschiede und Gemeinsamkeiten.

7 a) Ihr habt den Film vollständig gesehen und Auszüge aus dem Roman gelesen: In welchem Medium hat euch die Geschichte von Krabat besser gefallen? Begründet.
b) Sollte man besser das Buch zuerst lesen oder sich den Film anschauen? Diskutiert darüber. Begründet, welche Reihenfolge ihr bevorzugt.

M Im Blickpunkt: Lesen

Ein Ring aus Haar

Krabat verbringt sein drittes Lehrjahr auf der Mühle. Nur noch widerwillig dient er dem Meister, denn nach Tondas Tod zweifelt er immer mehr an ihm. Er versucht zu fliehen, was aber misslingt.
5 Der Meister kontrolliert die Müllerburschen stets und übt Macht und Gewalt aus, wenn sich ihm jemand zu widersetzen droht. Doch Krabat hat in Juro einen Verbündeten gefunden. Juro verrät ihm Zauberformeln, mit denen Krabat seine Gedanken vor dem Meister verbergen kann. Auch die Kantorka,
10 ein Mädchen aus Schwarzkollm, in das sich Krabat verliebt hat, will ihm helfen, die Macht des Meisters für immer zu brechen.

An der Stelle, wo er am Ostermorgen der Kantorka gegenübergetreten war, zog er den Zauberkreis, darin ließ er sich nieder. Die Sonne schien, es war angenehm warm für die Jahreszeit. Kirmeswetter, mit einem Wort. Krabat blickte zum Dorf
15 hinüber. Die Obstbäume in den Gärten waren schon abgeerntet, ein Dutzend vergessener Äpfel leuchtete gelb und rot aus dem welken Laub hervor. Halb laut sprach er die Formel, dann wandte er alle Gedanken dem Mädchen zu. „Es sitzt jemand hier im Grase", ließ er die Kantorka wissen, „der mit dir sprechen muss. Mach dich auf eine Weile frei für ihn, er verspricht dir auch, dass es nicht lange
20 dauern soll. Niemand darf merken, wohin du gehst und mit wem du dich triffst: Darum bittet er dich – und er hofft, dass du kommen kannst." Eine Weile, das wusste er, würde er warten müssen. Er legte sich auf den Rücken, die Arme im Nacken verschränkt, um nochmals zu überdenken, was er der Kantorka sagen wollte. Der Himmel war hoch und von klarem Blau, wie er's nur im Herbst ist –
25 und während er so hinaufblickte, wurden Krabat die Lider schwer.
Als er aufwachte, saß die Kantorka neben ihm auf dem Rasen. Er konnte sich nicht erklären, weshalb sie auf einmal hier war. Da saß sie, geduldig wartend, in ihrem gefältelten Sonntagsrock, ein buntes, mit Blumen bedrucktes Seidentuch um die Schultern, das Haar unter einem spitzenbesetzten Häubchen aus weißem
30 Leinen. „Kantorka", fragte er, „bist du schon lange da? Warum hast du mich nicht geweckt?" „Weil ich Zeit habe", sagte sie. „Und ich dachte mir, dass es besser ist, wenn du von selber aufwachst." Er stützte sich auf den rechten Ellbogen. „Lang ist es her", begann er, „dass wir uns nicht gesehen haben." „Ja, das ist lang her." Die Kantorka zupfte an ihrem Tuch. „Nur im Traum bist du manchmal bei
35 mir gewesen. Wir sind unter Bäumen dahingegangen, entsinnst du dich?" Krabat lachte ein wenig. „Ja, unter Bäumen", sagte er. „Es war Sommer – und warm war es – und du hast einen hellen Kittel getragen … Das weiß ich, als wäre es gestern gewesen." „Und ich weiß es auch." Die Kantorka nickte, sie wandte ihm das Gesicht zu. „Was ist es, weshalb du mich sprechen wolltest?" „Ach", meinte
40 Krabat, „ich hätte es fast vergessen. – Du könntest mir, wenn du wolltest, das Leben retten …" „Das Leben?", fragte sie. „Ja", sagte Krabat. „Und wie?" „Das ist rasch erzählt."

Er berichtete ihr, in welche Gefahr er gekommen sei und wie sie ihm helfen könnte: vorausgesetzt, dass sie ihn unter den Raben herausfand.

45 „Das sollte nicht schwer sein – mit deiner Hilfe", meinte sie.

„Schwer oder nicht", hielt ihr Krabat entgegen. „Wenn du dir nur im Klaren bist, dass auch dein eigenes Leben verwirkt ist, falls du die Probe nicht bestehst."

Die Kantorka zögerte keinen Augenblick. „Dein Leben", sagte sie, „ist mir das meine wert. Wann soll ich zum Müller gehen, dich freizubitten?" „Dies", mein-
50 te Krabat, „vermag ich dir heute noch nicht zu sagen. Ich werde dir Botschaft senden, wenn es soweit ist, notfalls durch einen Freund." Dann bat er sie, ihm das Haus zu beschreiben, in dem sie wohnte. Sie tat es und fragte ihn, ob er ein Messer zur Hand habe.

„Da", sagte Krabat. Er reichte ihr Tondas Messer. Die Klinge war schwarz¹, wie
55 in letzter Zeit immer – doch jetzt, als die Kantorka es in Händen hielt, wurde das Messer blank. Sie löste das Häubchen, sie schnitt eine Locke aus ihrem Haar: Daraus drehte sie einen schmalen Ring, den sie Krabat gab. „Er soll unser Zeichen sein", sagte sie. „Wenn dein Freund ihn mir bringt, bin ich sicher, dass alles, was er mir sagt, von dir kommt." „Ich danke dir." Krabat steckte den Ring
60 von Haar in die Brusttasche seines Kittels. „Du musst nun zurückgehen nach Schwarzkollm und ich werde nachkommen", sagte er. „Und wir dürfen uns auf der Kirmes nicht kennen – vergiss das nicht!" „Heißt ‚sich nicht kennen': nicht miteinander tanzen?", fragte die Kantorka. „Eigentlich nicht", meinte Krabat. „Es darf aber nicht zu oft sein, das wirst du verstehen." „Ja, das verstehe ich."
65 Damit erhob sich die Kantorka, streifte die Falten an ihrem Rock glatt und ging nach Schwarzkollm zurück, wo inzwischen die Musikanten mit ihrer Kirmesmusik begonnen hatten.

¹ Bei drohender Gefahr läuft die Klinge schwarz an.

1   Du findest hier einen weiteren Auszug aus dem Jugendbuch *Krabat*. Lies ihn.

2   Beschreibe die Stimmung zwischen der Kantorka und Krabat.
    a) Kreuze an, welche Adjektive zutreffen. Mehrere Antworten sind möglich:

    Folie

    aggressiv ☐   albern ☐
    geheimnisvoll ☐   freundschaftlich ☐
    vertraut ☐   liebevoll ☐

    b) Begründe die Auswahl der Adjektive und nenne dazu passende Textzeilen.

3   Ergänze die Sätze unten, sodass die Aussagen zutreffen.

    → Die folgenden Textstellen helfen dir bei der Beantwortung der Fragen weiter:
    Zeile 12-21, 43-44 und 56-59.

    A   Krabat ruft die Kantorka zu sich, indem er …
    B   Die Kantorka kann Krabat aus der Gewalt des Meisters befreien, wenn sie …
    C   Krabat und die Kantorka vereinbaren … als geheimes Zeichen, wenn der Zeitpunkt der Befreiung gekommen ist.

4   → Wie findest du das unerschrockene Verhalten der Kantorka, als sie Krabat ohne Zögern ihre Hilfe anbietet? Begründe deine Meinung am Text.

Das Geheimnis des Erfolgs

1 a) Wen erkennt ihr auf den Fotos? Sprecht darüber, welche Sportarten die Personen ausüben und woher ihr sie kennt.
b) Stellt Vermutungen darüber an, warum diese Sportler so erfolgreich sind. Haltet eure Ergebnisse in einem Cluster fest.

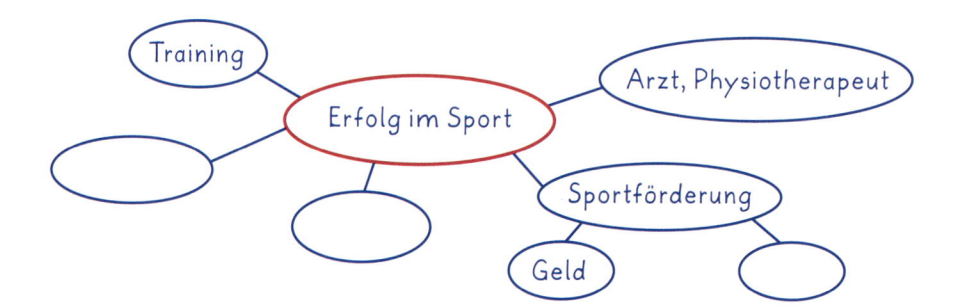

2 a) Welche Sportarten interessieren dich am meisten?
   b) Welche Sportler imponieren dir? Erkläre, was dich an ihnen beeindruckt.
   c) ↪ Nenne Beispiele für Sportler, die ein gutes Vorbild sind. Begründe.

3 ↪ Manche Sportarten finden nur wenig Beachtung in den Medien. Welche Gründe könnte es dafür geben? Sammle Beispiele für solche Sportarten.

4 Entscheide dich für einen Sportler. Informiere in einem Referat über ihn.

> Am Beispiel des erfolgreichen Fußballers Thomas Müller erfahrt ihr in diesem Kapitel, wie ihr ein Referat in acht Schritten vorbereitet, aufbaut und vortragt. Diese Schritte könnt ihr dann für ein eigenes Referat über eine andere Sportlerin oder einen anderen Sportler anwenden.

Das Geheimnis des Erfolgs von Thomas Müller

1. Schritt: Informationen suchen

1 Was möchtest du über Thomas Müller erfahren? Notiere Fragen, auf die das Referat Antworten geben soll.
1) Woher kommt Thomas Müller?
2) Wie ist er zum Fußball gekommen?
3) Was sind seine größten Erfolge?
4) …

→ Neben Fragen zur sportlichen Laufbahn (Auf welcher Position spielt er? Wie viele Auszeichnungen hat er gewonnen? Für welche Vereine hat er gespielt? …) können auch Fragen zum privaten Umfeld interessant sein (Wo lebt er? Was macht er in seiner Freizeit? Welche Sprachen spricht er? …).

2 a) Tausche dich mit einem Partner aus und vergleicht eure Fragen.
b) Welche Fragen wollt ihr auswählen?
c) Gibt es noch weitere Fragen, die interessant sein könnten? Ergänzt sie.

3 Um Informationen zu einem Thema zu finden, kannst du in verschiedenen Medien recherchieren. Betrachte die abgebildeten Medien und überlege, wo du die gesuchten Informationen finden kannst. Lies dazu die **INFO**.

ℹ️ INFO

Informationsquellen nutzen
1. Texte, Tabellen, Bilder usw. findest du in **Sportchroniken, Sachbüchern** (z. B. Biografien), **Jahrbüchern** und **Zeitungen** oder **Fachzeitschriften**. Diese kannst du z. B. in Bibliotheken ausleihen.
2. Du kommst schneller zum Ziel, wenn du zuerst im **Inhalts- oder Stichwortverzeichnis** von Büchern nachschlägst und dort nach passenden Begriffen suchst, z.B. *Bundesliga, Fußballweltmeisterschaft 2014.*
3. Nutze Suchmaschinen im **Internet**. Hilfen dazu findest du auf Seite 272-274.
4. Achte bei der Auswahl der Texte darauf, ob sie gut verständlich sind und ob sie Antworten auf deine Fragen enthalten.
5. Notiere, wo du dein Material gefunden hast (Quelle): *Der Text stammt aus …*

📄 Seite 272-274

2. Schritt: Informationen sichten

1 Wenn du Informationen für dein Referat suchst, wirst du mehr Materialien sammeln, als du verwenden kannst. Deshalb musst du eine Auswahl treffen.

G Lies die Texte A–D auf den Seiten 175-179. Prüfe, ob du darin Antworten auf deine Fragen findest. Achte dazu auf die Markierungen.

M a) Überfliege alle Texte auf den Seiten 171-175. Prüfe, ob du darin wichtige Informationen findest.

Seite 307

b) Übernimm die Tabelle und notiere für jeden Text, zu welchen Bereichen er hauptsächlich Informationen enthält.

Thema	Text(e)	Thema	Text(e)
Lebenslauf		Erfolge	
Sportförderung		Körperbau	
Fußballjugend		...	
Karriere		...	

c) Tausche dich mit einem Partner über dein Ergebnis aus. Ergänze oder verbessere deine Tabelle, wenn nötig.

d) Lies die Texte nun richtig. Entscheide, welche dir bei der Beantwortung deiner Fragen weiterhelfen.

A Thomas Müller, brillanter Clown unter Klonen[1]
Nach: Welt am Sonntag, 13. September 2015

[1] identische Kopie

Thomas Müller ist aktuell der überragende Spaßfußballspieler des Planeten. Bayerns Ex-Nachwuchschef kennt ihn von Kindesbeinen an. Er vergleicht ihn mit Gerd Müller – und verrät sein Erfolgsgeheimnis.

Es gibt da diesen außergewöhnlichen Film. „Wer ist Thomas Müller?" geht der
5 Frage nach, was typisch deutsch ist. Thomas Müller steht dabei für den deutschen Durchschnitt (...) „Passt doch ganz gut", sagt Thomas Müller. Der Fußball-Nationalspieler blickt auf seine dünnen Beine und lacht.
Der 26-Jährige hat leicht reden, denn außer seinem Namen ist so ziemlich nichts durchschnittlich an ihm. Zu groß
10 (1,86 m), zu leicht (75 kg), zu reich (geschätztes Vermögen: 20 Millionen Euro), zu berühmt (fast neun Millionen Facebook-Freunde). Vor allem aber: zu erfolgreich. Müller ist Weltmeister, Champions-League-Sieger, viermal Deutscher Meister, dreimal Pokalsieger. Zuletzt erzielte er sechs
15 Tore in den ersten vier Ligaspielen, drei Tore in den beiden Länderspielen gegen Polen und Schottland. Thomas Müller hat aktuell eine bessere Trophäensammlung und Leistungsbilanz als Lionel Messi oder Cristiano Ronaldo – die vermeintlich besten Profis des Planeten. Müller ist dabei
20 viel mehr als nur ein Torjäger und Titelsammler, er ist ein

[2] jmd. der ausgefallen / einzigartig ist

[3] nichtssagende Äußerung

Unikum[2] im durchgestylten Fußball. Ein Clown unter Klonen: keine Tattoos, kein Sportwagen, keine auswendig gelernten Phrasen[3], um sich durch Interviews zu schummeln. (...) Was für eine Type, dieser Müller! (...) „Er ist da, wo es brennt. Thomas hat einen Instinkt, am richtigen Platz zu sein, den kannst du nicht lernen. Bei ihm wundert mich mittlerweile nichts mehr", sagt Bundestrainer Joachim Löw. (...)

Müller, ein stolzes Landei

Pähl, ein Dörfchen in Oberbayern. Die Sonne scheint vom blauen Himmel, als ob sie Modell für einen Ferienkatalog stehen will. Wer vom höchsten Punkt nach Süden blickt, sieht die Alpen und im Norden den Ammersee. 2300 Einwohner, ein Golfplatz, eine Menge Kühe auf sattgrünen Wiesen. Und ein Weltmeister. (...) Er ist hier aufgewachsen. „Ich komme vom Land und habe mich hier immer sehr wohlgefühlt. Ich wüsste auch nicht genau, wo die Vorzüge liegen, in der Stadt aufzuwachsen", sagt er. Im Dorf kennt ihn jeder – aber das ist in München mittlerweile ja nicht anders. Dort wohnt er jetzt, doch es zieht ihn immer wieder zurück in seine alte Gemeinde, wo er einst in der Ortskirche mit dem Zwiebelturm als Ministrant[4] diente. Seine Eltern leben immer noch hier. (...)

[4] katholischer Messdiener

Von Pähl aus hat er die Welt erobert – allerdings nicht im Eilschritt. „Thomas Müller war schon als Jugendlicher beeindruckend. Wenn er gespielt hat, hat er getroffen, fast immer. Aber er war auch hoch belastet", sagt Werner Kern, bis 2012 Nachwuchsleiter des FC Bayern. Bis zu fünfmal die Woche wurde er als Jungspund aus Pähl an die Säbener Straße gefahren. 40 Kilometer hin, 40 Kilometer zurück. Hausaufgaben auf dem Rücksitz, 2008 schaffte er das Abitur. „Darum hat er auch immer in seinem Jahrgang gespielt, nicht wie Schweinsteiger und Lahm schon mit 17 Jahren bei den Männern. Ein klassischer Überflieger war Thomas Müller nicht", sagt Kern.

B Spielerstatistik der Bundesliga 2015/16

Torschützen – Die Statistik der Bundesliga 2015/16 – Sport.de (Stand 11.15)

Platz	Spieler	Verein	Tore	Torquote
1.	Robert Lewandowski	Bayern München	14	1,27
	Pierre-Emerick Aubameyang	Borussia Dortmund	14	1,17
3.	Thomas Müller	Bayern München	11	0,92
4.	Marco Reus	Borussia Dortmund	7	0,78
	Salomon Kalou	Herta BSC	7	0,64
	Yunus Malli	Mainz 05	7	0,58
7.	Bas Dost	VFL Wolfsburg	6	0,55
	Yoshinori Muto	Mainz 05	6	0,50
	Anthony Modeste	1. FC Köln	6	0,50
10.	Alexander Maier	Eintracht Frankfurt	5	0,56
	Kevin Volland	1899 Hoffenheim	5	0,45
	Paul Verhaegh	FC Augsburg	5	0,45
	Henrik Mkhitaryan	Borussia Dortmund	5	0,45
	Raffael	Borussia M'gladbach	5	0,45
	Marcel Heller	Darmstadt 98	5	0,42
	Pierre-Michel Lasogga	Hamburger SV	5	0,42
	Antony Ujah	Werder Bremen	5	0,42

C Wie alles begann ...
Aus: Alexander Kords, Thomas Müller (2015)

Am 13.9.1989 wurde Thomas Müller in Weilheim in Oberbayern geboren, zweieinhalb Jahre später sein Bruder Simon. Aufgewachsen ist er in Pähl.

Der junge sportliche Müller vom Ammersee

Schon früh entdeckten die beiden Brüder ihre Leidenschaft für den Fußball. Im Sommer spielten sie auf der Straße oder im Garten ihres Elternhauses, für die kalten Wintermonate hatte Vater Müller einen ungenutzten Kellerraum zum Kleinfeld umfunktioniert. (...) Als Thomas vier Jahre alt war, schloss er sich schließlich dem örtlichen Fußballverein TSV Pähl an. (...) Nichts faszinierte ihn so sehr wie der Fußball. Vor allem der FC Bayern hatte es ihm angetan. (...) Auch deshalb war es von frühester Kindheit an das erklärte Berufsziel des kleinen Thomas, Fußballprofi zu werden – nicht zwangsläufig bei den Bayern, aber trotzdem. (...)

In der Saison 1998/1999 wurde der TSV Pähl E-Jugend-Meister in Bayern, mit einer Tordifferenz von 175 zu sieben. 120 der Tore seiner Mannschaft schoss der neunjährige Thomas und spielte sich damit in die Notizbücher der großen Vereine der Region. Plötzlich schickten die Bayern, 1860 München und die Spielvereinigung Unterhaching ihre Scouts[1] nach Pähl und ließen den talentierten Flitzer[2] beobachten.

Als einer der Gründe für Thomas Müllers sympathische Art, die sich auch im späteren Verlauf seiner Karriere erhalten hat, wird nicht selten seine Herkunft herangezogen. Jeder kennt jeden in Pähl, dieser beschaulichen Gemeinde am Ammersee, die umgeben ist von wunderschöner Landschaft. (...) Wenn Thomas heute seine Heimat besucht, wird er nicht wie der große Fußballstar behandelt, der er ist, sondern als ganz normaler Pähler. Seine Mutter, die sich als Sozialmanagerin darauf versteht, mit Menschen respektvoll umzugehen, hat ihrem Sohn dies mitgegeben. Und sein Vater, der Ingenieur, brachte Thomas bei, analytisch[3] zu denken und strebsam auf ein Ziel hin zu arbeiten – ein Leitmotiv, das sich wie ein roter Faden durch das Leben des Menschen und des Fußballers Thomas Müller zieht.

Von der Jugend zu den Profis in einem Jahr

Nachdem das eine Jahr Schonfrist abgelaufen war, in dem Thomas nur einmal pro Woche nach München kommen musste, fuhr er ab Sommer 2001 beinahe jeden Tag zum Trainingsgelände der Bayern an die Säbener Straße, um mit seinen Teamkollegen regelmäßig trainieren zu können. Anfangs brachte ihn seine Mutter Klaudia in die Großstadt; als er alt genug war, setzte er sich nach der Schule in den Zug. Auf der Rückfahrt, die er so gegen 18 Uhr antrat, erledigte er die Hausaufgaben, weder tagsüber noch zu Hause blieb Zeit dafür. Weil Thomas so wild auf Fußball war, stand er oft schon mehr als eine Stunde vor den meisten anderen Spielern auf dem Trainingsplatz.

[1] Talentsucher
[2] schneller Läufer
[3] logisch untersuchend

D Thomas Müller (Fußballspieler)
Auszug aus: Wikipedia, der freien Enzyklopädie (Stand: 18.12.2015)

Spielerinformation		
Position	Sturm, offensives Mittelfeld	
Vereine als Aktiver		
Jahre	**Verein**	**Spiele (Tore)**
2007-2009	FC Bayern München II	36 (16)
2008-	FC Bayern München	200 (76)
Nationalmannschaft		
2004-2005	Deutschland U-16	6 (0)
2007	Deutschland U-19	3 (0)
2008	Deutschland U-20	1 (1)
2009	Deutschland U-21	6 (1)
2010-	Deutschland	64 (31)

E Alle wollen Thomas Müller – warum eigentlich?
Aus: Tz Online (30.7.2015)

Müllers Spielweise passt in kein Schema

An erster Stelle wäre natürlich die **fußballerische Qualität** zu nennen. Mit seiner, sagen wir, unkonventionellen Spielweise passt Müller nicht in die üblichen Schemata. Er ist weder Turbodribbler noch Supersprinter noch eiskalter Strafraum-Knipser. Aber er kann Gegenspieler ausspielen, laufen wie ein junger Gott und verfügt über einen nicht lernbaren, sondern **angeborenen Torriecher**. Wie kein Zweiter erkennt der Offensivmann auf dem Spielfeld die sich öffnenden Räume, taucht gefühlt auf jedem Quadratzentimeter des Spielfeldes auf und ist so für gegnerische Abwehrspieler und Trainer kaum zu bändigen. „Ich habe selten einen so komischen Spieler wie mich selbst gesehen", sagt Müller über Müller. „Aber ich habe Erfolg, und Spaß macht es auch." Druck kennt der geerdete Ur-Bayer nicht. Seit 15 Jahren spielt der in Weilheim Geborene und beim TSV Pähl erste Fußballluft Schnuppernde an der Säbener Straße – und bekam das „Mia san mia"[1] von Beginn an eingeimpft. Während andere Spieler mental einknicken, wenn es in den großen Finals drauf ankommt, geht Müller voran. Er findet Situationen, in denen es fußballerisch um alles oder nichts geht, „besonders reizvoll" – eine **mentale Verfassung**, die wohl jeder Trainer gerne bei seinen Spielern sieht. „Bei Müller wundere ich mich immer wieder, mit welcher Frechheit und Lockerheit er spielt", charakterisierte Bundestrainer Jogi Löw mal diese Qualitäten. Aufgrund seiner psychischen Stabilität ist Müller bei Bayern auch Elfmeterschütze Nummer eins – eine Eigenschaft, die vermutlich die Clubs von der Insel[2] so heiß macht auf den Angreifer.

Müller ist die Stimmungskanone

Abseits aller sportlichen Qualität verfügt Müller aber noch über weitere Vorzüge, die ihn schnell zu einem **Liebling der Fans** aufsteigen ließen. Müller ist geerdet – seine Jugendfreundin Lisa heiratete er bereits im Alter von 20 Jahren – freundlich, authentisch[3], heimatverbunden und immer für einen lockeren Spruch gut. Müller ist für die Stimmung im Team zuständig, reißt den ganzen Tag lang Witze und spricht, wie ihm der Schnabel gewachsen ist.

[1] bay. Spruch; „Wir sind wir."
[2] gemeint ist Großbritannien
[3] echt, glaubwürdig

F Teil der A-Jugend sein – Fußball macht süchtig
Aus: fluter.de / Interview mit Felix Scheidl vom 20.10.2007

Thomas Müller ist **achtzehn Jahre alt** und kickt seit seinem vierten Lebensjahr. Derzeit spielt er für die A-Jugend des FC Bayern München im Mittelfeld und steht der A-Jugend-Fußballnationalmannschaft als Ersatzspieler zur Verfügung. Außerdem will er in diesem Schuljahr noch sein Abitur machen. Mit *fluter.de* sprach er über Mannschaftsgeist, Verzicht und seine Wunschkarriere als Spieler in der Ersten Bundesliga.

*War es schon immer ein Traum für dich, beim **FC Bayern** zu spielen?*
Ich war schon immer FC-Bayern-Fan – aber dass ich für die Mannschaft kicken will, stand bei mir nie im Vordergrund. Irgendwann haben andere Spieler und ich einfach gemerkt, dass ich nicht schlecht spiele. Mein Glück war, dass meine ehemalige Mannschaft recht stark war und wir uns bei einem lokalen E-Jugend-Fußballturnier gut geschlagen hatten. Da war auch ein Beobachter des FC Bayern dabei und ist auf mich aufmerksam geworden.

*Was **bedeutet Fußball** für dich?*
In erster Linie Spaß, Emotion und Abhängigkeit – wenn man fünf- oder sechsmal in jeder Woche trainieren muss und den Spaß dabei nicht verlieren will, muss man auf jeden Fall süchtig sein.

Feiern ist nicht drin.
Wie viel Zeit musst du denn für deine Karriere opfern?
Unter der Saison habe ich einen Tag in der Woche frei. An den anderen Tagen habe ich ein oder zwei Trainings. Wir müssen auch alle in unserer Jugend ein wenig zurückstecken – also weniger feiern als andere. Und wir dürfen neben dem Training nicht oft an unsere körperlichen Grenzen gehen.

*Passen **Fußballerkarriere und Schule** denn überhaupt unter einen Hut?*
Der Trainer sagt immer: Schule geht vor. Auch wenn er das nicht so meint, spielt die Schule bei uns allen eine wichtige Rolle. Bis jetzt ist mir die Schule immer recht leicht gefallen und die Noten waren auch ok. Aber es gibt auch andere Beispiele in unserer Mannschaft: Der FC Bayern hat für diese Spieler etwa zehn Nachhilfelehrer eingestellt – die stehen dann auf Abruf bereit, wenn die Fußballer in der Schule Probleme bekommen. Und hin und wieder muss ich auch vom Unterricht freigestellt werden, wenn ich in der DFB-Auswahl spiele. Aber das Gymnasium Weilheim ist zum Glück in solchen Fällen sehr kooperativ. (…)

*Wie sieht deine **persönliche Zukunft** aus?*
Ich will ins Profigeschäft – mein Geld also mit dem Fußballspielen verdienen. Mein nahes Ziel ist der Abschluss der A-Jugend mit dem deutschen Meistertitel. Dann hoffe ich, in die Dritte Liga zu kommen – die wird es bald geben. Langfristig habe ich aber schon die Erste oder Zweite Profiliga im Auge. Von der Bundesliga könnte ich dann auch ganz gut leben. (…)

Felix Scheidl besuchte zusammen mit Thomas Müller die 13. Klasse am Gymnasium Weilheim. Heute arbeitet er als freier Journalist.

3. Schritt: Mit Informationen kritisch umgehen

Du wirst bei der Recherche auch auf viele Meldungen stoßen, die nicht wichtig sind. Solche Informationen solltest du in deinem Referat nicht berücksichtigen.

1 a) Lest den folgenden Text. Wie ist euer erster Eindruck?
  b) Stellt Vermutungen darüber an, wozu dieser Text geschrieben wurde:
  – An wen könnte sich dieser Text richten?
  – Was möchten die Beteiligten wohl erreichen?

Lisa Müller (20):
So ist mein Thomas wirklich
Bild online, 28.06.2010

BILD: Frau Müller, nach seinen beiden Toren beim 4:1 gegen England ist Deutschland verliebt in Ihren Thomas. Sind Sie stolz?
Lisa Müller: Das bin ich!
5 *BILD:* Wie haben Sie das Spiel erlebt?
Lisa Müller: Ich lebe und leide auf der Tribüne mit. Als er nach einem Foul am Boden liegen geblieben ist, hatte ich etwas Angst. Sonst steht er immer wieder sofort auf.
10 *BILD:* ==Nach seinen Treffern hat er mit Handzeichen Küsse auf die Tribüne geschickt. Wie fühlt sich das an?==
Lisa Müller: ==Freude, Stolz, Glück! Es war sein Gruß für mein Daumendrücken auf der Tribüne. Ich bin sicher, Thomas trifft auch gegen Argentinien und Deutschland gewinnt das Spiel.== (...)
15 *BILD:* Haben Sie ein Ritual vor dem Spiel, das Sie verbindet?
Lisa Müller: Als Kette tragen wir beide ein halbes Herz, das ist unser Glücksbringer.
BILD: Tragen Sie sein Trikot während des Spiels?
Lisa Müller: Seine Nummer 13, aber es steht Thomas und nicht Müller drauf. Ich 20 bin in erster Linie ein Fan vom Menschen Thomas. (...)
BILD: Wie ist Thomas bei Ihnen zu Hause?
Lisa Müller: Er hilft mir im Haushalt, wenn er die Zeit dafür hat. Dann bringt er auch mal den Müll raus oder mäht bei uns im Garten den Rasen. Das meiste mache jedoch natürlich ich, damit er sich voll auf seine Arbeit konzentrieren 25 kann. (...)

2 a) Schaut euch die markierte Stelle an: Beurteilt, warum sie für ein Referat überflüssig ist. Beachtet dabei das Thema des Referats.

➔ So könnt ihr anfangen: In dem Referat soll gezeigt werden, warum Thomas Müller ... In der markierten Textstelle geht es aber um ...

Folie

b) Markiert weitere Stellen, die unnötige Informationen enthalten. Begründet eure Auswahl.

4. Schritt: Informationen auswerten

1 Erschließe die Texte, für die du dich auf Seite 175 entschieden hast, mit der Lesemethode für Sachtexte: **Folie**
   a) Markiere die Schlüsselstellen, die deine Fragen beantworten.
   b) Markiere weitere Informationen, die für dein Referat geeignet sind, an die du aber vor dem Lesen nicht gedacht hattest.

   → Eine Information ist z.B. nicht geeignet, wenn die Information für die (meisten) Zuhörer nicht interessant ist, sie schon in einem anderen Text vorkommt oder nicht mehr aktuell ist.

   c) Kläre unbekannte Begriffe und schreibe die Erklärung daneben.

2 Fertige mithilfe deiner Markierungen eine Stoffsammlung an:

G a) Lege dir für jede deiner Fragen eine Karteikarte an. Notiere darauf jeweils die Frage als Überschrift.
   b) Schreibe darunter die Antworten auf, die du in den Texten gefunden hast. Notiere daneben, aus welchem Text die Antwort stammt (z. B. Text A).

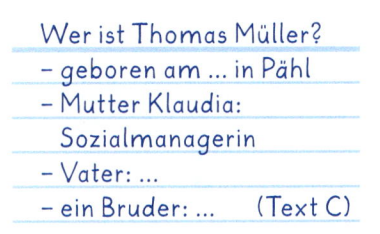

Wer ist Thomas Müller?
- geboren am ... in Pähl
- Mutter Klaudia: Sozialmanagerin
- Vater: ...
- ein Bruder: ...   (Text C)

M a) Lege eine Mindmap mit mindestens acht Orbästen an: Jede Frage bildet die Überschrift eines Astes. Orientiere dich am Beispiel unten.
   b) Ergänze mithilfe deiner Markierungen die Antworten stichwortartig in der Mindmap. Jede Antwort wird ein Unterpunkt zu einem Ast. Achte auf die richtige Zuordnung zum passenden Ast. Notiere daneben die Quelle (z. B. Text A).

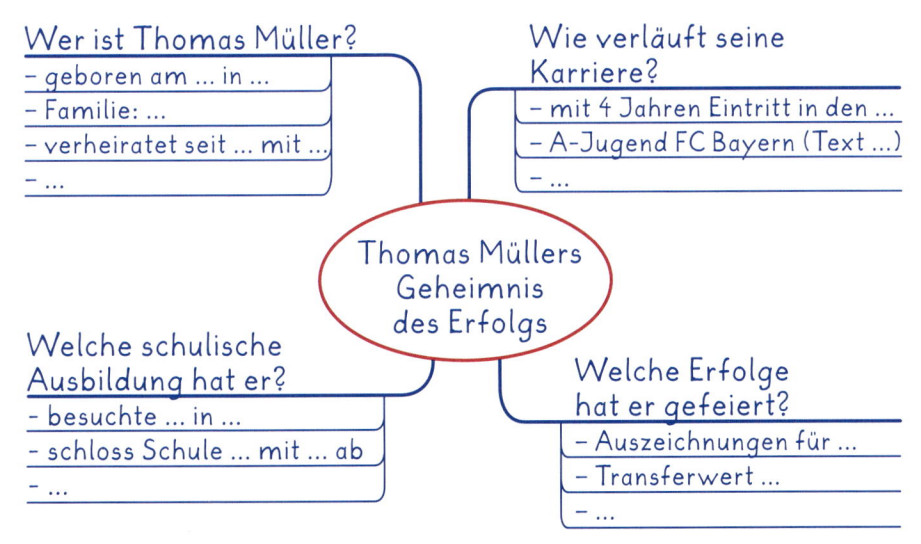

Wer ist Thomas Müller?
- geboren am ... in ...
- Familie: ...
- verheiratet seit ... mit ...
- ...

Wie verläuft seine Karriere?
- mit 4 Jahren Eintritt in den ...
- A-Jugend FC Bayern (Text ...)
- ...

Thomas Müllers Geheimnis des Erfolgs

Welche schulische Ausbildung hat er?
- besuchte ... in ...
- schloss Schule ... mit ... ab
- ...

Welche Erfolge hat er gefeiert?
- Auszeichnungen für ...
- Transferwert ...
- ...

   → In diesen Texten findest du Informationen zu folgenden Fragen: Warum ist er so beliebt? → Text D, Warum ist er ein guter Spieler? → Text A;

3 Vergleiche deine Stoffsammlung mit der eines Partners. Prüfe, ob du etwas Wichtiges vergessen hast oder ob du etwas Überflüssiges streichen kannst.

5. Schritt: Das Referat gliedern

Wie gehe ich am besten vor?

So könnte ich anfangen: Warum ist Thomas Müller so beliebt?

Dann: Wer ist Thomas Müller überhaupt? Woher kommt er?

Nicht vergessen: Wie verlief seine Karriere?

Und: Welche Pläne hat er?

Vielleicht könnte ich noch ...

1 a) Welche Gedanken macht sich Sophie über ihr Referat?
b) Welche Reihenfolge will sie vornehmen?
c) Entscheide, welche Reihenfolge du für sinnvoll hältst. Begründe sie.
d) Vergleicht in der Klasse: Seid ihr zu den gleichen Ergebnissen gekommen?

Einleitung   1
- Überblick zum Ref.
- Wer ist T. Müller?
- ...

2 a) Entwirf eine Gliederung zu deinem Referat. Beachte dabei den **TIPP**.
b) Nummeriere die Informationen in der Reihenfolge, in der du sie verwenden willst.
c) Fertige für jeden Punkt eine Karteikarte an.

> 💡 **TIPP**
>
> **So gliederst du dein Referat:**
> 1. **Einleitung:** Nenne das **Thema** und **wecke die Neugier** beim Zuhörer. Dies gelingt dir z. B. durch ein Zitat, ein passendes Bild/Foto zum Thema oder durch ein Hörbeispiel.
> *In meinem Referat möchte ich euch Thomas Müller vorstellen, den erfolgreichen Fußball-Nationalspieler.*
> 2. **Hauptteil:** Gib sinnvoll geordnet Informationen zum Thema wieder. Erkläre deine Angaben. Setze dabei **Medien** ein.
> *Als Erstes möchte ich euch Thomas Müllers Werdegang zeigen ...*
> 3. **Schluss:** Ziehe ein Fazit (z. B. *Thomas Müller ist ein Ausnahmefußballer*) und äußere deine Meinung (*Seine Erfolge finde ich beeindruckend, weil ...*).
> 4. Lege dir für jeden Punkt deiner Gliederung eine **Karteikarte** an und nummeriere sie. Schreibe nur Kurzsätze oder Stichworte auf.

6. Schritt: Das Referat anschaulich machen

A <u>Thomas Müller – ein Ausnahmefußballer</u>

1. <u>Instinkt für den richtigen Platz</u>
→ immer am Laufen
→ „Torriecher" (Jogi Löw)
→ Kampfgeist

2. <u>Nie verletzt</u>
→ achtet auf seinen Körper
→ meidet gefährliche Situationen

B <u>Warum ist Thomas Müller ein besonderer Fußballer?</u>
Diese Frage stellt man sich, wenn man erfährt, welche Vereine ihn haben wollen und welche Summen sie zu zahlen bereit sind. Dazu werde ich jetzt etwas sagen: *Da ist ~~zuerst~~ an erster Stelle sein Instinkt, am richtigen Platz zu sein, das heißt immer in der Nähe, wenn ein Tor fallen könnte. Das bedeutet, dass er ständig am Laufen ist. Er hat also einen ausgesprochenen „Torriecher", wie z. B. der Bundestrainer gesagt hat.* Hinzu kommt sein Kampfgeist: Er gibt nie auf, auch wenn die Spielsituation aussichtslos ist. *Für den Verein wichtig ist weiter, dass er nie verletzt ist. Das liegt daran, dass er seinen Körper gut kennt und …*

1 Sophie und Oliver haben Präsentationsfolien gestaltet. Lies den **TIPP** und untersuche Sophies (**G**) oder Olivers (**M**) Folie:

G a) Beschreibe Sophies Folie (A). Gehe dazu auf die Schriftgröße, die Lesbarkeit des Textes und die Anschaulichkeit ein.
b) Wie wirkt Sophies Folie auf den Betrachter? Erläutere, warum sie gelungen ist. So kannst du formulieren: *Das Foto macht sofort aufmerksam auf …*

M a) Beschreibe Olivers Folie (B). Gehe dazu auf die Schriftgröße, die Lesbarkeit des Textes und die Anschaulichkeit ein.
b) Untersuche die Wirkung: Was fällt auf? Ist die Gestaltung ansprechend? Wurde Wichtiges hervorgehoben? Beurteile, ob die Folie gelungen ist.

→ So kannst du die Wirkung der Folie beschreiben:
übersichtlich / unübersichtlich, ruhig / unruhig, ansprechend … gestaltet.

2 Besprecht in der Klasse, wie ihr die Präsentationsfolien bewertet.

💡 TIPP

So erstellst du gelungene Präsentationsfolien:
1. Verwende eine leicht lesbare **Schrift** in ausreichender Größe (Überschriften in Schriftgrad 22 und fett, normale Schrift in Schriftgrad 20). Bleibe bei einer Schrift und ändere sie nicht.
2. Benutze nur **Überschriften** und **Stichpunkte**, höchstens Kurzsätze.
3. Kennzeichne wichtige Informationen mit **Pfeilen** und **Unterstreichungen**.
4. Veranschauliche mit passenden **(Schau)bildern** und **Darstellungen**.

Seite 279

7. Schritt: Die Präsentation vorbereiten

Arbeitsplan

Wann beginne ich?	Was muss ich tun?	Womit kann ich arbeiten?	Wer hilft mir?
	Material suchen und sichten	Internet, Zeitschriften, Jahrbücher	Freunde Experten Bibliothekarin
	Material auswerten	handschriftlich oder am PC	allein
	Karteikarten anfertigen	handschriftlich (gut lesbar!)	allein
	Folien herstellen	Schulkopierer	Sekretärin fragen
	freien Vortrag üben	Spiegel, ...	Susi, Mama ...
	Generalprobe	Medien ausprobieren! Funktioniert alles? Sind die Folien lesbar?	Yannik und Linda als Zuhörer / Thomas als Helfer (Folien)
	Referatstag!		

1 Sophie hat einen Arbeitsplan für die Referatsvorbereitung erstellt. Schaut euch den Plan an: Auf welche Schritte geht sie ein?

2 Die Zeitspalte hat Sophie noch nicht ausgefüllt. Sprecht in der Klasse darüber, in welchen zeitlichen Abständen sie sich um die einzelnen Schritte kümmern sollte. Füllt dann die linke Spalte für Sophie aus.

↪ Überlege: Wie aufwändig sind die einzelnen Schritte in der Vorbereitung? Beachte, dass du für das Auffinden und Auswerten der Informationen die meiste Zeit benötigen wirst. Die Vorbereitungszeit hängt aber auch davon ab, wie schwer oder leicht dir die jeweiligen Schritte fallen. Kalkuliere für Schritte, die dir schwerfallen, mehr Zeit ein.

Mist! Mein Drucker ist kaputt!!

> **TIPP**
>
> **So legst du einen Arbeitsplan an:**
> 1. Der **Stichtag** (Vortragstermin) steht am Ende des Plans.
> 2. Überlege, wie viel **Zeit** du **zur Vorbereitung** des Referats brauchst. Rechne dann einfach zurück. Beachte auch andere Termine (z. B. Fußballturnier ...).
> 3. Plane auch genügend Zeit für eventuelle **Pannen oder Verzögerungen** ein.
> 4. Veranschlage für den **Vortrag** selbst **10–15 Minuten**.
> 5. Entscheide, welche **Medien** und **Arbeitsmittel** du einsetzen möchtest.
> 6. **Erprobe**, wie viel **Zeit** du brauchst und wie die **Medien** (OHP, Beamer ...) funktionieren.

8. Schritt: Das Referat erfolgreich halten

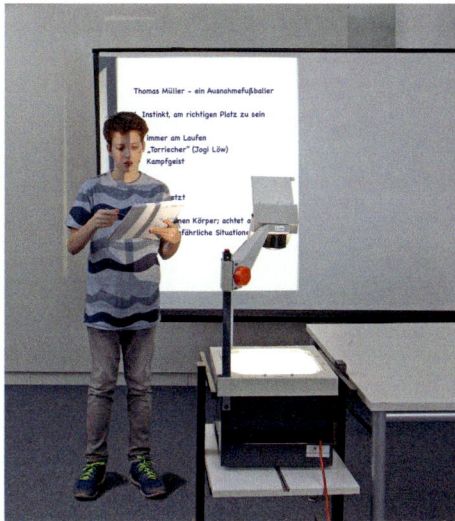

1 Schaut die Bilder an: Welchen Eindruck habt ihr von den Vortragenden?

2 Wie sollte man sich bei einem Referat verhalten, was sollte man vermeiden?
a) Übernimm die Tabelle.

Verhalten beim Vortrag	
richtig	falsch
...	...

b) Notiere für jede Spalte mindestens vier Punkte, welches Verhalten richtig und welches falsch ist.

→ Du kannst das folgende Wortmaterial in die Tabelle einordnen:
so schnell wie möglich sprechen, um in kurzer Zeit alles sagen zu können – immer zur Tafel oder Projektionsfläche sehen – laut und deutlich sprechen – sich in Jugendsprache ausdrücken – Folientexte ohne weitere Erklärungen ablesen – Blickkontakt zum Publikum halten – die Hände in die Hosentaschen stecken oder vor der Brust verschränken – frei sprechen, ein kurzer Blick auf die Karteikarten ist erlaubt – während die Zuhörer Folien lesen, über etwas anderes reden – das Publikum ansprechen und Fragen stellen bzw. es einbeziehen – viele Fachausdrücke und kompliziert aufgebaute Sätze verwenden – sich halb auf das Lehrerpult setzen – am Projektor auf wichtige Stellen der Folie direkt zeigen – am Schluss nachfragen, ob die Zuhörer noch Fragen haben

3 a) Tauscht euch mit einem Partner über eure Ergebnisse aus.
b) Gebt den Schülern oben einen Rat, wie sie ihre Körperhaltung und den Medieneinsatz verbessern könnten.

4 → Sammle mit einem Partner Tipps für einen guten Vortrag. Einigt euch auf die acht wichtigsten und erstellt ein Plakat „Tipps für einen guten Vortrag".

Tipps für einen guten Vortrag

1. Ich spreche laut und ...
2. ...

Aufgaben der Zuhörer
Das Referat konzentriert und aktiv verfolgen

Sprechblasen im Bild:
- **A** Gleich sind wir dran. Hast du den Text?
- **B** Was machen die denn da draußen?
- **C** Kannst du das wiederholen?
- **D** Hä, was soll das denn jetzt heißen?
- **E** Hoffentlich ruft Tim nachher an.
- **F** „Transfersumme" notiere ich.

1 Beschreibt, was ihr auf dem Bild seht:
 a) Wer hört so zu, dass er / sie das Gehörte aktiv aufnehmen kann?
 b) Welches Verhalten stört, sowohl den Vortragenden als auch andere Zuhörer? Begründet.

2 Formuliert zu den Sprechblasen A bis C (**G**) und D bis F (**M**) passende Vorschläge zum richtigen Verhalten während eines Vortrags.

G Vervollständige die folgenden Vorschläge. Das Wortmaterial hilft dir. Du musst es von rechts nach links lesen und dem richtigen Satz zuordnen.

So verhalte ich mich als Zuhörer bei einem Referat richtig:
1. Ich halte Blickkontakt mit ... und ... währenddessen nicht mit anderen.
2. Meine Gedanken sind bei ...
3. Ich unterbreche den Vortrag nicht durch voreilige ...

negarF – nednegartroV med – eder – starefeR sed amehT med

M Formuliere zu den Sprechblasen D-F Vorschläge zum richtigen Verhalten während eines Vortrags.

3 Besprecht eure Lösungen in der Klasse.

Rückmeldungen geben

1 Rückmeldungen zu dem Referat sollen dem / der Vortragenden helfen, zukünftige Referate zu verbessern.
   a) Übertragt das Raster mit inhaltlichen Kriterien in euer Heft.
   b) Ergänzt die Tabelle mit weiteren Präsentationskriterien. Die Seite zum 8. Schritt (Seite 185) gibt euch Hinweise.
   c) Beurteilt die Referate eurer Mitschüler mithilfe eures Rasters.

Bewertungsbogen zum Referat von: _____

Inhaltliche Kriterien	☺	😐	☹
1. Hat das Referat mein Interesse geweckt?			
Kommentar:			
2. Wird das Thema verständlich dargestellt?			
Kommentar:			
3. Ist der Vortrag sinnvoll gegliedert?			
Kommentar:			
4. Sind die einzelnen Punkte in einer sinnvollen Reihenfolge?			
Kommentar:			
5. Kann der Referent zusätzliche Fragen zum Thema beantworten?			
Kommentar:			
Präsentationskriterien			
1. Spricht der Referent laut und deutlich?			
...			

2 a) Lies die Sprechblasentexte. Wie würdest du auf solche Rückmeldungen reagieren, wenn du der Vortragende wärst?
   b) Formuliere mithilfe des **TIPPs** und des Bewertungsrasters angemessene Rückmeldungen.

Du hast viel zu leise gesprochen. Wie soll man da was mitkriegen?

Ich fand das Thema voll langweilig.

💡 TIPP

So gibst du Rückmeldungen:
1. Notiere dir während des Vortrags kurz deine Kritikpunkte und Fragen.
2. Erkläre zuerst, was gut gelungen ist: *Mir hat gut gefallen, dass ...*
3. Formuliere sachliche Tipps: *Du solltest darauf achten, dass ...*
4. Greife niemals den Referenten persönlich an oder beleidige ihn gar.
5. Formuliere Kritik als Ich-Botschaft, dann kann sie besser akzeptiert werden: *Ich habe einige Folientexte nicht richtig lesen können. Ich fände es besser, wenn ...*

M „Und noch zehn Minuten bis Buffalo"

1 Die Bilder zeigen Szenen aus der Ballade „John Maynard" von Theodor Fontane.
   a) Beschreibt, was ihr seht:
   – Welche Personen könnt ihr erkennen?
   – An welchem Ort könnte die Geschichte spielen?
   – Was passiert auf den einzelnen Bildern?
   b) Bringt die Bilder in eine sinnvolle Reihenfolge. Begründet euer Ergebnis.

2 Theodor Fontane greift in seiner Ballade ein Schiffsunglück auf, das sich 1841 tatsächlich in Nordamerika ereignet hat.
   a) Die erste Strophe ist auf Seite 189 abgedruckt. Lest sie.
   b) In der Strophe wird über John Maynard gesprochen. Was ist geschehen? Gebt den Inhalt in eigenen Worten wieder.
   c) Welches Bild passt eurer Meinung nach zu dieser Strophe? Begründet.

Strophe I
John Maynard!
„Wer ist John Maynard?"

„John Maynard war unser Steuermann,
Aus hielt er¹, bis er das Ufer gewann²,
5 Er hat uns gerettet, er trägt die Kron',
Er starb für uns, unsere Liebe sein Lohn.
           John Maynard."

¹ er hielt lange durch

² bis er das Ufer erreichte

> Auf den folgenden Seiten lernt ihr schrittweise die Ballade „John Maynard" kennen. Ihr erhaltet außerdem Anregungen, wie ihr diese Ballade szenisch darstellen könnt.

Fröhliche Fahrt – eine Situation beschreiben

Strophe II
Die „Schwalbe"[1] fliegt über den Eriesee,
Gischt[2] schäumt um den Bug[3] wie Flocken von Schnee,
10 Von Detroit fliegt sie nach Buffalo –
Die Herzen aber sind frei und froh,
Und die Passagiere mit Kindern und Fraun
Im Dämmerlicht schon das Ufer schaun,
Und plaudernd an John Maynard heran
15 Tritt alles: „Wie weit noch, Steuermann?"
Der schaut nach vorn und schaut in die Rund':
„Noch dreißig Minuten ... Halbe Stund'."

[1] die „Schwalbe" war ein Schaufelraddampfer
[2] schaumiges, spritzendes Wasser bei hohen Wellen
[3] Vorderteil des Schiffes

1 Beschreibt die Situation auf dem Bild:
   – Wie sehen die Personen aus?
   – Was tun sie an Deck des Schiffes?
   – Wie ist wohl die Stimmung an Deck?

2 a) Lies die zweite Strophe der Ballade und tausche dich mit einem Partner darüber aus, was darin geschieht.
   b) Vergleiche die Strophe mit dem Bild. Was ist gleich, was ist unterschiedlich dargestellt?

3 ↪ „Die Schwalbe fliegt über den Eriesee" – Schlage in einem Atlas nach, welchen Weg die Schwalbe genommen hat.

Eine Rolle übernehmen

1 Hier stellen sich zwei Passagiere vor, die auf der Schwalbe reisen.
   a) Lies die beide Texte.

Adam Brooke

„Mein Name ist Adam Brooke und ich reise während der Sommermonate häufig mit der Schwalbe von Detroit nach Buffalo. Ich bin 20 Jahre alt und lebe vom Fellhandel. Ich kann meine Biber- und Otterfelle in Buffalo gut verkaufen. Außerdem bringe ich auch Post von Verwandten aus Detroit mit. Ich mag Buffalo sehr. Besonders gern schaue ich am Hafen zu, wie dort riesige Mengen an Getreide verladen werden. Der Dampfer ist heute brechend voll, weil diesmal die Anstreicher mit ihren Lösungsmitteln und Farben mitreisen. Sie sollen in einem der Häfen, die die Schwalbe anfährt, einen neuen Dampfer anstreichen. Sie sind fröhlich, lungern herum und pfeifen den Mädchen nach, die über Deck spazieren. Eine von denen hat mir sogar gerade zugelächelt."

Winona Smith

„Meine Freunde nennen mich Winnie, aber eigentlich heiße ich Winona, Winona Smith. Ich bin 14 Jahre alt und will meine Großeltern besuchen, denn meine Großmutter ist krank. Es ist wunderschön, sehr warm und ein herrlicher Sonnenuntergang, deshalb spazieren alle über Deck. An Bord drängeln sich viele Passagiere, zwischen denen Kinder Fangen spielen. Die Anstreicher haben es sich auf Deck gemütlich gemacht, über ihre Farbkanister wäre ich vorhin fast gefallen. Bauern und ihre Familien bringen Einkäufe aus Detroit nach Hause. Gerade habe ich Bill getroffen, der im Hafen von Buffalo anheuern will. Ein Abenteurer! Aber ich mag ihn und höre mir gerne seine Geschichten an. Wir schlendern plaudernd über Deck. Alle sind gut gelaunt. Ich freue mich auf meinen Opa, mit dem ich in die Wälder auf Pilzsuche gehen will. Die Fähre ist fast da, ich kann das Land schon sehen."

b) Wovon erzählen die beiden Passagiere? Beschreibe einem Partner mit eigenen Worten, was sie auf dem Schiff erleben und warum sie nach Buffalo reisen.

Rollenkarte von Adam Brooke
- ca. 20 Jahre alt
- Fellhändler; verkauft ...
- trägt einen Sack mit Fellen bei sich
- hat eine Fellmütze auf
- bringt ... von Verwandten aus ... mit
- freut sich über ... und ...
- ärgert sich über ...
- gesprächig, lustig
- ...

2 Um in eine Rolle „hineinzuschlüpfen", musst du dich in die Person hineinversetzen und herausfinden, wer die Person ist, was sie fühlt und wie sie handelt.
a) Untersuche die Rollenkarte von Adam Brooke und lies den **TIPP**.
b) Die Rollenkarte ist noch unvollständig. Ergänze die Lücken mit weiteren wichtigen Informationen aus dem Text von Seite 191.
c) Lege nun eine Rollenkarte für Winona Smith an. Orientiere dich an der Rollenkarte von Adam Brooke und beachte den **TIPP**.

3 Um die Ballade „John Maynard" szenisch in der Klasse umzusetzen, soll jeder eine eigene Rolle übernehmen. Dazu müsst ihr selbst weitere Personen erfinden, die sich ebenfalls auf dem Dampfer aufgehalten haben könnten.
a) Wähle aus dem Bild von Seite 190 eine Person aus. Lege für sie eine Rollenkarte an. Gehe vor, wie im **TIPP** beschrieben.

→ Diese Personen könnten an Bord sein: Tierhändler, Bauer, Bierbrauer, Haushälterin, junger Anstreicher, Steuermann John Maynard, Matrose, Kind ...
Diese Namen kannst du nutzen: Bob Stuart, Will Turner, Kathy Miller, Nick Bush, Elisabeth Burner, Oliver O`Brian, James Owen, Maggie Fletcher ...

b) Verfasse mithilfe deiner Rollenkarte einen Text zu deiner Person, damit du dich den anderen Reisenden vorstellen kannst. Erzähle in der Ich-Form.

→ So kannst du dich vorstellen: **Hallo! Ich bin ... / Mein Name ist ... / Der Zweck meiner Reise ist ... / Wie in jeder Woche muss ich ... / Wie gerne reise ich mit der Schwalbe! / Eigentlich werde ich immer seekrank, doch diesmal ...**

4 a) Stellt euch mithilfe eurer Rollenkarten und Texte in der Klasse vor.
b) Gebt euch gegenseitig eine Rückmeldung: Könnt ihr euch die Figur gut vorstellen? Wirkt die Rolle glaubwürdig? Passt die Sprechweise zu der Rolle? Was würdet ihr noch ergänzen?
c) Überarbeitet eure Rollenkarten und Texte mithilfe der Rückmeldungen.

💡 TIPP

So legst du eine Rollenkarte an:
Auf einer Rollenkarte beschreibst du stichwortartig eine Person, deren Rolle du szenisch übernehmen möchtest.
1. Lege den **Namen**, das **Alter**, den **Familienstand** (z. B. *verheiratet, ledig, verwitwet*) und den **Beruf** fest. Gehe darauf ein, warum die Person an Bord ist.
2. Beschreibe das **Aussehen** der Person, welche Kleidung sie trägt und welche Gepäckstücke sie bei sich hat (z. B. *stattlicher Typ, trägt eine Uniform ...*).
3. Notiere, was die Person in der Situation **tut oder denkt** (z. B. *ärgert sich*).
4. Beschreibe mit einem oder mehreren Adjektiven den **Charakter** oder die **Stimmung** der Person (z. B. *gutmütig, spöttisch, traurig, unbeschwert ...*).

Einen Dialog schreiben und vorspielen

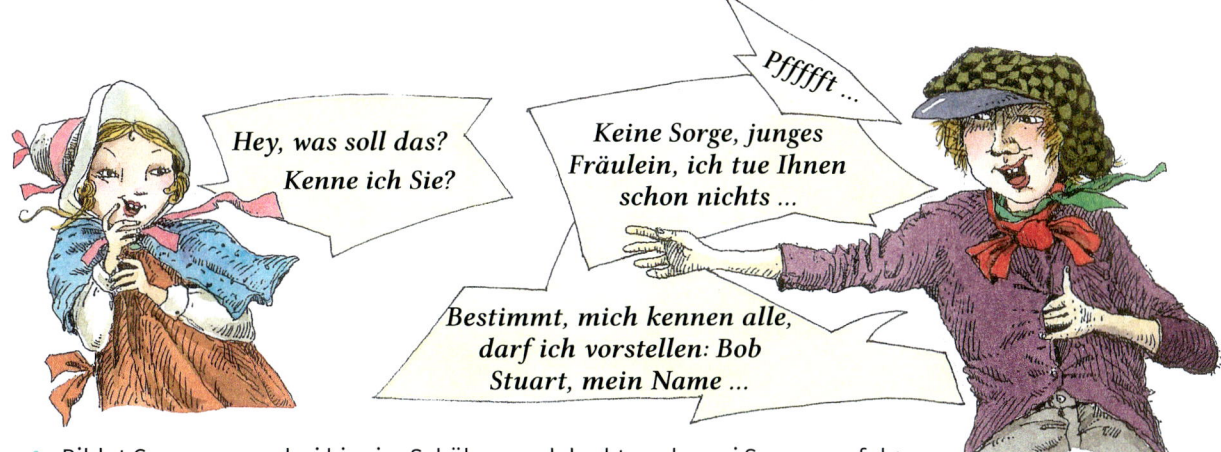

Hey, was soll das? Kenne ich Sie?

Pffffft ...

Keine Sorge, junges Fräulein, ich tue Ihnen schon nichts ...

Bestimmt, mich kennen alle, darf ich vorstellen: Bob Stuart, mein Name ...

1 Bildet Gruppen aus drei bis vier Schülern und denkt euch zwei Szenen zu folgenden Situationen auf dem Schiff aus:
A Vor der Fahrt im Hafen Detroits. **B** Während der Fahrt auf dem Eriesee.

a) Legt einen genauen Ort auf dem Schiffsdeck fest, an dem sich die Figuren begegnen. Besprecht, wie dieser Ort genau aussieht.
b) Versetze dich mithilfe deiner Rollenkarte in deine ausgewählte Person. Überlege dir: Was macht sie dort? Wie verhält sie sich gegenüber den anderen? Was könnte ihr gefallen, sie ärgern oder neugierig machen?

2 a) Spielt in der Gruppe die Begegnungen zwischen euren Figuren. Führt dabei jeweils ein kurzes Gespräch aus drei bis vier Sätzen. Ihr könnt euch an dem Gespräch im Bild oben orientieren. Nutzt dazu auch den **TIPP**.
b) Wiederholt das Gespräch mehrmals und bearbeitet es, bis alle zufrieden sind. Achtet darauf, dass jeder in seiner Rolle bleibt und glaubwürdig spielt.
c) Schreibt die Dialoge gemeinsam auf und lernt eure Texte auswendig.

3 a) Stellt eure Szenen in der Klasse vor.
b) Gebt als Zuschauer den Gruppen eine Rückmeldung.
c) Überarbeitet eure Szenen für das gemeinsame Spiel mit der Klasse.
d) ↪ Nehmt euren Dialog als Hörspiel auf. Überlegt, wie ihr die Situation an Bord durch entsprechende Hintergrundgeräusche verdeutlichen könnt.

💡 TIPP

So entwickelt ihr einen Szenendialog:
1. Überlegt, in welchem **Verhältnis** eure **Rollenfiguren zueinander** stehen: Sind sie miteinander verwandt? Lernen sie sich gerade kennen?
2. Achtet darauf, dass euer **Gespräch lebendig** und **echt** wirkt: Stellt einander Fragen, greift das Thema des Vorredners auf, stimmt jemandem zu ...
3. Wählt ein **Requisit** aus, das zu eurer Rolle und zur Spielszene passt. Ein Requisit kann ein Gegenstand oder Kleidungsstück sein. Es verdeutlicht dem Zuschauer, welche Rolle die Person spielt, und es hilft dem Spieler, sich in die Rolle hineinzuversetzen (z. B. *Fellmütze* → *Fellverkäufer*).

Feuer bricht aus – eine Szene durch Standbilder und Pantomime darstellen

Strophe III – VI

Alle Herzen sind froh, alle Herzen sind frei –   *fröhlich*
Da klingt's aus dem Schiffsraum her wie Schrei,   *erschrocken*
20 „Feuer!" war es, was da klang,   *lauter Ausruf!*
Ein Qualm aus Kajüt[1] und Luke drang,   *besorgt*
Ein Qualm, dann Flammen lichterloh,   *panisch*
Und noch zwanzig Minuten bis Buffalo.

[1] Abk. für Kajüte: Wohn- oder Schlafraum eines Schiffes

Und die Passagiere, buntgemengt,
25 Am Bugspriet[2] stehn sie zusammengedrängt,
Am Bugspriet vorn ist noch Luft und Licht,
Am Steuer aber lagert sich's dicht,
Und ein Jammern wird laut: „Wo sind wir? Wo?"
Und noch fünfzehn Minuten bis Buffalo. –

[2] Schiffspitze

30 Der Zugwind wächst, doch die Qualmwolke steht,
Der Kapitän nach dem Steuer späht,
Er sieht nicht mehr seinen Steuermann,
Aber durchs Sprachrohr fragt er an:
„Noch da, John Maynard?"
35   „Ja, Herr. Ich bin."
„Auf den Strand! In die Brandung[3]!"
                         „Ich halte drauf hin."
Und das Schiffsvolk jubelt: „Halt aus! Hallo!"
Und noch zehn Minuten bis Buffalo. –

[3] Wellen, die sich beim Aufkommen an Land brechen

40 „Noch da, John Maynard?" Und Antwort schallt's
Mit ersterbender Stimme: „Ja, Herr, ich halt's!"
Und in die Brandung, was Klippe, was Stein,
Jagt er die „Schwalbe" mitten hinein.
Soll Rettung kommen, so kommt sie nur so.
45 Rettung: der Strand von Buffalo!

1 a) Durch welches Ereignis werden die Passagiere in den Strophen III bis VI überrascht? Tauscht euch aus, wie sich dadurch die Stimmung verändert.
b) Unterstreiche die wörtliche Rede und den Erzählerbericht mit verschiedenen Farben. Unterscheide Passagiere, Kapitän, Steuermann und Erzähler.
c) Ergänze neben dem Text Regieanweisungen. Überlege: Wie musst du sprechen, um die Stimmung passend auszudrücken (ängstlich, besorgt …)?

→ Auch diese Ausdrücke kannst du nutzen: **stockend, wild, besonnen, ruhig, überlegt, befehlend, ergeben, erleichtert, schwach, jammernd, bedrängt, entsetzt, betäubt, starr, bedacht, freudig, befreit, beruhigt, kraftlos.**

d) Lest den Text mit verteilten Rollen. Achtet auf eure Regieanweisungen.

2 Entwickelt mit eurer Gruppe ein Standbild zu dem Moment, als der Schrei „Feuer" zu hören ist (V. 20):
  a) Versetzt euch mithilfe eurer Rollenkarten in die von euch ausgewählten Figuren. Überlegt für sie eine passende Körperhaltung (Gestik) und einen passenden Gesichtsausdruck (Mimik) für diesen Augenblick.
  b) Baut zu dieser Situation ein Standbild. Geht vor, wie im Basiswissen beschrieben.
  c) Zeigt euer Standbild den anderen Gruppen. Sie sollen euch rückmelden, ob die panische Stimmung eurer Figuren gut zum Ausdruck kommt. Korrigiert euer Standbild, wenn nötig.
  d) Lasst einen Mitschüler ein Foto von eurem Standbild machen. Beurteilt anschließend selbst, ob eure Gestik und Mimik gelungen ist.

Seite 192

Seite 306

3 Ihr sollt nun das Geschehen nach Ausbruch des Feuers (V. 24-25) pantomimisch umsetzen. Das heißt, ihr stellt die Szene nur mithilfe von Gestik und Mimik dar. Dabei dürft ihr nicht sprechen.
  a) Bereitet euch in euren Gruppen auf die Pantomime vor. Einer nimmt die Haltung und den Gesichtsausdruck einer der unten abgebildeten Personen ein. Die anderen müssen erraten, wer dargestellt wird. Tauscht danach die Rollen.

  b) Entwickelt aus eurem Standbild eine Pantomime: Baut noch einmal euer Standbild auf und „erwacht" aus dieser starren Haltung auf ein Signal hin zum Leben. Achtet darauf, dass Gestik und Mimik zu der Situation passen. Überlegt, wohin oder zu wem ihr lauft und wen oder was ihr mitnehmt.
  c) Beendet eure Pantomime, indem ihr wieder in einer Position erstarrt (Freeze).
  d) Spielt eure Pantomime den anderen Gruppen vor, damit diese euch erneut eine Rückmeldung geben. Korrigiert eure Pantomime, wenn nötig.

„Und noch zehn Minuten bis Buffalo" | 1.16. Texte szenisch gestalten

An John Maynard erinnern – ein Begräbnis wie in einer „Diashow" darstellen

Strophe VII – VIII

Das Schiff geborsten. Das Feuer verschwelt¹.
Gerettet alle. Nur einer fehlt!

Alle Glocken gehen; ihre Töne schwell'n
Himmelan aus Kirchen und Kapell'n,
50 Ein Klingen und Läuten, sonst schweigt die Stadt,
Ein Dienst nur, den sie heute hat:
Zehntausend folgen oder mehr,
Und kein Aug' im Zuge, das tränenleer.

¹ langsam, ohne offene Flamme brennend

1. Fontane beschreibt in seiner Ballade den tragischen Ausgang des Brandes. Gib mit eigenen Worten wieder, wie das Unglück auf dem Schiff ausgeht und was danach geschieht. Wo spielt sich die Szene in den Versen 48-53 ab?

2. Entwickelt in Gruppen eine „Diashow" (siehe **TIPP**) zu den Versen oben:
   a) Versetzt euch mithilfe eurer Rollenkarten in eure Figuren. Überlegt, welche Gefühle ihr pantomimisch zum Ausdruck bringen möchtet (*Dankbarkeit, Bewunderung, Trauer* ...). Probiert verschiedene Gesichtsausdrücke und Körperhaltungen aus, welche die Traurigkeit ausdrücken.

   → So könnt ihr die Situation darstellen: Trauerzug, Köpfe gesenkt halten, weinen, an den Händen halten ... Ihr könnt auch Hintergrundgeräusche (z. B. *Glocken*) oder Requisiten (z. B. *Taschentücher*) einsetzen.

   b) → Erstelle zu der Situation, die ihr darstellen wollt, eine Bleistift-Skizze.
   c) Jede Gruppe wählt einen Erzähler, der die Strophen vorliest. Die jeweils übrigen Schüler stellen die Figuren dar und bewegen sich passend zum Inhalt.
   d) Stellt eure Präsentationen vor. Die Zuschauer geben Rückmeldungen: Wird die drückende Stimmung deutlich? Passen Mimik und Gestik zur Trauer?

> **💡 TIPP**
>
> **So entwickelt ihr eine „Diashow":**
> Eine „Diashow" besteht aus mehreren aneinandergereihten Standbildern.
> 1. Einigt euch, was ihr darstellen wollt. Die Standbilder sollen wichtige Situationen der Handlung darstellen.
> 2. Probiert die Standbilder aus. Bestimmt einen Beobachter aus eurer Gruppe. Dieser achtet darauf, dass die Situationen und Gefühle in den Standbildern durch Mimik und Gestik deutlich erkennbar sind.
> 3. Lasst jedes Standbild 7-8 Sekunden stehen. Geht dann fließend (pantomimisch) zum nächsten Standbild über.
> 4. Die Übergänge solltet ihr mehrmals proben, sodass ihr sicher und vor allem wortlos von einem Standbild ins nächste wechseln könnt.

Strophe IX

Sie lassen den Sarg in Blumen hinab,
55 Mit Blumen schließen sie das Grab,
Und mit goldner Schrift in den Marmorstein
Schreibt die Stadt ihren Dankspruch ein:
„Hier ruht John Maynard! In Qualm und Brand
Hielt er das Steuer fest in der Hand,
60 Er hat uns gerettet, er trägt die Kron',
Er starb für uns, unsre Liebe sein Lohn.
       John Maynard."

3 Die Ballade endet damit, dass die Trauergemeinde das Grab mit einer Marmorplatte schließt. Darauf befindet sich ein Dankspruch an John Maynard.
 a) Lies Strophe IX mit dem Dankspruch.
 b) Wie beurteilen die Überlebenden des Schiffsunglücks das Verhalten von John Maynard? Erläutere.

4 Beendet eure Inszenierung, indem ihr den Dankspruch in den Versen 58 bis 62 in euren Gruppen gemeinsam sprecht. Geht dabei so vor:
 a) Probiert unterschiedliche Sprechweisen für die Sätze aus (z. B. *rufend, bewundernd, dankbar, traurig, feierlich*). Sprecht die Sätze zunächst allein.
 b) Welche Stimmung passt am besten? Einigt euch in der Gruppe auf eine Sprechweise und übt sie gemeinsam ein.

5 Zum Schluss müsst ihr nur noch die Anfangsstrophe ergänzen, die ihr bereits auf Seite 189 kennengelernt habt:

Strophe I
John Maynard!
„Wer ist John Maynard?"

„John Maynard war unser Steuermann,
Aus hielt er, bis er das Ufer gewann,
5 Er hat uns gerettet, er trägt die Kron',
Er starb für uns, unsre Liebe sein Lohn.
John Maynard."

 a) Welche Personen könnten hier miteinander sprechen? Stellt Vermutungen an. Ihr könnt euch von dem Bild auf Seite 188 anregen lassen.
 b) Teilt die Klasse in drei Gruppen ein und tragt die Verse gemeinsam vor:
 – Gruppe 1 spricht den ersten Vers.
 – Gruppe 2 spricht den zweiten Vers.
 – Gruppe 3 spricht den Rest.

„John Maynard" auf die Bühne – Szenen zusammenfügen

Seite 197

Seite 191-193

Seite 194/195

Seite 196/197

Auf den vorangegangenen Seiten habt ihr die Ballade „John Maynard" schrittweise szenisch umgesetzt:
Einleitung:
Ihr habt die erste Strophe im Klassenverband abwechselnd in drei Gruppen vorgetragen.
1. Szene – „Fröhliche Fahrt":
Mithilfe eurer Rollenkarten habt ihr euch in die Figuren hineinversetzt und ein Gespräch unter ihnen geführt.
2. Szene – „Feuer bricht aus":
Ihr habt das Unglück an Bord des Schiffes durch Standbilder und Pantomime dargestellt.
3. Szene – „An John Maynard erinnern":
Ihr habt das Begräbnis durch eine „Diashow" dargestellt und gemeinsam beendet.

1 Übt noch einmal die oben genannten Szenen in euren Gruppen.
   a) Versetzt euch mithilfe eurer Rollenkarten in eure Rolle und übt eure Dialoge zur ersten Szene ein.
   b) Probt die Pantomime und das Standbild zur zweiten Szene.
   c) Stellt die dritte Szene in eurer „Diashow" dar und beendet die Szene, indem ihr den Dankspruch an John Maynard (Strophe 9) gemeinsam sprecht.

2 Damit die Zuschauer erkennen, wann ein Szenenwechsel stattfindet, müsst ihr in eurem Spiel Übergänge schaffen.
   a) Lest den **TIPP** und probiert die verschiedenen Möglichkeiten darin aus.
   b) Entscheidet, welche Art des Übergangs zu eurem szenischen Spiel passt.

💡 TIPP

So macht ihr Übergänge zwischen den Szenen deutlich:
1. Wenn ihr auf einer richtigen Bühne (z.B. in der Aula eurer Schule) spielt, könnt ihr eine Szene dadurch beenden, dass die Spieler von der Bühne abtreten, das Licht ausgeht oder der Vorhang schließt.
2. Im Klassenraum könnt ihr das Ende einer Szene auf folgende Arten verdeutlichen:
   – Tretet am Ende einer Szene stumm an den Rand der Bühne, verharrt einen Moment und begebt euch dann in die neue Spielsituation.
   – Verharrt mehrere Sekunden in eurer letzten Position (*Freeze*). Wechselt die Position und beginnt anschließend (evtl. auf ein Signal hin) die neue Szene.
   – Bestimmt einen Erzähler, der vor jeder Szene die dazu passende(n) Strophe(n) der Ballade spricht. Beginnt dann die nächste Szene.

3 a) Wie könnt ihr den Ort der Handlung in den einzelnen Szenen deutlich machen? Überlegt, welche Bilder oder Requisiten ihr benötigt.
   b) Entscheidet euch für passende Bilder oder Requisiten und baut sie in eure Szenen ein.

4 Fügt nun die drei Szenen und den Anfang der Ballade (Strophe 1) so aneinander, dass eine zusammenhängende Aufführung entsteht.

5 ➡ Ihr könnt für eure szenische Umsetzung ein Storyboard anlegen:
   a) Übernehmt die Tabelle. Ergänzt für jede Strophe eine weitere Zeile.

Storyboard: Szenische Umsetzung der Ballade „John Maynard"				
Strophen	szenische Umsetzung	Handlung / Ort	Stimmung	Requisiten / Medien
Strophe I: Rückblick auf John Maynard	Lesen mit verteilten Rollen: – Chris stellt als Erzähler die Frage – die Übrigen antworten	– sitzt auf Stuhl/neben dem Schiff – Gruppe von Personen steht auf der Bühne/an Deck	ehrfürchtig, bewundernd	Stuhl, Hut, Korb Hintergrundbild (Beamer): Schiff, Meeresrauschen

   b) Haltet fest, wie ihr den Inhalt, die Stimmung und die Aussage des Balladentextes auf die Bühne bringen wollt. Orientiert euch an dem Beispiel.

6 a) Probt mehrmals Szene für Szene und verbindet sie mit euren Übergängen.
   b) Es ist hilfreich, wenn eine Gruppe übt und eine andere sie beobachtet. Sie kann dann anschließend eine Rückmeldung geben. Wenn die Gruppen gleich groß sind, kann jeder eine Person der anderen Gruppe genauer beobachten.

   Achtet als Beobachter auf Folgendes:
   – Spielen die Spieler ihre Rolle glaubwürdig? (Gestik, Mimik, Sprache)
   – Bleiben die Spieler durchgehend in ihrer Rolle?
   – Kommt die Stimmung der einzelnen Szenen gut zum Ausdruck?
   – Ist gut zu erkennen, wo die Handlung spielt?
   – Werden die Szenen deutlich voneinander abgetrennt?
   – Sind die Übergänge gelungen?

7 Präsentiert eure szenischen Darbietungen vor der Klasse. Ihr könnt auch einen Balladenabend organisieren oder bei einem Schulfest auftreten.

8 ➡ Wählt eine weitere Ballade aus dem Kapitel „Von den Mächten der Natur" (Seite 50–75) oder eine selbst recherchierte Ballade aus:
   Gestaltet die neue Ballade szenisch und probiert die Möglichkeiten, die ihr in diesem Kapitel kennengelernt habt, daran aus.

Sprache betrachten

Kleiner Anfangstest

Achtung: Die Kröten wandern wieder!

Langsam steigen[1] die Temperaturen[2] über null Grad, und damit beginnt für die Kröten wieder die Zeit der Wanderung. Die Kröten[3] haben den Winter[4] in der Erde verbracht[5], aber jetzt[6] bewegen sie sich zu den nahen[7] Teichen, um dort[8] zu laichen. Dazu müssen sie[9] die Bundesstraße überqueren. Zum Schutz der Kröten hat unsere[10] Naturschutz-AG neben[11] der Straße einen Krötenzaun errichtet[12]. Die Tiere hüpfen vorsichtig am Zaun entlang und fallen[13] an[14] bestimmten Stellen in die eingegrabenen[15] Eimer. Da[16] wir nach Einbruch der Dunkelheit diese[17] Eimer mit den Kröten auf die andere Seite der Straße bringen wollen, bitten wir alle Autofahrer auf Plakaten um größte[18] Vorsicht. Durch unsere Krötenschutzaktion werden keine Kröten sterben[19].

1 Zu den unterstrichenen Wörtern findet ihr Aufgaben, mit denen ihr euer Grammatikwissen testen könnt. Führt diesen Test alleine oder in Gruppen durch. Hinweise zur Gruppenarbeit findet ihr im **TIPP**. Schreibt eure Lösungen so auf:
1 = N Prädikat. Die richtigen Lösungsbuchstaben ergeben drei Lösungsworte.

① Wie heißt das Satzglied?
P Subjekt – **N** Prädikat – **B** Objekt – **E** adverbiale Bestimmung der Zeit

② Bestimme das Satzglied:
A Subjekt – **C** Prädikat – **S** Akkusativobjekt – **V** Dativobjekt

③ Bestimme die Wortart:
F Pronomen – **T** Nomen – **E** Adjektiv – **K** Prädikat

④ Bestimme das Satzglied:
A Subjekt – **L** Prädikat – **H** Objekt (Wem?) – **U** Objekt (Wen oder was?)

> **💡 TIPP**
>
> **So übt und überprüft ihr euer Grammatikwissen in Gruppen:**
> 1. Bildet Gruppen zu je vier Schülerinnen und Schülern.
> 2. Der oder die Jüngste von euch stellt die erste Frage.
> 3. Jeder schreibt seine Lösung auf.
> 4. Stellt nun weiter reihum jeweils die nächste Frage.
> 5. Überprüft am Schluss eure Lösungen und das Lösungswort mit dem Lösungsheft. Für jede richtige Lösung gibt es einen Punkt.
> 6. Wer die meisten Punkte hat, ist Gruppenchampion.

⑤ Wie heißt der Infinitiv (die Grundform) dieses Verbs?
   O verbrachen – **R** verbringen – **M** verbrechen

⑥ Zu welcher Wortart gehört das Wort?
   A Nomen – **B** Adjektiv – **C** Verb – **S** Adverb

⑦ Bestimme die Wortart:
   C Adjektiv – **L** Adverb – **M** Verb – **Y** Nomen

⑧ Wie heißt die Wortart?
   Q Nomen – **H** Adverb – **G** Adjektiv – **R** Verb

⑨ Wie heißt die Wortart?
   J Possessivpronomen – **U** Personalpronomen – **W** Demonstrativpronomen

⑩ Benenne die Wortart.
   T Possessivpronomen – **B** Personalpronomen – **F** Demonstrativpronomen

⑪ Benenne die Wortart:
   J Konjunktion – **Z** Präposition – **B** Adjektiv – **A** Adverb

⑫ Bestimme die Zeitform des Verbs *hat ... errichtet*:
   V Präteritum – **B** Präsens – **M** Perfekt – **Ä** Futur

⑬ Wie lautet die Präteritumform dieses Verbs?
   A fielen – **B** fallten – **F** sind gefallen – **Z** werden fallen

⑭ Wie heißt die Wortart?
   B Personalpronomen – **Ü** Konjunktion – **D** Adverb – **C** Präposition

⑮ Bestimme die Wortart:
   H Adjektiv – **Ö** Nomen – **D** Adverb – **T** Verb

⑯ Wie heißt die Wortart?
   H Präposition – **B** Personalpronomen – **T** Konjunktion – **S** Adverb

⑰ Wie heißt die Wortart?
   N Possessivpronomen – **V** Personalpronomen – **M** Demonstrativpronomen

⑱ Nenne die verwendete Steigerungsform:
   R Positiv – **O** Komparativ – **I** Superlativ

⑲ Bestimme die Zeitform des Verbs *werden ... sterben*:
   U Präteritum – **B** Präsens – **E** Perfekt – **T** Futur

Lösung: __ __ __ __ __ __ __ __ __ __ – __ __ __ __ __ __ __ __ !

Sprache betrachten | Wortarten benennen/bestimmen | Satzglieder bestimmen

Nomen erkennen und in vier Fällen gebrauchen

A

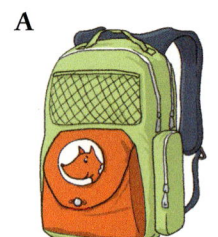

B

C

(Der) Gegenstand, den ich beschreiben möchte, ist ein Wanderrucksack. Er ist groß und hellgrün. Der Rucksack ist aus einem festen Nylonstoff gemacht. Daher kann man viel darin verstauen. Selbst ein hohes Gewicht macht dem Rucksack nichts aus.
5 Auf seiner Außenseite befindet sich in der unteren Hälfte ein oranges Fach. Dieses lässt sich mit einem Reißverschluss öffnen. Darauf ist in der Mitte der Kopf eines Fuchses abgebildet. Darüber gibt es ein weiteres Fach aus einem durchsichtigen Netzstoff. Auch kann man auf der rechten Seite seine Sachen in einem länglichen Fach verstauen.
10 Die Träger des Rucksacks sind dunkelblau und gepolstert. Man kann den Rucksack hervorragend beim Abenteuercamp nutzen, denn er ist sehr geräumig. Ich habe ihn zum Geburtstag von meinen Eltern bekommen.

📄 Seite 133

🖍 Folie

1 a) Vergleiche die Gegenstandsbeschreibung von Jacques mit den drei Bildern: Welchen Rucksack hat er beschrieben? Begründe mithilfe des Textes.
b) ↪ Bestimmt hast auch du einen Rucksack. Fertige dazu eine eigene Gegenstandsbeschreibung an. Beachte dazu die Hinweise im **TIPP** auf Seite 133.

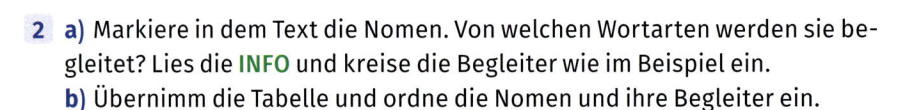

2 a) Markiere in dem Text die Nomen. Von welchen Wortarten werden sie begleitet? Lies die **INFO** und kreise die Begleiter wie im Beispiel ein.
b) Übernimm die Tabelle und ordne die Nomen und ihre Begleiter ein.

Nomen mit bestimmtem Artikel	Nomen mit unbestimmtem Artikel	Nomen mit Pronomen	Nomen mit Adjektiv	Nomen mit Präposition
der Gegenstand	...			...

↪ Orientiere dich an dem Wort, das direkt vor dem Nomen steht.

ℹ️ INFO

Nomen und ihre Begleiter
1. Nomen geben an, worum es in einem Satz geht. Sie können von verschiedenen Wortarten begleitet werden.
2. Der **Artikel** ist der wichtigste Begleiter des Nomens. Er kann **bestimmt** (*der, die, das*) oder **unbestimmt** (*ein, eine, ein*) sein und zeigt das grammatische Geschlecht an: **Maskulinum** (*der/ein Koffer*), **Femininum** (*die/eine Tasche*), **Neutrum** (*das/ein Fach*). Wenn du dir beim grammatischen Geschlecht nicht sicher bist, schlage im **Wörterbuch** nach.
3. Manchmal ist der Artikel verborgen in einer **Präposition**: zum (= *zu dem*) Schluss, beim (= *bei dem*) Aufstieg, am (= *an dem*) Tag.
4. Nomen können auch von **Adjektiven** (*die rote Tasche*) oder **Pronomen** (*seine grünen Riemen*) begleitet werden.

📄 Seite 284/285

Der Mantel besteht aus einem leichten Polyesterstoff. Auch starker Wind und heftiger Regen machen dem Mantel nichts aus. Die Ärmel des Mantels sind von innen weich gefüttert. Dadurch friert man auch in den Bergen nicht. Man kann den Mantel durch den Zweiwegereißverschluss ganz leicht schließen.

3 a) Betrachte in der Gegenstandsbeschreibung oben die unterstrichenen Wörter: Welche Veränderungen kannst du an dem Nomen *Mantel* und seinen Begleitern erkennen? Lies danach die INFO.
b) Erfrage die unterstrichenen Nomen. Formuliere dazu mithilfe des Verbs einen passenden Fragesatz.

→ Du kannst diese Satzgerüste nutzen. Ordne sie passend zu: Wessen Ärmel sind von innen weich gefüttert? – Wem macht auch … und … nichts aus? – Wen oder was kann man durch den Zweiwegereißverschluss ganz leicht …? - … besteht aus einem leichten Polyesterstoff?

c) Bestimme nun den Fall des jeweiligen Nomens. Nutze dazu die INFO. Schreibe so: Wer oder was besteht aus …? → der Mantel (= Nominativ).
d) ↪ Bestimme auch für die unterstrichenen Nomen in den folgenden Sätzen den jeweiligen Fall. Formuliere dazu die passenden Fragen.

Der Mantel eignet sich für einen Ausflug ins Abenteuercamp hervorragend. Im Schlussverkauf kann man den Mantel günstig erstehen. Dadurch wird auch der Geldbeutel deiner Eltern geschont. Mit dieser Ausrüstung steht den Ferien nichts mehr im Weg.

ℹ️ INFO

Das Nomen und seine vier Fälle
Nomen werden im Satz in vier verschiedenen Fällen gebraucht. Dabei ändern sich die Begleiter und teilweise die Endung des Nomens. Du ermittelst den richtigen Fall, indem du mit dem Verb eine Frage formulierst:
Die Tasche hat einen Aufkleber. Wen oder was hat die Tasche? → einen Aufkleber (Akkusativ). Achte auch auf das grammatische Geschlecht des Nomens.

Übersicht: Singular

Fall	Frage	Maskulinum	Femininum	Neutrum
1. Nominativ	Wer oder was?	der Rucksack	die Tasche	das Fach
2. Genitiv	Wessen?	des Rucksack**s**	der Tasche	des Fach**es**
3. Dativ	Wem?	dem Rucksack	der Tasche	dem Fach
4. Akkusativ	Wen oder was?	den Rucksack	die Tasche	das Fach

Übersicht: Plural

Fall	Frage	Maskulinum	Femininum	Neutrum
1. Nominativ	Wer oder was?	die Rucksäcke	die Taschen	die Fächer
2. Genitiv	Wessen?	der Rucksäcke	der Taschen	der Fächer
3. Dativ	Wem?	den Rucksäck**en**	den Taschen	den Fächer**n**
4. Akkusativ	Wen oder was?	die Rucksäcke	die Taschen	die Fächer

Sprache betrachten | Kategorien des Nomens verwenden

4 Bearbeite den Text zum Klettercamp (**G**) oder zum Erlebniscamp (**M**). Nimm die Übersicht in der **INFO** auf Seite 203 zu Hilfe:

G a) Prüfe für die Klammern 1-10, welche Nomen und Begleiter im richtigen Fall stehen. Formuliere dazu mithilfe des unterstrichenen Verbs passende Fragen:
  1. **Wem** bieten wir eine Ferienfreizeit im Schwarzwald an?
  b) Wähle je eine Möglichkeit und markiere die Nomen im richtigen Fall.
  c) Setze die Nomen in den Klammern 11-13 nun selbst in den richtigen Fall. Formuliere dazu passende Fragen wie in Aufgabe b).

 Folie

Klettercamp im Südschwarzwald

Wir bieten (1. *jungen Leuten/junge Leute*) eine Ferienfreizeit im Schwarzwald an. Das Donautal besitzt (2. *des schönsten Klettergebietes/das schönste Klettergebiet*) in ganz Deutschland. Auf einem Campingplatz schlägt (3. *die Reisegruppe/der Reisegruppe*) (4. *das Basislager/dem Basislager*) auf. Es liegt direkt am Fuße (5. *den Kletterfelsen/des Kletterfelsens*). Von dort werden die Reisenden (6. *die Umgebung/der Umgebung*) erkunden. Der Gfällfelsen bei Oberried bietet (7. *vielfältige Möglichkeiten/vielfältigen Möglichkeit*), um sich im Klettern auszuprobieren. Dort befindet sich (8. *eine Almhütte/einem Almhütte*) auf über 1000 Metern, wo (9. *die Teilnehmer/den Teilnehmern*) in einem Strohlager (10. *den Nächten/die Nächte*) verbringen werden.
Es gibt (11. *ein einfacher Weg*) für Einsteiger, aber auch hohe Kletterrouten. Denn auch (12. *der Kletterprofi*) soll etwas Anspruchsvolles geboten werden. Die Teilnehmer werden auf jeden Fall (13. *ein atemberaubender Blick*) von den hohen Felsen auf die Umgebung genießen!

M a) In welchem Fall müssen die Nomen in den Klammern stehen? Notiere zuerst die Frage mit dem passenden Fragewort:
  1. Wen oder was bieten wir euch?
  b) Beantworte die Frage und bestimme den Fall. Schreibe so:
  einen ganz besonderen Urlaub (= Akkusativ).

Erlebniscamp am Doubs

Wir bieten euch (1. *ein ganz besonderer Urlaub*) im Schweizer Jura-Gebirge. Ihr werdet dabei auch (2. *ein interessanter Ausflug*) unternehmen, denn ihr erkundet dort z.B. (3. *einige nahe gelegene Höhlen*). Das Erlebniscamp findet in der Nähe (4. *der Ort Gomouis*) statt. (5. *Unsere Teilnehmer*) hat (6. *der Standort*) immer sehr gefallen, da er (7. *vielfältige Erlebnismöglichkeiten*) bereithält. Ihr entdeckt mit uns (8. *der Fluss Doubs*). Hier sind viele wassersportliche Aktivitäten möglich, wie z.B. Kanu- und Kajakfahren oder Wildwasserschwimmen. Langweilig wird (9. *unsere Reisegruppe*) bei diesem Programm auf keinen Fall! (10. *Der Naturraum*), in dem wir uns sechs Tage bewegen, ist zu einem großen Teil sehr ursprünglich. Er bietet (11. *abenteuerlustige Jugendliche*) noch (12. *zahlreiche Erfahrungsmöglichkeiten*). Aber ihr werdet (13. *diese große Herausforderung*) schon bewältigen.

5 a) Stellt euch in gemischten Kleingruppen eure Feriencamps vor: Würdet ihr bei so etwas gerne mitmachen? Tauscht euch darüber aus.
  b) Prüft, ob ihr die Nomen in den Klammern in den richtigen Fall gesetzt habt. Verbessert eure Notizen, wenn nötig.

Pronomen – Bezüge herstellen

Kai und Emily

Emily und Nadja saßen zwei Reihen hinter Kai. Emily war noch nicht lange in der Klasse, aber Kai meinte, Emily schon lange zu kennen. Immer wieder versuchte Kai, einen Blick von Emily zu erhaschen. Aber das war gar nicht so einfach. Denn entweder war Emily in ihr Buch vertieft oder Herr Burkhard ermahnte Kai zum x-ten Mal, sich auf das Buch zu konzentrieren. Außerdem nervte Kai sein Nachbar Erik. Immer zog Erik den Atlas von Kai weg, in den Erik und Kai gemeinsam schauen mussten. Kai und Erik saßen noch nicht lange zusammen. Herr Burkhard hatte Erik zu Kai nach vorne gesetzt, damit Erik nicht so viel Blödsinn macht. Bis jetzt war es Kai egal gewesen, aber heute wünschte er, Erik und Kai würden weit auseinander sitzen.

1 a) Sprecht darüber, warum der Text kompliziert wirkt.
b) Lest in der **INFO**, wie ihr Wiederholungen vermeiden könnt.
c) Ersetzt die markierten Stellen durch passende Personalpronomen. Beachtet dazu den zweiten Hinweis in der **INFO**.

↪ So kannst du die Namen ersetzen:
er, er, ihn, ihn, ihm, ihm, sie, sie, sie, sie, sie, ihr, ihn, er.

d) ↪ Benennt die Fälle, in denen die Personalpronomen stehen müssen.
e) Überprüft, ob immer klar ist, auf wen sich das Personalpronomen bezieht.

🛈 INFO

Personalpronomen

1. Mit Personalpronomen kannst du Wiederholungen vermeiden und Bezüge herstellen. Wenn du ein Nomen ersetzt, achte darauf, dass weiterhin klar ist, wer oder was gemeint ist.
2. Personalpronomen treten in verschiedenen Fällen auf:

   Singular (Einzahl)

Nominativ	ich	du	er	sie	es	(Wer oder was?)
Dativ	mir	dir	ihm	ihr	ihm	(Wem?)
Akkusativ	mich	dich	ihn	sie	es	(Wen oder was?)

   Plural (Mehrzahl)

Nominativ	wir	ihr	sie	(Wer oder was?)
Dativ	uns	euch	ihnen	(Wem?)
Akkusativ	uns	euch	sie	(Wen oder was?)

   Die Fragewörter helfen dir dabei, den richtigen Fall auszuwählen:
   Emily blickt in ein Buch. Sie findet ? spannend.
   → *Wen oder was findet Emily spannend? – es.*

3. Achte auch auf den Numerus (Einzahl/Mehrzahl) und das grammatische Geschlecht des Nomens, auf das sich das Pronomen bezieht:
   der Junge: er/ihm/ihn; die Freundin: sie/ihr/sie; das Mädchen: es/ihm/es.

Fortsetzung von Seite 205

Während <mark>die Mitschüler von Kai</mark> in einer Klimakarte lasen, nahm <mark>der Plan von Kai</mark> Gestalt an. Kai wollte sich bei der Rückfahrt im Bus neben Emily setzen, auch wenn <u>der Bus von Emily</u> nicht <mark>die Richtung von Kai</mark> einschlug. Er wollte Emily zu einem Eis einladen. Dazu reichte <mark>das Taschengeld von Kai</mark> gerade noch aus. Bestimmt würde Emily <mark>die Einladung von Kai</mark> annehmen. Nach Schulschluss folgte Kai Emily und <u>der Freundin von Emily</u> unauffällig.

Wie immer war die Bushaltestelle von Kai und Emily schrecklich voll. Die Mitschüler von Kai und Emily drängten sich bereits nach vorne, als der Bus heranfuhr. Die Plätze waren so schnell besetzt, dass der Plan von Kai, sich neben Emily zu setzen, scheiterte. Auch hatte er Emily aus den Augen verloren. Deshalb setzte er sich auf einen Viererplatz. Als er jedoch den gegenüberliegenden Platz von Kai erblickte, fiel der Blick von Kai auf Emily. Überrascht sah sie das Gesicht von Kai und sagte ...

2 In dieser Fortsetzung sind zwei Stellen unterstrichen. Ersetze sie durch Possessivpronomen. Nutze dazu die **INFO**.

3 Verkürze noch weitere Stellen durch passende Possessivpronomen:

G Schreibe den ersten Abschnitt ab und ersetze die markierten Stellen durch folgende Possessivpronomen: *ihrer, seine, sein, seine, sein*.

M a) Schreibe den ersten Abschnitt ab und ersetze die markierten Stellen durch passende Possessivpronomen.
b) Markiere im zweiten Abschnitt sechs weitere Stellen, die man verkürzen kann. Schreibe auch diesen Abschnitt verbessert ab.
c) Bestimme den Fall der Possessivpronomen. Formuliere dazu Fragen:
Wer oder was las in einer Klimakarte? seine Mitschüler (Nominativ).

4 Prüft in Kleingruppen, ob ihr die Pronomen in der richtigen Form eingesetzt habt. Verbessert eure Ergebnisse, wenn nötig.

5 ↪ Wie könnte die Geschichte enden? Schreibe einen passenden Schluss.

ℹ️ INFO

Possessivpronomen
1. Mit Possessivpronomen drückst du **Besitz** und **Zugehörigkeit** aus:
   Singular: mein – meine / dein – deine / sein – seine / ihr – ihre.
   Plural: unser – unsere / euer – eure / ihr – ihre.
   Beispiel: *Nadja ist eine Mitschülerin <u>von Emily</u>* (= ihre Mitschülerin).
   Erik ist ein Mitschüler <u>von Kai</u> (= sein Mitschüler).
2. Auch die Possessivpronomen werden in einen grammatischen Fall gesetzt:
   sein Mitschüler (Wer oder was?), *seines Mitschülers* (Wessen?),
   seinem Mitschüler (Wem?), *seinen Mitschüler* (Wen oder was?).
3. In der Höflichkeitsform werden diese Pronomen großgeschrieben:
   Wir haben uns über <u>Ihre</u> Unterstützung beim Elternabend sehr gefreut.

Demonstrativpronomen – auf etwas hinweisen

Lina: Hast du eben Vettel gesehen? <u>Der</u> überholt jetzt.
Martin: Meinst du <u>denjenigen</u>, der in dem roten Rennwagen fährt?
Lina: <u>Dieser</u> rote Rennwagen ist ein Ferrari!
Martin: Fuhr Vettel nicht früher für Red Bull?
Lina: <u>Das</u> ist aber schon ein paar Jahre her. Super, jetzt wird Vettel Sieger!

1 Klärt in Partnerarbeit, worauf sich die unterstrichenen Wörter oben inhaltlich beziehen. Macht dies durch Pfeile deutlich. Lest dazu die **INFO**.   Folie

2 Bearbeite den Text *Sportlerpech*.
Wähle deine Aufgabe:

G Schreibe den ersten Abschnitt ab und kreise die Demonstrativpronomen ein. Gib durch einen Pfeil an, worauf sich das Demonstrativpronomen bezieht.

M a) Schreibe den ersten Abschnitt ab.
b) Schreibe auch den zweiten Abschnitt ab und setze für die Zahlen 1-6 passende Demonstrativpronomen ein: (1) diese.
c) Kreise die Demonstrativpronomen ein. Markiere die Wörter, Wortgruppen oder Sätze, auf die sich die Pronomen beziehen.

3 Vergleicht euer Ergebnis mit einem Partner. Prüft, ob ihr die Demonstrativpronomen erkannt, passend eingesetzt (nur **M**) und den richtigen Bezug hergestellt habt.

Sportlerpech

Fehlentscheidungen und Irrtümer gibt es auch im Sport. Diese können bei Olympiaden zu Tragödien führen. Deshalb gibt es genaue Regeln und Anweisungen für die Schiedsrichter. Durch solche Maßnahmen sollen ungerechte Entscheidungen vermieden werden.

Trotzdem sind (1) Missgeschicke nicht zu vermeiden. (2) musste auch der niederländische Eisschnellläufer Sven Kramer bei den olympischen Winterspielen 2010 erfahren. Er gehörte zu (3) Sportlern, die bei (4) Olympiade ausgeschieden sind. Und (5) war der Grund: In der letzten Runde zeigte ihm sein Trainer aus Versehen die falsche Innenbahn zum Laufen an. (6) führte zum Verlust der Goldmedaille, obwohl (7) Läufer bereits vier Sekunden Vorsprung hatte.

INFO

Demonstrativpronomen verwenden
1. Demonstrativpronomen sind: *der, die, das / dieser, diese, dieses (dies) / jener, jene, jenes / solcher, solche, solches / derselbe, dieselbe, dasselbe / derjenige, diejenige, dasjenige*. Sie verweisen auf etwas zurück oder voraus.
2. Das Demonstrativpronomen steht stellvertretend für ein Wort, eine Wortgruppe oder einen Satz: *Sportler sollten fair sein. Das ist meine Meinung.*
3. Es kann Begleiter eines Nomens sein: *Solche Sportler findet man selten.*

Sprache betrachten | Wortarten bestimmen und verwenden

Verben

Zeitformen richtig verwenden

„Das fliegende Klassenzimmer" – ein Dauerbrenner?

Eure Großeltern (1. *kennen*) heute sicher noch das Buch „Das fliegende Klassenzimmer". Vielleicht (2. *sagen*) sie sogar: „Dieses Buch (3. *gefallen*) mir damals sehr." Erich Kästner (4. *veröffentlichen*) dieses Buch 1933. Zuvor (5. *erleben*) er viele Ereignisse selbst als Schüler, die er in der Geschichte (6. *berücksichtigen*). In diesem Jugendbuchklassiker (7. *begegnen*) ihr den fünf unterschiedlichen Freunden Martin, Johnny, Matz, Uli und Sebastian. Ihre Geschichte (8. *spielen*) in einem Internat, wo sie verschiedene Probleme (9. *meistern*) und gemeinsam durch dick und dünn (10. *gehen*). Diese Schulsituation (11. *geben*) es heute so nicht mehr. Der Film von 2003 (12. *übersetzen*) daher die Handlung in die heutige Zeit: So (13. *werden*) aus dem Theaterstück, das die Figuren im Original (14. *aufführen*), im Film ein Rap. Außerdem (15. *mitspielen*) nun auch ein Mädchen. Bevor die Dreharbeiten (16. *beginnen*), (17. *vorsprechen*) über 1000 Kinder in einem Casting. Vielleicht (18. *interessieren*) sich in 50 Jahren wieder Regisseure für diesen Stoff. Wie (19. *aussehen*) dann die Hauptpersonen?

1 a) In dem Text stehen die Verben im Infinitiv. Schreibe den Text ab und setze die Verben in die richtige Personal- und Zeitform. Lies dazu den **TIPP**.

→ Achte darauf, dass es sich beim Perfekt, Plusquamperfekt und Futur um zusammengesetzte Zeitformen handelt: *haben ... gesagt*. Verwende folgende Zeitformen für die Verben 1-10: (1) Präsens, (2) Präsens, (3) Perfekt, (4) Präteritum, (5) Plusquamperfekt, (6) Präteritum, (7)-(10) Präsens.

b) Prüft in Partnerarbeit, ob ihr die richtigen Formen eingesetzt habt.
c) ↪ Benenne die Unterschiede zwischen der Verfilmung und dem Buch.

💡 TIPP

Die Zeitformen des Verbs richtig gebrauchen

1. **Präsens** (*ich komme, du lachst*): Das Präsens zeigt an, dass etwas gerade geschieht, immer wiederkehrt oder allgemeingültig ist. Du verwendest das Präsens z. B. in Inhaltsangaben, Beschreibungen und Anleitungen.
2. **Präteritum** (*ich kam, du lachtest*): Diese Zeitform gebrauchst du in schriftlichen Texten (z. B. Erzählung, Bericht), um etwas Vergangenes darzustellen.
3. **Perfekt** (*ich bin gekommen, du hast gelacht*): Diese Zeitform verwendest du in der mündlichen Sprache, um etwas Vergangenes darzustellen:
   Opa erzählt: *„Als Kind habe ich viel gelesen."*
4. **Plusquamperfekt** (*ich war gekommen, du hattest gelacht*): Diese Zeitform zeigt an, dass es zu einem im Präteritum erzählten Vorgang eine vorausgehende Handlung gibt: *Nachdem ich das Buch gelesen hatte, sah ich den Film.*
5. **Futur:** (*ich werde kommen, du wirst lachen*):
   Das Futur beschreibt ein Geschehen in der Zukunft.

Was war zuerst? Vorzeitigkeit deutlich machen

1 a) Wann können die Schüler erst in den Reisebus einsteigen? Unterstreicht in der Sprechblase den Satz, der darüber Auskunft gibt.
b) Woran erkennt ihr, dass die Schüler nicht vorher einsteigen sollen? Achtet auf die Konjunktion und die Zeitform.
c) Untersucht in der folgenden Anweisung, wann die Schüler einsteigen sollen: Ihr steigt erst ein, wenn ich euch vorher alle gezählt habe!
d) Vergleicht eure Überlegungen mit dem **TIPP**.

Nachdem wir unser Gepäck verstaut haben, steigen wir in den Reisebus.

2 In einer Mail beschreibt Ole den Beginn seiner Klassenfahrt. Welche Zeitformen muss er verwenden? Wähle deine Aufgabe:

G a) Unterstreiche im Text, was zuerst erfolgte.
b) Bestimme die verwendeten Zeitformen. Schreibe so: verhielt = Präteritum.

Ich verhielt mich so, wie es Frau Schmunk gesagt hatte. Nachdem sie uns alle gezählt hatte, nahmen wir unsere Plätze im Reisebus ein. Als wir es uns alle gemütlich gemacht hatten, setzte der Fahrer den Blinker und verließ den Schulparkplatz. Nachdem alle Reisevorbereitungen abgeschlossen waren, ging unsere Klassenfahrt endlich los.

M a) Unterstreiche im Text, was zuerst erfolgte.
b) Schreibe die Sätze ab und ergänze die Verben in der richtigen Zeitform.

Als wir zwei Stunden unterwegs (*sein*), (*kommen*) es zu ein paar Zwischenfällen. Zuerst (*übergeben*) sich Mirja, da ihr das Schaukeln im Reisebus nicht (*bekommen*). Als Frau Schmunk das (*bemerken*), (*fahren*) der Fahrer auf den nächsten Parkplatz. Als Mirja sich wieder (*erholen*), (*machen*) wir uns wieder auf den Weg. Wir (*anhalten*) erst wieder, nachdem wir Pfunds in Österreich (*erreichen*).

3 a) Überprüft in Partnerarbeit eure Ergebnisse und verbessert sie, wenn nötig.
b) ↪ Ole erzählt mündlich von der Fahrt. In welcher Form müssen die Verben stehen (siehe **TIPP**, Seite 208)? Schreibe die Sätze entsprechend um.

> **TIPP**
>
> **So machst du die Abfolge von Handlungen durch die Zeitform deutlich:**
> 1. Häufig geht eine Handlung einer anderen Handlung voraus.
> 2. In Texten, die im **Präsens** geschrieben sind (z. B. in Inhaltsangaben, Beschreibungen, Anleitungen), drückst du die vorausgehende Handlung durch das **Perfekt** aus: *Nachdem wir angekommen sind, gehen wir in das Hotel.*
> 3. In Texten, die im **Präteritum** geschrieben sind (z. B. in Berichten, Erzählungen), verwendest du für die vorausgehende Handlung das **Plusquamperfekt**: *Nachdem wir angekommen waren, gingen wir in das Hotel.*
> 4. Oft zeigt eine Konjunktion (*nachdem, als*) eine vorausgehende Handlung an.

M Verben, bei denen sich der Wortstamm ändert

Auf einem Baume eine Mandarine wachste, bis sie schließlich fallte von ihrem Aste.

... hört sich aber komisch an.

1 a) Worüber denkt Andreas nach? Lies dazu die **INFO**.
b) Wie muss es richtig heißen?

Die Geschichte eines chinesischen Sandkornes
Eva Rechlin

Mein Dasein (1. *fangen*) in Peking an.
Ich (2. *liegen*) in einem Garten
Bei einem Sykomorenbaum¹
Und konnte nichts als warten.
Ich wartete auf Sonnenschein,
Ich wartete auf Regen
Und durfte mich für Wochen nicht
Von meinem Platz bewegen.
Der Herr des Gartens (3. *stehen*) so oft
In Grübeleien verloren –
Als dächte oder träumte er –
Vor seinen Sykomoren.
Er (4. *sein*) ein reicher Mandarin²,
Sein Kleid (5. *sein*) ganz aus Seide,
Und auf dem Hute (6. *tragen*) der Herr
Korallen und Geschmeide.
Und einmal, als er grad so (7. *stehen*),
(8. *Erheben*) sich rings ein Wehen.
Es (9. *kommen*) ein Windstoß, (10. *heben*) mich auf,
(11. *Tragen*) mich im Handumdrehen
Empor zu meinem Mandarin.
So (12. *fliegen*) ich dem Chinesen
Ins linke Auge. Seinerzeit
Bin ich entsetzt gewesen.
Doch heute? Aber lasst mich erst
Das Weitere erzählen:
Wie musste sich der Mandarin
Mit mir – dem Sandkorn quälen!
Er (13. *halten*) das linke Auge zu,
Er (14. *fliehen*) in seine Hütte ...

¹ Maulbeerfeigenbaum   ² Titel im kaiserlichen China

2 a) Setze die Verben in Klammern jeweils ins Präteritum und ins Perfekt.

Seite 311/312   → Du kannst die Verbformen in der Tabelle auf Seite 311/312 nachschlagen.

b) → Wie könnte die Geschichte weitergehen? Schreibe ein Ende mit möglichst vielen unregelmäßigen Verben im Präteritum.

ℹ INFO

Aufpassen bei unregelmäßigen Verben!
1. Bei einer Reihe von Verben ändert sich der Wortstamm, wenn du die Personal- oder Zeitform bildest: *essen: ich esse, du isst, ich aß, ich habe gegessen.*
2. Wenn du unsicher bist, schlage im **Wörterbuch** unter dem Infinitiv nach: *brechen: du brichst – du brachst – du hast gebrochen.*

Seite 284/285

Vorgänge im Aktiv und Passiv darstellen

Peer erklärt, was er mit seiner Gruppe von der NAJU macht:

A Herr Nitsch und Pia bauen die Nistkästen.

B Wir stellen den Krötenzaun auf.

C Die Nistkästen werden aufgehängt.

D Die Kröten werden eingesammelt.

1. Untersuche die Bildunterschriften und mache dir Notizen:
   – In welchen Sätzen wird hervorgehoben, wer etwas tut?
   – In welchen Sätzen wird betont, was mit etwas oder mit jemandem geschieht?

2. Lies die INFO und bearbeite deine Aufgabe:

G Die Unterschriften zu den Bildern C und D stehen im Passiv. Erkläre, wie das Passiv hier gebildet wurde. Nutze den dritten Hinweis in der INFO.

M a) Setze die Bildunterschriften A und B vom Aktiv ins Passiv und erkläre, wie du das Passiv gebildet hast.
b) Beschreibe, warum solche Vorgänge im Passiv formuliert werden.

3. Tauscht euch in der Klasse über eure Ergebnisse aus.

INFO

Verben im Aktiv und Passiv
1. Mit Verben im Aktiv wird der „Täter" betont: *Wir säubern den Bach.*
2. Im Passiv steht die Person oder Sache im Mittelpunkt, mit der etwas geschieht: *Der Bach wird gesäubert.* Daher wird es vor allem genutzt, um Vorgänge (z.B. Gebrauchsanweisungen, Vorgangsbeschreibungen) darzustellen.
3. Das Passiv wird mit *werden* und dem Partizip Perfekt des Verbs (*gesäubert, gebaut, aufgehängt, entnommen*) gebildet.
4. Im Passiv wird der „Täter" durch *von* oder *durch* angekündigt: *Der Bach wird von uns gesäubert.* Häufig fehlt die Angabe des „Täters", z.B. wenn er unbekannt oder unwichtig ist: *Der Müll wird entsorgt.*
5. Das Objekt im Aktivsatz wird im Passivsatz zum Subjekt:
   Aktiv: *Wir* (= Subjekt) *säubern den Bach* (= Objekt).

   Passiv: *Der Bach* (= Subjekt) *wird von uns* (= Objekt) *gesäubert.*

Sprache betrachten | Aktiv und Passiv erkennen, bilden und verwenden

Unsere Bachpatenschaft (Teil I)
1. Unsere NAJU-Gruppe reinigt jedes Jahr den Dorfbach.
2. Wir ziehen viel Müll aus dem Bach.
3. Wir säubern den Bach immer im Frühling.
4. Nico und ich entfernen Pflanzen und Sträucher.
5. Sie stauen dort unnötig den Bach.
6. Unsere Eltern organisieren zum Abschluss eine Putz-Fete.
7. Ein Zeitungsredakteur hält diese Aktion in einem Bericht fest.

Folie

4 a) Forme diese Aktivsätze in Passivsätze um. Markiere zuerst das Objekt in den Aktivsätzen, es wird in den Passivsätzen zum Subjekt.
1. *Der Dorfbach wird jedes Jahr ...*

→ Dies sind die Objekte in den Sätzen 2-6: viel Müll, den Bach, Pflanzen und Sträucher, den Bach, eine Putz-Fete. Beginne mit ihnen deine Passivsätze.

b) Vergleiche die Wirkung der neuen Sätze mit den alten:
– Was wird im Aktiv betont und was im Passiv?
– Welche Ausdrucksmöglichkeit wirkt umständlicher?

Unsere Bachpatenschaft (Teil II)
1. Caro und Alex bitten mich um Hilfe.
2. Ich ziehe ein altes Fahrrad aus dem Schlamm.
3. Alex beobachtet mich, als ich mit dem Fahrrad zurück in den Bach falle.
4. Esther und Belinda finden einen großen Kanister mit Ölresten.
5. Wir rufen daraufhin die Feuerwehr.

Folie

Seite 310

5 a) Markiere auch in diesen Sätzen das Objekt.
b) Übertrage die Aktivsätze ins Passiv. Achte darauf, welche Person du im Passiv verwenden musst. Nutze dazu die Tabelle auf Seite 310 im Basiswissen.

→ So formulierst du den „Täter" der Aktivsätze im Passivsatz: **(1) von Caro und Alex, (2) von mir, (3) von Alex, (4) von Esther und Belinda, (5) von uns.**

6 ↪ Schau dir die folgenden Passivsätze an:
A Das letzte NaJu-Projekt ist abgeschlossen.
B Die Türen zu unseren Vereinsräumen sind geöffnet.
a) Beschreibe, wie sie gebildet sind. Wodurch unterscheidet sich diese Form des Passivs von derjenigen, die du kennengelernt hast?
b) Vergleiche deine Überlegungen mit der **INFO**.

ℹ INFO

↪ **Zustandspassiv**
1. Wenn du einen **Zustand** oder das **Ergebnis eines Vorgangs** beschreiben willst, gebrauchst du das Zustandspassiv.
2. Du bildest es mit der Personalform von *sein* und dem Partizip Perfekt des Verbs: *Das Gebiet ist wegen der Ölverschmutzung gesperrt.*

Mit Adjektiven genau beschreiben

1 Claudia trifft zum ersten Mal ihre spanische Brieffreundin Lucia.
  a) Auf welches der beiden Mädchen passt die folgende Beschreibung?
  Sie trägt ein Top und Jeans und hat weiße Schuhe an.
  Tauscht euch darüber aus.
  b) Was müsste man anders formulieren, um das beschriebene Mädchen eindeutig zu erkennen?

2 Mit welchen Ausdrücken könnte man eine Person beschreiben? Schaut euch das folgende Wortmaterial an. Wie könnte man es ergänzen?

> Haare: hell-, mittel-, dunkelblond, dunkel, schwarz, glatt, wellig, lockig …
> Gesichtsform: oval, länglich, rund, spitz …
> Augen: blau, grau, hell, dunkel, braun, neugierig, freundlich …
> Haut: blass, hell, bleich, dunkel, rötlich, pickelig, glatt …
> Kleidung: modisch, sommerlich, lässig, nachlässig, elegant, sportlich …
> Körperbau: schlank, zierlich, kräftig, dick, muskulös …
> Alter: jung, alt, kindlich, blutjung, erwachsen, steinalt …

3 Beschreibt Claudia (**G**) (links im Bild) oder Lucia (**M**) (rechts im Bild) so, dass man sie eindeutig erkennen kann. Beachtet dabei die **INFO** auf Seite 214. Ihr könnt das Wortmaterial oben nutzen.

G **a)** Prüfe, welche Adjektive aus dem Wortmaterial auf Claudia zutreffen. Mache dir dazu Notizen: *ovales, längliches Gesicht, …*
  b) Beschreibe Claudia mithilfe deiner Notizen in einem kurzen Text. Gib dabei durch Adjektive ihr Aussehen möglichst genau und anschaulich wieder. Du kannst den folgenden Lückentext nutzen:
  Claudia ist ein … Mädchen von ungefähr 14 Jahren. Sie sitzt neben ihrer Freundin Lucia auf einer steinernen Treppe. Claudia hat … Haare. Diese

hat sie ... nach hinten gekämmt. Ein paar Haarsträhnen fallen ihr ... über das ... Auge. Ihre Gesichtsform ist ... und ... Claudia lächelt ..., daher kann man ihre ... Zähne deutlich sehen. Ihre Haut ist ... und ... Das sieht man auch an den Armen, die sie auf den Knien aufstützt. Claudia hat einen ... Körperbau. Sie trägt ein ..., ... Top und sitzt auf einem ... Pullover mit ... Streifen. Diesen hat sie sich um den Bauch gebunden. Sie hat ..., ... Jeans an mit ... Hosenbeinen. Außerdem sieht man ... Socken und ... Turnschuhe mit je zwei ... Streifen auf der ... und ... Seite von den Schnürbändern.

M **a)** Wie sieht Lucia genau aus? Notiere dir passende Adjektive. Nutze das Wortmaterial von Seite 213 oder finde eigene Adjektive. Du kannst beide Mädchen auch miteinander vergleichen. Beachte den dritten Hinweis in der **INFO**:
kürzeres und rundlicheres Gesicht als Claudias, ...
b) Beschreibe mithilfe deiner Notizen Lucia in einem kurzen Text. Gib dabei durch Adjektive ihr Aussehen möglichst genau und anschaulich wieder. So kannst du beginnen: Lucia hat ..., ... Haare, die ihr ... ins Gesicht fallen. Die Gesichtsform ist ... als die von Claudia. Lucias Augen sind ...
c) ↪ Ergänze zum Schluss, wie beide Mädchen auf dich wirken:
Beide Mädchen machen auf mich einen ... Eindruck.

4 Stellt euch in gemischten Partnerteams eure Beschreibungen vor. Prüft dabei, ob das Bild zu der Beschreibung eures Partners passt. Falls die Angaben nicht eindeutig sind, sagt ihr „Stopp!". Markiert die Stelle und überarbeitet sie.

Folie

M **5 a)** Untersuche die folgenden Sätze: Auf welche Wörter beziehen sich die unterstrichenen Adjektive jeweils? Markiere sie und mache den Bezug mit einem Pfeil deutlich. Gehe vor wie im Beispiel. Nutze dazu die **INFO**.
Die Brieffreundschaft von Claudia und Lucia ist ganz besonders.
Sie kennen sich schon seit vielen Jahren.
In ihren Briefen erzählen sie sich ausführlich von ihren Erlebnissen.
b) Unterstreiche in deiner Beschreibung alle Adjektive.
c) Markiere in deinem Text, auf welche Wörter sich die Adjektive jeweils beziehen. Mache dann den Bezug durch einen Pfeil deutlich.

> **INFO**
>
> **Adjektive**
> 1. Mit Adjektiven kannst du **Eigenschaften** genauer beschreiben:
>   a) Das Adjektiv bezieht sich auf ein **Nomen**. Die Endung des Adjektivs richtet sich nach dem Nomen (Geschlecht, Fall, Anzahl):
>   Was für Haare hat sie? → Sie hat wuschelige Haare.
>   b) Das Adjektiv bildet mit dem **Verb** sein oder werden eine Einheit und bezieht sich auf ein Nomen oder Pronomen: Wie ist ihr Haar? Ihr Haar ist wuschelig.
> 2. Mit einem Adjektiv kannst du auch Tätigkeiten beschreiben. Es bezieht sich dann auf ein Verb: Wie lacht sie? Sie lacht fröhlich.
> 3. Adjektive kann man steigern und damit Eigenschaften vergleichen:
>   Positiv: *(so) groß (wie)* – Komparativ: *größer (als)* – Superlativ: *am größten*.

6 Lucia hat ihren Eltern nach der Ankunft in Spanien eine Mail geschrieben. Ergänze darin die fehlenden Adjektive. Einige musst du steigern (Hinweis 3 in der **INFO** auf Seite 214).

Liebe Mama, lieber Papa,

gestern bin ich in Barcelona (1) gelandet. Allerdings hat unser Flugzeug beim Landen (2) geschaukelt und mir ist fast (3) geworden. Lucia und ihre Eltern haben mich (4) begrüßt. Lucia und ich haben uns gleich (5) verstanden. Sie ist etwas (6) als ich. Ihre Haare sind (7) und (8) und ihre Haut ist natürlich viel (9) als meine. Ich kann Lucia schon (10) verstehen, aber nur, wenn sie nicht zu (11) spricht. Meistens verständigen wir uns auf Englisch, das geht am (12). Manchmal probiere ich auch mit ihr (13) zu reden. Oft gehen wir (14) in die Stadt, stöbern in den Geschäften herum und probieren die (15) Sachen aus. Übrigens: Die Familie hat auch einen ganz (16) Hund. Er heißt Sancho und ist noch (17). Er beißt alle Schuhe an und läuft noch ganz (18), zum Knuddeln. Ich habe euch (19).
Tschüss

Claudia

→ Du kannst folgende Adjektive zu Hilfe nehmen:
spanisch – cool – jung – gemeinsam – schlecht – schnell – fürchterlich – tollpatschig – gut – schwarz – heftig – dunkel – klein – lockig – braun – herzlich – schlecht – unheimlich – süß – gut – zierlich – pünktlich.

7 → Lies die folgende Inhaltsangabe zu der Erzählung „Letzte Wende" im Kapitel *Freunde werden – Freunde bleiben* (siehe Seite 113-115):

Seite 113-115

Rike und die Ich-Erzählerin sind bis zu diesem Wettkampf unzertrennlich. Doch ihr herzliches Verhältnis verändert sich. Die Erzählung beginnt mit einer drohenden Warnung von Rike, dass die Ich-Erzählerin nicht mehr ihre Freundin ist, wenn Rike diesen schwierigen Wettkampf nicht gewinnt. Während dieses aufregenden Wettbewerbs kämpft die Ich-Erzählerin heftig mit sich selbst. Sie will zeigen, dass sie in dieser Stadtmeisterschaft die beste Schwimmerin ist, gleichzeitig will sie ihre langjährige Freundin nicht verlieren. Während sie erbittert um den Sieg ringt, wird ihr klar, dass ihre Freundin selbstsüchtig immer nur an sich gedacht hat. Sie erinnert sich, dass Rike ihr nie dankbar gewesen ist, obwohl sie dreist bei ihr abgeschrieben hat. Diese Gedanken enden in der schmerzhaften Einsicht, dass Rike sie häufig benutzt hat. Dies führt bei der letzten Wende dazu, dass sie jetzt nur an sich denkt und den Wettkampf erfolgreich beendet. Dennoch ist sie nicht glücklich.

a) Unterstreiche alle Adjektive in dem Text.
b) Auf welche Wörter beziehen sie sich jeweils? Übernimm die Tabelle und ordne die Adjektive und ihre Bezugswörter in die jeweils richtige Spalte ein.

Folie

Adjektiv + Nomen	sein/werden + Adjektiv	Adjektiv + Verb

Mit Adverbien genaue Angaben machen

Bericht über den Einbruch in der Kunstgalerie Engelmann

Text A

Herr Gellner, Hausmeister in der Kunstgalerie Engelmann, betrat um 2 Uhr 35 unsere Polizeistation. Er meldete einen Einbruch in der Kunstgalerie, der erfolgt sein musste. Der Einbrecher hatte die Telefonleitung durchgeschnitten. Herr Gellner konnte uns nicht telefonisch benachrichtigen. Ich fuhr mit Herrn
5 Gellner zum Tatort. Herr Gellner erzählte, dass er den Einbrecher gesehen hat. Er konnte keine Einzelheiten berichten. Wir erreichten den Tatort um 2 Uhr 43. Herr Engelmann war vor Ort. Er überreichte mir einen Zettel mit den vermissten Gegenständen. Es waren 23 große Gegenstände, die ein einzelner Einbrecher hätte alleine wegschaffen können. Es war überraschend, wie der Besitzer in
10 wenigen Minuten genaue Angaben über die gestohlenen Gegenstände machen konnte. Ich vermutete, dass Herr Engelmann den Diebstahl in die Wege geleitet hatte. Ich nahm Herrn Engelmann fest.

Text B

Herr Gellner, Hausmeister in der Kunstgalerie Engelmann, betrat um 2 Uhr 35 unsere Polizeistation. Er meldete einen Einbruch in der Kunstgalerie, der <u>nachts</u> erfolgt sein musste. Der Einbrecher hatte die Telefonleitung durchgeschnitten. <u>Deshalb</u> konnte Herr Gellner uns nicht telefonisch benachrichtigen. Ich fuhr
5 <u>schnellstens</u> mit Herrn Gellner zum Tatort. Herr Gellner erzählte <u>währenddessen</u>, dass er den Einbrecher <u>kaum</u> gesehen hat. Er konnte <u>daher</u> keine Einzelheiten berichten.
Wir erreichten den Tatort um 2 Uhr 43. Herr Engelmann war schon vor Ort. Dort überreichte er mir sofort einen Zettel mit den vermissten Gegenständen.
10 Es waren 23 große Gegenstände, die ein Einbrecher niemals hätte alleine wegschaffen können. Es war ebenfalls überraschend, wie der Besitzer in wenigen Minuten genaue Angaben über die gestohlenen Gegenstände machen konnte. Deswegen vermutete ich, dass Herr Engelmann den Diebstahl in die Wege geleitet hatte. Ich nahm sicherheitshalber Herrn Engelmann fest.

1 a) Beurteilt, ob Herr Engelmann glaubwürdig ist. Nennt dazu Belege.
b) Vergleicht die beiden Texte. Welche Unterschiede erkennt ihr?
c) Im ersten Absatz von Text B wurden Adverbien eingefügt und unterstrichen. Welche Wirkung haben diese Ergänzungen?
d) Auch im zweiten Absatz wurden Adverbien ergänzt. Lest in der **INFO** auf Seite 217, mit welchen Fragewörtern ihr sie erfragen könnt.
e) Erfragt noch sieben weitere Adverbien in den Sätzen und unterstreicht sie.

M 2 Übernimm die Tabelle und ordne alle Adverbien passend zu:

Adverbien des Ortes	Adverbien der Zeit	Adverbien der Art und Weise	Adverbien des Grundes
	nachts		deshalb

→ Dies solltest du eintragen: Adverbien des Ortes: 1 x, Adverbien der Zeit: 4 x, Adverbien der Art und Weise: 4 x, Adverbien des Grundes: 4 x.

Auszug aus der Vernehmung des Hausmeisters Julius Böckner im Fall „Kunstgalerie Lackmann & Litt"

Inspektor Lange: Erzählen Sie doch mal, was Sie (1. *Wann?*) erlebt haben.

Julius Böckner: Ich bin (2. *Wann?*) um zwei Uhr aufgewacht. Ich hatte (3. *Wo?*) ein Poltern gehört. Es konnte nur aus der Galerie gekommen sein. Ich bin (4. *Wie?*) (5. *Wohin?*) gerannt. Bis ich (6. *Wo?*) die Tür aufgemacht hatte, war der Einbrecher über alle Berge. Das heißt, ich habe ihn (7. *Wann?*) aus dem Fenster steigen sehen. (8. *Wie?*) habe ich ihn aufgefordert, stehen zu bleiben. Ich bin ihm (9. *Warum?*) nicht nachgelaufen.

Inspektor Lange: Können Sie den Täter beschreiben?

Julius Böckner: Er war so groß wie Sie und hatte einen dunklen Anzug an. Er hatte ein kleines Köfferchen. (10. *Wo?*) hatte er sein Werkzeug drin. Er ist (11. *Wo?*) neben dem Tor über die Mauer geklettert.

Inspektor Lange: Was haben Sie (12. *Wann?*) gemacht?

Julius Böckner: Ich bin (13. *Wann?*) in der Galerie zum Telefon gegangen, musste aber feststellen, dass das Kabel durchgeschnitten war. (14. *Warum?*) bin ich zur Telefonzelle vor dem Haus gerannt und habe (15. *Wann?*) Herrn Lackmann angerufen.

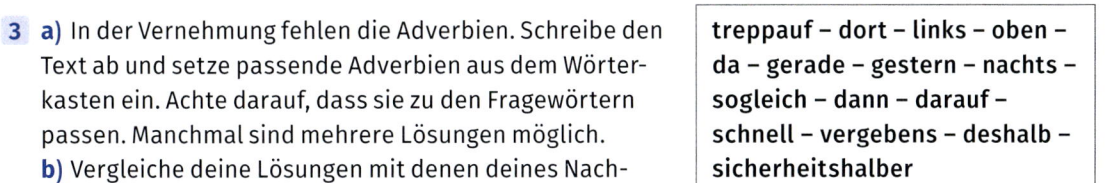

3 a) In der Vernehmung fehlen die Adverbien. Schreibe den Text ab und setze passende Adverbien aus dem Wörterkasten ein. Achte darauf, dass sie zu den Fragewörtern passen. Manchmal sind mehrere Lösungen möglich.
b) Vergleiche deine Lösungen mit denen deines Nachbarn.

> treppauf – dort – links – oben – da – gerade – gestern – nachts – sogleich – dann – darauf – schnell – vergebens – deshalb – sicherheitshalber

4 a) ↪ Schreibt einen Bericht über ein Erlebnis, das ihr kürzlich hattet. Macht dabei genaue Angaben durch Adverbien.
b) Tauscht euren Bericht mit jemandem, der die gleiche Aufgabe bearbeitet hat. Markiert dann jeweils im Text des anderen die verwendeten Adverbien.

ℹ️ INFO

Was sind Adverbien?
1. Adverbien (Singular: das Adverb) machen genauere Angaben:
   a) Adverbien **des Ortes**: Wo? Woher? Wohin?
      → *dort, draußen, links, oben, unten, innen, überall, hier ...*
   b) Adverbien **der Zeit**: Wann? Seit wann? Wie lange? Wie oft?
      → *jetzt, sofort, nun, dann, darauf, gestern, morgens, niemals, immer ...*
   c) Adverbien **der Art und Weise**: Wie? Auf welche Weise?
      → *gern, vielleicht, kaum, sehr, allein, teilweise, ebenfalls ...*
   d) Adverbien **des Grundes**: Warum? Weshalb? Wozu?
      → *darum, daher, deshalb, folglich, so ...*
2. Adverbien gehören zu den unveränderlichen Wortarten.

Adjektiv und Adverb im Englischen

A Mike ist ein <u>langsamer</u> Läufer.
Mike is a slow runner.

B Er läuft langsam.
He runs slowly.

C Er weiß, dass er langsam ist.
He knows that he is slow.

Folie

1 a) Untersucht die drei Satzpaare. Worauf bezieht sich jeweils das Wort *langsam / slow*? Mache in den Satzpaaren B und C das Bezugswort durch einen Pfeil deutlich und benenne die Wortart des Bezugswortes.
b) Erklärt, worin sich die Form von *langsam / slow* im Deutschen und im Englischen unterscheidet. Vergleicht dann mit der **INFO**: *Wenn sich im Deutschen das Adjektiv auf ein … bezieht, verändert sich … Im Englischen …*

2 Was musst du einsetzen: Adjektiv oder Adverb? Wähle deine Aufgabe:

G a) Prüfe, worauf sich das Wort in Klammern bezieht. Entscheide dann, wann du das Adjektiv oder das Adverb (endet auf *ly*) einsetzen musst.
b) Schreibe die Sätze richtig in dein Heft.

1. **A** This is an (*easy/easily*) task.   **B** You can open the window (*easy/easily*).
2. **A** This is a (*kind/kindly*) girl.   **B** She speaks (*kind/kindly*) to the child.
3. **A** This is a (*patient/patiently*) boy.   **B** He waites (*patient/patiently*) for the teacher.

M a) Schreibe den ersten Abschnitt ab und ergänze ihn mit den Wörtern in Klammern. Entscheide, ob du ein Adjektiv oder ein Adverb einfügen musst.
b) ↪ Bearbeite auch den zweiten Abschnitt wie in Aufgabe **a)**.

Peter and his (1. *new*) cellphone

On his (2. *last*) birthday Peter (3. *slow*) opened his present. It was a (4. *new*) cellphone. The following day he (5. *happy*) showed it to his friends. He (6. *permanent*) received messages. (7. *Most*) he liked that his cellphone had a camera.
But yesterday an (8. *awful*) thing happened. He lost his (9. *wonderful*) cellphone on the bus. He was (10. *terrible*) upset. Luckily his (11. *helpful*) neighbour looked under the seat and indeed – there it was.

> **INFO**
>
> **Adjektiv und Adverb im Englischen**
> 1. Im **Englischen** ändert sich das Adjektiv nicht, wenn es sich auf ein **Nomen** oder auf einen **Ausdruck mit *sein*** (*to be*) bezieht: *It is a loud car. His car is loud.* (im Deutschen: *Es ist ein lautes Auto. Sein Auto ist laut.*)
> 2. Adjektive können im **Englischen** durch Anhängen der **Endung –ly** zu **Adverbien** werden: *loud – loudly, nice – nicely.*
> Adverbien beziehen sich auf Verben: *He laughs loudly.*
> (Im Deutschen steht hier ein Adjektiv: *Er lacht laut.*)

Sprache betrachten | Vergleiche zu anderen Sprachen anstellen

Präpositionen richtig verwenden

Achtung: Krötenwanderung

Jedes Frühjahr wandern Frösche, Kröten und Molche, um zu laichen. <u>Für diese Amphibien</u> ist der Weg nicht ungefährlich. Leider liegen ihre Wälder oft <u>gegenüber vielbefahrenen Straßen</u>. Wenn ihr Weg sie <u>durch eine Bundesstraße</u> führt, werden viele Tiere überfahren. <u>Wegen dieser Gefahr</u> fordert der Naturschutzbund jedes Jahr Privatpersonen und Vereine auf, <u>für diese Tiere</u> Krötenzäune zu bauen.

Engagierte Naturschützer treffen sich oft mit (1. *Gleichgesinnte*), um unterhalb (2. *die Schutzzäune*) Eimer einzugraben. Die Kröten treffen während (3. *ihre nächtliche Wanderung*) auf (4. *diese Behälter*) und fallen hinein. Die Tiere werden dann von (5. *die Helfer*) sicher durch (6. *diese Gefahrenzone*) zu (7. *ein sicherer Laichplatz*) gebracht. Wegen (8. *die Krötenwanderung*) werden auch Straßen für (9. *der Autoverkehr*) gesperrt. Einige Autofahrer sind mit (10. *diese Maßnahme*) nicht einverstanden und schieben die Absperrungen trotz (11. *ein Verbotsschild*) weg. Ohne (12. *diese Sperrung*) würden jedoch viele Kröten sterben.

1 Bestimme im ersten Abschnitt den Fall aller unterstrichenen Ausdrücke:
für diese Amphibien = Akkusativ. Informiere dich dazu in der **INFO**.

→ Folgende Ausdrücke findest du im ersten Abschnitt: 2 x Präposition mit Akkusativ, 1 x Präposition mit Dativ, 1 x Präposition mit Genitiv.

2 a) Schreibe den zweiten Abschnitt des Textes ab und setze die Nomen und ihre Begleiter in Klammern in den richtigen Fall: … treffen sich oft mit Gleichgesinnten, um …

→ So erfragst du die Klammern 2 bis 7:
(2) Wessen?, (3) Wessen?, (4) Wen?, (5) Wem?, (6) Wen?, (7) Wem?

b) Prüft mithilfe der **INFO**, ob ihr die Fälle der Nomen richtig gebildet habt.

INFO

Präpositionen richtig verwenden
1. Mit **Präpositionen** gibst du z.B. räumliche oder zeitliche Verhältnisse an:
   Die Kröten laufen <u>über</u> die Straße. / <u>Während</u> dieser Zeit helfen viele Leute.
2. Präpositionen bestimmen den **Fall des folgenden Nomens** (und seiner Begleiter) oder des folgenden **Pronomens**.
   a) Der **Genitiv** (Wessen?) steht nach *wegen, während, unterhalb, trotz …*
      → *<u>Während</u> der Krötenwanderung ist diese Straße gesperrt.*
   b) Der **Dativ** (Wem?) folgt nach *aus, bei, gegenüber, mit, nach, seit, von, zu …*
      → *<u>Bei</u> der Wanderung werden viele Kröten getötet.*
   c) Der **Akkusativ** (Wen?) folgt nach *durch, für, gegen, ohne, um …*
      → *<u>Für</u> das Krötentaxi brauchen wir noch Eimer.*
3. Einige Präpositionen sind mit dem Artikel verschmolzen:
   am (an dem), beim (bei dem), ins (in das), ums (um das), zum (zu dem).

3 a) Schaut euch die Bilder an und lest folgende Beschreibungen:
  A Maren geht **in den Veranstaltungsraum**.
  B Maren geht **in dem Veranstaltungsraum**.
  Ordnet sie einander passend zu. Begründet eure Vermutung.
  b) Durch welches Wort verändert sich die Bedeutung? Lest dazu die **INFO**.
  c) Ermittle den Fall der Nomen, die auf die Präposition folgen. Formuliere hierfür zu den hervorgehobenen Satzteilen Fragen. Notiere den richtigen Fall hinter deiner Antwort: Wohin geht Maren? ... (...)
  d) ↪ Bilde drei Satzpaare, aus denen der Bedeutungsunterschied zwischen *Präposition mit Dativ* sowie *Präposition mit Akkusativ* deutlich wird.

A Am Wochenende ging ich in (1. *der Raum – Wohin?*) des Naturschutzbundes. Ein Referent sollte in (2. *der Veranstaltungssaal – Wo?*) zum Thema „Krötentaxifahrer" sprechen. Als wir ankamen, saßen schon einige Leute in (3. *der Raum – Wo?*). Dann schlenderten noch ein paar Jugendliche in (4. *der Raum – Wohin?*). Sie setzten sich hinter (5. *meine Reihe – Wohin?*). Daher war es hinter (6. *unsere Reihe – Wo?*) unruhig.
B Da sprang ein junger Mann auf (7. *die Bühne*). Er hielt vor (8. *ein Rednerpult*) einen Vortrag zur Krötenwanderung. Ich selbst habe noch keine Kröte in (9. *die Natur*) gesehen. Der junge Mann zeigte an (10. *eine Leinwand*) seine Präsentation. Über (11. *die Bühne*) hing ein Plakat: „Werdet Krötentaxifahrer!". Seit dieser Woche trage ich nun jeden Tag Kröten über (12. *die Straße*).

4 Entscheide für Abschnitt A (**G**) oder B (**M**) des Textes, ob nach der Präposition der Dativ oder der Akkusativ folgt:

G a) Erfrage mit dem Fragewort in Klammern und dem markierten Verb das Nomen: Wohin ging ich letztes Wochenende?
  b) Schreibe deinen Abschnitt ab und setze die Nomen in den richtigen Fall.

M a) Formuliere passende Fragen, um den Fall der Nomen in Klammern zu ermitteln: Wohin sprang ein junger Mann?
  b) Schreibe deinen Abschnitt ab und setze die Nomen in den richtigen Fall.

5 Vergleicht eure Ergebnisse in der Klasse. Prüft, ob ihr die richtigen Fälle verwendet und ob ihr sie richtig gebildet habt.

> **ℹ INFO**
>
> **Präpositionen mit Dativ oder Akkusativ richtig verwenden**
> 1. Nach den Präpositionen *an, auf, hinter, in, neben, über, unter, vor, zwischen* kann **bei einer Ortsangabe** der **Dativ** oder der **Akkusativ** folgen.
> 2. Auf die Frage „Wo?" folgt der Dativ: *Ich stehe (Wo?) in dem Raum*.
>   Der Dativ zeigt an, dass etwas an einer bestimmten Stelle passiert.
> 3. Auf die Frage „Wohin?" folgt der Akkusativ: *Ich gehe (Wohin?) in den Raum*.
>   Der Akkusativ zeigt an, dass sich etwas auf eine Stelle zubewegt.

Mit Konjunktionen sinnvoll verknüpfen

Ich lasse mein Handy aus, ...
A ... ich nicht immer erreichbar bin.
B ... ich viele SMS erhalte.
C ... ich kann später noch antworten.
D ... ich vom Lehrer ermahnt worden bin.
E ... ich niemanden störe.
F ... ich mich unterhalte.

| wenn – weil – obwohl – nachdem – denn – damit – während – bevor – sobald |

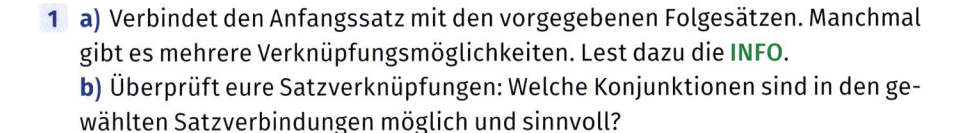

1 a) Verbindet den Anfangssatz mit den vorgegebenen Folgesätzen. Manchmal gibt es mehrere Verknüpfungsmöglichkeiten. Lest dazu die **INFO**.
b) Überprüft eure Satzverknüpfungen: Welche Konjunktionen sind in den gewählten Satzverbindungen möglich und sinnvoll?

2 a) Schreibe den Text ab und ergänze die Konjunktionen. Achte auf den inhaltlichen Zusammenhang.

→ Du kannst diese Konjunktionen einsetzen: **bevor – sobald – damit – wenn – denn – obwohl – 2 x sodass – weil – um**. Prüfe vorher, was du ausdrücken willst. Bei (1) kannst du z.B. eine Folge angeben.

b) Vergleicht, welche Konjunktionen ihr eingesetzt habt. An welchen Stellen gibt es mehrere Möglichkeiten?

3 ↪ Was hältst du vom Handyfasten? Nimm dazu in ganzen Sätzen Stellung.

Beim Handyfasten stellt man eine Woche sein Handy aus, (1) man nicht telefoniert. Viele können sich das nicht vorstellen, (2) sie fürchten, nicht mehr erreichbar zu sein, (3) sie etwas verpassen. Das glaube ich nicht, (4) die Menschen früher auch keine Handys hatten. Allerdings musst du dich gut vorbereiten, (5) nicht plötzlich von allen Informationen abgeschnitten zu sein. (6) du dein Handy verbannst, solltest du vorher Termine aufschreiben, (7) du dich mit Freunden treffen willst. Handyfasten ist eine gute Erfahrung, (8) man auf lieb gewordene Gewohnheiten verzichten muss. (9) ihr es ausprobiert, habt ihr auch mehr Zeit für andere Dinge, (10) ihr bei diesem Versuch nur gewinnen könnt.

ℹ️ INFO

Konjunktionen – Wörter und Sätze verknüpfen
1. Mit Konjunktionen verknüpfst du
   – Wörter: *Mein Freund und ich simsen häufig.*
   – Hauptsätze: *Ich muss jetzt aufhören, denn der Lehrer kommt.*
   – Haupt- und Nebensätze: *Ich rufe zurück, wenn die Stunde vorbei ist.*
2. Konjunktionen entscheiden über den inhaltlichen Zusammenhang. Du kannst
   a) eine **zeitliche Abfolge** angeben: Wann? Seit wann? – *als, bevor, nachdem, während, sobald ...*
   b) etwas **begründen**: Warum? Wieso? – *weil, da, denn ...*
   c) eine **Bedingung** nennen: Unter welcher Bedingung? – *wenn, falls ...*
   d) einen **Zweck** angeben: Wozu? – *damit, um ...*
   e) eine **Folge** aufzeigen: Mit welcher Folge? – *sodass ...*
   f) eine **Aussage** einschränken: Trotz welcher Beschränkung? – *obgleich, obwohl, wenngleich, aber ...*

Sprache betrachten | Wortarten bestimmen und verwenden

Satzglieder

Satzglieder ermitteln

Marcel Nguyen gewann 2012 bei den Olympischen Spielen zwei Silbermedaillen.

1 Wie viele Satzglieder enthält dieser Satz? Finde es heraus, indem du den Satz so oft wie möglich umstellst. Beachte den 1. Hinweis in der **INFO** auf Seite 223.

2 Untersuche und bestimme die Satzglieder. Nutze für deine Aufgabe Hinweis 2 in der **INFO** auf Seite 223.

Folie

G a) Die folgenden Sätze sind bereits nach ihren Satzgliedern unterteilt. Markiere zunächst die Prädikate wie im Beispiel.

1. Marcel Nguyen / verdankt / seine Berufswahl / den Eltern.
2. Sie / zeigten / ihrem vierjährigen Sohn / den Turnsport.
3. Der Junge / besuchte / in München / das Isar-Sportgymnasium.
4. Der TSV Unterhaching / nahm / Marcel / 1994 / auf.

b) Formuliere mit den Fragewörtern aus der **INFO** (Seite 223) Fragen, um die Satzglieder zu bestimmen. Notiere die Antworten dahinter: Wer oder was verdankt seine Berufswahl den Eltern? → Marcel Nguyen.
c) Bestimme nun die Satzglieder. Marcel Nguyen = Subjekt.

M a) Ermittle mithilfe der Umstellprobe die Satzglieder in folgenden Sätzen:

1. Marcel Nguyen wurde 1987 in München geboren.
2. Er nahm im Alter von vier Jahren den Turnsport auf.
3. Seit 1995 trainierte er im Landesleistungszentrum München.
4. Der Kunstturner gehörte seit 1997 dem sogenannten Perspektivkader an.
5. Dort werden Nachwuchssportler im Leistungssport gefördert.

→ Alle Sätze weisen jeweils vier Satzglieder auf.

b) Formuliere mit den Fragewörtern aus der **INFO** (Seite 223) Fragen, um die Satzglieder zu bestimmen. Notiere die Antworten dahinter:
Wer oder was wurde 1987 in München geboren? → Marcel Nguyen.
c) Bestimme nun die Satzglieder. Marcel Nguyen = Subjekt.

3 Vergleicht eure Ergebnisse in der Klasse. Prüft:
– Habt ihr die Satzglieder richtig ermittelt? (M)
– Habt ihr passende Fragen formuliert, um die Satzglieder zu bestimmen?
– Sind die Satzglieder richtig benannt worden?

Die Wiedergeburt der Olympiade

(1. *Wie lange?*) fanden (2. *Wo?*) noch olympische Wettkämpfe statt. Danach gab es lange Zeit (3. *Wen oder was?*) mehr. Ende des 19. Jahrhunderts wurde (4. *Wer oder was?*) ausgegraben. Dies hat (5. *Wen oder was?*) wiederbelebt. Der Franzose Pierre de Coubertin forderte auf einem internationalen Kongress die Wiedereinführung der olympischen Spiele. (6. *Wer oder was?*) sollte in sportlichen Wettkämpfen und nicht in Kriegen ihre Kräfte messen. 1896 fanden dann (7. *Wo?*) die ersten olympischen Spiele der Neuzeit statt. Aus Dankbarkeit hat man (8. *Wem?*) in Olympia ein Denkmal gesetzt.

in Griechenland – bis ins 4. Jahrhundert nach Christus – die Jugend der Welt – die alte Stadt Olympia mit den Kultstätten – Coubertin – keine olympischen Spiele – die olympische Idee – in Athen

4 a) Ergänze mithilfe des Wortmaterials die fehlenden Satzglieder. Achte auf die Fragen in Klammern und auf den inhaltlichen Zusammenhang.
  b) Bestimme die eingesetzten und die unterstrichenen Satzglieder.

5 a) Der folgende Text klingt nicht gut. Woran könnte das liegen?
  b) Überarbeite den Text mithilfe der Umstellprobe, sodass er abwechslungsreicher klingt. Lies dazu den dritten Hinweis in der **INFO**.

Marcel Nguyen – der Pechvogel

Marcel Nguyen verletzte sich beim Training im September 2014. Er kam nach einer Übung schräg auf der Matte auf. Er verdrehte dadurch sein rechtes Knie. Seine Kreuzbänder bekamen infolge dieses Sturzes einen Riss. Marcel musste aufgrund dieser Diagnose sofort operiert werden. Er konnte erst ein halbes Jahr später intensiv trainieren. Er feierte bei den deutschen Meisterschaften 2015 ein Comeback. Er holte überraschend den Meistertitel an den Ringen und am Barren. Marcel fuhr 2015 zur Weltmeisterschaft. Sie fand in Glasgow statt. Marcel turnte dort am Barren sehr gut. Er gewann leider keine Medaille.

INFO

Was sind Satzglieder?
1. Satzglieder sind die Bausteine eines Satzes. Alle Wörter, die du zusammen umstellen kannst, bilden ein Satzglied:
   Die Jury / überreichte / Marcel Nguyen / zwei Silbermedaillen.
2. Folgende Satzglieder kennst du schon:
   a) **Prädikat**: Verb, das beschreibt, was jemand tut oder was geschieht
   b) **Subjekt**: Wichtigste Ergänzung des Prädikats (Wer oder was?)
   c) **Objekte**: Weitere Ergänzungen des Prädikats (Wem? / Wen oder was?)
   d) **Adverbiale Bestimmungen**: Sie machen genaue Angaben zu einem Geschehen. Kennengelernt hast du bereits adverbiale Bestimmungen des **Ortes** (*Wo? Wohin? Woher?*) und der **Zeit** (*Wann? Wie lange?*).
3. Mit der **Umstellprobe** kannst du durch Umstellen von Satzgliedern einen Text verbessern, z. B. um gleiche Satzanfänge zu vermeiden.

Prädikate im Satz sinnvoll ergänzen

Vorlesen! *Spielen!*

1 a) Schaut euch die beiden Sprechblasen an. Warum könnt ihr trotz der geringen Informationen verstehen, was die beiden Kinder ausdrücken wollen? Tauscht euch aus.
b) Welche weiteren Informationen könnten nützlich sein? Formuliert mit den Verben Fragen und beantwortet sie: Wer liest vor? ...
c) Vergleicht mit der INFO.

M 2 Erläutere, weshalb das Prädikat wichtig für den Satz ist. Gehe auch darauf ein, weshalb Prädikate ergänzt werden müssen.

→ So kannst du anfangen: Durch das Prädikat weiß man sofort, was ... Es ist der ... Prädikate müssen aber auch ... Nur so erhält man ...

3 Ergänze die Prädikate *öffnen, sehen, schicken* (G) oder *verraten, stehen, besuchen* (M) durch weitere Informationen und bilde sinnvolle Sätze:

die Enkel – wir – die Tür – einen Brief – dem Lehrer – Mara – der Oma – den Film

G a) Ordne den Prädikaten passende Ergänzungen aus dem gelben Kasten zu und schreibe deine Sätze auf. Verwende das Prädikat in der richtigen Personalform: Der Junge | öffnet | der Lehrerin ...
b) Bestimme die Satzglieder. Nutze die INFO auf Seite 223.

auf den Schrank – die Mutter – ihr – in Ulm – ein Geheimnis – am Wochenende – ihrem Kind – die Oma – die Vase – seit Jahren

M a) Ordne den Prädikaten passende Ergänzungen aus dem grünen Kasten zu. Notiere die Sätze: Die Mutter | verrät | ...
b) Bestimme die Satzglieder. Nutze die INFO auf Seite 223.
c) Welche Ergänzungen sind wichtig, auf welche kann man verzichten? Unterstreiche sie mit unterschiedlichen Farben.

4 Besprecht eure Lösungsvorschläge gemeinsam in der Klasse.

ℹ INFO

Prädikate müssen ergänzt werden
1. Das Prädikat ist der inhaltliche **Kern eines Satzes**. Es gibt an, was jemand tut oder was geschieht. Es ist immer ein **Verb in Personalform**.
2. Jedes Verb benötigt unterschiedlich viele zusätzliche Informationen. Daher wird das Prädikat durch Satzglieder ergänzt, damit der Satz einen Sinn ergibt.
3. Ergänzungen sind das **Subjekt** oder **Objekte** (Beispiel *verleihen*):
    a) *Wer oder was verleiht?* → Frau Müller (= Subjekt)
    b) *Wen oder was verleiht Frau Müller?* → das Buch (= Objekt)
    c) *Wem verleiht Frau Müller das Buch?* → dem Jungen (= Objekt)
4. Es gibt Ergänzungen, die vom Verb gefordert werden, und Angaben mit weiteren Informationen, die aber nicht unbedingt nötig sind:
    Frau Müller verleiht (am Samstag) (in der Bibliothek) dem Jungen das Buch.

Das Prädikat an die richtige Stelle setzen

Du stellst das Prädikat immer ans Ende des Satzes, Nesrin. Das stimmt so nicht.

Das Prädikat im Türkischen aber fast immer am Schluss steht.

Wo steht im deutschen Satz das Prädikat? Bearbeitet dazu die Aufgaben:

1 **a)** Bildet Partnerteams und schreibt die folgenden Satzglieder auf kleine Zettel:
Die Klasse – fährt – am frühen Morgen – mit dem Bus – nach Pfunds.

b) Stellt die Sätze mehrfach um und schreibt die Sätze untereinander.
c) An welcher Stelle steht das Prädikat? Lest dazu Hinweis 1 in der **INFO**.

2 **a)** Bilde mit den gleichen Satzgliedern einen Fragesatz ohne Fragewort. Stelle fest, an welcher Stelle das Prädikat jetzt steht.
b) Tausche die Angabe *mit dem Bus* durch WOMIT aus und bilde einen Fragesatz mit Fragewort: An welcher Stelle steht das Prädikat nun?
c) Überprüfe dein Ergebnis mit dem 2. und 3. Hinweis in der **INFO**.

3 **a)** Wie heißt der Satz, wenn ihr die Klasse auffordert, nach Pfunds zu fahren?
b) Prüft anhand des 4. Hinweises in der **INFO**, wo das Prädikat richtig steht.

INFO

Die Stellung des Prädikats entscheidet über die Satzart

1. In **einfachen Aussagesätzen** ist das Prädikat immer das zweite Satzglied. Man nennt sie daher Verb*zweit*sätze. Es ist im Deutschen die normale Satzform: *Der Lehrer I plant I mit den Schülern I im Unterricht I die Klassenfahrt. Die Klassenfahrt I plant I der Lehrer I mit den Schülern I im Unterricht.*
2. In **Fragen mit Fragewort** ist das Prädikat auch das zweite Satzglied:
Wann I plant I der Lehrer I die Klassenfahrt I mit den Schülern?
3. In **Fragen ohne Fragewort** ist das Prädikat das erste Satzglied. Man nennt sie auch Verb*erst*sätze:
Plant I der Lehrer I mit den Schülern I die Klassenfahrt I im Unterricht?
4. Auch **Aufforderungssätze** sind Verb*erst*sätze:
Gib I dem Lehrer I die Anzahlung I für die Klassenfahrt!
5. ↪ Die Abweichung von der normalen Satzform ist ein Signal für den Empfänger, besonders aufzupassen. Denn man erwartet eine besondere Reaktion von ihm, z. B. eine Antwort auf eine Frage (Verb*erst*satz oder Verb*zweit*satz mit Fragewort) oder eine bestimmte Handlung nach einer Aufforderung (Verb*erst*satz). In der Grammatik heißt das **Markierung**.

Sprache betrachten | Satzarten unterscheiden und sicher verwenden

A Die Reisekasse liegt auf der Kommode.
　　　B Lege die Reisekasse auf die Kommode!
　　　　　C Wohin hast du die Reisekasse gelegt?
　　　　　　　D Liegt die Reisekasse auf der Kommode?

4 ↪ Schau dir die Sätze oben an:
　a) Bei welchen Formulierungen wird der Empfänger wohl besonders aufpassen, bei welchen weniger? Erkläre, woran das liegen könnte.
　b) Vergleiche deine Vermutungen mit dem 5. Hinweis der INFO auf Seite 225.
　c) Erläutere den Unterschied zwischen markierten und unmarkierten Satzformen. Ordne dann die Sätze oben diesen Begriffen zu.

▱ Folie

5 a) Unterstreiche in den folgenden Sätzen die Prädikate: An welcher Stelle stehen sie jeweils? Lies danach die INFO.

Der Bergführer stellte sich den Schülern an ihrem ersten Tag in Pfunds vor. Da rief ihm Alina von den hinteren Plätzen aus zu: „Könnten Sie bitte etwas lauter sprechen? Ich habe Sie hier hinten leider nicht verstanden."

> Klammer – vier – zwei – zusammengesetzte Zeitform – getrennt voneinander

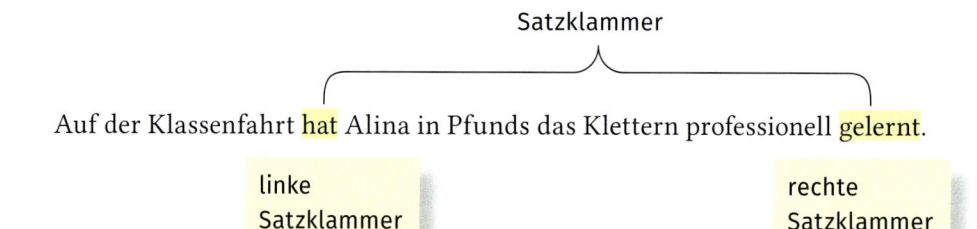

b) Begründe die Stellung der Prädikate mithilfe der Darstellung unten. Fülle dazu den Lückentext aus. Für die Zahlen 1-5 kannst du das Wortmaterial nutzen, die Leerstellen füllst du selbstständig aus.

Das Prädikat des Satzes ist … Es besteht aus (1) Teilen, denn es ist eine (2). Diese steht im Satz (3) und bildet so eine (4). Davor steht das Satzglied … und dazwischen die (5) weiteren Satzglieder …

Satzklammer

Auf der Klassenfahrt **hat** Alina in Pfunds das Klettern professionell **gelernt**.

　　　　linke　　　　　　　　　　　　　　　　rechte
　　　Satzklammer　　　　　　　　　　　　Satzklammer

ℹ️ **INFO**

Satzklammer
1. Das Prädikat kann sich aus mehreren Teilen zusammensetzen. Diese stehen meist getrennt voneinander. Sie bilden dadurch eine Klammer:
   a) bei **trennbaren Verben**:
      Der Bergführer | weist | die Schüler | im Klettern | ein.
   b) bei **zusammengesetzten Zeitformen**:
      Der Bergführer | hat | die Schüler | im Klettern | eingewiesen. (Perfekt)
   c) beim Einsatz der Verben **können, dürfen, müssen, wollen, sollen**:
      Der Bergführer | muss | die Schüler | im Klettern | einweisen.
2. Vor und zwischen der Satzklammer können Satzglieder eingefügt werden.

Übereinstimmung von Subjekt und Prädikat

Die größten Stärken von Marcel Nguyen ist das Turnen am Barren und der Mehrkampf. Zum Mehrkampf gehört das Turnen am Reck, am Pauschenpferd, an den Ringen und das Bodenturnen. Schon vor 2012 ging eine Reihe von Siegen an den jungen Marcel Nguyen. Aber bei den olympischen Spielen
5 war ihm bisher ein Sieg oder ein nennenswerter Erfolg versagt geblieben. Bei den Olympischen Spielen 2012 wurde Marcel Nguyen und der Turner Fabian Hambüchen für die deutsche Mannschaft aufgestellt. Hambüchen wurde große Chancen auf eine Medaille eingeräumt, während Nguyen als Außenseiter galt. Aber es sollte anders kommen. Mangelnde Konzentration und
10 zu großer Ehrgeiz verhinderte einen Erfolg für Hambüchen. Ihm passierte drei Patzer und damit hatte er keine Chancen mehr auf eine Medaille. Bei der ersten Vorstellung am Pauschenpferd kam Nguyen auf den letzten Platz. Aber dann startete er eine Aufholjagd. Die Übungen am Reck gelang ihm ebenso gut wie das Turnen an den Ringen und am Boden. Am Ende der
15 Olympischen Spiele 2012 gehörte ihm eine Silbermedaille im Mehrkampf und eine Silbermedaille in der Einzeldisziplin Barren.

das Pauschenpferd

1 a) Tauscht euch aus, welche Fehlerart der Text enthält. Schaut dazu die hervorgehobenen Wörter an. Vergleicht eure Vermutung mit der **INFO**.
b) Markiere im Text die falschen Prädikate und erfrage mit ihnen die Subjekte: Wer oder was ist das Turnen am Barren und der Mehrkampf?

Folie

→ Du musst 16 Prädikate markieren. Manche von ihnen sind zweigeteilt. Dies sind die Prädikate bis Zeile 9: gehört – ging – war ... versagt geblieben – wurde ... aufgestellt – wurde eingeräumt – galt – sollte ... kommen.

c) Schreibe die richtige Form des Prädikats mit dem zugehörigen Subjekt auf und unterstreiche das Prädikat: die größten Stärken sind.

→ Verbessere neun Prädikate. Einmal kannst du Singular oder Plural verwenden.

INFO

Subjekt und Prädikat müssen übereinstimmen
1. Das Subjekt ist die wichtigste **Ergänzung des Prädikats**. Es ist das Satzglied, über das etwas ausgesagt wird. Subjekte sind **Nomen und ihre Begleiter** (Seine Stärken ...) oder **Pronomen** (ich, du, er, sie, es ...).
2. Sie stehen im **Nominativ**. Du erfragst sie mit „Wer oder was?".
3. Subjekte bestimmen die **Personalform** und die **Anzahl des Prädikats**: Ich fahre weg. Du fährst weg. Inga und Michaela fahren weg.
4. Bei **Mengenangaben** (eine Reihe Schüler) kann das Prädikat im **Singular** oder im **Plural** stehen: Eine Reihe Schüler fährt nicht in die Ferien. („fährt" bezieht sich auf „eine Reihe" → Singular) / Eine Reihe Schüler fahren nicht in die Ferien. („fahren" bezieht sich darauf, dass es viele Schüler sind → Plural)

Objekte – Satzglieder, die das Prädikat ergänzen

Marathon 1896 (Teil I)

Beim ersten Olympia-Marathonlauf der Neuzeit im Jahre 1896 wollten dreizehn griechische und vier ausländische Läufer den Sieg erringen. Drei ausländische Läufer begannen das Rennen sehr schnell. Beinahe wären sie dem Griechen Spiridon Louis entkommen. Doch den Schafhirten entmutigte dies nicht. Er winkte den Zuschauern zu und hörte sich den Rennstand an. Außerdem soll Spiridon Louis auf halber Strecke einen Viertelliter Wein getrunken haben. Andere Zeugen erzählten der Presse, man habe ihm ein Glas Cognac gereicht.

1 Untersuche in den Sätzen oben, welche Objekte zu den Prädikaten gehören:
a) Markiere die Prädikate und erfrage mit ihnen die unterstrichenen Objekte. Nutze die **INFO**. Schreibe so: *Wen oder was wollten die Läufer erringen?*

→ Du musst noch acht Prädikate markieren. Dies sind die ersten fünf: **begannen – wären ... entkommen – entmutigte – winkte ... zu – hörte ... an**.
So formulierst du mit ihnen Fragen: Wen oder was begannen ...? Wem wären ... entkommen? Wen oder was entmutigte ...?

b) Bestimme die Objekte. Übernimm dazu die Tabelle in dein Heft und ordne die Objekte in die richtige Spalte ein.

Dativobjekt	Akkusativobjekt

→ Du musst sechs Akkusativobjekte und vier Dativobjekte zuordnen.

INFO

Das Prädikat bestimmt die Objekte
1. Objekte sind weitere Ergänzungen des Prädikats im Satz. Sie können **Nomen und ihre Begleiter** (*Er gewann eine goldene Medaille.*) oder **Pronomen** (*Er gewann sie.*) sein.
2. Das Prädikat bestimmt, in welchen Fall ein Objekt gesetzt werden muss.
3. Objekte erfragst du mit dem Prädikat:
   a) *Er folgte ihm nach mehreren Sekunden.* → Wem folgte er? – ihm.
   b) *Der Erste bekommt eine Goldmedaille.* → Wen oder was bekommt der Erste? – eine Goldmedaille.
4. Das Verb legt fest, ob ein Objekt nötig ist. Das Verb *spielen* benötigt nicht unbedingt ein Objekt: *Wir spielen.* Einige Verben brauchen aber mindestens ein Objekt als Ergänzung, damit der Satz einen Sinn ergibt: *Die Regeln verbieten* (Wem?) *den Sportlern* (Wen oder was?) *die Einnahme von Drogen.*
5. Objekte, die du mit „Wen oder was?" erfragst, heißen **Akkusativobjekte** (4. Fall). Objekte, die auf die Frage „Wem?" antworten, sind **Dativobjekte** (3. Fall).

Marathon 1896 (Teil II)

(**A**) Nach 33 Kilometern gaben die drei ausländischen Läufer das Rennen auf. Der Australier Flack erlitt sogar einen Schwächeanfall. Als ein griechischer Oberst den Läufer Spiridon Louis an der Spitze sah, gab er seinem Pferd die Sporen und ritt zur königlichen Loge. Er berichtete dem überglücklichen Kronprinzen Konstantin den baldigen Sieg. Ein Pistolenschuss kündigte den Sieger an. Als Spiridon Louis in das Stadion einlief, jubelten die Zuschauer ihrem Landsmann begeistert zu. Kronprinz Konstantin erwies dem Schafhirten eine große Ehre und begleitete ihn auf den letzten hundert Metern bis zum Ziel. Für seinen Sieg bekam Spiridon Louis eine kleine Pension. Sein Dorf schenkte ihm einen Acker.

(**B**) Dem dritten griechischen Sieger wurde die Medaille aberkannt. Man wies ihm einen Regelverstoß nach: Er hatte sich unterwegs einen Lastwagen genommen und war damit einen Teil der Strecke gefahren. Spiridon Louis lief 1896 die Strecke von 40 Kilometern in zwei Stunden, 58 Minuten und 50 Sekunden. Der Kenianer Samuel Wanjiru, Sieger des Marathonlaufes bei der Olympiade 2008, schaffte die Strecke von 42 Kilometern in zwei Stunden, sechs Minuten und 32 Sekunden. Er hatte allerdings auch unterwegs keinen Wein getrunken.

2 Finde in Abschnitt A des Textes die Objekte heraus:
  a) Formuliere mit den Prädikaten passende Fragen und markiere die Objekte mit unterschiedlichen Farben.

  → So kannst du die ersten Fragen beginnen:
  Wen oder was gaben … auf? – Wen oder was erlitt …? – Wen oder was sah …? – Wem gab …? Wen oder was gab …? – Wem berichtete …?

  b) Ordne die Objekte in die Spalten deiner Tabelle aus **1 b)** ein.

  → Du musst zehn Akkusativobjekte und fünf Dativobjekte einordnen.

  c) Bearbeite auf die gleiche Weise auch Abschnitt B des Textes.

3 Bilde mit den Verben im Kasten Sätze, die ein **Dativobjekt** und ein **Akkusativobjekt** enthalten. Markiere die Objekte mit unterschiedlichen Farben.

Kerstin erklärt ihrer kleinen Schwester die Wettkampfregeln.

erzählen – besorgen – erklären – geben – überreichen – schenken

Adverbiale Bestimmungen – genaue Angaben machen

So baust du ein Notbiwak

<u>Manchmal</u> musst du dir <u>wegen des Wetters</u> <u>in einem Abenteuercamp</u> <u>schnell</u> einen Wetterschutz bauen. Das ist notwendig, <u>wenn es regnerisch ist</u>. <u>Dazu</u> suchst du dir <u>im Wald</u> Äste mit Astgabeln. Sie eignen sich <u>zur Befestigung</u> der Hölzer. Zunächst (1) drückst du die zwei stärksten Äste mit aller Kraft (2) in die Erde (3). Auf die beiden Trageäste (4) legst du geschickt (5) einen weiteren Ast und verbindest die drei Teile mit Schnur (6). Damit es stabil wird (7), musst du anschließend (8) die beiden senkrechten Äste abstützen. Dafür (9) suchst du dir zwei starke Äste und legst sie auf den horizontalen Trageast (10). Stelle diese Stützäste nach außen (11) im Winkel von 45 Grad (12) auf den Boden (13). Wenn es dunkel wird, (14) musst du fertig sein. Auf den schräg gestellten Stützästen (15) befestigst du waagerecht (16) weitere Hölzer. Lege darauf (17) Tannenzweige. Sie schützen wirksam (18), wenn es windig wird (19).

1 **a)** Was erfahrt ihr im ersten Abschnitt durch die unterstrichenen Angaben?
b) Lest die **INFO** und formuliert Fragen, um die unterstrichenen Angaben zu ermitteln. *Wie oft musst du dir einen Wetterschutz bauen?*
c) Erfrage die adverbialen Bestimmungen 1-19 genauso.

↪ So beginnst du die Fragen zu 1-4: Wann drückst du …? Wie/womit drückst du …? Wohin drückst du …? Wo/Wohin legst du …?

d) Gib die Art der adverbialen Bestimmungen an. Ordne sie in eine Tabelle ein.

Adv. Bestimmung der Zeit	Adv. Bestimmung des Ortes	Adv. Bestimmung der Art und Weise	Adv. Bestimmung des Grundes
manchmal	…	…	…

ℹ INFO

Was sind adverbiale Bestimmungen?

1. Adverbiale Bestimmungen sind Satzglieder. Sie erläutern eine **Handlung** oder ein **Geschehen** genauer. Du unterscheidest:
   a) **Adverbiale Bestimmung des Ortes** (Wo? Wohin? Woher? Wie weit?)
      → Heute Mittag werde ich *im Camp* ankommen. (Wo?)
   b) **Adverbiale Bestimmung der Zeit** (Wann? Wie lange? Wie oft?)
      → *Heute Mittag* werde ich im Camp ankommen. (Wann?)
   c) **Adverbiale Bestimmung der Art und Weise** (Wie? Woraus? Womit?)
      → Heute Mittag werde ich *erschöpft* im Camp ankommen. (Wie?)
   d) **Adverbiale Bestimmung des Grundes** (Warum? Wozu?)
      → Erst mittags werde ich *wegen der langen Anfahrt* ankommen. (Warum?)
2. Eine adverbiale Bestimmung kann ein einzelnes Wort (z. B. *schnell* = Adverb), eine Wortgruppe (*in einem Camp*) oder ein ganzer Nebensatz sein:
   Ich rufe an, *wenn ich da bin*. → Wann? = Adv. Bestimmung der Zeit
   Ich rufe, *damit du mich siehst*. → Warum? = Adv. Bestimmung des Grundes.

Mit Attributen ein Nomen genauer erläutern

1. „Hier ist das Sekretariat (...), was kann ich für dich tun?"
2. „Ich will zum Zeltplatz und finde den (...) Weg nicht."
3. „Oh, da bist du bei mir falsch. Du musst die Nummer (...) anrufen."
4. „Die Nummer (...) ist aber immer besetzt!"
5. „Sag mir die Nummer (...), er ruft dich gleich zurück."

1 a) In dem Text fehlen die Attribute. Lies dazu die **INFO**.
b) Notiere die Sätze und ergänze dabei folgende Attribute:
  von Herrn Burkhard / des Waldcamps / deines Handys / richtigen / des Camp-Betreuers
c) Unterstreiche das Attribut und zeichne einen Pfeil zum zugehörigen Nomen.
d) ↪ Bestimme die Art der eingesetzten Attribute.

2 Ermittle im Dialogtext rechts die Attribute. Wähle deine Aufgabe:

G Schreibe fünf Attribute und die dazugehörigen Nomen heraus.

M
a) Notiere aus dem Text alle Attribute und die dazugehörigen Nomen.
b) Erfrage und benenne das Satzglied, zu dem das Attribut gehört. Beispiel:
vor einem riesigen Kletterfelsen (Wo? = adv. Bestimmung des Ortes).
c) ↪ Bestimme die Art der Attribute.

„Hallo, Miriam, wo seid ihr?" „Wir stehen hier vor einem riesigen Kletterfelsen und wissen nicht weiter." „Dann schaut euch mal um, ob ihr einen Wegweiser aus Holz findet. Sagt mir dann die Nummer des Weges." „Hier ist etwas, aber die Nummer des Wegweisers ist nicht zu lesen." „Siehst du einen auffälligen Baum oder ein besonderes Gebäude?" „Vor wenigen Minuten haben wir an einer alten Schutzhütte des Wandervereins Rast gemacht." „Seid ihr an einem breiten Sandweg vorbeigekommen? Er müsste in der Nähe des Sees sein." „Das stimmt." „Das wäre der richtige Weg gewesen."

3 Prüft in der Klasse, ob ihr die Attribute erkannt, es auf das richtige Nomen bezogen und das Satzglied richtig bestimmt (M) habt.

ℹ️ INFO

Was sind Attribute?
1. Mit Attributen machst du genauere Angaben zu einem Nomen. Sie machen Texte informativer und anschaulicher:
2. Attribute sind Teil eines Satzglieds. Du unterscheidest:
   a) **Adjektivattribute:** Ein Adjektiv steht zwischen Begleiter und Nomen:
   Das Camp liegt an einem herrlichen See.

   b) **Genitivattribute:** Ein Ausdruck im Genitiv steht direkt nach dem Nomen:
   Das Wasser des Sees ist warm.

   c) **Präpositionalattribute:** Es enthält eine **Präposition** und folgt nach dem Nomen, das erklärt werden muss. *Der Bach mit seinen leichten Wellen ist klar.*

Sätze mit dem Feldermodell untersuchen

Mit dem Feldermodell kannst du dir den Aufbau eines Satzes klarmachen. So erkennst du, an welcher Stelle im Satz ein Satzglied stehen kann oder muss.

Vorfeld	linke Satzklammer	Mittelfeld	rechte Satzklammer	Nachfeld
1. Kai	unternahm	vor einem Monat eine Klassenfahrt.		
2. Mit großen Erwartungen	fuhr	die Klasse nach Kiel.		
3. Sie	reisten	am frühen Morgen mit dem Flugzeug	an.	
4. Beim Landeanflug	sahen	alle Schüler gebannt zum Fenster	hinaus.	

Folie

1 Das Feldermodell oben enthält vier Sätze. Übernimm die Tabelle und untersuche, in welchen Spalten die verschiedenen Satzglieder stehen:
a) Markiere die Prädikate gelb und benenne die Felder, in denen sie stehen. Warum kann das Prädikat zwei Felder besetzen?
b) In welchen Feldern stehen die Subjekte? Erfrage sie mit dem Prädikat und markiere die Antwort grün: Wer oder was unternahm …?
c) Erfrage die übrigen Satzglieder (Dativ- und Akkusativobjekte, adverbiale Bestimmungen). Markiere sie in verschiedenen Farben. Wo stehen sie?

→ Diese Fragen helfen dir für die Sätze 1-3 weiter: Wann unternahm Kai eine Klassenfahrt? Wen oder was unternahm Kai? Wie/Womit fuhr die Klasse? Wohin fuhr die Klasse? Wann reisten sie an? Womit reisten sie an?

d) Wie viele Satzglieder stehen jeweils im Vorfeld und im Mittelfeld?
e) Überprüfe deine Ergebnisse mit den Hinweisen 1 bis 2 b) im **TIPP** auf Seite 233.

2 a) Ergänze den ersten Satz mit „sogar für zehn Tage". In welches Feld musst du diesen Zusatz eintragen?
b) Vergleiche mit dem Hinweis 2 c) im **TIPP** (S. 233). Was wird hier zum Ausdruck gebracht?

3 a) Stelle den ersten Satz im Modell um und bilde einen Fragesatz ohne Fragewort. Stelle fest, wo das Prädikat jetzt steht. Welches Feld bleibt frei?
b) Ersetze „vor einem Monat" durch das Fragewort WANN. In welche Felder musst du die Satzglieder nun eintragen?
c) Formuliere den Satz um: Fordere Kai auf, eine Klassenfahrt zu unternehmen. Welche Felder werden besetzt, welche bleiben frei?
d) Gib an, bei welchen Sätzen es sich um einen Verb*zweit*satz und um einen Verb*erst*satz handelt. Vergleiche mit Hinweis 3 im **TIPP** (S. 233).

M 4 Untersuche den Aufbau dieses Satzes: Kai und seine Mitschüler sind nach ihrer Ankunft auf dem Kieler Flughafen in die Jugendherberge gefahren.
a) Trage den Satz in ein Feldermodell ein. Beginne mit dem Prädikat.
b) Verändere die Stellung der Satzglieder im Vor- und im Mittelfeld. Wende dazu die Umstellprobe an. Nutze den **TIPP** auf Seite 223. Stelle den Satz so oft wie möglich um. Wie viele Möglichkeiten gibt es?
c) Welche Wörter bilden jeweils ein Satzglied? Umrahme sie.

M 5 a) Stelle die Sätze A–G im Feldermodell dar.

→ Trage zuerst die Prädikate ein: (A) konnte … beziehen, (B) gab, (C) Passt … auf, (D) kommen. Steht davor ein Satzglied? Trage es in das Vorfeld ein.

b) Gib an, ob jeweils ein Verb*erst*- oder ein Verb*zweit*satz vorliegt. Freie Felder füllst du mit einem Kreuz.

A Am Nachmittag konnte Kai endlich im Jugendhotel ein Zimmer beziehen.
B Danach gab der Klassenlehrer seinen Schülern Zeit zur freien Verfügung, sogar bis 18 Uhr.
C Passt aber gut auf euch auf!
D Wie kommen wir auf schnellstem Wege zum Strand?
E Können wir auch einen Bus dorthin nehmen?
F Denkt an das Geld für eine Fahrkarte!
G Nach 15 Minuten Fahrt erreichten Kai und Jacques den Kieler Hafen.

TIPP

Einen Satz in Felder einteilen
1. Das Prädikat steht in der Satzklammer. Sie besteht aus zwei Teilen:
   a) Die **linke Satzklammer** steht immer an zweiter Stelle im Satz. Sie enthält das Prädikat (z. B. *Kai überreicht das Geld.*) bzw. den Teil des Prädikats mit der Personalform (z. B. *Kai hat das Geld überreicht*).
   b) Die **rechte Satzklammer** schließt den Satz meist ab: *Kai hat das Geld überreicht.* Bei einfachen Prädikaten ist dieses Feld frei.
2. Die Satzklammer gliedert den Satz in Vorfeld, Mittelfeld und Nachfeld:
   a) Im **Vorfeld** darf nur ein Satzglied stehen:
      Kai (= Subjekt) *überreicht das Geld.*
   b) Im **Mittelfeld** können mehrere Satzglieder auftauchen:
      Kai hat seinem Lehrer das Geld (= Dativobjekt + Akkusativobjekt) *überreicht.*
   c) Das **Nachfeld** steht außerhalb der Klammer. Hier können z. B. Hervorhebungen (*Kai überreicht das Geld bis auf den letzten Cent.*) oder Nebensätze (vgl. Seite 235/236) stehen.
3. Wenn das Vorfeld leer bleibt und der Satz in der linken Satzklammer beginnt, liegt ein Verb*erst*satz vor. Dies ist bei Fragen ohne Fragewort (*Überreicht Kai seinem Lehrer das Geld?*) und Aufforderungen (*Überreiche dem Lehrer das Geld! Überreichst du dem Lehrer das Geld?*) der Fall.

Seite 235/236

Hauptsätze zu Satzreihen verknüpfen

A Der Campbus ist pünktlich, er fährt einmal pro Stunde.
B Informiere den Busfahrer rechtzeitig, denn es gibt keine eigene Haltestelle.
C Das Campbüro schließt um 18.00 Uhr, daher musst du zeitig ankommen.

1 Untersucht die Sätze oben in Partnerarbeit. Sie zeigen Satzreihen:

Folie

G a) Markiert in den Sätzen A–C die Prädikate und unterstreicht die Subjekte.
b) Stellt fest, an welcher Satzgliedstelle die Prädikate und Subjekte stehen?
c) Durch welches Wort werden die Sätze in B und C verbunden? Kreist sie ein.

M a) Tragt die Sätze in ein Feldermodell ein und beschreibt, wie sie aufgebaut sind: Welche Felder sind gefüllt? Wo stehen die Prädikate und Subjekte?
b) Benennt die Wörter, durch welche die Sätze in B und C verbunden werden. In welchem Feld stehen sie?

2 Besprecht eure Ergebnisse in der Klasse. Vergleicht sie mit der **INFO**.

3 Verbinde die Satzpaare a) und b) mit passenden Konjunktionen oder Adverbien zu einer Satzreihe. Nutze Hinweis 3 in der **INFO**.

→ Du kannst für Satzreihe 1 *daher* und für Satzreihe 2 *trotzdem* einsetzen.

1 **a)** Du musst das Gepäck alleine tragen.   1 **b)** Du kannst nicht so viel mitnehmen.
2 **a)** Es scheint nicht immer die Sonne.   2 **b)** Du solltest Sonnencreme mitnehmen.
3 **a)** Verlaufen kannst du dich nicht.   3 **b)** Die Strecken sind beschildert.

INFO

Hauptsätze zu einer Satzreihe verbinden:
1. Der Hauptsatz steht für sich und ist von keinem anderen Satz abhängig.
2. Oft ist er ein einfacher Aussagesatz mit dem Prädikat an zweiter Satzgliedstelle (Verb*zwei*tsatz).
3. Eine Satzreihe entsteht, wenn du zwei Hauptsätze verbindest. Du kannst:
   a) Hauptsätze **aneinanderreihen** und **durch Kommas trennen**:
      Das Abenteuercamp ist sehr beliebt, viele Jugendliche kommen jedes Jahr.
   b) Hauptsätze durch **nebenordnende Konjunktionen** (*aber, denn, doch, und, oder*) verbinden. Vor *aber, denn, doch* steht ein Komma:
      Du musst feste Schuhe mitbringen, denn wir werden oft wandern.
   c) den zweiten Hauptsatz mit **Adverbien** wie *deshalb, trotzdem, darum, jedoch* einleiten. Dabei tritt das Subjekt hinter das Prädikat. Vor dem Adverb steht ein Komma: *Das Camp liegt im Wald, daher musst du auf Wegweiser achten.*
4. Einen Hauptsatz erkennst du im Feldermodell am gefüllten Vorfeld und dem Prädikat in der linken Satzklammer. Die nebenordnende Konjunktion steht vor dem Vorfeld. Das Adverb besetzt als eigenständiges Satzglied das Vorfeld.

Sprache betrachten | Die Struktur von Sätzen beschreiben

Haupt- und Nebensätze zu Satzgefügen verknüpfen

Die Jugendlichen verbringen den Sommer im Abenteuercamp,
                              weil sie aufregende Erfahrungen erwarten.

1 Untersucht in Partnerarbeit den Aufbau des Satzgefüges oben: Folie
    a) Markiert die Prädikate. An welchen Satzgliedstellen stehen sie jeweils?
    b) Unterstreicht die Subjekte. Welchen Platz nehmen sie jeweils in den miteinander verbundenen Sätzen ein?
    c) Durch welches Wort werden die Sätze miteinander verbunden?
    d) Wo steht der Nebensatz? Unterstreicht ihn.
    e) Vergleicht eure Ergebnisse in der Klasse. Nutzt die Hinweise 1-5 der **INFO**.

2 a) Wie stellt sich der Aufbau eines Satzgefüges im Feldermodell dar? Beschreibe die beiden Möglichkeiten:

	Vorfeld	linke Satz-klammer	Mittelfeld	rechte Satz-klammer	Nachfeld
A	Du	lernst	ungewöhnliche Dinge	kennen,	damit du in der Natur gewappnet bist.
B	Du	lernst	ungewöhnliche Dinge	kennen,	
	damit		du in der Natur	gewappnet bist.	

    b) Vergleiche deine Beschreibung mit den Hinweisen 6 a) und b) in der **INFO**.

INFO

Haupt- und Nebensatz zu einem Satzgefüge verbinden
1. Ein **Satzgefüge** besteht aus einem Hauptsatz und einem Nebensatz.
2. Der **Nebensatz** kann meist nicht alleine stehen. Er bezieht sich inhaltlich auf einen anderen Satz und erklärt ihn näher.
3. Der Nebensatz kann anstelle eines Satzglieds stehen.
4. Nebensätze werden durch eine **unterordnende Konjunktion** (*bevor, während, wenn, dass, da, nachdem, sobald, als, obwohl ...*) eingeleitet. Die Personalform des Prädikats steht im Nebensatz am Schluss. Daher sind Nebensätze **Verbletzt**sätze: *Du informierst uns, wenn du eine Tour unternimmst.*
                         Hauptsatz   Nebensatz
5. Haupt- und Nebensätze werden durch ein Komma voneinander getrennt.
6. a) Der Nebensatz nimmt die Stelle eines Satzglieds ein. Nach dem Hauptsatz steht er im Feldermodell im Nachfeld.
   b) Um den Nebensatz als Verb*letzt*satz sichtbar zu machen, verbindest du das Vorfeld und die linke Satzklammer zu einem Feld. Hier steht die Konjunktion. Die Personalform des Prädikats schreibst du in die rechte Satzklammer.
   c) Wird der Nebensatz zuerst genannt, steht er im Vorfeld (siehe Seite 236).

Sprache betrachten | Nebensätze bestimmen und verwenden

A Ich darf ins Erlebniscamp fahren, wenn ich ein gutes Zeugnis bekomme.
B Wenn ich ein gutes Zeugnis bekomme, darf ich ins Erlebniscamp fahren.

Folie

3 Schau dir die beiden Satzgefüge oben an:
   a) Unterstreiche jeweils die Nebensätze. Woran hast du sie erkannt?
   b) Erläutere, wodurch sie sich unterscheiden.
   c) Vergleiche deine Überlegungen mit der **INFO** unten.

4 Beschreibe den Aufbau eines Satzgefüges mit vorangestelltem Nebensatz im Feldermodell. Vergleiche mit dem Hinweis 6 c) in der **INFO** (S. 235).

Vorfeld	linke Satzklammer	Mittelfeld	rechte Satzklammer
Damit die Teilnehmer gut miteinander auskommen,	sollten	sich alle rücksichtsvoll	verhalten.
	Damit	die Teilnehmer gut miteinander	auskommen,
	sollten	sich alle rücksichtsvoll	verhalten.

5 Bilde aus den Satzpaaren 1-4 Satzgefüge mit **nachgestelltem** Nebensatz: Überlege, mit welcher Konjunktion du den Nebensatz einleiten willst. Notiere dann die Satzgefüge. Unterstreiche im Nebensatz die Konjunktion und markiere das Prädikat: 1. Du meldest dich bei der Campleitung, sobald ...

→ Du kannst diese Konjunktionen nutzen: weil – nachdem – wenn – damit.

1. Du meldest dich bei der Campleitung. / Du bist angekommen.
2. Sie zeigt dir deinen Zeltplatz. / Viele Plätze sind reserviert.
3. Du kannst dein Zelt aufbauen. / Du hast dich ein wenig erfrischt.
4. Orientiere dich auf dem Übersichtsplan. / Du findest dich im Camp zurecht.
5. Das Camp bleibt sauber. / Die Abfälle werden in die Mülleimer geworfen.
6. Wir sind hier mitten im Wald. / Das Feuermachen ist verboten.

6 Bilde mit den Satzpaaren 5 und 6 Satzgefüge mit **vorangestelltem** Nebensatz. Unterstreiche im Nebensatz die Konjunktion und markiere das Prädikat. Kreise im Hauptsatz das umgestellte Subjekt ein.

INFO

Die Stellung von Haupt- und Nebensatz im Satzgefüge

1. Wenn du ein Satzgefüge bildest, kannst du entscheiden, ob du mit dem Hauptsatz oder dem Nebensatz beginnen willst:
   a) **nachgestellter Nebensatz:**
      Die Betreuer nehmen dich in Empfang, wenn du im Camp eintriffst.
   b) **vorangestellter Nebensatz:**
      Wenn du im Camp eintriffst, nehmen dich die Betreuer in Empfang.
2. Beachte, dass beim vorangestellten Nebensatz im Hauptsatz das Subjekt hinter dem Prädikat steht: *Weil es bis 9 Uhr Frühstück gibt, stehe ich früh auf.*

Nomen mit Relativsätzen näher erläutern

Ausflugsangebote
1. Verbringen Sie Ihre Ferien in unserem Camp, das in einem herrlichen Naturschutzgebiet liegt.
2. Hier liegt auch der Biggesee, welcher im Sommer angenehm warm ist.
3. Wanderer besteigen gerne die umliegenden Berge, die einen großartigen Ausblick bieten.
4. Viele erschlossene Höhlen sind Urlaubern zugänglich, die gerne im Dunkeln forschen.
5. Die Berge sind auch für Radfahrer attraktiv, die das Bergfahren lieben.

1 a) Schreibe die Sätze ab und markiere die Kommas.
b) Unterstreiche in den Sätzen die Relativsätze. Lies dazu die **INFO**.
c) Kreise das Relativpronomen ein und zeichne einen Pfeil vom Relativpronomen zu dem Nomen, das erläutert wird.
d) Vergleiche dein Ergebnis mit dem deines Nachbarn.

1. In der Heinrichshöhle wurden Knochen von Tieren gefunden. Die Tiere stammen aus der Eiszeit.
2. Von einem Bären fand man ein ganzes Gerippe. Das Gerippe ist gut erhalten.
3. In der Höhle gibt es auch Tropfsteine. Die Tropfsteine sehen fantastisch aus.
4. Man findet auch zahlreiche Versteinerungen. Die Versteinerungen enthalten Pflanzenabdrücke und Muscheln.
5. Oberhalb der Heinrichshöhle befindet sich das Felsenmeer. Das Felsenmeer ist rund 700 Meter lang und 200 Meter breit.

2 Forme in den Satzpaaren den zweiten Satz in einen Relativsatz um. Gehe vor, wie im dritten Hinweis in der **INFO** beschrieben.

INFO

Was sind Relativsätze?
1. Relativsätze sind Nebensätze, die durch ein Relativpronomen (*der, die, das; welcher, welche, welches*) eingeleitet werden. Der Relativsatz erläutert ein vorausgehendes Nomen näher. Es ist daher ein Attribut:
   Ich suche eine Badestelle, die am See liegt.
2. Zwischen Hauptsatz und Relativsatz steht immer ein Komma.
3. So entwickelst du aus zwei Sätzen einen Satz mit Relativsatz:
   a) Unterstreiche das Nomen, das sich im zweiten Satz wiederholt.
      In den Höhlen lebten früher Tiere. Die Tiere sind dort auch gestorben.
   b) Ersetze dieses Nomen durch ein Relativpronomen:
      In den Höhlen lebten früher Tiere, die dort auch gestorben sind.
   Beachte, dass das Prädikat im Relativsatz immer am Schluss steht.

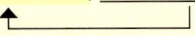

Wortbildung

Wortfelder – Wörter mit ähnlicher Bedeutung

1 a) Es gibt verschiedene Ausdrücke für *gehen*. Lest die Hinweise 1 und 2 in der **INFO**. Sammelt dann in Einzelarbeit fünf Wörter zum Wortfeld *gehen*.
b) Vergleicht in Vierergruppen eure Ergebnisse. Sortiert doppelte Wörter aus.
c) Wodurch unterscheidet sich die Bedeutung dieser Wörter? Lest den 3. Hinweis in der **INFO**. Findet dann für die verschiedenen Arten des Gehens jeweils einen Oberbegriff, z. B. *laut gehen*. Ordnet diesen eure Wörter zu.

→ Ihr könnt eure Begriffe z. B. folgenden Oberbegriffen zuordnen: langsam gehen, leise gehen, vorsichtig gehen, schnell gehen.

Kommissar Fuchs erscheint zum Dienst

Um 8 Uhr war Kommissar Fuchs gemächlich in sein Büro (1). Auch die anderen Büroräume füllten sich allmählich. Frau König, die Sekretärin, mag keine Aufmerksamkeit und (2) daher unbemerkt zu ihrem Arbeitsplatz. Herr Tim von der Spurensicherung hatte es hingegen eilig und (3) bereits zum Fahrstuhl. Wahrscheinlich musste er zu einem Tatort. Der dicke Herr Sandstede war ihm bereits auf den Fersen und (4) schweren Schrittes seinem Kollegen hinterher. Eine halbe Stunde später (5) Kommissar Fuchs zur Dienstbesprechung. Als er anfangen wollte, (6) Herr Baumann zu einem freien Platz in der letzten Reihe. Er hatte wohl verschlafen. Zwei Stunden später (7) wieder alle zurück zu ihren Büros. Er kümmerte sich dann um ein paar alte Fälle, als ihn gegen 14.20 Uhr ein Anruf erreichte. Ein Herr Meyer meldete einen Einbruch in der Schillerstraße 36. Der Täter war wohl unerkannt aus dem Einfamilienhaus (8). Sofort (9) Kommissar Fuchs in das Nachbarbüro und forderte seinen Assistenten, Herrn Henkel, auf, ihn umgehend zu begleiten und nicht zu (10).

2 a) Schreibe den Text ab und setze für die Zahlen passende Ausdrücke aus eurer Mindmap ein. Achte auf den inhaltlichen Zusammenhang. Verwende verschiedene Ausdrücke.

→ Prüfe, ob es im Text Hinweise gibt, wie die Personen gehen. Im ersten Satz erfährst du z. B., dass der Kommissar gemächlich (= langsam) sein Büro betritt. Frau König wiederum möchte nicht, dass jemand ihre Ankunft bemerkt. Sie wird daher wohl leise und vorsichtig gehen.

b) Stellt in der Klasse eure Lösungen vor. Prüft, ob eure Ausdrücke in den jeweiligen Zusammenhang passen. Verbessert eure Abschrift, wenn nötig.

INFO

Wortfeld
1. Wörter der gleichen Wortart und mit einer ähnlichen Bedeutung bilden ein Wortfeld. Man nennt sie auch **Synonyme**.
2. Wenn du viele Wörter eines Wortfelds kennst, kannst du Texte abwechslungsreicher gestalten: *erhalten* (Verb) = *bekommen, erlangen, ergattern* …
3. Wörter eines Wortfelds grenzen sich oft durch kleine Bedeutungsunterschiede ab: So meint das Verb *hasten* ein schnelles oder überstürztes Laufen. Mit *flanieren* drückt man hingegen ein langsames, entspanntes Gehen aus. Achte auf diese feinen Unterschiede, wenn du ein Wort ersetzen willst.

Der Superstar Michael Phelps

Ich will euch jetzt von einem Sportler berichten, der bei vielen Olympiaden super abgeschnitten hat: dem Schwimmer Michael Phelps. Bereits mit 15 Jahren war er so super, dass er 2000 als einer der jüngsten Schwimmer im US-Team an der Olympiade in Sydney teilnehmen konnte. Hier war sein Ergebnis noch nicht so super, daher musste er ohne Medaille zurückkehren. Doch acht Jahre später hatte er eine super Leistung hingelegt und acht Goldmedaillen gewonnen. Der Mann hat wirklich einen super Körperbau, der ganz super für das Schwimmen geeignet ist. Aber damit alleine kann man nicht gewinnen. Außerdem stellt er sich immer super auf einen Wettkampf ein. Er hat auch eine super Schwimmtechnik, und zwar in mehreren Schwimmdisziplinen. Auch sein Siegeswille ist wirklich super. Dazu kommt, dass er sich nach einem Wettkampf super schnell erholt, sonst hätte er nicht acht Goldmedaillen gewinnen können, davon drei mit der Staffel. Pro Woche schwimmt er 80 Kilometer, dadurch ist er natürlich super trainiert. Er hat einen super Rückhalt durch seine Familie: Seine Mutter und seine beiden Schwestern waren bei den Wettkämpfen dabei. Um mich nicht zu wiederholen, will ich zum Abschluss nur sagen: Michael Phelps ist wirklich spitze!

3 Barbara hat in ihrem Referat das Adjektiv *super* zu häufig verwendet. Ersetze es durch passende Wörter aus dem Wortfeld *super*.

→ Du kannst aus dem Wortmaterial passende Ausdrücke wählen:
großartig, herausragend, außergewöhnlich, glänzend, beachtlich, prächtig, überragend, genial, ausgezeichnet, außergewöhnlich, herrlich, unvergesslich, einzigartig, fabelhaft, vorzüglich, prachtvoll, fantastisch, mitreißend, bedeutend, erstklassig, bemerkenswert, attraktiv, klassisch, außerordentlich, hervorragend, enorm, herausragend, klasse, phänomenal, blendend, überwältigend, bemerkenswert, auffallend, exzellent, prima, sehr gut, ideal, lässig.

4 a) Schau dir die folgenden Sätze an: Durch welche Ausdrücke könnte man sie passend ergänzen? Lies dazu die **INFO**.

A Michael Phelps ist mit 1,93 m kein kleiner Schwimmer, sondern ein ...
B Mit 15 Jahren startete er bei Olympia. Er war daher noch nicht alt, sondern ...
C Wer so viel trainiert, hat einen hohen Kalorienverbrauch. Michael Phelps ist daher bestimmt immer hungrig und nie ...

b) Stell dir vor, Michael Phelps wäre überall der Letzte. Schreibe den Text oben um und ersetze deine eingetauschten Begriffe durch passende Antonyme.

INFO

Antonyme
Zu vielen Wörtern gibt es Wörter, die genau das Gegenteil bedeuten:
jung – alt, groß – klein, dick – dünn ... Solche Wörter nennt man Antonyme.

Wortfamilie – verwandte Wörter

Kommissar Fuchs macht sich auf die Suche

Als Kommissar Fuchs die Untersuchung aufnehmen wollte, musste er den Schulleiter erst ersuchen, sich zu beruhigen. Seine Frau hielt sich in Berlin auf, denn sie besuchte Verwandte. Zuerst musste Kommissar Fuchs sein Notizbuch hervorsuchen. Weil seine Jacke so viele Taschen hatte, artete das immer in einer
5 Sucherei aus. „Versuchen Sie sich bitte zu konzentrieren", ermahnte der Kommissar. Herr Meyer berichtete, dass er sich zunächst eine neue Krawatte aussuchen wollte. Er habe sich mit Sahne bekleckert, der Versuchung aber nicht widerstehen können. Dann musste er sein Arbeitszimmer aufsuchen. Ein paar Eltern waren mit einem Gesuch an ihn herangetreten. „Bin ich froh, dass mein Schul-
10 besuch vorbei ist", dachte der Kommissar. Dann wollte er wissen, ob er auch zu Hause Besucher empfangen habe. Nur seine Putzfrau sei dagewesen, aber bestimmt nicht an seinen PC gegangen. Er hatte entdeckt, dass dieser angestellt und die Suchmaschine genutzt worden war. „Da habe ich den Safe untersucht", erzählte der Schulleiter. „Es war alles da bis auf die Prüfungsunterlagen. Sie
15 können doch einen Suchtrupp auf die Beine stellen?" „Das ist nicht so leicht. Hat denn der Sucher ihrer Überwachungskamera etwas entdeckt?" Da gestand Herr Meyer, dass es sich um eine Attrappe handele. Daraufhin bat Kommissar Fuchs Herrn Meyer ins Präsidium, damit sie eine Suchanzeige aufnehmen können.

Folie

1 In diesem Text findest du viele Wörter, die zur Wortfamilie *such* gehören. Lies die **INFO** und markiere alle Wörter mit dem Wortstamm *such*.

→ Markiere 18 Wörter: 14 Ableitungen und 4 Zusammensetzungen.

2 **a)** Ordne die Ableitungen zur Wortfamilie *such* in die Tabelle ein.
b) Gib in der letzten Spalte an, zu welcher Wortart die Ableitung gehört.

Wort	Präfix	Wortstamm	Suffix	Wortart
Suche	-	Such	e	Nomen

ℹ INFO

Was ist eine Wortfamilie?
1. Wörter, die den gleichen Wortstamm (z. B. *fahr*) haben, gehören zu einer Wortfamilie: *fahren – der Fahrer – die Fähre – die Fahrbahn*.
2. Viele Wörter einer Wortfamilie entstehen durch **Ableitungen** vom Wortstamm. Das geschieht durch das Anfügen von
   a) **vorangestellten Silben** (Präfixe oder Partikel): *er-fahr-bar – über-fahr-en*;
   b) **nachgestellten Silben** (Suffixe): *er-fahr-bar – über-fahr-en*.
3. Auch **zusammengesetzte Wörter** (= Komposita) gehören zur Wortfamilie.
   a) Sie bestehen meist aus einem Bestimmungswort und einem Grundwort: *die Busfahrt – der Fahrgast – die Fahrtgeschwindigkeit*.
   b) Manchmal musst du „**Fugenbuchstaben**" einfügen: *der Meeresgrund*.
4. Durch Ableitungen und Zusammensetzungen entstehen neue Bedeutungen, sodass du dich genauer ausdrücken kannst, z. B. *einfahren, ausfahren*.

3 Schreibe die zusammengesetzten Wörter der Wortfamilie *such* heraus. Kennzeichne das Bestimmungs- und das Grundwort in unterschiedlichen Farben. Beachte die **INFO** auf Seite 240.

4 In dem Text werden die Wörter *ersuchen* und *aussuchen* verwendet.
a) Erläutere, was sie bedeuten.

→ Schau dir diese Sätze an: *Die Lehrerin hat die Schüler ersucht, ihre Handys wegzulegen. Die Klasse folgte ihrer Bitte. / Ich soll mir eine neue Hose aussuchen. Das ist bei dieser großen Auswahl nicht leicht.*
Überlege, wie du die unterstrichenen Wörter umschreiben könntest.

b) Wie unterscheidet sich die Bedeutung dieser Wörter von *suchen*? Erkläre.

5 ↪ Bilde Nomen, indem du die Wörter aus dem Wortmaterial mit folgenden Suffixen verbindest: *-ung, -heit, -keit, -schaft, -tum, -nis, -ling, -sal*. Denke daran, dass sich beim Ableiten der Wortstamm ändern kann:
begraben + -nis = das Begräbnis.

> **begraben – verfügen – ärgern – schicken – brauchen – erlauben – trüb – finster – entdecken – decken – übel – belohnen – freundlich – wirken – machen – vermuten – aufbewahren – ermitteln – prüfen – überwachen – reich – versäumen**

6 ↪ Bilde Adjektive. Verbinde dazu die Wörter aus dem Wortmaterial mit diesen Suffixen: *-sam, -lich, -ig, -isch, -voll, -bar, -haft, -los*. Auch in diesem Fall kann sich der Wortstamm ändern: *der Verdacht + -ig = verdächtig*.

> **glauben – Pracht – Strafe – Fürst – trügen – Tier – Dieb – Rat – wandeln – reden – verlassen – Gespräch – Verdacht – Betrug – Raub – Dauer – Leben – Eindruck – Leiden – Wunder – Lust**

M 7 Welche Nomen bilden durch Zusammensetzung ein neues Wort? Ordne sie einander passend zu und schreibe sie in dein Heft. Beachte, dass du manchmal einen Fugenbuchstaben einfügen musst.

> **Zelt – Spieß – Scheibe – Dressur – Notiz – Sonne – Platz – Schrank – Blei – Tor – Bank – Polizei – Hüter – Hindernis – Ermittlung – Lauf – Braten – Reiter – Überfall – Fenster – Geld – Stift – Schein – Block**

8 Untersuche folgende Wörter: Torhüter, Sehnsucht, Reinfall, blindwütig, Zungenbrecher, gemeingefährlich.
a) Aus welchen Wortarten bestehen sie?
Torhüter = Nomen + Nomen.
b) Was wird durch die Zusammensetzung genau zum Ausdruck gebracht? Umschreibe die Wörter in eigenen Worten:
der Torhüter = jemand, der im Tor steht und dafür sorgt, dass …

Sprache betrachten | Komposita erkennen und bilden

Richtig schreiben

Kleiner Anfangstest

In diesem Kapitel begegnen dir viele Übungen zu verschiedenen Fehlerschwerpunkten. Mithilfe der Rechtschreibstrategien, die du bereits aus Klasse 5 und 6 kennst, kannst du die Aufgaben lösen. Bearbeite den Einstiegstest und finde heraus, welche Fehlerschwerpunkte du noch besonders üben musst.

Seite 244/245

(A) Wörter mit einfachem oder doppeltem Konsonanten

„John Maynard" ist eine bekannte Ballade von Theodor Fontane. Im Mitelpunkt steht der Steuerman John Maynard. Er steuert das Schif von Detroit nach Buffalo und befördert viele Fahrgäste quer über den Eriesee. Das Weter ist somerlich, die Sone strahlt hel, das Wasser glitzert, doch plötzlich fängt es an zu brenen. Trotz der Retungsversuche der Mannschaft kann das Feuer nicht gelöscht werden. Viele Menschen klamern sich ängstlich aneinander. John Maynard jedoch bringt nichts aus der Ruhe. So retet er ale.

Seite 246

(B) Wörter mit *ä/e* oder *äu/eu*

Der Kapitän lenkte seinen Kahn über das Meer. Die Stimmung an Bord war grässlich. Der Sturm häulte, der Himmel ferbte sich schwarz und es wurde immer kelter, je neher sie dem Norden kamen. Die Seeleute drengten sich in der nicht gerade gereumigen Kajüte, um sich aufzuwermen. Sie erklerten, dass sie zwar nicht engstlich seien, dass der Kapitän die Fahrt jedoch gerne beschleunigen könne. Das Wetter sei schäußlich und in der engen Kajüte kämen sie sich vor wie Streflinge im Gefengnis!

Seite 247

(C) Wörter mit *b/p, d/t* oder *g/k* am Ende

Unsere Klassenfahrt war ein echter Abenteuerurlaup! Der Höhepunkt war eindeutik die Raftingtour. Karl und ich paddelten kräftik vom Strant wek und kamen schnell voran. Es war richtik lustig, vor allem weil ein Klassenkamerat ins Wasser fiel, da sein Kanu in Schräklage geriet. Plötzlich waren Karl und ich ebenfalls in Not: Die Strömung wurde so wilt, dass sie nicht nur jeden Ast und Zweik mitriss, sondern auch unser Kanu! Karl schluk mit dem Paddel um sich und schaffte es schließlich, an Lant zu kommen.

Seite 248-251

(D) Groß- und Kleinschreibung

„Ich wurde im letzten schuljahr zum schulsanitäter ausgebildet", berichtet Benjamin. „In jeder Großen pause übernehme ich die medizinische erstversorgung von verletzten. Manchmal müssen wir auch den krankenwagen rufen, wenn die verletzung besonders schlimm ist." „Immer wieder verpasst man auch mal einen teil des unterrichts", sagt Benjamin, „aber die Lehrer Wissen, dass meine hilfe wichtig ist, und akzeptieren das."

(E) Satzschlusszeichen setzen

Seite 267

Mein Lieblingsbuch heißt „Eragon" es wurde von Christopher Paolini geschrieben mittlerweile gibt es vier Bände Eragon ist ein Junge, der bei einer Jagd einen blauen Stein findet doch was hat es damit auf sich aus dem Stein schlüpft eines Nachts ein blauer Drache das muss man sich mal vorstellen von nun an wird Eragons Leben auf den Kopf gestellt er gerät in viele Abenteuer und muss seine Welt immer wieder vor fremden Mächten retten was für ein spannendes Lesevergnügen lies das Buch doch auch einmal du bekommst es in jeder Buchhandlung oder kannst es in der Bücherei ausleihen

1 In den Texten A bis E auf diesen beiden Seiten geht es jeweils um einen Fehlerschwerpunkt.
   a) Suche in jedem Text die Fehlerwörter bzw. die Stellen mit dem fehlenden Satzzeichen (E) (jeweils 12) und markiere sie.
   b) Wende für jeden Fehlerschwerpunkt eine passende Rechtschreibstrategie an. Eine Übersicht der Strategien findest du auf Seite 255. Für Text E hilft dir der TIPP auf Seite 267 weiter.
   c) Schreibe die Texte ab und berichtige die Fehlerwörter. Beachte beim Fehlertext E, dass du den Satzanfang großschreiben musst. Unterstreiche das verbesserte Wort.

Folie

Seite 255

2 a) Übertrage die Tabelle in dein Heft und prüfe deine Ergebnisse mit dem Lösungsheft. Setze für jeden Fehler einen Strich in die passende Spalte.

Fehlerschwerpunkt	Fehleranzahl
(A) Wörter mit einfachem oder doppeltem Konsonanten	
(B) Wörter mit ä/e oder äu/eu	
(C) Wörter mit b/p, d/t oder g/k am Ende	
(D) Groß- und Kleinschreibung	
(E) Satzschlusszeichen setzen	

   b) Wie gut bist du in den einzelnen Fehlerschwerpunkten? Lies zu deinen Ergebnissen die jeweilige Bewertung unten.
   c) Übe deine Fehlerschwerpunkte mithilfe der angegebenen Übungsseiten.

0-3 Fehler:

Du beherrschst diesen Fehlerschwerpunkt sehr gut. Mach weiter so! Bearbeite auf den Übungsseiten die anspruchsvolleren Aufgaben und vertiefe dein Können!

4-7 Fehler:

Du machst einige Fehler und bist dir bei der Schreibung der Wörter oft noch unsicher. Bearbeite die passenden Übungsseiten und übe regelmäßig mit deiner Rechtschreibkartei!

mehr als 8 Fehler:

Dieser Fehlerschwerpunkt bereitet dir große Schwierigkeiten.
Verbessere dich, indem du regelmäßig, konzentriert übst. Nutze die Hilfen und präge dir die Rechtschreibstrategien gut ein. Arbeite mit der Rechtschreibkartei.

Kleiner Anfangstest | Individuelle Fehlerschwerpunkte benennen

Strategie: auf die Länge des Vokals achten

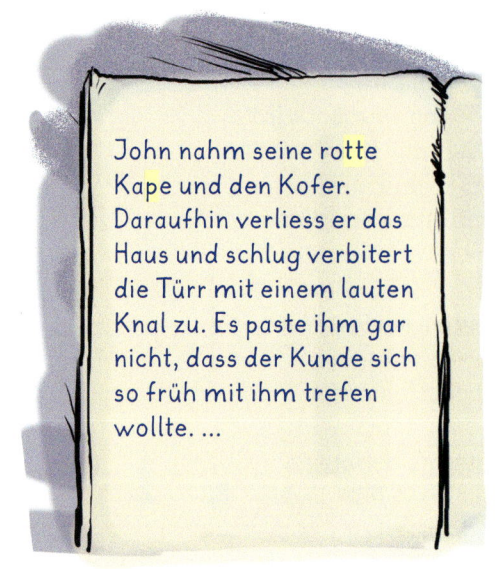

1 Veronika hat in ihrem Text neun Wörter nicht richtig geschrieben.
a) Lies den Text und markiere die Fehlerwörter.
b) Was hat Veronika falsch gemacht? Erkläre.
c) Wie kann sie die richtige Schreibung herausfinden? Tausche dich mit einem Partner aus.
d) Schlagt die Rechtschreibstrategie 2 auf Seite 255 nach. Berichtigt mit ihrer Hilfe die Fehler.

→ Finde heraus, ob der Vokal in der betonten Silbe lang oder kurz ist. Wende dazu die Silbenprobe an und sprich den Vokal laut aus: ro te Kap pe. Markiere einen kurzen Vokal mit einem Punkt und einen langen Vokal mit einem Strich.

John nahm seine rotte Kape und den Kofer. Daraufhin verliess er das Haus und schlug verbitert die Türr mit einem lauten Knal zu. Es paste ihm gar nicht, dass der Kunde sich so früh mit ihm trefen wollte. ...

n/nn: Mie(1)e, dü(2), es bre(3)t, Wa(4)e, Si(5), Die(6)er, To(7)e, er spi(8)t
m/mm: Ei(9)er, Sa(10)en, i(11)er, Zi(12)er, du(13), es su(14)t
r/rr: Wa(15)en, er i(16)t, schmo(17)en, Ka(18)en, er ze(19)t, ga(20)
t/tt: es ra(21)ert, Va(22)er, Ga(23)er, pla(24), du zi(25)erst, Wa(26)e
b/bb: Ra(27)e, es kra(28)elt, Schna(29)el, sie he(30)t, kle(31)rig, er kna(32)ert

2 Einfacher oder doppelter Konsonant?
a) Markiere in den Wörtern links die Länge des Vokals mit einem Strich und die Kürze mit einem Punkt. Verlängere einsilbige Wörter.

→ Die Wörter 2, 5, 8, 13 und 14 sind einsilbig. So kannst du sie verlängern. Setze die richtige Form ein: **ein (2) Brett, die Wunden (3), die (Plural) (5), die Leute (8), ein (13) Fehler, die Bienen (14).**

b) Entscheide dann, ob du in die Wörter einen einfachen oder einen doppelten Konsonanten einsetzen musst. Schreibe sie richtig in dein Heft.

3 Was macht der Fußballstar Thomas Müller wohl in seiner Freizeit? Ob er vielleicht eine tolle Party gibt?

🖉 **Folie**

a) Lies den Text und entscheide für die Wörter mit Klammern, ob du einen einfachen oder einen doppelten Konsonanten einsetzen musst. Markiere dazu die Länge bzw. Kürze des Vokals mit einem Strich bzw. Punkt.
b) Schreibe den Text dann in der richtigen Schreibweise in dein Heft.

Thomas Müller und seine Frau Lisa haben ein paar ne(t/tt)e Leu(t/tt)e eingeladen. Sie wo(l/ll)en selber kochen und sind sehr gespa(n/nn)t, ob a(l/ll)es kla(p/pp)t! Sie werden zusa(m/mm)en einkaufen und die Zuta(t/tt)en frisch besorgen. Dann ste(l/ll)en sie sich in die Küche und berei(t/tt)en alles vor. Die beiden müssen einen Hau(f/ff)en Gemüse schä(l/ll)en und schni(p/pp)eln. Lisa kü(m/mm)ert sich darum, den Tisch liebevo(l/ll) zu dekorieren. Kerzen sorgen für die richtige Sti(m/mm)ung. Nachdem Thomas die Gäste in Empfang geno(m/mm)en hat, folgt das Menü: Lisa zaubert eine Hu(m/mm)er-Su(p/pp)e, serviert in tie(f/ff)en Te(l/ll)ern. Als Hauptspeise wird dann ein Sauerbra(t/tten) mit Se(m/mm)elknödeln aufgetra(g/gg)en. Zum Nachtisch gibt es Pu(d/dd)ing.

Auf die Länge des Vokals achten | Regeln der Dehnung und Schärfung anwenden

Meine Fehlerwörter mit ss	Meine Fehlerwörter mit ß
Wissensdurst, Anlass, Pass, es nässt ...	Straßenverlauf, reißen, Gefäß, Stoß ...

4 Martin hat Lernkarten für seine Fehlerwörter aus dem letzten Diktat erstellt.
 a) Wie kann er herausfinden, wann er ein Wort mit ß oder mit ss schreiben muss? Tausche dich mit einem Partner darüber aus.
 b) Überprüft eure Vermutungen und lest Rechtschreibstrategie 2 auf Seite 255 (3. Hinweis). Wendet sie dann bei den Wörtern in Martins Lernkarten an.

Seite 255

5 Diese Wörter muss Martin noch in seine Liste einordnen:
Strau(1), Wei(2)brot, pudelna(3), sto(4)en, verpa(5)en, ru(6)ig, Adre(7)e, vermi(8)en, schlie(9)en, Profe(10)or.
 a) Entscheidet gemeinsam, ob ihr ss oder ß einsetzen müsst. Nutzt dazu die passenden Rechtschreibstrategien.

 ↪ Die Wörter 1 bis 3 müsst ihr verlängern. Wort 2 müsst ihr vorher noch zerlegen: die (Plural) Strau(1)e, das wei(2)e Pferd, das na(3)e Hemd. Nun könnt ihr, wie bei den anderen Wörtern, die Silbenprobe anwenden: die Strau(1)e.

 b) Ordnet die Wörter aus der Liste den Lernkarten von Martin zu.

6 a) Entscheide, ob du ss oder ß einsetzen musst. Markiere dazu die Länge des Vokals mit einem Strich und die Kürze mit einem Punkt.

Folie

Thomas Müller ist drau(1)en auf dem Fu(2)ballplatz eine Kla(3)e für sich. Wenn er den Ball pa(4)t, zeigt er seine wahre Grö(5)e. Sein Schlü(6)el zum Erfolg? Jeder Schu(7) ist ein Treffer und er hat Spa(8)! Er schie(9)t so kolo(10)al gut, dass ihm die Zuschauerinnen Handkü(11)e zuwerfen und ihm unfa(12)bar laut zujubeln. Nach dem Spiel wollen viele Fans ihren Star anfa(13)en und verge(14)en dabei, dass dies für den Star sehr stre(15)ig ist. Trotzdem lächelt er gela(16)en und gibt auch der Pre(17)e ein Interview.

 ↪ Du kannst diese Hilfe für die Wörter 1-8 nutzen: Die Wörter 1, 2, 5 und 8 haben einen langen Vokal, die Wörter 3, 4, 6 und 7 haben einen kurzen Vokal.

 b) Schreibe die Sätze in der richtigen Schreibweise in dein Heft.

M 7 Bilde mit den folgenden Verben die Wir-Form des Präteritums und ordne sie in die Tabelle ein. Notiere sie mit Silbenbögen: lassen, heißen, fesseln, reißen, pressen, stoßen, begrüßen, messen, versüßen, beißen, schießen.

s-Laut verändert sich im Präteritum	s-Laut verändert sich nicht im Präteritum
las sen → wir lie ßen	hei ßen → wir hie ßen

Strategie: Wörter ableiten
Wörter mit *ä/e* oder *äu/eu*

Der Sturm
Barbara Siefert

Schon l<mark>ä</mark>nger l<mark>äu</mark>ten die Glocken am Turm,
der Wind h<mark>eu</mark>lt laut, es n<mark>ä</mark>hert sich Sturm.
Die Gischt sch<mark>äu</mark>mt auf, das Meer ist rau,
die Felsen ragen in den Himmel so grau.

Die Str(1)cher und (2)ste, absch(3)lich sie (4)chzen,
hoch in den Wipfeln die Raben, sie kr(5)chzen.
Die B(6)ume verbiegen, kein Blatt, das nicht f(7)llt.
Es wird plötzlich dunkel, unheimliche Welt.

Beisammen sitzen die Menschen am F(8)er,
bedrohlich ist's draußen, ihnen ist nicht geh(9)er.
Sie erzählen von früher, von (10)ngsten und Fr(11)den
und beginnen gemeinsam, von der Zukunft zu tr(12)men.

Seite 255

1 a) Schaut euch die markierten Wörter der ersten Strophe an: Wie kann man herausfinden, ob ein Wort mit *ä/e* oder *äu/eu* geschrieben werden muss? Sprecht darüber. Vergleicht dann mit Strategie 3 auf Seite 255.
b) Schreibe die markierten Wörter in dein Heft und notiere zu jedem eine passende Ableitung. Schreibe so: länger → lang.
c) Prüfe für die Wörter 1 bis 12, ob du *ä/e* oder *äu/eu* einsetzen musst. Finde dazu passende Ableitungen.
d) Ergänze die Lückenwörter und schreibe das Gedicht in dein Heft.

Saum, kalt, Kamm, Stange, Raum, Arzt, lachen, raten, bauen, Schlauch, stark, faul, Schaum, außen, verkaufen, rauschen, Hass

2 a) Entscheide, ob du die Wörter 1-25 mit *ä/e* oder *äu/eu* schreiben musst. Ordne ihnen hierfür die Ableitungen aus dem Kasten zu.
b) Schreibe die Wörter mit ihrer Ableitung ins Heft:
säumen → Saum.

s(1)men, Geb(2)de, h(3)sslich, F(4)lnis, St(5)rke, n(6)lich, R(7)tsel, Erk(8)ltung, sch(9)men, Schl(10)che, Z(11)gnis, (12)ßerlich, F(13)er, l(14)cheln, k(15)mmen, fr(16)en, Verk(17)fer, Geh(18)le, Ger(19)sch, beschl(20)nigen, aufr(21)men, Fr(22)nde, h(23)te, (24)rztin, St(25)ngel

3 → Entscheide auch für folgende Wörter, ob du sie mit *ä/e* oder *äu/eu* schreiben musst. Prüfe für jedes Wort, ob es eine Ableitung gibt, und notiere diese.

G?rtner, sch?, Gew?chs, schn?tzen, tats?chlich, M?te, sch?ßlich, gef?hrlich, St?er, anl?sslich, ertr?glich, S?gling, t?er, g?nzlich, beh?nde, ern?hren, W?sche, verst?ndlich, F?hre, n?hen, w?rmen, B?te, Kr?ter, fr?dig, r?chern, ein?gig, Tr?ger, schl?dern, Abent?er, Geschw?tz, ?rmel, bet?ben, B?tel

Strategie: Wörter verlängern

Wörter mit *b/p*, *d/t* oder *g/k* am Ende

Jakob: Du, wie schreibt man noch mal *Staub/p*?
Mattis: Na, wie man es spricht. Mit „*p*" am Ende.
Jakob: „*Staup*"? Hm, das sieht aber komisch aus! Muss man vielleicht doch ein „*b*" einsetzen? Aber warum?

1 a) Beantworte Jakobs Frage. Vergleiche deinen Vorschlag mit Strategie 5 auf Seite 255.
b) Beweise die Schreibweise von „Staub", indem du die Strategie anwendest.

2 Beweise auch die Schreibung der folgenden Wörter, indem du sie verlängerst: der Feiertag, der Rand, der Hieb, er nagt, hungrig, tausend.
Schreibe so: der Dieb → die Diebe.

3 a) Finde heraus, ob die Wörter 1 bis 20 im Kasten mit *b/p*, *d/t* oder *g/k* geschrieben werden. Schreibe die Wörter mit ihrer Verlängerung in dein Heft. Manchmal musst du weitere Strategien anwenden (Wörter zerlegen oder ableiten):
fertig → die fertige Arbeit.

> das Gra(1), sie to(2)t, die Schla(3)kraf(4), du pfle(5)st, der Hem(6)kragen, elegan(7), der Köni(8), der Mon(9), schmutzi(10), lie(11), vollständi(12), häufi(13), er zei(14)t, tau(15), der Or(16), das Plaka(17), ecki(18), der Mona(19), sie win(20)t, das Wei(21), der Bran(22)schutz, die Faus(23), die Käfi(24)tür, run(25), er schlä(26)t, blin(27), die Strafta(28), er lo(29)t, der Umschla(30), das Lie(31), der Schlafanzu(32), das Stran(33)tuch, das Zel(34), die Fel(35)maus, der Betrie(36), bun(37)

→ Du kannst für die Wörter 1-8 diese Hilfe nutzen: Schau dir die Wörter an und sprich sie mit den angegebenen Konsonanten jeweils laut aus. Entscheide dich dann für einen Konsonanten: **die Grä(b/p)er, sie to(b/p)en, die Schlä(g/k)e, die Kräf(d/t)e, pfle(g/k)en, die Hem(d/t)en, eine elegan(d/t)e Dame, die Köni(g/k)e.**

b) Bearbeite auf die gleiche Weise die Wörter 21 bis 37.

4 a) Vervollständige die Lückenwörter der Redensarten unten mit den fehlenden Buchstaben *b/p*, *d/t* oder *g/k*.
b) Wähle zwei Redensarten aus und erkläre ihre Bedeutung. Wenn du dir nicht sicher bist, recherchiere im Internet.

1. Morgenstun(1) hat Gol(2) im Mun(3).
2. Früh ü(4)t sich, was ein Meister werden will.
3. Du sollst den Ta(5) nicht vor dem Aben(6) loben.
4. Spare in der Zei(7), dann hast du in der No(8).

Strategie:
Signale der Großschreibung beachten

Nomen erkennen

der handel – fahren
– gemeinheit – ich
– mein praktikum –
ein fleißiger schüler
– lieben – vier jahre
– hell – julia – viel
glück – ins bad

1 a) Nomen erkennt man an bestimmten Signalen. Benennt sie. Überprüft eure Ideen mit Strategie 6 auf Seite 255 (Hinweis 1).
b) Welche Wörter links sind Nomen und werden großgeschrieben? Unterstreicht sie auf einer Folie. Schreibt sie anschließend heraus und begründet die Großschreibung: der Handel → Artikel = Signalwort für das Nomen

fahndung nach tom kölle
Wolfgang Ecke

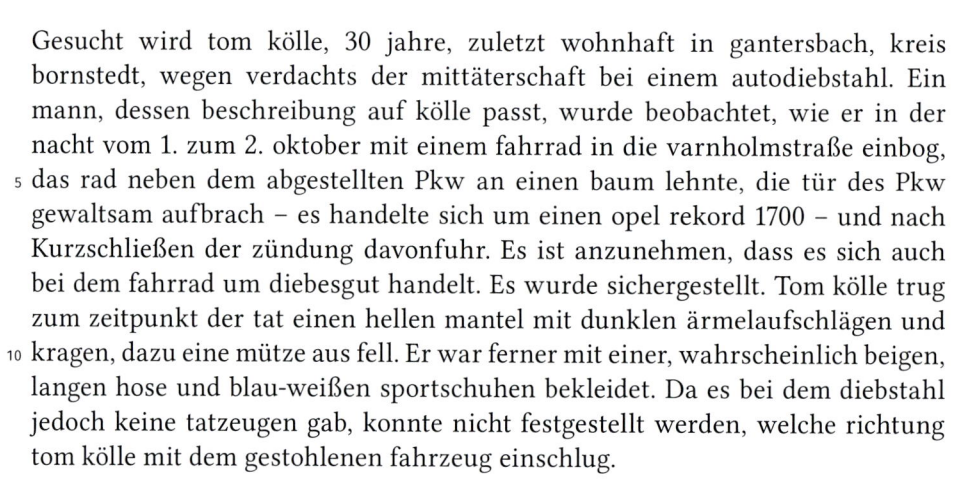

Gesucht wird tom kölle, 30 jahre, zuletzt wohnhaft in gantersbach, kreis bornstedt, wegen verdachts der mittäterschaft bei einem autodiebstahl. Ein mann, dessen beschreibung auf kölle passt, wurde beobachtet, wie er in der nacht vom 1. zum 2. oktober mit einem fahrrad in die varnholmstraße einbog,
5 das rad neben dem abgestellten Pkw an einen baum lehnte, die tür des Pkw gewaltsam aufbrach – es handelte sich um einen opel rekord 1700 – und nach Kurzschließen der zündung davonfuhr. Es ist anzunehmen, dass es sich auch bei dem fahrrad um diebesgut handelt. Es wurde sichergestellt. Tom kölle trug zum zeitpunkt der tat einen hellen mantel mit dunklen ärmelaufschlägen und
10 kragen, dazu eine mütze aus fell. Er war ferner mit einer, wahrscheinlich beigen, langen hose und blau-weißen sportschuhen bekleidet. Da es bei dem diebstahl jedoch keine tatzeugen gab, konnte nicht festgestellt werden, welche richtung tom kölle mit dem gestohlenen fahrzeug einschlug.

2 a) Polizeiwachtmeister Schulz sind in seinem Bericht zwei inhaltliche Fehler unterlaufen. Finde sie heraus.
b) Der Text enthält viele Fehler bei der Großschreibung. Markiere alle Nomen, die großgeschrieben werden müssen. Nutze dazu Strategie 6 auf Seite 255.

→ Bei tom kölle, gantersbach und bornstedt handelt es sich um Eigennamen. Finde noch einen weiteren im Text.
Insgesamt musst du 43 Nomen markieren.

c) Übertrage die Tabelle in dein Heft und ordne die Wörter ein.

Eigennamen	Nomen mit besonderen Wortbausteinen	Nomen mit Signalwort	Nomen ohne Signalwort
	Fahndung		

d) Schreibe den Text in richtiger Groß- und Kleinschreibung in dein Heft.
e) → In Zeile 7 wurde ein Verb großgeschrieben. Erkläre die Schreibweise.

Aus Adjektiven können Nomen werden

A Das (i/I)nteressante daran ist, dass niemand vorher davon wusste.
B Das ist doch nichts (n/N)eues!
C Ich wünsche dir alles (l/L)iebe zum Geburtstag!

1 **a)** Lest die Sätze oben. Besprecht, ob die Adjektive oben groß- oder kleingeschrieben werden müssen. Begründet.
b) Vergleicht eure Überlegungen mit Strategie 6 auf Seite 255 (Hinweis 2).
c) Schreibt die Sätze richtig ab und markiert die Signalwörter.

Seite 255

2 Im folgenden Text wurden einige Adjektive als Nomen gebraucht und deshalb großgeschrieben. Schreibe sie mit ihren Signalwörtern heraus.

Bei der Jugendfeuerwehr

Seit einem Jahr bin ich ein **Aktiver** in der Jugendfeuerwehr. Etwas **Interessantes** und viel **Spannendes** passiert dort immer. Die Vorbereitungen auf unseren ersten Wettkampf sind etwas **Außergewöhnliches**. Wir üben den Hindernislauf und den Löschangriff, das ist etwas **Tolles**! Wir haben bisher alles **Schwierige** gemeistert, auch wenn die Übungen manchmal nichts **Leichtes** an sich hatten. Ich bin sicher, wir erleben bei dem Wettkampf viel **Aufregendes**. Die Jugendfeuerwehr ist für mich etwas ganz **Besonderes**.

3 Finde in den folgenden Sätzen die nominalisierten Adjektive:
a) Unterstreiche zunächst die Adjektive.
b) Prüfe, ob ein Signalwort davorsteht. Kreise es ein.
c) Schreibe die Sätze dann in der richtigen Schreibung ab.

Folie

(1) In der Jugendfeuerwehr helfen die großen den kleinen. (2) Die starken unterstützen die schwachen und haben alle Hände voll zu tun, dass diese alles wichtige lernen. (3) Das schöne daran ist, dass so alle Übungen gemeinsam gemeistert werden können. (4) Meistens üben wir auf dem Hof der Feuerwehr oder im grünen. (5) Einiges neue ist auch für mich schwirig, aber es gab bisher nichts unlösbares. (6) Vor allem beim letzten Training hat unser Vorgesetzter mit seinem Übungsparcours voll ins schwarze getroffen. (7) So viel lustiges und anstrengendes habe ich selten erlebt!

4 **a)** Was ist zu beachten, wenn ein Adjektiv im Superlativ gebraucht wird? Lest dazu Strategie 6 auf Seite 255 (Hinweis 3).
b) Entscheidet, ob die hervorgehobenen Wörter in den Sätzen unten groß oder klein zu schreiben sind. Wendet dazu die Frageprobe an:
Wie habe ich mich auf die Feuerwehrübung vorbereitet? – am besten.

A Für die Feuerwehrübung habe ich mich am BESTEN vorbereitet.
B Für die Feuerwehrübung hoffe ich auf das BESTE.
C Manchmal glaube ich, die Feuerwehr ist das WICHTIGSTE in meinem Leben.
D Manchmal glaube ich, die Feuerwehr ist in einer Stadt am WICHTIGSTEN.
E Am SCHLIMMSTEN ist es, wenn wir auf einen Einsatz warten müssen.
F Bei einem Einsatz sind die Feuerwehrleute auf das SCHLIMMSTE vorbereitet.

Aus Verben können Nomen werden

A Ich schreibe gerne E-Mails.   B Das Schreiben von E-Mails macht mir Spaß.

1 a) Besprecht, warum das Verb in A klein- und in B großgeschrieben ist.
b) Vergleicht eure Überlegungen mit Strategie 6 auf Seite 255 (Hinweis 2).

📄 Seite 255

2 a) In Abschnitt A des Textes „E-Mails, E-Mails, E-Mails" wurden einige Verben als Nomen gebraucht und deshalb großgeschrieben. Sie sind bereits hervorgehoben. Schreibe sie mit ihren Signalwörtern in dein Heft.
b) In Abschnitt B wurden die Signalwörter markiert. Unterstreiche die dazugehörigen nominalisierten Verben und notiere sie mit ihrem Signalwort.

✏️ Folie

E-Mails, E-Mails, E-Mails
A) **Das Kommunizieren** per E-Mail gehört für die meisten Menschen zum Alltag. Beim **Verfassen** von E-Mails gibt es jedoch einige Regeln zu beachten. Um gut verstanden zu werden, ist das **Verzichten** auf Bandwurmsätze wichtig. Sie kosten uns viel Zeit beim **Tippen** und erschweren dem Empfänger das **Lesen**. Auf das **Setzen** von übermäßig vielen Ausrufezeichen und das **Ergänzen** von Smileys sollte in offiziellen E-Mails verzichtet werden. Wichtig ist dagegen das **Überarbeiten** des Textes.
B) Das Suchen nach Fehlern und das Verbessern des Textes gehört zum Schreiben einer formalen E-Mail dazu. Außerdem sollte natürlich das höfliche Anreden des Empfängers und ein freundliches Verabschieden am Ende der E-Mail selbstverständlich sein.

✏️ Folie

3 Prüfe, ob die Wörter in Großschrift unten groß- oder kleingeschrieben werden müssen. Unterstreiche dazu alle nominalisierten Verben und markiere das zugehörige Signalwort. Schreibe die Sätze dann in der richtigen Schreibung ab.

Die Planung unserer Klassenfahrt
Das MODERIEREN (1) unseres Klassenrats übernahmen heute Lea und Tobias. Auf der Tagesordnung stand das ORGANISIEREN (2) unserer Klassenfahrt nach Pfunds. Tobias durfte sich zum PROTOKOLLIEREN (3) ans Pult SETZEN (4) und Lea übernahm das geordnete AUFRUFEN (5) der Mitschüler.
Anna wollte alle gerne zum RAFTEN (6) oder wenigstens zum KANUFAHREN (7) ÜBERREDEN (8), doch Björn hat Angst vor dem ERTRINKEN (9). Fabian will beim luftigen KLETTERN (10) sein KÖNNEN (11) unter Beweis STELLEN (12), doch Svenja bevorzugt das SCHWIMMEN (13) und PLANSCHEN (14) im Freibad. Dazu ließen sich jedoch Sarah und Clara nicht ÜBERREDEN (15). Beate fragte, ob es zum ZELTEN (16) nicht zu kalt sei. Robert hingegen konnte sich sogar das SCHLAFEN (17) unter freiem Himmel VORSTELLEN (18). Er meinte, dass dies zum ENTDECKEN (19) der Sternbilder der richtige Platz sei. Alle WURDEN (20) immer lauter und gerieten ins STREITEN (21). Schließlich brachten uns Lea und Tobias zum SCHWEIGEN (22) und VERSCHOBEN (23) unser PLANEN (24) auf nächste Woche.

➔ In dem Text sind 17 nominalisierte Verben verborgen. Einmal bezieht sich ein Signalwort auf zwei Verben.

4 ↪ Entscheide auch in folgenden Sätzen, ob die Verben großzuschreiben sind:

(1) Das organisieren unseres Klassenfestes macht uns großen Spaß.
(2) Beim planen gilt es, viele Herausforderungen zu meistern.
(3) Schwierig ist das einigen auf ein Programm und das verteilen der Aufgaben.
(4) Jeder sollte mitmachen und beim vorbereiten helfen.
(5) Zum üben des Tanzes treffen wir uns am Mittwoch nach der Schule.
(6) Das einstudieren der Lieder wird Frau Rech übernehmen.
(7) Beim kuchenbacken kann uns meine Mama unterstützen.
(8) Für das zusammenstellen unserer Lieblingsmusik ist Jens zuständig.
(9) Carolin wird dem Hausmeister Bescheid geben, dass wir lange feiern wollen.

a) Prüfe jeweils, ob die Verben ein Signalwort besitzen. Kreise sie ein.   *Folie*
b) Schreibe die Sätze in der richtigen Groß- und Kleinschreibung in dein Heft.
c) Ergänze drei weitere Sätze zum Thema „Klassenfest", in denen du nominalisierte Verben verwendest. Achte darauf, ein Signalwort zu verwenden.

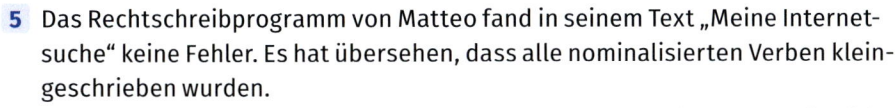

5 Das Rechtschreibprogramm von Matteo fand in seinem Text „Meine Internetsuche" keine Fehler. Es hat übersehen, dass alle nominalisierten Verben kleingeschrieben wurden.
a) Erkläre, warum das Rechtschreibprogramm kleingeschriebene nominalisierte Verben nicht als Fehler erkennt.   *Seite 263*
b) Kreise in Abschnitt A die Signalwörter ein und unterstreiche die Verben, die   *Folie*
großgeschrieben werden müssen.

Meine Internetsuche

A) Ich benutze das Internet vor allem für das suchen nach Informationen. Oft muss ich lange surfen, bis ich etwas Brauchbares finde. Das Tolle daran ist, dass ich beim recherchieren viele Hintergrundinformationen für meine Referate bekomme. Damit fällt mir das vorbereiten der Themen leicht und ich überzeuge beim vortragen. Das surfen auf kindergerechten Seiten hilft mir beim sammeln wichtiger Daten, mit denen mir das arbeiten leichtfällt. Wichtig ist jedoch, dass man genug Zeit für das lesen und auswerten der vielen Informationen einplant, sodass das strukturieren des Themas gelingt.
B) Das leichte scrollen von Seiten und downloaden von Dateien habe ich im Unterricht gelernt, ebenso wie das schnelle hochladen und geschickte einfügen von Bildern in meine Präsentation. Nicht vergessen darf man das speichern und richtige benennen der Dateien, da das wiederfinden sonst schwierig wird.

↪ In Abschnitt A musst du insgesamt 10 Verben großschreiben, davon hat ein Verb kein Signalwort. Wende hier die Artikelprobe an.

c) Schreibe den Abschnitt richtig ab und lasse immer eine Zeile frei. Kennzeichne mit einem Pfeil, welches Signalwort sich auf das nominalisierte Verb bezieht.
d) ↪ Bearbeite auf die gleiche Weise auch Abschnitt B des Textes.

Groß- und Kleinschreibung von Zeitangaben

Ich bin am MORGEN mit dem Bus gekommen. Schreibe ich MORGEN jetzt groß oder klein?

1 Beantworte Annes Frage. Begründe deine Antwort mithilfe der **INFO**.

Jeden MORGEN (1) muss ich früh aufstehen, um pünktlich in der Schule zu sein. VORMITTAGS (2) lerne ich dann und freue mich, wenn es gegen MITTAG (3) läutet. DONNERSTAGS (4) muss ich länger bleiben, da wir bis zum späten NACHMITTAG (5) Unterricht haben. Dafür haben wir FREITAGMORGENS (6) erst spät Unterricht. Bis zum MITTWOCHMORGEN (7) hatte ich noch nie verschlafen. An jenem VORMITTAG (8) ging jedoch alles schief, sodass ich GESTERN ABEND (9) völlig gestresst war und HEUTE NACHT (10) nicht schlafen konnte. Ich hoffe, dass ich mich bis HEUTE ABEND (11) wieder erholt habe, sodass ich MORGEN NACHMITTAG (12) meine Freunde treffen kann.

2 Anne berichtet über ihre Schulwoche, ist sich jedoch bei der Schreibung der Zeitangaben nicht sicher. Hilf ihr bei der korrekten Schreibung.
   a) Prüfe, wie du die Zeitangaben 1-12 schreiben musst. Nutze dazu die **INFO**.

   → Beachte für die Zeitangaben 1-6 diese Regeln aus der INFO:
   (1) = Regel 1, (2) = Regel 3, (3) = Regel 1, (4) = Regel 3, (5) = Regel 1, (6) = Regel 3.

   b) Schreibe den Text in der richtigen Groß- und Kleinschreibung in dein Heft.

3 a) Wie sieht deine Zeitplanung aus? Schreibe einen Bericht darüber, wann du was in der Woche machst. Verwende dabei möglichst viele Zeitangaben.
   b) Lies einem Mitschüler deinen Text vor. Er soll sich dabei die Zeitangabe notieren. Vergleicht dann mithilfe der **INFO**, ob sie richtig geschrieben sind.

ℹ️ INFO

Groß- und Kleinschreibung von Zeitangaben
1. Zeitangaben, vor denen ein **Signalwort** (*der* Nachmittag, *jeden* Morgen, *um* Mitternacht) steht, sind Nomen. Sie werden immer großgeschrieben.
2. Nach den Adverbien (**vor-)gestern, heute, (über-)morgen** werden Tageszeiten großgeschrieben: *morgen Abend, heute Nachmittag*.
3. Adverbien, die eine Zeit angeben, schreibst du klein. Du erkennst sie meist an dem **s am Wortende** (*dienstags, freitagabends, frühmorgens, mittwochs, nachts, spätabends*) und daran, dass **kein Artikel** vor ihnen steht: *(vor-)gestern, heute, (über-)morgen* ⇔ Beachte aber: *eines Abends, eines Morgens, …*

Groß- und Kleinschreibung üben

Das computergewicht

(A) In einem **computer** steckt ganz schön viel drin. Zum **beispiel hardware**, wie die **festplatte**, die **grafikkarte**, das **dvd-laufwerk** oder der **bildschirm**. Das **ganze** wiegt natürlich auch eine **menge**. Baut ihr einen **cd-brenner** ein oder schließt einen **drucker** an, kommt **gewicht** hinzu.

(B) Aber in <u>eurem</u> computer ist außerdem noch <u>eine</u> menge software. Das sind <u>verschiedene</u> programme, mit denen ihr <u>zum</u> beispiel <u>ins</u> internet gehen könnt, <u>eure</u> fotos bearbeiten oder <u>einen</u> brief schreibt. Ob <u>diese</u> software auch etwas wiegt? Schließlich handelt es sich bei software um programme – und die kann man ja nicht anfassen und wiegen. Texte, fotos und programme sind daten und <u>diese</u> daten wiegen doch nichts, oder?

1 a) In Abschnitt A sind die Nomen bereits hervorgehoben. Kreise jeweils das Signalwort ein, das zu diesem Nomen gehört.   Folie
b) In Abschnitt B sind die Signalwörter unterstrichen. Markiere die Nomen, auf die sich die Signalwörter beziehen.

→ Sechs Nomen haben kein Signalwort. Führe für sie die Artikelprobe durch.

c) Schreibe die Abschnitte in der richtigen Schreibung in dein Heft.

Was sind eigentlich daten?

(A) Baut ihr eine neue festplatte in den computer ein, ist sie noch unformatiert. Das heißt, alle bits sind kreuz und quer verteilt. Die magnetkräfte sorgen für ein ständiges gerangel und für ein gegenseitiges abstoßen und anziehen. Aber die bits können sich nicht bewegen, weil sie festsitzen. Das drücken, zerren und allgemeine chaos ist ziemlich anstrengend. Es verbraucht viel energie. Und damit kommen wir zum gewicht: Albert Einstein – einer der größten physiker der geschichte, der von 1879 bis 1955 lebte – hat nämlich herausgefunden, dass energie ein gewicht hat!

(B) speichert ihr das erste mal etwas auf eine neue festplatte, wird diese dadurch formatiert. das heißt nichts anderes, als dass ordnung in das durcheinander gebracht wird. jetzt zeigt ein großer teil der bits in die gleiche richtung. dadurch müssen sie nicht mehr so viel drücken und ziehen und brauchen dadurch weniger energie. und wie einstein sagt: weniger energie heißt weniger gewicht. tatsächlich wird also ein computer durch die gespeicherten daten leichter! nur kann keine waage der welt so kleine energien wiegen.

R1
R2, R3
R4, R5
R6, R7, R8
R9, R10, R11
R12, R13
R14, R15
R16
R17, R18

2 a) In Abschnitt A wurden nur die Satzanfänge großgeschrieben. Kreise die Signalwörter ein und ermittle, auf welches Nomen sie sich beziehen. Die Zahlen am Rand geben dir Hinweise, wo sich die falsch geschriebenen Nomen befinden.   Folie
b) Schreibe Abschnitt A in der richtigen Schreibweise in dein Heft.

3 ↪ In Abschnitt B wurde die Großschreibung überhaupt nicht beachtet.
a) Unterstreiche zuerst das erste Wort in jedem Satz. Kreise dann die Signalwörter ein und ermittle, auf welches Nomen sie sich beziehen.   Folie
b) Schreibe auch Abschnitt B in der richtigen Schreibweise in dein Heft.

Signale der Großschreibung beachten | Regeln der Großschreibung anwenden

Lernwörter einprägen

Manche Wörter kann man sich nicht herleiten. Ihre Schreibweise musst du dir gut einprägen.

I	V	C	J	K	A	M	I	N	E
F	I	B	E	L	Q	D	E	N	I
B	O	J	U	I	E	E	N	I	L
P	L	S	G	N	O	T	I	Z	I
Ö	I	S	A	I	S	B	H	I	M
M	N	A	R	K	B	I	C	D	A
A	E	G	D	M	D	B	S	E	F
R	E	G	I	T	I	E	A	M	A
G	M	R	N	K	L	L	M	A	A
A	M	E	E	B	E	N	Z	I	N
R	N	S	T	A	B	I	L	P	Ü
I	X	S	Y	E	N	I	U	R	Ä
N	N	I	F	L	E	D	U	D	M
E	Y	V	E	N	T	I	L	H	N

1 In diesem Rätselgitter sind **18 Lernwörter mit einfachem *i*** versteckt. Sie sind vorwärts und rückwärts geschrieben.
a) Suche waagerecht und senkrecht zehn Wörter. Notiere sie.

↪ Diese Beschreibungen helfen dir weiter:
Feuerofen im Haus – Streichinstrument – Fenstervorhang – jemand, der gewaltbereit ist, ist … – Heilmittel bei Krankheit – verfallenes Gebäude – Teil des Auges – Meeressäugetier.

b) Erklärt euch zu zweit die Bedeutung der Wörter. Wenn ihr unsicher seid, schlagt im Wörterbuch nach.
c) Verwendet die Wörter jeweils in einem Satz.
d) ↪ Finde noch acht weitere Lernwörter. Erkläre sie, indem du sie jeweils in einem Satz verwendest.

Folie

2 Bei **Lernwörtern mit Dehnungs-*h*** ist es hilfreich, möglichst viele Wörter der Wortfamilie zu kennen.
a) Unterstreiche alle Wörter, die zur gleichen Wortfamilie gehören, in der gleichen Farbe. Schreibe sie als Wortfamilie in dein Heft.

> die Fahrerin – fehlen – gewählt – die Wahlurne – der Gelehrte – lehren – der Fehler – das Fehlurteil – das Fahrzeug – wählbar – das Lehrbuch – verwählt – fahren – abgefahren – wählen – die Lehre – gefehlt – verfahren – die Wahl

b) ↪ Finde zu jedem der folgenden Wortstämme mindestens fünf Wörter aus der jeweiligen Wortfamilie und schreibe sie auf: -mehr-, -wehr-, -zahl-.
Beispiel: -zeug-: be*zeug*en, der *Zeuge*, das *Zeugnis*, …
Tausche dein Heft dann mit einem Partner. Überprüft gegenseitig die Schreibweise eurer Wörter mit einem Wörterbuch.

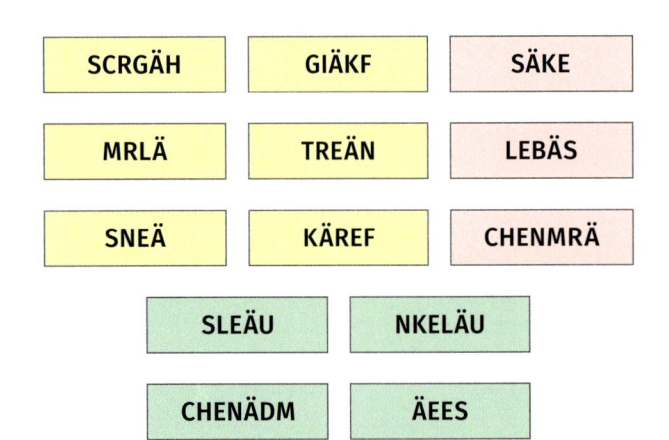

SCRGÄH	GIÄKF	SÄKE
MRLÄ	TREÄN	LEBÄS
SNEÄ	KÄREF	CHENMRÄ

| SLEÄU | NKELÄU |
| CHENÄDM | ÄEES |

3 Nicht alle **Wörter mit *ä/äu*** kannst du dir herleiten:
a) Bringe die verwürfelten Buchstaben in zehn Kästchen in die richtige Reihenfolge. Es ergibt sich jeweils ein Lernwort mit *ä/äu*. Schreibe die Wörter auf.
b) ↪ Ermittle auch aus drei weiteren Kästchen die Lernwörter mit *a/äu*.

254 Lernwörter einprägen | Grundlegende Rechtschreibregeln anwenden

Rechtschreibstrategien anwenden

Strategie 1: Wörter in Silben zerlegen
Es hilft dir, die einzelnen Laute zu erkennen. Sprich das Wort langsam aus und male dabei Silbenbögen in die Luft.
Zerlege dann das Wort in Silben:
Freund schaft, Na tur ka tas tro phe

Strategie 2:
Auf die Länge des Vokals achten
1. Führe die **Silbenprobe** durch, um die Länge des Vokals festzustellen:
   a) Endet die betonte Silbe mit einem Vokal, ist sie **offen**. Der **Vokal** ist **lang**:
      Ra be, Le sen, Ha fen, Lü ge.
   b) Endet die betonte Silbe mit einem Konsonanten, ist sie **geschlossen**. Der **Vokal** ist **kurz**: *Hil fe, Kar ton, Fül ler.*
   c) Beachte: Besteht ein Wort nur aus einer Silbe, musst du es verlängern: *Hef te*.
2. a) Auf einen kurzen Vokal folgen zwei Konsonanten: *Pis te, Hel fer, mor gen.*
   b) Wenn du nach einem kurzen Vokal nur einen Konsonanten hörst, musst du diesen verdoppeln: *Klas se, schnap pen.*
3. a) Nach kurzen Vokalen schreibst du den s-Laut als *ss*: *fas sen, pas sen.*
   b) Nach langen Vokalen und Diphthongen (ai, au, ei, eu, äu) schreibst du den s-Laut als *ß*: *Fü ße, drau ßen, Ma ße …*

Strategie 3: Wörter ableiten
1. Wenn du herausfinden möchtest, ob ein Wort mit *ä* oder *e* bzw. *äu* oder *eu* geschrieben wird, leite es ab. Die **Wortfamilie** hilft dir dabei, denn ihre Wörter haben denselben Wortstamm: *Träume → Traum.*
2. Einige Wörter mit *ä/äu* musst du lernen:
   Bär, Säule, schräg, Geschäft, Käfer …

Strategie 4: Wörter zerlegen
Erkenne die Wortgrenzen: Zerlege dazu zusammengesetzte Wörter in ihre Einzelwörter:
Fahr-rad, Hoch-haus, Schiff-fahrt.

Strategie 5: Wörter verlängern
Verlängere das Wort,
– wenn du nicht sicher bist, ob es am Schluss mit *b* oder *p*, *d* oder *t*, *g* oder *k* geschrieben wird: *lieb → der liebe Gast* (vor Nomen setzen), *Hund → Hunde / des Hundes* (Plural / Genitiv bilden), *er hupt → wir hupen*.
– um das silbentrennende *h* zu hören:
  Reh → Re he, er dreht → wir dre hen.

Strategie 6:
Signale der Großschreibung beachten
1. Die Großschreibung eines Wortes kannst du herausfinden, indem du prüfst,
   – ob ein **Signalwort** vorhanden ist:
     das Buch, ein kleiner Junge, am (= an dem) Schwimmbad, viele Schüler.
   – ob das Wort eine typische Nomenendung hat (-heit, -keit, -nis, -sal, -schaft, -tum, -ung):
     Klugheit, Freundlichkeit, Geheimnis, Trübsal, Wirtschaft, Heiligtum, Bezahlung.
   – ob sich ein **Artikel** hinzufügen lässt:
     Im Winter fällt Schnee. → (der) Schnee.
2. Adjektive und Verben können als Nomen verwendet werden (**Nominalisierung**), wenn auch sie ein Signalwort besitzen oder man eines hinzufügen kann (Artikelprobe):
   das Schwimmen, beim Baden;
   das Unvorstellbare, etwas Tolles
3. a) **Superlativformen**, die mit *am* gebildet werden und die du mit „Wie?" erfragen kannst, schreibst du klein:
     Sie kann am besten rechnen.
   b) Kannst du den Superlativ nicht mit „Wie?" erfragen, schreibst du ihn groß:
     Es fehlt ihr am Nötigsten.

Strategie 7: Wortbausteine erkennen
Suche nach **Präfixen** (*ent-, er-, ver-, zer-, …*) und **Suffixen** (*-nis, -los, -ig, -lich, -ung, …*), deren Schreibweise du kennst:
Ver-hält-nis, ent-schuldigen, ab-bilden.

Fremdwörter richtig schreiben

ℹ️ INFO

Schreibung von Fremdwörtern

Viele Wörter, die wir gebrauchen, wurden aus einer anderen Sprache ins Deutsche übernommen. Folgende Rechtschreibprobleme können auftreten:
1. In manchen Fremdwörtern unterscheiden sich Aussprache und Schreibung stark: *Keyboard, Toast*.
2. Einige Fremdwörter enthalten Buchstabenfolgen, die im Deutschen nicht üblich sind: *Pyjama, Boutique, Theater, Pizza*.
3. Oft fehlen Zeichen für lange oder kurze Vokale: *o* in *Toleranz* wird kurz gesprochen; *i* in *Benzin* wird lang gesprochen.

1 a) Schaut euch den Comic auf Seite 256 an. Tauscht euch darüber aus, worin der Witz besteht.
b) Die Gallier in dem Comic verwenden viele lateinische Begriffe. Schreibe sie heraus und finde für jeden eine deutsche Übersetzung. Schlage die Wörter in einem **Fremdwörterbuch** nach, wenn du dir unsicher bist.

Seite 286

↪ Du kannst den Fremdwörtern folgende Bedeutungen zuordnen: Stille – das Mindeste – Rosengarten – und so weiter. Am Ende des Comics findest du die Erklärungen für weitere Begriffe.

2 a) Markiere in dem Rätselgitter zehn Fremdwörter (waagerecht und senkrecht).
b) Schreibe die Fremdwörter in dein Heft und notiere ihre Bedeutung. Schlage in einem Fremdwörterbuch nach, wenn du dir unsicher bist.
c) ↪ Finde in dem Rätselgitter noch neun weitere Fremdwörter. Zeige auf, was sie bedeuten, indem du sie jeweils in einem Satz verwendest.

Folie

C	L	I	Q	U	E	S	X	C	I	J
B	A	H	F	F	P	H	D	H	I	E
L	P	O	X	O	I	O	E	A	M	T
A	T	C	Y	M	R	R	A	T	O	L
C	O	K	C	E	B	T	L	J	B	A
K	P	E	V	B	A	S	N	O	B	G
O	E	Y	Ä	A	G	Ü	C	B	I	F
U	C	E	L	C	R	A	S	H	N	L
T	O	E	Q	K	S	L	A	N	G	I
C	O	P	Y	R	I	G	H	T	C	R
Ü	L	I	M	I	T	E	V	E	N	T

M 3 a) Die meisten unserer Fremdwörter kommen aus anderen Sprachen. Lass dir von jeder Sprache aus dem Wörterkasten unten acht Wörter diktieren.
b) Kontrolliere anschließend deine Schreibung mithilfe des Wörterkastens.
c) Untersucht die Fremdwörter zu zweit: Benennt Gründe, warum es zum Teil so schwierig ist, die Wörter richtig zu schreiben.
d) Vergleicht eure Überlegungen mit der **INFO** auf Seite 256.

> **Aus dem Lateinischen:** Abenteuer, aggressiv, Alibi, Alternative, arrogant, Doktor, exakt, Industrie, intelligent, interessant, Komplize, konkret, Konsequenz, Medizin, negativ, positiv, privat, Professor, Publikum, Qualität, Toleranz
>
> **Aus dem Griechischen:** Asyl, Atmosphäre, Epidemie, Euphorie, Gymnastik, Gymnasium, Mikroskop, Pharmazie, Phase, Pseudonym, Rheuma, Rhythmus, Skandal, Thema, Theorie
>
> **Aus dem Englischen:** Bodybuilding, chillen, Copyright, Date, Download, Fastfood, Hobby, Jeans, Job, Meeting, Mountainbike, Nonsens, Party, Pony, Screenshot, Selfie, Shampoo, Shop, Sweatshirt, Team, Teenager, T-Shirt
>
> **Aus dem Französischen:** Allee, Blamage, Elite, Etage, Friseur, Garage, Gelee, Ingenieur, Installateur, Klischee, Kompliment, kompliziert, Limousine, Montage, Redakteur, Repertoire, Sabotage, sensibel, Spionage, Toilette, Tournee

M 4 ↪ Wähle 10-15 Fremdwörter aus einer anderen Sprache aus. Erstelle damit dein eigenes Rätselgitter wie in Aufgabe **2** und lasse es von einem Partner lösen.

Fremdwörter richtig schreiben | Die Schreibung von Fremdwörtern korrekt anwenden

Getrennt- und Zusammenschreibung

Verbindungen aus zwei Verben

1 a) Schaut euch die Bilder und den Text in den Sprechblasen an. Warum werden die Verben wohl unterschiedlich geschrieben? Tauscht euch darüber aus. Achtet auf die Bedeutung der Verben.
b) Vergleicht eure Ideen mit der **INFO** auf Seite 259 Hinweise 1 und 2).

2 a) Schreibe zu jedem Bild unten einen Satz mit den Verben *steckenbleiben* / *steckenbleiben* und *stehenbleiben* / *stehen bleiben* auf. Entscheide, wann du die Verbindung zusammenschreiben kannst.

→ Diese Satzanfänge kannst du für Bild 1 und 2 nutzen:
Der Nagel ist in der Wand … / Jonas ist bei seinem Vortrag an einer Stelle …

b) Erkläre die übertragene Bedeutung der zusammengeschriebenen Verben.
c) ↪ Zeichne selbst zwei Bilder, die den Unterschied zwischen *hängen lassen* und *hängenlassen* zeigen.

3 Entscheide, wie die folgenden Verb-Verb-Verbindungen geschrieben werden. Schreibe die Sätze anschließend richtig in dein Heft.

(1) „Mama, ich möchte heute liegen?bleiben", gähnt Lena und streckt sich.
(2) „Ach was, da wird nur deine Arbeit liegen?bleiben", antwortet Mama.
(3) Der Wärter darf den Häftling nach zwei Jahren gehen?lassen.
(4) „Oje, wie siehst du denn aus? Du hast dich aber gehen?lassen!"

4 a) Erkläre, was die folgenden Verb-Verb-Verbindungen jeweils bedeuten.
Schreibe so: *jemanden sitzenlassen = sich von ihm trennen.*
sitzen lassen ⇔ sitzenlassen / liegen lassen ⇔ liegenlassen /
platzen lassen ⇔ platzenlassen / stehen lassen ⇔ stehenlassen

→ Du kannst diese Bedeutungen zuordnen:
keine Ordnung einhalten, etwas nicht beachten, etwas absagen.

b) Schreibe zu jedem Verb einen Satz, sodass die Bedeutung klarwird.

A Wollen wir heute im See <u>schwimmen gehen</u>?

B Naja, das <u>Schwimmengehen</u> ist bei diesen Temperaturen nur was für Helden. Aber wir könnten mit unseren Rädern <u>spazieren fahren</u>.

C Au ja, beim <u>Spazierenfahren</u> bin ich dabei!

D Wollen wir am Kiosk was <u>essen gehen</u>?

E Zum <u>Essengehen</u> fehlt mir das Kleingeld.

5 Worum geht es in diesem Pausengespräch?

6 a) Untersuche die unterstrichenen Wörter in den Sprechblasen A und B. Worin besteht das Gemeinsame und worin der Unterschied? Vergleiche dein Ergebnis mit Hinweis 3 in der **INFO**.
b) Lege dir folgende Tabelle an und ordne die Beispiele für Ausdrücke mit zwei Verben aus den Sprechblasen A bis D in die richtige Spalten ein.

Verb + Verb getrennt	Verb + Verb zusammen (= Nomen)
schwimmen gehen	das Schwimmengehen
...	...

7 a) Setze die Verben aus den beiden Kästen sinnvoll zusammen. Führe deine Tabelle fort, indem du Beispiele für die linke und rechte Spalte aufschreibst. Ergänze für die rechte Spalte passende Signalwörter.
b) ↪ Bilde mit Beispielen aus den beiden Spalten Sätze.

| sitzen – spazieren – kennen – liegen – fallen – laufen – stehen – schwimmen – treiben | lernen – gehen – bleiben – lassen – üben |

ℹ️ INFO

Getrennt- und Zusammenschreibung von Verb und Verb
1. Ein Verb schreibst du meist **getrennt** vom folgenden Verb:
   Ich werde morgen <u>schwimmen gehen</u> und <u>tauchen üben</u>.
2. Wenn bei den Verben *bleiben* und *lassen* durch die Verbindung eine **neue, übertragene Bedeutung** entsteht, können die Verben **zusammengeschrieben** werden: *Pia ist sitzengeblieben* (= musste die Klasse wiederholen).
3. Wenn ein Ausdruck aus **Verb und Verb als zusammengesetztes Nomen** gebraucht wird, schreibst du die Verben **zusammen** und den **Anfangsbuchstaben groß**: *Ich gehe zum <u>Schwimmenlernen</u> ins Hallenbad.*
   Achte auf die Signalwörter für die Großschreibung:
   Artikel (das, eine), Präposition + Artikel (zum, im, beim ...).

Verbindungen aus Adjektiv und Verb

A „Er hat gesagt, ich solle frei?sprechen, wenn ich ein Referat halte."
B „Ich hoffe, der Richter wird ihn frei?sprechen!"

1 a) Sprecht über die unterschiedliche Bedeutung von *frei?sprechen*.
b) Überlegt, wie ihr die Sätze korrekt schreiben müsst. Vergleicht eure Überlegungen dann mit der **INFO**.

2 a) Lies den Text und betrachte die Verbindungen 1-12 aus Adjektiv und Verb. Entscheide mithilfe der **INFO**, wie du sie schreiben musst bzw. kannst.

Über meinen schlechten Platz bei den Bundesjugendspielen im letzten Jahr habe ich mich (1) *schwarz?geärgert*. Ich habe deshalb (2) *hart?trainiert*, sodass ich nun (3) *schnell?laufen*, (4) *zielsicher?werfen* und (5) *weit?springen* kann. Ihr werdet mir (6) *sicher?glauben*, dass ich des Öfteren (7) *nass?geschwitzt* war! Ich hoffe nun, dass alles (8) *glatt?geht* und mich nicht eine Krankheit kurz vorher (9) *lahm?legt*, denn sonst könnte meine gute Leistung (10) *verloren?gehen*. Sollte dies der Fall sein, werde ich mich (11) *krank?schreiben* lassen und im nächsten Jahr zuvor etwas (12) *kürzer?treten*.

b) Übertrage die Tabelle in dein Heft und ordne die Verbindungen darin ein.

getrennt geschrieben	zusammengeschrieben	getrennt- oder zusammengeschrieben
schnell anziehen	...	...

> großschreiben – sichergehen – gutschreiben – feststehen – schwerfallen

3 a) Welche Bedeutung haben die Verbindungen im Kasten? Erkläre.

→ Du kannst diese Bedeutungen zuordnen: **etwas ist jemandem sehr wichtig, eine Tatsache sein, Geld auf ein Konto buchen, sich versichern, Mühe haben.**

b) Schreibe jeweils einen Satz, aus dem die Bedeutung dieser Verbindungen hervorgeht. Entscheide, wann du zusammen- oder getrenntschreiben musst:
Den Aufsatz möchte ich ..., damit meine Note besser wird.
c) ↻ Kläre auch die Bedeutung der folgenden Verbindungen, indem du entsprechende Sätze formulierst: *frei / halten, weich / klopfen, krumm / machen.*

ℹ INFO

Getrennt- und Zusammenschreibung von Adjektiv und Verb
1. Ausdrücke, die aus Adjektiv und Verb bestehen, schreibt man meistens getrennt: *Du kannst schnell laufen. Lisa kann schön schreiben.*
2. Du musst diese Verbindung zusammenschreiben, wenn sich eine neue Bedeutung ergibt: *Der Trainer hat seine Mannschaft heißgemacht* (= motiviert).
3. Du kannst die Verbindung aus Adjektiv und Verb zusammenschreiben, wenn das Adjektiv das Ergebnis eines Vorgangs ausdrückt: *Du hast den Teller leer gegessen / leergegessen* (Ergebnis: Der Teller ist leer).

Verbindungen aus Nomen und Verb

Kommst du mit zum ... hm, schreibt man Eis essen oder Eisessen?

1 Beantworte Mias Frage. Lies dazu die Hinweise 1 und 2 in der INFO auf Seite 262.

2 Entscheide, ob die folgenden Verbindungen zusammen- oder getrenntgeschrieben werden. Schreibe sie richtig in dein Heft.

→ Prüfe, ob ein Signalwort auf eine Nominalisierung hinweist. Es gibt insgesamt fünf Nominalisierungen.

A Beim Volleyball?spielen bin ich unschlagbar.
B Ich muss noch den Rasen?mähen.
C Beim Einrad?fahren habe ich mir den Arm gebrochen.
D Lass uns heute Abend einen Tee?trinken und Kekse?essen.
E Das Ski?fahren im Gebirge ist anstrengend.
F Jens geht zu Marco, wo die beiden zusammen Computer?spielen.
G Beim Seil?hüpfen dürfen wir Musik?hören.
H Kleine Kinder lernen früh das Purzelbaum?schlagen.
I Ich freue mich, wenn ich den Teig?kneten darf.

3 a) Verbinde Nomen und Verben aus dem Kasten, die zusammenpassen.

> Angst – Not – Schritt – Wasser – Pizza – Tennis – Kaffee – Motor
>
> haben – halten – essen – kochen – leiden – spielen – trinken – starten

b) Bilde zu fünf Verbindungen jeweils zwei verschiedene Sätze, in denen die Verbindung einmal getrennt und einmal zusammengeschrieben werden muss: *Jede Woche übe ich Klavier spielen. ↔ Das Klavierspielen finde ich toll.*
c) ↪ Formuliere zu allen Verbindungen Sätze.

4 ↪ **a)** Trenne die einzelnen Wörter der Wörterschlange.

WorttreibenWiderstandspürenZustimmungholenHandelbackenEinigunghaltenZeitungerzielenAblehnungfindenWasserlesenBrotleisten

b) Ordne den Nomen die passenden Verben zu. Schreibe die Verbindung auf.
c) Bilde mit den Verbindungen aus Nomen und Verb Sätze.

Dieser Fehler wird dir noch **leidtun**. <-> Mir **tun** die armen Kinder **leid**.

5 a) Was fällt dir in dem Satz oben auf? Informiere dich über die besondere Schreibung mithilfe des dritten Hinweises der INFO.
b) Setze in die folgenden Lückensätze drei passende Wörter aus dem dritten Abschnitt der INFO ein. Schreibe die Sätze korrekt in dein Heft.

A Das Geheimnis kann ich nicht …   ⇔ Ich …. das Geheimnis nicht …
B Sie kann dem Druck kaum noch …   ⇔ Sie … dem Druck nicht mehr …
C Das Fest wird am 23.04. …   ⇔ Die Feier … am 23.04. …

6 Schreibe die Verbindungen 1 bis 13 aus dem Text heraus. Entscheide mithilfe der INFO, ob sie getrennt oder zusammengeschrieben werden.

→ Du kannst diese Hilfe nutzen: Acht Verbindungen schreibst du getrennt und das Nomen groß. Drei Verbindungen schreibst du zusammen und groß. Zwei Verbindungen schreibst du zusammen und klein.

THW gehört zu meiner Freizeit

Für mich ist es wichtig, viel mit meinen Freunden zu unternehmen. Im Winter gehen wir gerne auf den Teichen (1) EIS?LAUFEN. Im Sommer sind wir auf dem Sportplatz, wo wir (2) FUßBALL?SPIELEN und anschließend gerne (3) EIS?ESSEN. Aber auch das (4) SKATEBOARD?FAHREN macht uns Spaß. Mit meinen Freunden gehe ich außerdem in die Jugendgruppe des Technischen Hilfswerks. Mir macht es Spaß zu lernen, wie man (5) LASTEN?BEWEGEN oder (6) FUNKGERÄTE?BEDIENEN kann. Bevor wir (7) HEIM?GEHEN, trinken wir meistens noch eine Apfelschorle. Am besten gefallen mir die Freizeiten mit der THW-Jugend. In den Zeltlagern müssen wir selbst (8) ESSEN?KOCHEN und (9) GESCHIRR?ABWASCHEN. Beim (10) NACHT?WANDERN haben wir immer unsere Taschenlampen dabei. Ich bin übrigens Weltmeister im (11) BRATWURST?GRILLEN. Ich freue mich schon darauf, später bei Einsätzen helfen zu können. Dann werde ich auch (12) GERÄTE?BEDIENEN und (13) VERLETZTE?TRANSPORTIEREN.

INFO

Getrennt- und Zusammenschreibung von Nomen und Verb
1. Verbindungen aus Nomen und Verb schreibst du meist getrennt:
   Ich werde Rad fahren, Carsten möchte Ski laufen, Sabine möchte Eis essen.
2. Verbindungen aus einem Nomen und einem nominalisierten Verb schreibst du zusammen. Achte auf die Signalwörter (Artikel, Präpositionen + Artikel, Pronomen …), die eine Nominalisierung anzeigen: *Ich achte beim Radfahren auf die Verkehrsregeln. Carsten liebt das Skifahren.*
3. a) Die folgenden Verbindungen werden immer zusammengeschrieben. Es sind Lernwörter: *eislaufen, heimgehen, irreführen, kopfstehen, leidtun, preisgeben, standhalten, stattfinden, stattgeben, teilhaben, teilnehmen.*
   b) Wenn der erste Teil der Verbindung abgetrennt wird, schreibt man ihn trotzdem klein: *Bei der letzten Übung stand das ganze Team kopf (→ kopfstehen).*

Texte mit der Rechtschreibhilfe am PC prüfen

Die Scheinwerfer sind auf die Bühne gerichtet. Nach den letzten Abreiten und dem reparieren einiger Requisiten sind alle Voraussetzunngen für eine Aufführung erfüllt. Ein bißchen aufgereckt treten die Schuler auf und weerden mit Appalaus empfangen. Dann trägst sie endlich ihre Texte vor. Kira gelingt eine
5 wundersclne Darbietung des Erlkönigs. Man hätte eine Stecknadel fallenlassen können, so still war es im Saal. Im folgenden spielen Tim, Niklas und noch ein paar jungen die Balllade „Nis Randers" szenich vor. Zum Schluss zeigt Hanna ihr Können und beendet den Abent mit einem selbstgedrehten Viedeo.

1 Fabian hat für die Schülerzeitung einen Bericht über den Balladenabend der 7d geschrieben. Bevor er ihn abschickt, überprüft er die Rechtschreibung.
a) Sprecht über die roten und blauen Wellenlinien: Welche Fehler zeigen sie an? Wo werden Wörter gekennzeichnet, die keine Fehler sind?
b) Vergleicht die Ergebnisse mit dem ersten und vierten Hinweis im TIPP.
c) Die unterstrichenen Wörter werden von der Rechtschreibprüfung des PCs nicht erkannt. Tauscht euch darüber aus, was für Fehler dies sind.
d) Korrigiere diese Fehler. Nutze dazu den dritten Hinweis im TIPP.
e) Überprüfe einen eigenen Text mithilfe der Rechtschreibhilfe deines PCs.

TIPP

So erkennst du Rechtschreibfehler mithilfe des Computers:
1. Achte darauf, dass die automatische Rechtschreib- und Grammatiküberprüfung aktiviert ist. Rechtschreibfehler werden nun rot unterkringelt angezeigt, Grammatikfehler sind blau unterkringelt.
2. Klicke mit der rechten Maustaste auf die markierten Wörter. Du bekommst Korrekturvorschläge angezeigt. Prüfe sie und wähle einen aus. Wenn ein Wort unterkringelt ist, obwohl es richtig geschrieben ist, klicke auf „Ignorieren".
3. Pass auf bei Fehlern, die das Rechtschreibprogramm oft nicht erkennt:
   – Wörter, die nicht als Fehler erkannt werden, z. B. *... gewinnt die Wal* (richtig: Wahl, da nicht das Tier gemeint ist) oder *das* (Artikel, Pronomen) im Gegensatz zu *dass*.
   – Großschreibung von Verben und Adjektiven, die nominalisiert sind: *das Lachen, im Folgenden*.
   – Großschreibung der höflichen Anredepronomen (Sie, Ihr, Ihre ...).
   – Getrennt- und Zusammenschreibung, z. B. Zusammenschreibung von Adjektiven und Verben, die eine neue Gesamtbedeutung ergeben: *einen Angeklagten freisprechen*. Aber: *Vor dem Publikum frei sprechen*.
4. Achtung: Eigennamen und Wörter aus Fremdsprachen werden als Fehler markiert, da sie nicht im internen Wörterbuch des PCs enthalten sind.
5. Verlasse dich nicht nur auf die Rechtschreibhilfe, sondern kontrolliere deine Texte selbst noch einmal ganz genau.

Fehler erkennen und verbessern

R1
R2
R3, R4
R5, R6
R7, R8

R9
R10
R11
R12, R13, R14
R15, R16, R17
R18

(A) Ein tag im Altenheim
Heute haben wir mit der Klase ein Altenheim besucht. Wir erhielten zuerst eine Führunk durch die verschiedenen Heuser und durften uns dabei auch einige Zimer ansehen. Danach traffen wir uns mit ein paar Bewoh-
5 nern im Aufenthaltsraum, wo wir zunächst karten spilen wollten. Doch wir kannten die Spiele leider nicht. Deshalb haben wir dann mit ihnen Mensch-ärgere-dich-nicht gespielt. Das kent ja jeder.
(B) Ich spielte mit Kristine und zwei Damen, die schon sehr ald waren. Allerdings wurde Kristine schnell ungeduldig, weil die beiden immer
10 vergassen, wer gerade mit dem würfeln dran war. Zum Schluß habe ich gewonen. Anschließend genosen wir im Eßzimmer mit den Senioren ein zweites Früstück.
(C) Dort hink auch ein Speiseplan aus: Es gab diese Woche Schnitzel, Eintopf und Braten, fast alles mit Salad. Ich fragte, ob sie denn nicht auch
15 mal Pizza essen würden. Eine Frau lachte nur und erklärte: „Ich esse am liebsten altmodische speisen." Danach war unser besuch im Altenheim bendet und wir mußten wieder in die Schule gehen. Mir hat der Tak gut gefallen.

1 Chantal hat in ihrem Text einige Fehler gemacht. Bearbeite entweder Abschnitt A (**G**) oder A und B (**M**). Wähle deine Aufgabe:

G Die Fehlerwörter in Abschnitt (A) sind bereits markiert.
a) Übertrage die Tabelle unten in dein Heft.
b) Wende für die Fehlerwörter folgende Strategien an:
R2: Auf die Länge des Vokals achten / R3: Wörter verlängern / R4: Wörter ableiten / R5: Auf die Länge des Vokals achten / R6: Auf die Länge des Vokals achten / R7: Signale der Großschreibung beachten / R8: Auf die Länge des Vokals achten / R9: Auf die Länge des Vokals achten.
c) Trage das berichtigte Wort und die passende Strategie in die Tabelle ein.

Richtige Schreibweise	Strategie
R1: ein Tag	Signale der Großschreibung beachten
R2: ...	...

Seite 255

M a) Die Fehlerwörter in Abschnitt (A) sind bereits markiert. Welche Rechtschreibstrategien helfen Chantal, die Fehlerwörter richtig zu schreiben? Lies noch einmal die Rechtschreibstrategien auf Seite 255. Wende dann für jeden Fehler eine passende Rechtschreibstrategie an. Schreibe so:
R1: ein Tag. Strategie: Signale der Großschreibung beachten.
b) Kontrolliere Abschnitt (B) des Textes und markiere die Fehlerwörter. Du findest am Rand Hinweise, in welcher Zeile wie viele Rechtschreibfehler (R) sind.
c) ↪ Finde die Fehler auch für Abschnitt (C). Es sind acht. Markiere und verbessere sie mithilfe der passenden Rechtschreibstrategie.

Folie

Folie

264 Fehler erkennen und verbessern | Rechtschreibstrategien anwenden

Sätze mit *dass* richtig schreiben

1. Ich bedaure, dass wir uns nicht einigen konnten.
2. Dass es bald klappt, hoffe ich.

1 Untersucht die *dass*-Sätze und erklärt die Zeichensetzung mithilfe der **INFO**.

2 a) Lies den Brief. Prüfe, welche Verben in den *dass*-Sätzen 1–6 inhaltlich passen. Unterstreiche sie.   *Folie*
   b) Setze in die *dass*-Sätze 7–10 alleine passende Verben ein. Nutze die **INFO**.
   c) Schreibe den Brief ab und setze dabei die passenden Konjunktionen ein. Mache den Bezug zum Verb mit einem Pfeil deutlich.

Lieber Herr Holle,
wir (1. *wissen/wünschen*), dass Sie im Schulalltag wenig Zeit für extra Gespräche haben. Deshalb haben Maria und ich (2. *beschlossen/geglaubt*), dass wir Ihnen schreiben. Es geht um unsere nächste Klassenfahrt. Dass wir im Klassenrat heftig über das Ziel unserer Klassenfahrt gestritten haben, (3. *behaupten/wissen*) Sie sicher noch. Pascal wollte alle (4. *überzeugen/erinnern*), dass eine Raftingtour genau das Richtige für uns sei. Esther und Julian (5. *fanden/freuten sich*), dass wir ans Meer fahren müssten, und Martina und Matteo wollten (6. *glauben/durchsetzen*), dass wir nach Bayern fahren. Sie haben schließlich damit (7.), dass wir überhaupt nicht wegfahren. Dass dies jedoch keine gute Lösung ist, liegt für uns auf der Hand. Könnten wir nicht doch noch einmal darüber sprechen? Wir (8.), dass wir uns noch einigen können.
Wir (9.), dass Sie für unser Anliegen ein offenes Ohr haben und (10.) Ihnen, dass Sie sich die Zeit genommen haben, den Brief zu lesen.
Herzliche Grüße, Maria und Alexander (Klassensprecher der 7b)

3 ↪ Schreibe den Antwortbrief Herrn Holles. Verbinde dazu die Sätze unten mit der Konjunktion *dass*. Formuliere so, dass der *dass*-Satz auch vorangestellt ist. Denke an die Kommas. Ergänze auch eigene Ratschläge.

    A Leider musste ich feststellen.   + Die Klasse ist sehr zerstritten.
    B Die meisten Schüler wissen.   + Es kann nur ein Ziel geben.
    C Ich wünsche mir.   + Klasse findet in Ruhe eine Lösung.
    D Es ist immer zu befürchten.   + Einige Schüler sind nicht zufrieden.

ℹ INFO

Die Konjunktion *dass*
1. Sätze mit *dass* stehen oft nach **Verben** wie *erzählen, behaupten, berichten, denken, wissen, vermuten, meinen, empfinden, danken, glauben, drohen* …
2. *Dass*-Sätze sind **Verbletztsätze**. Du trennst sie mit einem Komma vom Hauptsatz ab: *Wir hoffen, dass es dir gut geht.*
3. Auch vorangestellte *dass*-Sätze werden durch ein Komma vom Hauptsatz abgetrennt: *Dass wir zu spät kommen, befürchte ich.*

Die Wörter *das* und *dass* unterscheiden

A Ich hoffe, ... mein Referat über Thomas Müller gut wird.	**B** Ich bereite ein Referat über Angelique Kerber vor, ... ich frei halten muss.

1 a) Wie kannst du herausfinden, in welchem Satz *das* oder *dass* eingesetzt werden muss? Sprecht darüber. Lest dann die **INFO**.
b) Führe die in der **INFO** beschriebene Probe mit den beiden Sätzen durch. Schreibe die Sätze dazu ab und setze dann *das* oder *dass* ein.
c) Prüft zu zweit euer Ergebnis, indem ihr dem anderen erklärt, wie ihr *das* und *dass* in euren Sätzen unterschieden habt.

2 a) Bernhard ist sich unsicher, wann er in seiner Mail *das* oder *dass* schreiben muss. Führe jeweils die Ersatzprobe durch und schreibe den Text richtig ab.

Hi Johannes,
wie geht's dir? Du hast heute wirklich was verpasst! Frau Bach hat uns informiert, *das/ss* (1) wir ein neues Thema beginnen, *das/ss* (2) wir in den nächsten Wochen behandeln werden: Wir machen ein Projekt über unseren Lieblingssportler! Du kannst mir glauben, *das/ss* (3) sich alle gefreut haben. Endlich mal ein Thema, *das/ss* (4) Spaß macht! Leider hatten wir uns zu früh gefreut: Das Ziel, *das/ss* (5) Frau Bach verfolgt, ist ein Referat, *das/ss* (6) wir in zwei Wochen halten sollen! Ich befürchte, *das/ss* (7) ich das nicht alleine schaffe! Hättest du Lust, mit mir ein Referat vorzubereiten, *das/ss* (8) unsere Klasse umhaut? Ich weiß, *das/ss* (9) du krank bist ... Aber hast du eine Idee, welchen Sportler wir nehmen könnten? Ich dachte an Sebastian Vettel, *das/ss* (10) Rennfahrergenie. Ich schlage vor, *das/dass* (11) wir uns bald treffen. Das Material, *das/ss* (12) wir benötigen, können wir im Internet suchen. Frau Bach meinte auch, *das/dass* (13) wir ein Plakat erstellen müssen, *das/ss* (14) die wichtigsten Informationen enthält.
Ich hoffe, *das/dass* (15) du dabei bist! Gute Besserung und bis bald! Bernhard

→ Du kannst in dem Text siebenmal *dass* und achtmal *das* einsetzen.

b) ↪ Beschreibe den Aufbau der Sätze 1-8 mithilfe des Feldermodells.

ℹ️ INFO

Die Wörter *das* und *dass* in Nebensätzen unterscheiden:
1. Führe die Ersatzprobe durch: Kannst du das Wort durch *welches* oder *dies* ersetzen, wird es als **Pronomen** oder **Artikel** gebraucht. Du schreibst es dann nur mit einem einfachen *s*: *Das Referat, das/welches ich halte, wird gut!*
   → Grammatisch richtig, also schreibst du *das*.
2. Wenn du das Wort nicht durch *welches* oder *dies* ersetzen kannst, wird es als **Konjunktion** gebraucht. Du schreibst es dann mit doppeltem *s*:
   Kai meint, dass/ welches sein Referat super wird.
   → Grammatisch falsch, daher schreibst du *dass*.

Zeichen setzen

Satzschlusszeichen setzen

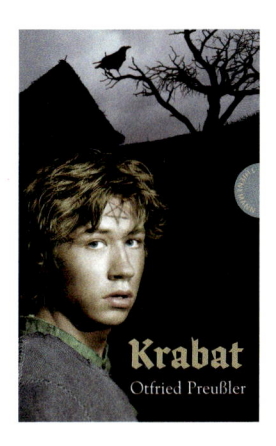

[Ich möchte euch das Buch „Krabat" vorstellen] [es wurde von Otfried Preußler geschrieben] [darin geht es um Krabat] [der sich als Bettler durchs Leben schlägt] [er träumt oft denselben Traum] [er soll nach Schwarzkollm kommen] [da gibt es eine Mühle] [dort soll er Lehrbursche werden] [die Mühle wird von den Anwohnern gefürchtet] [aber warum] [was geht dort Unheimliches vor] Krabat wird Lehrjunge und arbeitet hart mit nach drei Monaten Probezeit wird er in die „Schwarze Schule" aufgenommen neben der Arbeit in der Mühle lernt er schwarze Magie diese Zauberkünste können ihm Macht über andere verleihen doch werden sie ihm auch beim Kampf gegen den Meister helfen

1 a) In dem Text fehlen die Satzschlusszeichen. Lies dazu den **TIPP**.
b) Im ersten Abschnitt sind die Sinneinheiten bereits abgetrennt. Schreibe den ersten Abschnitt ab und ergänze dazwischen die passenden Satzzeichen.
c) Ermittle für den zweiten Abschnitt die Sinneinheiten wie im **TIPP** angegeben.
d) Schreibe auch diesen Teil ab und ergänze die Satzzeichen.

Folie

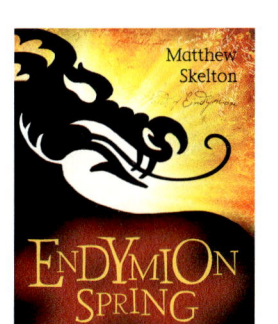

Ich stelle euch das Buch „Endymion Spring" von Matthew Skelton vor der Untertitel lautet „Die Macht des geheimen Buches" was ist das für ein merkwürdiges Buch das ist der erste Satz es geht um Blake er hat das Buch in der Hand und blättert es Seite für Seite durch doch er kann den Anfang der Geschichte nicht finden es gibt nämlich keine Wörter darin er sieht nur leere Seiten Blake ist enttäuscht und gleichzeitig fasziniert von dem Buch er sucht nach etwas Geheimnisvollem aber wonach sucht er eigentlich wie würde er merken, wenn er es gefunden hätte Blake ist ein ganz normaler Junge und er kann nicht mal besonders gut lesen doch er will forschen denn er will einem Geheimnis auf die Spur kommen aber wie kann man ein Buch mit leeren Seiten lesen

2 a) Ermittle auch für den zweiten Buchtipp die Sinneinheiten wie in **1**.
b) Schreibe den Text ab und setze die passenden Satzschlusszeichen.

💡 TIPP

So findest du Sinneinheiten heraus:
1. Unterstreiche die Prädikate (Verben). Achtung! Manchmal besteht ein Prädikat aus mehreren Teilen: *Ich stelle euch das Buch „Endymion Spring" vor*.
2. Kennzeichne durch eine Klammer, welche Wörter zu dem Prädikat gehören: *[Ich stelle euch das Buch „Endymion Spring" von Matthew Skelton vor]*.
3. Sinneinheiten, die für sich stehen, trennst du gewöhnlich durch Punkte.
4. Hängen zwei Sinneinheiten eng zusammen, kannst du sie auch durch ein **Komma** trennen: *[Das Buch las ich an einem Tag], [es war einfach spannend]*.
5. Je nach Aussageabsicht trennst du Sinneinheiten durch ein **Fragezeichen** (Frage) oder durch ein **Ausrufezeichen** (Aufforderung, Ausruf). Achte auf die Stellung des Verbs und seine Form: *[Nimm das Buch]!, [Leihst du es mir]?*

Seite 226

Zeichen der wörtlichen Rede

Gruber ist doof
Wolfgang Ecke

Als Studienrat Gruber am Freitagmorgen das Klassenzimmer betritt, bleibt er wie angewurzelt stehen. GRUBER IST DOOF steht in Riesenlettern auf der Tafel. Geschrieben mit roter Kreide. Ernst Gruber überlegt einen
5 Augenblick … dann glaubt er sicher zu sein, dass es nur einer der vier Schüler gewesen sein kann, die am Nachmittag zuvor nachsitzen mussten. Das waren Günter Fink, Alois Weißpfennig, Michael Kaschel und Lothar Übel. Er dreht die Tafelseite mit der unfreundlichen Feststellung
10 nach hinten und macht sich an seine Arbeit. […]
Die vier, die sich jetzt vor der Tafel versammelt haben, bemühen sich um möglichst harmlos aussehende Gesichter. Auf der anderen Seite der Tafel steht eine Unverschämtheit. Wer hat das geschrieben donnert es ihnen entgegen, und erschrocken ziehen die vier ihre Köpfe ein. Du, Günter?
15 Günter Fink schüttelt lebhaft den Kopf. Ich nicht, Herr Studienrat versichert er mit einem treuherzigen Augenaufschlag. Oder vielleicht der Alois?
Ich weiß von nichts, Herr Studienrat beteuert auch Alois Weißpfennig und bekommt dabei knallrote Ohren. Michael Kaschel versucht es ganz besonders schlau anzufangen. Vielleicht ist heute Nacht einer eingebrochen, Herr Studien-
20 rat meint er scheinheilig. Und als er die schöne rote Kreide sah, da …
Was Dümmeres fällt dir wohl nicht ein, was? Ich mein' ja nur …
Und wie steht es mit dir, Lothar?
Lothar Übel grabscht nach seiner Nase und sagt wenig überzeugend Ich bin unschuldig, Herr Studienrat. Ich weiß ja auch gar nicht, was auf der Tafel steht.
25 Studienrat Gruber schüttelt das Haupt Du weißt nicht, was auf der Tafel steht? Und der liebe Günter weiß das auch nicht?
Nein, Herr Studienrat, ich habe keine Ahnung!
Michael … Alois … ihr wisst auch nicht, was auf der anderen Seite der Tafel geschrieben steht? Nein, Herr Studienrat! trompeten die beiden wie auf Kom-
30 mando.
Gruber […] erklärt mit leiser, freundlicher Stimme Gut, dann werde ich mich eben an denjenigen halten, von dem ich genau weiß, dass er lügt. Und ihr … ihr könnt jetzt auf den Schulhof gehen!

1 Wen hat der Lehrer als Lügner entlarvt? Erklärt, woran er ihn erkannt hat.

2 Im Text fehlen die Zeichen der wörtlichen Rede.
 a) Informiere dich über die korrekte Zeichensetzung mithilfe der **INFO** auf Seite 269.
 b) Suche alle Sätze der wörtlichen Rede heraus. Unterstreiche alle Redebegleitsätze mit einer geraden Linie und das Gesprochene mit einer Wellenlinie.
 c) Ermittle die fehlenden Satzschlusszeichen mithilfe der **INFO** auf Seite 267.
 d) Schreibe die Sätze ab und füge die passenden Satzzeichen ein.

Folie

Laura hat zu dem Text *Gruber ist doof* eine Vorgeschichte geschrieben und legt sie der Schreibkonferenz vor:

> Michael sagte zu den drei Jungen, dass auch er gern dazu gehören möchte. Er meinte, dass so eine Jungenbande schon was Tolles sei. Lothar antwortete, dass das stimme. Dann fügte Alois hinzu, dass man spannende Sachen machen könne. Günter warf aber ein, dass er zuerst eine Mutprobe bestehen müsse. Doch Michael war sich unsicher und wollte wissen, was er machen soll. Lothar sagte, dass er in der Pause „Gruber ist doof." an die Tafel schreiben müsse. Michael erwiderte darauf, dass das kein Problem sei. Diese Mutprobe werde er mit Links bestehen. Alois faltete die Arme vor der Brust zusammen und meinte nur, dass sich das noch zeigen werde …

Ich finde, die Geschichte wirkt eintönig. Dabei ist die Handlung ganz interessant.

Vielleicht liegt es an den vielen dass-Sätzen. Laura sollte sie durch wörtliche Rede ersetzen.

3 a) Setze den Vorschlag aus der Schreibkonferenz um und ersetze die *dass*-Sätze durch wörtliche Rede. Überlege, ob du die Redebegleitsätze voranstellst, nachstellst oder einschiebst: Michael sagte zu den drei Jungen: „Ich möchte auch gern …" / „Ich möchte auch gern dazu gehören", sagte Michael zu …

↪ So könntest du die weitere wörtliche Rede formulieren:
So eine Jungenbande ist schon etwas Tolles. – Das stimmt. – Man kann spannende Sachen machen. – Du musst aber zuerst eine Mutprobe bestehen. …
Denke daran, die wörtliche Rede in Anführungszeichen zu setzen.

b) Stelle deinen Text einem Partner vor. Wie wirkt die Handlung jetzt?

INFO

Zeichen der wörtlichen Rede
Die wörtliche Rede kennzeichnest du durch Anführungszeichen.
Diese stehen am Anfang unten, am Ende oben.
1. **Zeichensetzung bei vorangestelltem Begleitsatz:**
   Herr Gruber fragt: „Wer war das?"
      Redebegleitsatz   wörtliche Rede
   Nach dem vorangestellten Begleitsatz steht immer ein Doppelpunkt.
2. **Zeichensetzung bei nachgestelltem Begleitsatz:**
   „Ich habe keine Ahnung", sagt Michael.
   „Ich war das nicht!", behauptet Lothar.
      Wörtliche Rede   Redebegleitsatz
   Zwischen wörtlicher Rede und nachgestelltem Begleitsatz steht immer ein Komma. Beim Aussagesatz entfällt der Punkt am Ende der wörtlichen Rede.
3. **Zeichensetzung bei eingeschobenem Begleitsatz:**
   „Einer von euch", meint Herr Gruber, „muss der Täter sein."
     Wörtliche Rede   Redebegleitsatz   wörtliche Rede
   Der Redebegleitsatz wird in die wörtliche Rede eingeschoben. Vor und nach dem Begleitsatz steht ein Komma.

Das Komma zwischen Hauptsätzen (Satzreihe)

A Trinken ist beim Sport wichtig denn sonst fühlst du dich hinterher schlapp.
B Süße Getränke werden gerne genommen doch sie haben viele Kalorien.
C Oftmals reicht eine Flasche Wasser der Sportler fühlt sich gleich frischer.

	Vorfeld	linke Satzklammer	Mittelfeld	rechte Satzklammer
	Trinken	ist	beim Sport wichtig,	
denn	sonst	fühlst	du dich hinterher schlapp.	

1 a) Übernimm das Feldermodell und trage darin die Sätze oben ein. Es sind Satzreihen. Nutze dazu die Hinweise 1 und 2 in der INFO.

→ Dies sind die Prädikate: **werden … genommen**, **haben**, **reicht**, **fühlt**. Setze sie in die **linke** und die **rechte** Satzklammer ein. Das *doch* in Satz B trägst du vor dem Vorfeld ein.

b) Setze mithilfe der Hinweise 3 und 4 in der INFO die Kommas.

2 a) Füge in Abschnitt (A) die fehlenden Kommas ein. Gehe vor wie in Aufgabe 1.
b) ↪ Bearbeite auch Abschnitt B.

(**A**) Das beste Sportlergetränk ist die Apfelschorle denn sie ist günstiger als andere Sportgetränke ungefähr alle 15–20 Minuten solltest du 100–200 ml Flüssigkeit zu dir nehmen deine Leistung wird sonst schlechter. Es können sonst Durst und Übelkeit auftreten aber du kannst auch Kopfschmerzen bekommen.
(**B**) Beim Sport kommst du automatisch ins Schwitzen du schützt dich so vor Überhitzung. Durch die Verdunstung des Schweißes wird dein Körper abgekühlt du verlierst dabei Wasser und wichtige Mineralstoffe. Beides musst du ersetzen dazu trinkst du eine Apfelsaftschorle oder eine Mischung aus Mineralwasser und Fruchtsäften. Über das Mineralwasser bekommst du Natriumchlorid sowie Calcium durch die Fruchtsäfte werden Kalium und Magnesium hinzugefügt.

ℹ️ INFO

Kommasetzung zwischen Hauptsätzen (Satzreihe)
1. Satzreihen sind aneinandergereihte Hauptsätze.
2. Im Feldermodell steht bei Hauptsätzen die Personalform des Prädikats in der linken Satzklammer (Verb*zweit*sätze). Das Vorfeld ist immer besetzt:
   Beim Sport kommst du ins Schwitzen, du schützt dich so vor Überhitzung.
3. Der zweite Hauptsatz beginnt oft mit einer Konjunktion (*und, oder, aber, denn, doch*): *Du schützt dich vor Überhitzung, denn dein Körper wird gekühlt.*
   Die beiden Hauptsätze werden durch ein Komma voneinander getrennt.
   Nebenordnende Konjunktionen stehen im Feldermodell vor dem Vorfeld.
4. Steht zwischen den beiden Hauptsätzen ein *und* bzw. *oder*, entfällt das Komma:
   Beim Sport kommst du ins Schwitzen und du verlierst Wasser.

Das Komma zwischen Haupt- und Nebensatz (Satzgefüge)

Vorfeld	linke Satzklammer	Mittelfeld	rechte Satzklammer
Eine Freundschaft	kann	nur dann	bestehen
	wenn	man sie	pflegt.
	Obwohl	du mit einem Freund Streit	hattest
	solltest	du mit ihm darüber	sprechen.

1 a) Schaut euch die Sätze in der Tabelle an: Was haltet ihr von diesen Tipps?
b) Die Sätze oben sind Satzgefüge: Beschreibt anhand des Feldermodells, wie sie aufgebaut sind. Ihr könnt den TIPP auf Seite 235 zu Hilfe nehmen.
c) Kreist jeweils die Konjunktion ein und markiert die Prädikate.
d) An welcher Stelle müsst ihr ein Komma setzen? Vergleicht mit der INFO.

Seite 235

Folie

2 a) Tragt zu zweit auch die folgenden Satzgefüge in ein Feldermodell ein.
b) Unterstreicht die Nebensätze.
c) Trennt den Haupt- und den Nebensatz durch ein Komma.

A Man muss auch verzeihen können da jeder mal einen Fehler macht.
B Freundschaften sind wichtig weil man sonst ziemlich einsam ist.
C Da Freundschaften nicht von allein laufen muss jeder etwas dafür tun.
D Wenn dir etwas an eurer Freundschaft nicht passt sprich es sofort an!

3 ↪ Bearbeite auch die Sätze des folgenden Textes wie in Aufgabe **2**.

Falls dich dein Freund einmal kritisiert musst du nicht gleich schmollen. Obwohl du eine andere Reaktion erwartet hast sollte dir die ehrliche Meinung deines Freundes wichtiger sein. Schlecht ist es nur wenn man sich nach dem Streit nicht versöhnt.

ℹ️ INFO

Kommasetzung zwischen Haupt- und Nebensatz (Satzgefüge)
1. Ein Satzgefüge besteht aus einem Haupt- und einem Nebensatz.
2. Der Nebensatz ist ein Verb*letzt*satz. Der Aufbau eines Satzgefüges wird deutlich, wenn du es in ein Feldermodell einträgst.
3. Nebensätze werden durch eine unterordnende Konjunktion (*als, weil, dass, obwohl, da, nachdem, bevor, während, damit, sodass, wenn ...*) eingeleitet:
   Freundschaften bestehen lange, wenn sie von beiden Seiten gepflegt werden.
         Hauptsatz   Nebensatz
4. Haupt- und Nebensatz werden immer durch ein Komma getrennt.
5. Nebensätze können nachgestellt (s. oben) oder vorangestellt sein:
   Wenn sie von beiden Seiten gepflegt werden, bestehen Freundschaften lange.
              Nebensatz   Hauptsatz

Seite 236

Computer im Unterricht

Das Internet als Informationsquelle nutzen

Die Extrembergsteigerin Gerlinde Kaltenbrunner finde ich spannend. Sie hat als erste Frau alle 14 Achttausender, die höchsten Berge der Erde, bestiegen – und das ohne künstlichen Sauerstoff! Mich würde interessieren, wie sie sich vorbereitet und welche Ausrüstung sie mitgenommen hat.

Clara

Hat sie eigentlich für ihre Leistungen Auszeichnungen erhalten?

Ayla

Im Kapitel „Das Geheimnis des Erfolgs" (Seite 172–187) habt ihr bereits einige Vorschläge für Referatsthemen erhalten. Clara und Ayla möchten ein Referat über die Bergsteigerin Gerlinde Kaltenbrunner vorbereiten.

1 a) Nenne die Sportart, durch die Gerlinde Kaltenbrunner berühmt wurde.
  b) Erkläre, warum Clara und Ayla sich diese Sportlerin ausgesucht haben.

2 Die beiden Schülerinnen suchen im Internet geeignete Informationen über Gerlinde Kaltenbrunner. Dazu nutzen sie eine Suchmaschine.
  a) Was erfährst du in den Suchergebnissen auf Seite 273 über die Sportlerin?
  b) Nenne den Namen der Suchmaschine, die Clara und Ayla nutzen.
  c) Welche weiteren Suchmaschinen kennst und nutzt du?
  d) Lies die **INFO** und erkläre, auf welche Weise Suchmaschinen bei der Internetrecherche helfen können.
  e) Welche Probleme könnten bei der Nutzung von Suchmaschinen auftreten? Berichte von deinen Erfahrungen beim Recherchieren.

ℹ INFO

Wie funktioniert eine Suchmaschine?

1. Suchmaschinen sind spezielle Internetseiten, die dir die Suche nach Informationen erleichtern, z. B. *Google, Bing, Lycos, Yahoo …* Sie greifen auf umfangreiche Datenbanken zu, in denen die Inhalte von Beiträgen, Dokumenten usw. verzeichnet sind.
2. Wird nun ein Suchbegriff, z. B. *Gerlinde Kaltenbrunner*, eingegeben, durchforstet die Suchmaschine ihre Daten nach dem Stichwort. Kommt es in einem gespeicherten Beitrag vor, gibt dir die Suchmaschine den Beitrag als Suchergebnis aus.

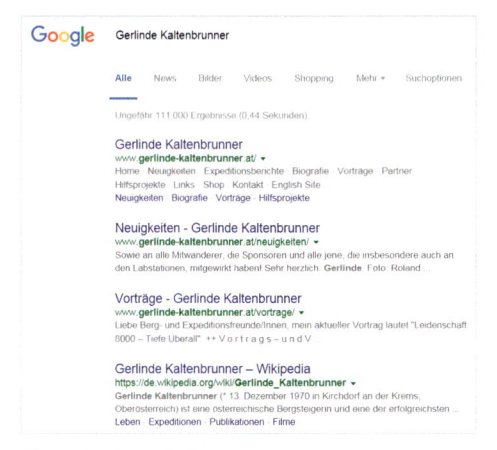

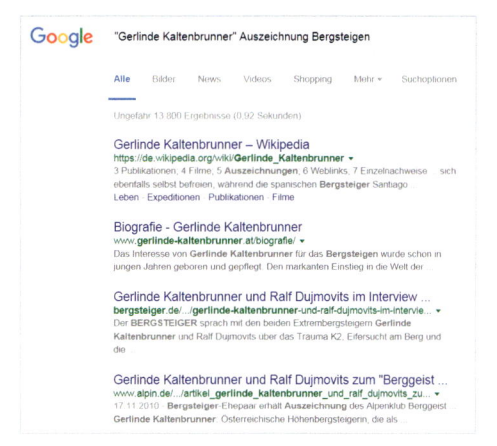

Claras Suchergebnis   Aylas Suchergebnis

3 Vergleiche die beiden Suchergebnisse miteinander:
  a) Welche Suchbegriffe haben Clara und Ayla verwendet?
  b) Überfliege die Suchergebnisse: Welche Internetrecherche war deiner Meinung nach erfolgreicher? Lies dazu in den Sprechblasen auf Seite 272 nach, was die Schülerinnen besonders an der Sportlerin interessiert.
  c) Überlege, wie man die Anzahl der Treffer weiter eingrenzen könnte. Formuliere weitere Stichwortkombinationen und probiere sie aus. Beachte den **TIPP**.

→ Clara möchte etwas über die Vorbereitung und Ausrüstungsgegenstände wissen. Diese Stichworte könnte sie nutzen: **Gerlinde Kaltenbrunner, Achttausender, Besteigung, Ausrüstung, Ausrüstungsgegenstände, Vorbereitung …**

4 Recherchiere weitere Informationen zu Gerlinde Kaltenbrunner (Lebenslauf, Training …), indem du Stichwortkombinationen in eine Suchmaschine eingibst.

💡 TIPP

So suchst du gezielt nach Informationen im Internet:
1. **Grenze** die **Suchbegriffe ein**, damit nur Seiten angezeigt werden, die für das Thema interessant sind. Je genauer du deine Suchbegriffe kombinierst, desto treffender sind die Suchergebnisse: z. B. *Klettersport, Erfolge, Gerlinde Kaltenbrunner*.
2. Setze Begriffe, die zusammengehören, in **Anführungsstriche**: „Gerlinde Kaltenbrunner". Es werden sonst auch Beiträge angezeigt, die nichts mit dem Thema zu tun haben, z. B.: *Die Bäckerei von Gerlinde Strob wirbt zusammen mit dem Café Kaltenbrunner für fair gehandelten Kaffee*.
3. Wenn du hinter deine Begriffe ein **Sternchen** (*) setzt, werden sie bei der Suche auch im Plural oder in einem anderen grammatischen Fall berücksichtigt: Training* (= *Trainingseinheiten, Trainingszeiten …*).
4. Willst du dir nur **Bilder** anzeigen lassen, klicke auf den Button *Bilder*, der sich unterhalb der Suchergebnisse befindet.
5. Oft ist es sinnvoll, nicht nur die erste Seite der Ergebnisse zu überfliegen, denn auch auf den weiteren Seiten findest du wichtige Ergebnisse.

6 Sieh dir das Suchergebnis und die Erklärungen dazu an. Erläutere, wie der Eintrag aufgebaut ist und welche Informationen du ihm entnehmen kannst.

> Gerlinde Kaltenbrunner – Wikipedia
> https://de.wikipedia.org/wiki/**Gerlinde_Kaltenbrunner** ▾
> 3 Publikationen; 4 Filme; 5 **Auszeichnungen**; 6 Weblinks; 7 Einzelnachweise … sich ebenfalls selbst befreien, während die spanischen **Bergsteiger** Santiago …
> Leben - Expeditionen - Publikationen - Filme

Überschrift des angezeigten Beitrags. Durch Anklicken lässt sich die Internetseite öffnen.

Angabe des **Links**, unter dem dieser Beitrag im Internet zu finden ist: Er ist dein Hinweis, woher das Material stammt. Er gibt an, wer die Seite ins Internet gestellt hat (= **Quelle**).

Überschriften oder **Textauszüge** aus dem Beitrag: Es werden jene Textstellen ausgewählt, in denen die eingegebenen Suchbegriffe vorkommen. Sie sind fett markiert.

> Gerlinde Kaltenbrunner ist „Explorer of the Year" 2012 …
> www.**bergsteigen**.com/…/gerlinde-**kaltenbrunner**-ist-explorer-year-2012 ▾
> 18.06.2012 - Mit 23 gelingt Gerlinde Kaltenbrunner ihr erster Achttausender, der Broad … gratuliert Gerlinde jedenfalls herzlich zu dieser Auszeichnung!
>
> Vorverkauf für Bergsteigerin Gerlinde Kaltenbrunner …
> samerbergernachrichten.de/vorverkauf-fuer-**bergsteigerin**-**gerlinde-kalte**… ▾
> 08.09.2015 - Zahlreiche Expeditionen führten Gerlinde Kaltenbrunner zurück zu den Wurzeln des … Leichtgewichtiges Bergsteigen: Rucksack auf und los!
>
> BERGSICHTEN-MERCHANDISING :: Bergsichten-Fanartikel
> www.bergsichten.de/merchandising ▾
> 09.12.2015 - Bergsteiger mit Wanderkarte (2005) Preis: 20,90€ … Gerlinde Kaltenbrunner ist ohne künstlichen Sauerstoff und ohne Träger unterwegs, meist …
>
> Goldmedaille für Kaltenbrunner und Precht | Bergsteigen.com
> www.**bergsteigen**.com/news/goldmedaille-fuer-kaltenbrunner-und-precht ▾
> Segantini-Museum in St. Moritz wurden Gerlinde Kaltenbrunner und Albert … Alpinisten Albert I. ihre Auszeichnung der Französin Catherine Destivelle als eine …
>
> Ganz bei mir - Gerlinde Kaltenbrunner - 9783492405416 …
> www.ebay.de/itm/Ganz-bei-…**Gerlinde-Kaltenbrunner**…/111698829066 ▾
> »Bergsteigen ist für mich kein Wettkampf, es ist mein Leben.« Weit mehr als alle Rekorde zählen für Gerlinde Kaltenbrunner die Kraft, die die Berge ihm geben, …
>
> Bergpassion - Eine Frau ganz oben - WDR Fernsehen
> www1.wdr.de/fernsehen/film_serie/kinozeit.../bergpassion100.html ▾
> 06.03.2015 - Gerlinde Kaltenbrunner erklimmt einen steilen Hang am Südgipfel des … Er ist der heiligste unter den Achttausendern - und der gefährlichste. Von 190 Bergsteigern, die bis … Hier finden Sie Preise und Auszeichnungen, etc.

M 7 Ayla, die etwas über die Auszeichnungen Gerlinde Kaltenbrunners herausfinden will, hat zu ihren Suchbegriffen sehr viele Treffer erhalten und nun eine Vorauswahl getroffen, was sie sich genauer anschauen möchte:
a) Überprüfe mithilfe des **TIPPs**, ob die Auswahl sinnvoll ist.
b) Entscheide, welche Seiten Ayla sich auf jeden Fall ansehen sollte und welche ihr kaum weiterhelfen werden. Streiche die überflüssigen Treffer durch.

💡 TIPP

So beurteilst du Suchergebnisse:
1. Lies erst die **Überschrift** und den **Textauszug** des Suchergebnisses. Gibt es Hinweise, dass der Text die gesuchten Informationen enthält?
2. Lies die **Quelle**. Ist der Betreiber der Seite bekannt und zuverlässig (z. B. *Sportschau*)? Auch **Nachrichtendienste**, die für ihre seriöse Berichterstattung bekannt sind (z. B. *Spiegel, Focus, Welt* …), kannst du nutzen.
3. Hat ein Betreiber einen fantasievollen Namen, solltest du vorsichtig sein. Dies sind oft **private Internetseiten**, die ungesicherte Informationen liefern.
4. Sortiere **Onlineshops** aus. Dort findest du keine wichtigen Informationen, sondern nur Kaufangebote (z. B. *Ebay, Amazon* …).
5. **Wikipedia** enthält viele Informationen. Da jeder an den Beiträgen mitschreiben kann, gibt es aber keine Sicherheit, dass die Informationen richtig sind.

📄 Seite 280-282

8 a) Wie könnte Ayla es vermeiden, zu viele Seiten auszudrucken? Überlege, wie sie vorgehen könnte. Vergleiche mit dem ersten Hinweis im **TIPP**.
b) Gib Ayla Ratschläge, wie sie ihre Informationen sichern kann, ohne den Drucker zu benutzen. Lies dazu den zweiten Hinweis im **TIPP**.

9 a) Gib im Suchfeld einer Suchmaschine passende Begriffe zu deinem eigenen Referatsthema ein. Entscheide dich für drei Ergebnisse aus der Trefferliste, die du passend findest.
b) Lege einem Partner deine Trefferliste vor und lasse sie von ihm beurteilen. Tauscht euch darüber aus, ob ihr die Suchergebnisse für geeignet haltet.
c) Überfliege die ausgewählten Texte und entscheide, ob du sie ausdrucken oder speichern würdest.

TIPP

So wählst du geeignete Internetseiten aus:
1. Schau dir erst die Seiten der ausgewählten Treffer an, bevor du sie ausdruckst. **Überfliege** dafür den Inhalt und entscheide, ob der Beitrag dir tatsächlich Antworten auf deine Fragen liefert.
2. Hast du dich für einen Beitrag entschieden, kannst du
   – die Seite **ausdrucken** oder
   – die Seite **als Favorit abspeichern** (*Internetexplorer*).
     Klicke dafür auf das Sternchen in der Statusleiste oben links.

   – in der Seite ein **Lesezeichen** setzen (*Mozilla Firefox*).
     Gehe dafür auf das Sternchen rechts in der Adresszeile.

Unter **Favoritencenter** (*Internetexplorer*) und **Lesezeichen verwalten** (*Firefox*) kannst du die Beiträge jederzeit abrufen.

Seite 307

M Eine Mindmap am Computer erstellen

1. Aus dem Internet kann man sich Mindmap-Programme auf den Rechner herunterladen. Ayla hat in einem solchen Programm für ihr Referat zu der Bergsteigerin Gerlinde Kaltenbrunner eine Mindmap angelegt. Erkläre mithilfe der Abbildung und des **TIPPs**, wie sie dabei vorgegangen ist.

2. Installiere ein kostenloses Mindmap-Programm (z. B. *freemind*) auf dem Computer und lege eine Mindmap zu deinem eigenen Referatsthema an. Stelle darin die gesammelten Informationen dar. Gehe vor, wie im **TIPP** beschrieben.

3. ↪ Erforsche das Mindmap-Programm weiter. Finde heraus, wie man z. B. Zeichen einfügen oder die Schriftart ändern kann. Zeige einem Partner, was du herausgefunden hast.

💡 TIPP

So erstellst du eine Mindmap am Computer:
1. Öffne das **Mindmap-Programm** auf deinem Computer.
2. Klicke auf das **Blatt** in der Symbolleiste (1). In der Mitte des Bildschirms erscheint das Feld *Neue Mindmap*.
3. Gehe auf das Feld, klicke mit dem Cursor einmal darauf und gib das **Thema** deiner Mindmap ein, z. B. *Die Erfolgsgeschichte der Gerlinde Kaltenbrunner*. Bestätige zum Schluss mit der *Enter*-Taste (2).
4. Füge den **Hauptast** ein. Markiere dafür durch Anklicken das Feld in der Mitte und gehe auf die *Glühbirne* in der Symbolleiste. Es erscheint ein Ast, auf den du eine Frage zum Thema schreiben kannst (3).
5. Einen **Unterast** fügst du ein, indem du auf den **Hauptast** klickst und dann wieder die Glühbirne anwählst. Trage hier deine Stichpunkte ein (4).
6. Falls du einen **Fehler** gemacht hast, klicke oben in das Feld *Bearbeiten* und wähle dann die *Pfeiltaste* (Pfeil nach links). So machst du deinen letzten Arbeitsschritt rückgängig (5).

Folien am Computer erstellen

Schritt 1

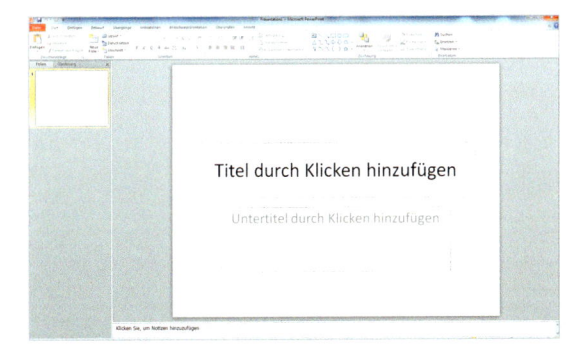

Schritt 2

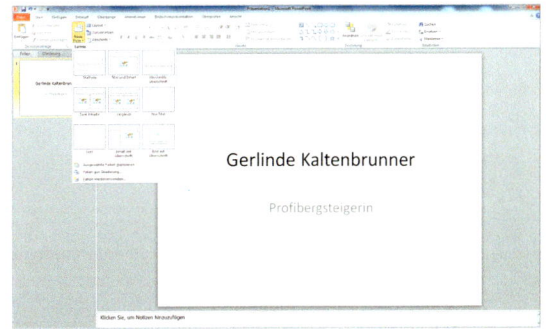

Schritt 3

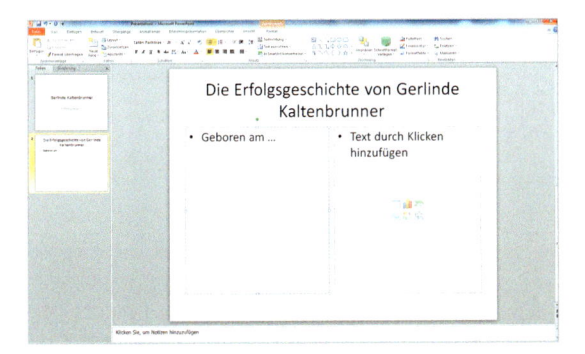

Schritt 4

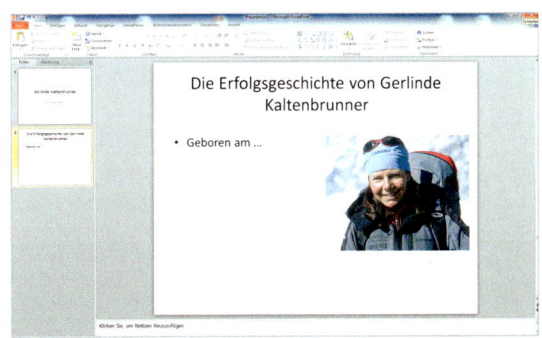

1 Clara hat auf ihrem Computer das Präsentationsprogramm *PowerPoint* aufgerufen. Sie möchte zu ihrem Referat über Gerlinde Kaltenbrunner eine Präsentation erstellen. Tauscht euch anhand der Bilder aus, wie sie dabei vorgeht.

2 Schreibe die Schritte in der richtigen Reihenfolge und in vollständigen Sätzen in dein Heft. So kannst du beginnen:
So erstellt man Folien am Computer:
1. Zuerst öffnet man ein Computerprogramm, mit dem man ...

↪ Du kannst die folgenden Stichworte nutzen:
zu Schritt 1: leere Folienvorlage startet automatisch beim Start / Computerprogramm (z.B. PowerPoint) zum Erstellen von Präsentationsfolien öffnen;
zu Schritt 2: Text schreiben / in Titel- und Textfeld klicken / Symbol „Neue Folie" in Menüleiste anklicken;
zu Schritt 3: gewünschtes Folienlayout durch Anklicken auswählen (Einteilung der Folie in einzelne Text- und Bildelemente) / Voransicht aller Folien wird angezeigt / zweite Folie öffnet sich;
zu Schritt 4: Bild einfügen / Text- und Bildfelder wieder durch Anklicken füllen / durch Anklicken der kleinen Folie gelangt man zur Großansicht / am linken Bildschirmrand kleine Ansichten der bislang erstellten Folien.

Präsentationsfolien gestalten

DIE ERFOLGSGESCHICHTE VON GERLINDE KALTENBRUNNER

1. Wer ist Gerlinde Kaltenbrunner?

- geboren am 13.12.1970 in Österreich
- eine der erfolgreichsten Höhenbergsteigerinnen weltweit
- Rekorde: 23. August 2011 → Gipfel des K2 erreicht → dritte Frau, die alle 14 Achttausender erklettert hat → erste Frau, die dies ohne zusätzlichen Sauerstoff aus der Flasche geschafft hat

Folie 1

Die Erfolgsgeschichte von Gerlinde Kaltenbrunner

Wer ist Gerlinde Kaltenbrunner?

➢ geboren am 13.12.1970 in Österreich
➢ eine der erfolgreichsten Höhenbergsteigerinnen weltweit
➢ Rekorde: Am 23. August 2011 hat sie den Gipfel des K2 erreicht -> damit ist sie die 3. Frau, die alle 14 Achttausender erklettert hat – allerdings die 1. Frau, die dies geschafft hat, ohne zusätzlichen Sauerstoff in der Flasche mitzunehmen.

Folie 2

1 a) Clara und Ayla sind sich nicht einig, wie sie ihre Präsentationsfolien gestalten möchten. Betrachtet die Folien und beschreibt, wie sie gestaltet sind.
b) Wie beurteilt ihr die Gestaltung der Folien? Besprecht in der Klasse, ob die folgenden Punkte sinnvoll umgesetzt wurden. Denkt dabei an die Adressaten:
– Folienhintergrund – farbliche Gestaltung
– Schriftart und Schriftgröße – Verhältnis von Text und Bild

2 a) Übertrage die Tabelle in dein Heft und notiere darin, was bei der Gestaltung von Präsentationsfolien beachtet werden sollte.
b) Vergleiche dein Ergebnis mit dem **TIPP** auf der folgenden Seite.

Bei der Gestaltung von Präsentationsfolien sollte man	
vermeiden:	berücksichtigen:
…	…

3 a) Rufe ein Präsentationsprogramm an deinem Computer auf und gib den Text der Präsentationsfolie auf Seite 278 zum Üben in eine leere Folie ein. Speichere sie unter einem passenden Dateinamen ab.
b) Gestalte deine Folie nach den folgenden Vorgaben. Lies dazu den **TIPP**.
- Wähle für den Hintergrund ein Foliendesign aus.
- Markiere die Titelüberschrift. Ändere die Schriftart in *Arial* und setze die **Schriftgröße** auf **36** und **fett**.
- Markiere den übrigen Text und ändere die Schriftart in *Arial*.
- Verwende für die Unterüberschrift die **Schriftgröße 28** und für den restlichen Text die **Schriftgröße 22**.
- Welche Schriftfarbe passt zu deinem Foliendesign? Ändere sie.

4 ↪ Erstelle zu deinem Referat eine Präsentation mit einem Präsentationsprogramm. Erläutere danach, weshalb du deine Folien so gestaltet hast.

TIPP

So gestaltest du eine Präsentationsfolie:
1. Du kannst für die Folie ein **vorgegebenes Design auswählen**. Klicke dazu in der Menüleiste auf den Reiter *Entwurf*. Wähle eines der Designs aus.

2. Du kannst die **Hintergrundfarbe** ändern. Klicke mit der rechten Maustaste auf die Folie und gehe auf *Hintergrund formatieren*.
Wähle über das Listenfeld eine Farbe oder einen Fülleffekt aus und bestätige mit *Für alle übernehmen*. Verwende keine zu knalligen Farben. Sie erschweren das Lesen des Textes.

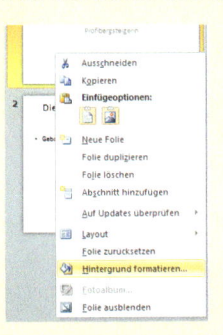

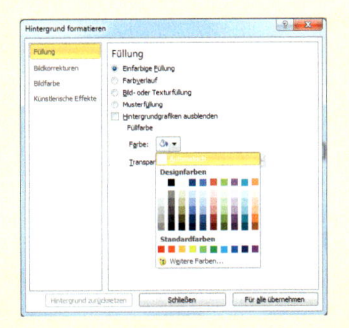

3. Verwende für die Überschrift und den Text eine **leicht lesbare Schrift** ohne Schnörkel (z. B. *Arial* oder *Tahoma*). Beachte, dass die Schrift groß genug ist, damit alle sie entziffern können (Schriftgröße 22).
Die **Titelüberschrift** sollte **größer** sein als der Text (Schriftgröße 36).
Schriftart und -größe veränderst du wie im Textverarbeitungsprogramm (z. B. *Word*) über die Symbolleiste *Start*.
4. Nimm für den Text eine **Schriftfarbe**, die sich vom Hintergrund gut abhebt. Helle Schriftfarben eignen sich für einen dunklen Hintergrund und dunkle Schriftfarben für einen hellen Hintergrund.
5. Gestalte die Folien **einheitlich** (Hintergrund, Schriftfarbe, Schriftart).

Methoden und Arbeitstechniken

Ein Internetlexikon verwenden

Wenn du gezielt nach Informationen zu einem Thema suchst, kannst du für deine Recherche das Internetlexikon *Wikipedia* nutzen.

> **Willkommen bei Wikipedia**
>
> Wikipedia ist ein Projekt zum Aufbau einer Enzyklopädie aus freien Inhalten, zu dem du mit deinem Wissen beitragen kannst. Seit Mai 2001 sind 1.916.145 Artikel in deutscher Sprache entstanden.

1 Lest den Kasten, der auf der Wikipedia-Startseite zu sehen ist.
   a) Gebt den Inhalt des Kastens mit eigenen Worten wieder.
   b) Überlegt gemeinsam, welche Vor- und Nachteile sich daraus ergeben könnten.
   c) ↪ Der Name *Wikipedia* setzt sich aus zwei Wörtern zusammen. Recherchiere, welche Wörter das sind und was sie bedeuten.

Um einen Artikel bei *Wikipedia* zu finden, gibt es zwei Möglichkeiten: Entweder gebt ihr euren Suchbegriff in das Suchfeld einer Suchmaschine (z. B. Google) oder direkt auf *https://de.wikipedia.org/* ein.

2 Du siehst hier einen Ausschnitt der Startseite *Wikipedias* mit dem Suchfeld:
   a) Schaut euch die Ergebnisse unter dem Suchfeld an. Wonach sind sie geordnet? Tauscht euch darüber aus.
   b) Welches Ergebnis wählt ihr, wenn ihr nach Thomas Müller, dem bekannten Fußballer sucht? Begründet.

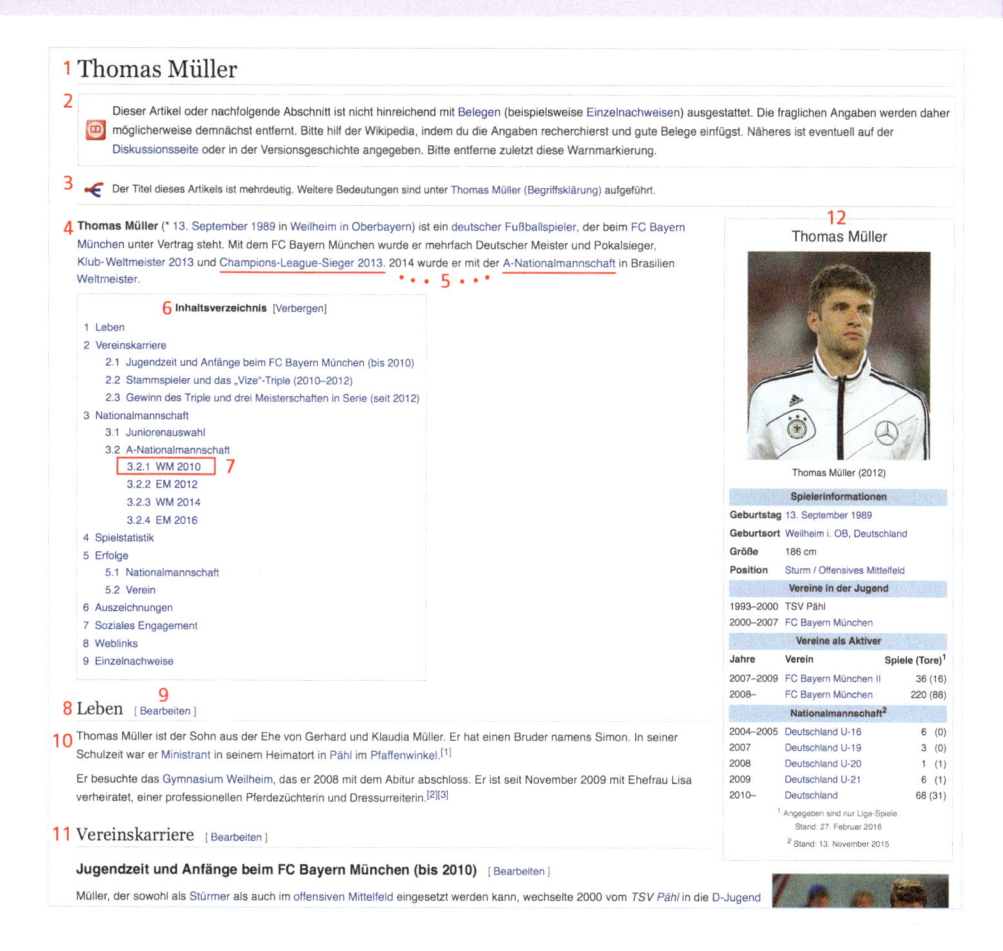

Wenn du bei *Wikipedia* den Artikel zum Fußballspieler Thomas Müller aufrufst, erscheint die Seite oben.

3 Alle Wikipedia-Einträge sind nach demselben Schema aufgebaut.
a) Beschreibt den Aufbau des Eintrags über Thomas Müller. Ordnet hierfür die folgenden Begriffe dem richtigen Bereich der Abbildung zu:

> **Text zu einem Themenbereich – Überschrift des Artikels – Kapitelüberschrift – Link zu anderem Wikipedia-Artikel – Einleitung – Infobox – Bearbeitungsschaltfläche – Inhaltsverzeichnis des Artikels – Link zu einem Themenbereich – Warnmarkierung zu Nachweisen – Hinweis zur Begriffsklärung**

b) Erläutert, welche Funktion die *Einleitung*, das *Inhaltsverzeichnis* und die *Infobox* haben. Geht auch darauf ein, was das Besondere an diesem Inhaltsverzeichnis im Vergleich zu dem eines Buches ist.
c) Welche Angaben könnt ihr der *Warnmarkierung* dieses Eintrags entnehmen? Erklärt, was sie für die Verlässlichkeit der Informationen bedeuten.
d) Vergleicht eure Lösungen mit dem **TIPP** auf Seite 282.

4 ↪ Gestalte einen vergleichbaren Ausschnitt eines Wikipedia-Artikels über dich. Achte darauf, alle Bestandteile einer Wikipedia-Seite zu verwenden.

Ein Internetlexikon verwenden | Mediale Quellen zur Informationsbeschaffung nutzen

> **WM 2010** [Bearbeiten]
>
> Am 6. Mai 2010 wurde er von Bundestrainer Löw in den erweiterten Kader und kurz vor der Abreise nach Südafrika in das endgültige Aufgebot für die WM 2010 berufen. Im ersten Gruppenspiel erzielte er beim 4:0-Sieg gegen Australien seinen ersten Treffer in einem A-Länderspiel und bereitete zudem einen weiteren Treffer vor. Beim 4:1-Sieg gegen England im Achtelfinale schoss Müller zwei Tore (das 3:1 und das 4:1) und legte ein weiteres Tor für Lukas Podolski auf. Im Viertelfinalspiel gegen Argentinien erzielte er mit einem Kopfballtor in der dritten Minute das 1:0. In der 35. Minute erhielt er wegen eines Handspiels seine zweite gelbe Karte der WM und war damit für das Halbfinalspiel am 7. Juli 2010 gegen Spanien gesperrt. Beim 3:2-Sieg im Spiel um den dritten Platz gegen Uruguay erzielte Müller das 1:0 und damit sein fünftes Tor im Turnier, womit er vor Miroslav Klose zum erfolgreichsten Torschützen der deutschen Mannschaft beim Turnier in Südafrika avancierte. In den Spielen gegen England und Uruguay wurde er zum Man of the Match gewählt.
>
> Mit fünf Toren und drei Torvorlagen erhielt Müller den Goldenen Schuh als Torschützenkönig der WM 2010. Nach Gerd Müller (1970) und Miroslav Klose (2006) war er der dritte deutsche Spieler, dem dies gelang. Zudem wurde er als Bester Junger Spieler ausgezeichnet.[11]

5 Du möchtest mithilfe des Wikipedia-Artikels mehr darüber erfahren, wie Thomas Müller bei der WM 2010 abgeschnitten hat.
a) Erkläre, wie du möglichst schnell zu dem oben abgebildeten Abschnitt kommst.
b) Beantworte die folgenden Fragen mithilfe des Wikipedia-Ausschnitts:
– Wo fand die WM 2010 statt?
– Gegen welche Länder schoss Thomas Müller bei der WM Tore?
– Wie viele Tore erzielte Thomas Müller insgesamt bei der WM?
– Welche drei Auszeichnungen erhielt Müller für seine Leistung bei der WM?

6 Im Beitrag oben wird die Auszeichnung *Man oft the Match* erwähnt. Öffne diesen Eintrag im Internet und lies ihn. Erkläre den Begriff dann mit eigenen Worten.

TIPP

So verwendest du das Internetlexikon *Wikipedia*:
1. Gib den von dir gesuchten Begriff in das Suchfeld auf der Wikipedia-Startseite ein. Bei deiner Eingabe bekommst du zum Teil mehrere Vorschläge angezeigt. Entscheide dich für einen und klicke ihn an. Nun öffnet sich der Eintrag zu dem Suchbegriff.
2. Mit der **Einleitung**, der **Infobox** und dem **Inhaltsverzeichnis** kannst du dir schnell einen Überblick über den Inhalt sowie die wichtigsten Daten zu deinem Suchbegriff verschaffen. Über die Links im Inhaltsverzeichnis kannst du direkt zu einem bestimmten Bereich des Artikels springen.
3. In den Einträgen sind viele Begriffe blau markiert. Es sind **Links**, über die du mit nur einem Klick zu anderen Wikipedia-Artikeln gelangst. Wenn du ein Wort nicht kennst oder mehr darüber wissen willst, hilft dir dieser Link weiter.
4. Bei Wikipedia kann jeder mitschreiben. Dies kann dazu führen, dass falsche oder ungesicherte Angaben (d.h. ohne einen Beleg) in einem Eintrag enthalten sind. Über einen Warnhinweis erfährst du, ob die Angaben gesichert sind und welche Informationen du besser mit Vorsicht genießen solltest.

Seite 274

Notizen bei Präsentationen anfertigen

Ich möchte euch Thomas Müller vorstellen. Geboren wurde er am 13. September 1989 in Weilheim in Oberbayern. Er ist Fußballspieler beim FC Bayern München und spielt auch in der Nationalmannschaft. Er wird als Stürmer oder im offensiven Mittelfeld eingesetzt. Thomas Müller kickte zunächst in der Mannschaft des TSV Pähl, bevor er 2000 in die D-Jugend von Bayern München wechselte. 2008 stand er das erste Mal in einer Bundesligapartie auf dem Platz. Im November 2009 hat er mit 19 Jahren seine Frau Lisa geheiratet, die er schon seit seiner Jugend kennt. Mit seinem Verein ist er bereits viermal Deutscher Meister geworden, nämlich 2010, 2013, 2014 und 2015. Außerdem ist er mehrfacher Pokalsieger und Gewinner des Supercups. 2013 hat er sogar die Champions League mit den Bayern gewonnen. Sein bisher größter Erfolg ist aber die Weltmeisterschaft in Brasilien 2014. Größere Verletzungspausen musste er im Laufe seiner Karriere noch nicht einlegen. Alle, die ihn kennen, sagen, dass er ein sehr sympathischer Typ ist.

<u>Thomas Müller</u>
- geb. 13.9.89 / Weilheim (Bayern)
- Fußballspieler: FC Bayern München, Nationalmannschaft
- offensives Mittelfeld???
- TSV Pähl → 2000 FC Bayern München
- Hochzeit mit 19!!!
- …

1 a) Während der Präsentation hat Jenny mitgeschrieben. Welche ihrer Stichpunkte findest du im Sprechblasentext wieder? Markiere sie darin.
b) Beschreibe, wie Jenny vorgegangen ist. Vergleiche mit dem **TIPP**.
c) ↩ Jennys Notizen sind noch unvollständig. Ergänze sie. Beachte den **TIPP**.

Folie

💡 TIPP

So machst du dir Notizen bei Präsentationen:
1. Notiere **Stichwörter** und keine vollständigen Sätze. Du kannst dich an Namen, Zahlen oder Ereignissen orientieren:
   Thomas Müller, 1. Bundesligaspiel 2008 …
2. Verwende **Abkürzungen**. Achtung: Du musst später auch noch wissen, was deine Abkürzungen bedeuten: *geb. = geboren, D = Deutschland …*
3. Arbeite mit diesen **Zeichen: ! ? →**. Sie können deine Stichpunkte verdeutlichen: *! = wichtig, ? = nicht verstanden, → = danach*.

Im Wörterbuch nachschlagen

Brücke — Büffel

die Bruch|rech|nung, die Bruch|stel|le, der Bruch|teil: im Bruchteil einer Sekunde (sehr schnell), der Wort|bruch; brü|chig, bruch|si|cher; bruch|rech|nen

Brü|cke, die: der Brücke, die Brücken; die Brücken hinter sich abbrechen (alle Verbindungen lösen)

Bru|der, der: des Bruders, die Brüder; die Brü|der|lich|keit; brü|der|lich: etwas brüderlich (gerecht) teilen

brü|hen: du brühst, er brühte, hat gebrüht, brüh(e)!; die Brü|he, die Brüh|wurst; brüh|warm: jemandem etwas brühwarm (sofort nach Bekanntwerden) erzählen; auf|brü|hen: sich Tee aufbrühen (zubereiten), ver|brü|hen: sich den Arm verbrühen

brül|len: du brüllst, er brüllte, hat gebrüllt, brüll(e)!; das Ge|brüll

brum|men: du brummst, er brummte, hat gebrummt, brumm(e)!; der Brum|mi (scherzhaft für LKW); brum|mig: brummig (unfreundlich) sein

brü|nett: (bräunlich, braunhaarig)

Brun|nen, der: des Brunnens, die Brunnen; das Brünn|lein

Brust, die: der Brust, die Brüste; die Brüs|tung (Begrenzung an Balkonen oder Brücken zum Schutz vor einem Absturz), die Brust|war|ze; brüs|ten: sich brüsten (prahlen), Brust schwim|men auch brust|schwim|men; das Brust|schwim|men

Brut, die: der Brut; brü|ten: die Glucke brütet; brü|ten|de (unangenehme) Hitze – über einer Aufgabe brüten (intensiv über sie nachdenken)

bru|tal: brutaler, am brutalsten; (gewalttätig, roh); die Bru|ta|li|tät

brut|to: (mit Verpackung; ohne Abzug von Kosten): Gegensatz netto

brut|zeln: du brutzelst, er brutzelte, hat gebrutzelt, brutz(e)le!; (braten)

BSE, die: der BSE; Abk. für eine Rinderseuche (Rinderwahnsinn)

Bsp.: Abk. für Beispiel

Bu|be, der: der Buben, die Buben; (Spielkarte)

Buch, das: des Buch(e)s, die Bücher; Buch führen (etwas genau festhalten) – wie ein Buch (ohne Pause) reden – ein Buch mit sieben Siegeln (nicht zu begreifen); der Buch|druck, die Bü|che|rei, der Bü|cher|wurm, die Buch|hand|lung, der Buch|sta|be, die Bu|chung; buch|stäb|lich; bu|chen: eine Reise buchen

Bu|che, die: der Buche, die Buchen; (Laubbaum); die Buch|ecker

Büch|se, die: der Büchse, die Büchsen; (Dose; Jagdgewehr); der Büch|sen|öff|ner

Bucht, die: der Bucht, die Buchten; die Mee|res|bucht

Bu|ckel, der: des Buckels, die Buckel; (kleinere Erhebung)

bü|cken: du bückst dich, er bückte sich, hat sich gebückt, bück(e) dich!; sich nach etwas bücken

buck|lig: ein buckliger Mensch

Bud|dha, der: (indischer Religionsstifter); der Bud|dhis|mus (Lehre Buddhas); bud|dhis|tisch

Bu|de, die: der Bude, die Buden; die Markt|bu|de

Bü|fett auch Buf|fet franz. [büfét auch büfé], das: des Büfett(e)s, die Büfetts auch Bufette; (Anrichtetisch, Geschirrschrank): das kalte Büfett (vorbereitete Tafel mit verschiedenen kalten Speisen)

Büf|fel, der: des Büffels, die Büffel; (in Asien und Afrika wild lebende Rin-

Bug — Bürge

derart); die Büf|fel|her|de; büf|feln: Vokabeln büffeln (intensiv lernen)

Bug, der: des Bug(e)s, die Buge; (Schiffsvorderteil)

Bü|gel, der: des Bügels, die Bügel; das Bü|gel|ei|sen; bü|geln

Bug|gy engl. [baggi], der: des Buggys, die Buggys; (kleines offenes Auto; zusammenklappbarer Kinderwagen)

Büh|ne, die: der Bühne, die Bühnen; zur Bühne gehen (Schauspieler werden) – von der Bühne abtreten (sich aus der Öffentlichkeit zurückziehen); das Büh|nen|bild

buk: → backen

Bu|let|te, die: der Bulette, die Buletten; (gebratenes Fleischklößchen)

Bull|au|ge, das: der Bullauges, die Bullaugen; (rundes Schiffsfenster)

Bull|dog|ge, die: der Bulldogge, die Bulldoggen; (Hunderasse)

Bull|do|zer engl. [buldozer], der: des Bulldozers, die Bulldozer; (schweres Raupenfahrzeug für Erdarbeiten)

Bul|le, der: des Bullen, die Bullen; (männliches Rind); bul|lig: ein bulliger (kleiner und massiger) Mensch

Bu|me|rang, der: des Bumerangs, die Bumerangs; (gekrümmtes Wurfholz, das zum Werfer zurückkehrt)

bum|meln: du bummelst, er bummelte, hat gebummelt, bumm(e)le!; durch die Stadt bummeln – bei der Arbeit bummeln (langsam arbeiten) – der Zug bummelt (fährt langsam); der Bum|mel, die Bum|me|lei; bum|me|lig auch bumm|lig

BUND, der: des BUND(s); Abk. für Bund für Umwelt und Naturschutz Deutschland

Bund, der: des Bund(e)s, die Bünde; den Bund fürs Leben schließen (hei-

raten); die Bun|des|li|ga, der Bun|des|rat, die Bun|des|re|gie|rung, die Bun|des|re|pu|blik, die Bun|des|stra|ße, der Bun|des|tag, die Bun|des|wehr, das Bünd|nis; ver|bün|den: sich verbünden

Bund, das: des Bund(e)s, die Bunde; ein Bund Radieschen; das Bün|del, das auch Schlüs|sel|bund; bün|dig: kurz und bündig; bün|deln

Bun|ga|low Hindi-engl. [bungalo], der: des Bungalows, die Bungalows; (eingeschossiges Wohnhaus mit flachem Dach)

Bun|gee|sprin|gen engl. [bandschie...], das: des Bungeespringens, die Bungeespringen; (an einem starken Gummiseil hängend aus großer Höhe springen)

Bun|ker, der: des Bunkers, die Bunker; (Behälter für Massengüter; betonierter Schutzraum); bun|kern (hamstern, speichern)

bunt: bunter, am buntesten; ein buntes Bild – ein bunter Abend (mit verschiedenen Programmteilen) – alles lag bunt durcheinander – wie ein bunter Hund (sehr) bekannt sein – euer Lärmen wird mir zu bunt (zu viel); bunt ge|streift auch bunt|gestreift, bunt|sche|ckig; kun|ter|bunt; der Bunt|stift

Bür|de, die: der Bürde, die Bürden; (Last); auf|bür|den: jemandem viel Arbeit aufbürden

Burg, die: der Burg, die Burgen; die Burg|rui|ne, die Strand|burg

Bür|ge, die: des Bürgen, die Bürgen; (Person, die für jemanden einer etwas die Garantie übernimmt); die Bürg|schaft; bür|gen: für jemanden bürgen

Bürger — CDU

Bür|ger, der: des Bürgers, die Bürger; die Bür|ger|ini|ti|a|ti|ve, der Bür|germeis|ter, das Bür|ger|recht|ler, der Spieß|bür|ger (engstirniger Mensch); bür|ger|lich

Bü|ro franz., das: des Büros, die Büros; (Arbeitsraum, Geschäftsstelle); die Bü|ro|klam|mer

Bur|sche, der: des Burschen, die Burschen; ein toller Bursche (Draufgänger); das Bürsch|chen

Bürs|te, die: der Bürste, die Bürsten; die Haar|bürs|te, die Klei|der|bürs|te; bürs|ten

Bus, der: des Busses, die Busse; Kurzw. für Autobus, Omnibus; der Bus|fah|rer, die Bus|hal|te|stel|le

Busch, der: des Busch(e)s, die Büsche; das Bü|schel, das Busch|mes|ser; bu|schig; bü|schel|wei|se

bü|ßen: du büßt, er büßte, hat gebüßt, büß(e)!; (für eine Schuld bestraft werden); die Bu|ße: Buße tun, der Bü|ßer, der Buß- und Bet|tag

Büs|te, die: der Büste, die Büsten; (Brust); der Büs|ten|hal|ter: Abk. BH

Bu|ti|ke: → Boutique

But|ter, die: der Butter; alles ist in Butter (in Ordnung); das But|ter|brot, die But|ter|milch; but|ter|weich

But|ton engl. [batn], der: des Buttons, die Buttons; (Ansteckernadel)

bye-bye! engl. [bei-bei]: (auf Wiedersehen!)

Byte engl. [bait], das: des Byte(s), die Byte(s); (Einheit, in der die Leistungsfähigkeit eines Datenträgers gemessen wird): Kunstwort für eight (acht Bits); das Gi|ga|byte, das Me|ga|byte

bzw.: Abk. für beziehungsweise

C

C: (römisches Zahlzeichen für 100)

C, das: (Buchstabe; Tonbezeichnung): das hohe C

C: Abk. für Celsius

ca.: Abk. für circa (ungefähr)

Ca|brio auch Ca|brio franz., das: des Cabrios, die Cabrios; Kurzw. für Cabriolet (Auto mit zurückklappbarem Verdeck)

Ca|fé franz. [kafé], das: des Cafés, die Cafés; (Kaffeehaus, Konditorei); die Ca|fe|te|ria (Café oder Restaurant mit Selbstbedienung)

Cam|cor|der engl., der: des Camcorders, die Camcorder; Kurzw. für camrecorder (Kamerarekorder)

Ca|mem|bert franz. [kamãmbär], der: des Camemberts, die Camemberts; (Weichkäse)

Cam|ping engl. [käm|ping], das: des Campings; der Cam|per, der Cam|ping|platz; cam|pen

Ca|ra|van, der: des Caravans, die Caravans; (Wohnwagen)

Ca|ri|tas: → Karitas

Car|port engl., der: des Carports, die Carports; (überdachter, an den Seiten offener Abstellplatz für Autos)

Car|toon engl. [kartun], der: des Cartoons, die Cartoons; (Karikatur, Witzzeichnung)

CD, die: der CD, die CDs; Abk. für Compact Disc (Datenträger in Form einer Scheibe); der CD-Bren|ner, das CD-Lauf|werk, der CD-Play|er, die CD-ROM (CD, deren Inhalt nicht gelöscht oder überschrieben werden kann)

CDU, die: Abk. für Christlich-Demokratische Union

Cello — Chirurg

Cel|lo ital. [(t)schälo], das: des Cellos, die Cellos auch Celli; (Musikinstrument, Kniegeige)

Cel|si|us: Abk. C (Wärmegradeinteilung): 5 Grad Celsius, 5° C

Cem|ba|lo ital. [tschämbalo], das: des Cembalos, die Cembalos auch Cembali; (altes Tasteninstrument)

Cent engl., das: des Cent(s), die Cent(s); Abk. c oder ct (Untereinheit von Euro, Dollar und anderen Währungseinheiten)

Cha|mä|le|on griech. [kamäleon], das: des Chamäleons, die Chamäleons; (Baumeidechse, die ihre Farbe der jeweiligen Umgebung anpasst)

Cham|pig|non auch Cham|pig|non franz. [schampinjong], der: des Champignons, die Champignons; (Edelpilz)

Cham|pi|on engl. [tschämpjen], der: des Champions, die Champions; (Meister in einer Sportart)

Chan|ce auch Chan|ce franz. [schangße], die: der Chance, die Chancen; (günstige Gelegenheit, Möglichkeit): seine Chance nutzen; die Chan|cen|gleich|heit; chan|cen|los

Chan|son franz. [schanßong], das: des Chansons, die Chansons; (Liedart)

Cha|os griech. [kaoß], das: des Chaos; (völliges Durcheinander); der Cha|ot; cha|o|tisch: chaotische Zustände

Cha|rak|ter griech., der: des Charakters, die Charaktere; (Wesensart, sittliches Verhalten): Charakter (Willenskraft) haben, beweisen; die Cha|rak|te|ris|tik; cha|rak|ter|fest, cha|rak|te|ris|tisch: eine charakteristische (typische) Eigenschaft; cha|rak|te|ri|sie|ren: eine Person charakterisieren

Char|me auch Scharm franz. [scharm], der: des Charmes; char|mant (liebenswürdig)

char|tern engl. [tschartern]: (ein Schiff oder Flugzeug mieten); das Char|ter|flug|zeug

Charts engl. [tscharts], die: der Charts; (Hitliste)

Chat engl. [tschät], der: des Chats, die Chats; (zwangloses Unterhalten im Internet); der Chat|room auch Chat-Room (Internetdienst für das Chatten); chat|ten

Chauf|feur franz. [schofför], der: des Chauffeurs, die Chauffeure; (Fahrer)

che|cken engl. [tschäken]: du checkst er checkte, hat gecheckt, check(e)!; (kontrollieren): endlich etwas gecheckt (begriffen) haben; der Check, die Check|lis|te

Chef, der: des Chefs, die Chefs; die Che|fin, der Chef|arzt

Che|mie arab., die: der Chemie; (Wissenschaft von den Eigenschaften und den Umwandlungen der Stoffe); seine Che|mi|ka|li|en, der Che|mi|ker; che|misch

chic: → schick

Chi|ne|se, der: der Chinesen, die Chinesen; die Chi|ne|sin; chi|ne|sisch; Kleinschreibung: die chinesische Sprache; Großschreibung: das Chinesisch (Sprache) – die Chinesische Mauer

Chip engl. [tschip], der: des Chips, die Chips; (Spielmarke; dünne, in Fett gebackene Kartoffelscheibchen; sehr kleines Plättchen mit elektronischen Schaltelementen); die Chip|kar|te (Plastikkarte mit einem Chip)

Chi|rurg auch Chir|urg griech., der: des Chirurgen, die Chirurgen; (Facharzt

1 Im Wörterbuch erfährst du neben der richtigen Schreibweise eines Wortes auch noch einiges über die Wörter. Bearbeite folgende Aufgaben im **Lerntempoduett**. Nutze die Wörterbuchseiten auf Seite 284 und den **TIPP**.   Seite 298

a) Nenne die *Kopfwörter* der Wörterbuchseiten.
b) Finde je ein Wort, bei dem der Vokal kurz und lang gesprochen wird.
c) Wie wird das Wort *Camembert* ausgesprochen?
d) Nenne eine weitere Schreibweise des Wortes *Büffet*.
e) Schreibe das Wort *Chamäleon* nach Silben getrennt auf.
f) Nenne den Artikel und den Plural von *Caravan*.
g) Notiere von *büßen* den Imperativ, das Präteritum und das Partizip II.
h) Finde das Wort *Checkliste*. Nenne das Verb, von dem das Nomen abstammt.
i) Nenne die Steigerungsformen von *bunt*.
j) Entscheide, ob man „*chinesische Mauer*" oder „*Chinesische Mauer*" schreibt.
k) Erklärungen zu dem Wort *chic* findest du auf diesen Seiten nicht. Wo musst du stattdessen nachschlagen?
l) Finde heraus, wofür die Abkürzung *CD* steht.
m) Nenne die drei Bedeutungen des Buchstaben *C*.
n) Finde die Bedeutung des Wortes *Bulette*.
o) Nenne die beiden Bedeutungen des Wortes *bummeln*.
p) Welche Wörter aus der Wortfamilie *Bund* werden genannt?
q) ↪ Finde je ein Wort aus dem Französischen, Griechischen und Englischen.

TIPP

So orientierst du dich in einem Wörterbuch:
1. Die Wörter sind im Wörterbuch nach dem **Alphabet** geordnet.
2. Achte auch auf die **Kopfwörter**: Auf der Seite oben links steht das erste Stichwort, mit dem die Seite beginnt. Oben rechts steht das Stichwort, mit dem die Seite aufhört.
3. Wenn du ein Wort nicht findest, schlage eine andere **Schreibweise** nach:
   – **Verben** stehen immer im **Infinitiv**. Wenn du z. B. das Verb *waren* suchst, musst du unter dem Infinitiv *sein* nachschlagen.
   – **Nomen** sind im **Singular** aufgeschrieben. So findest du das Nomen *Lexika* (Plural) unter dem Stichwort *Lexikon*.
   – **Adjektive** sind in ihrer **Grundform** eingetragen. Willst du z. B. die Steigerungsform *besser* finden, musst du unter dem Eintrag *gut* nachschauen.
   – Einige Wörter schreibt man nicht so, wie man sie spricht (*Chauffeur*).
4. Neben der Bedeutung findest du weitere Informationen zu einem Wort.
   – Bei einigen Wörtern sind **Betonungshilfen** angegeben: Steht ein Punkt unter dem Vokal, wird er kurz gesprochen. Bei einem Strich wird er lang gesprochen.
   – Bei einigen Wörtern findest du einen Hinweis darauf, wie man das Wort ausspricht. Die **Aussprache** steht in eckigen Klammern: z. B. *Buggy [bagi]*.
   – Bei einigen Wörtern ist die **Sprache** angegeben, aus der das Wort ursprünglich kommt. Das Wort *Cello* stammt z. B. aus dem Italienischen.
   – **Trennungsmöglichkeiten** sind gekennzeichnet: *Bü|ro*.
   – **Abkürzungen** werden auch erklärt: *bzw. = Abk. für beziehungsweise*.

Im Fremdwörterbuch nachschlagen

Manchmal begegnen dir Wörter, deren Bedeutung und Aussprache unklar ist. Schlage sie in einem Fremdwörterbuch nach. Lies dazu die **INFO** und bearbeite die Aufgaben mithilfe der Ausschnitte. Nutze auch den **TIPP** auf Seite 285.

1 a) Wie wird das Wort *Button* ausgesprochen? Schreibe es in Lautschrift auf.
b) Nenne den Artikel und den Plural von *Charakter*.
c) Aus welchen Sprachen stammt es?
d) Nenne die ursprüngliche Bedeutung.

2 ↪ Vergleiche den Eintrag des Wortes *Button* aus dem Wörterbuch auf Seite 284 mit dem Eintrag auf dieser Seite. Nenne Unterschiede.

3 Dieselben Wörter können unterschiedliche Bedeutungen haben. Notiere mithilfe der Ausschnitte jeweils die passende Bedeutung.

A 1. Susi trägt einen **Button** mit der Aufschrift „Rettet den Regenwald".
  2. Susi schreibt am PC einen Text und klickt auf den **Button** „Speichern".
B 1. Marks **Büro** liegt direkt gegenüber von Manuels Wohnung.
  2. Mark geht mittags oft mit dem ganzen **Büro** etwas essen.

↪ Diese Bedeutungen kannst du zuordnen:
Arbeitsraum – Abzeichen zum Anstecken – Computerschaltfläche zum Anklicken – Angestellte einer Arbeitsstätte.

ℹ INFO

Fremdwörterbuch
1. Fremdwörter stammen aus anderen Sprachen (z. B. anderer Länder, Fachsprachen …). Sie haben oft eine **besondere Schreibweise**, z. B. *Physik*.
2. Das Fremdwörterlexikon ist wichtig für das Verständnis und den Gebrauch von Fremdwörtern. Hier schlägst du nach, wenn du die **richtige Schreibweise** und eine **ausführliche Erklärung** zu einem Fremdwort suchst.
3. Zunächst wird die **ursprüngliche Bedeutung** eines Wortes sowie seine Herkunftssprache angegeben: Button (*engl.* „Knopf").
4. Es folgen verschiedene Bedeutungen des Wortes. Sie werden mit Ziffern voneinander abgegrenzt: **1.** *runde Plakette …*, **2.** *(EDV) virtueller Schalter*.
5. **Drei Punkte** zeigen dir, dass du das Wort oder einen Teil des Wortes ergänzen musst. Beispiel: *Lexikon (gr.) das; …ka* (= Plural: Lexika).

📄 Seite 256/257

Diagramme auswerten

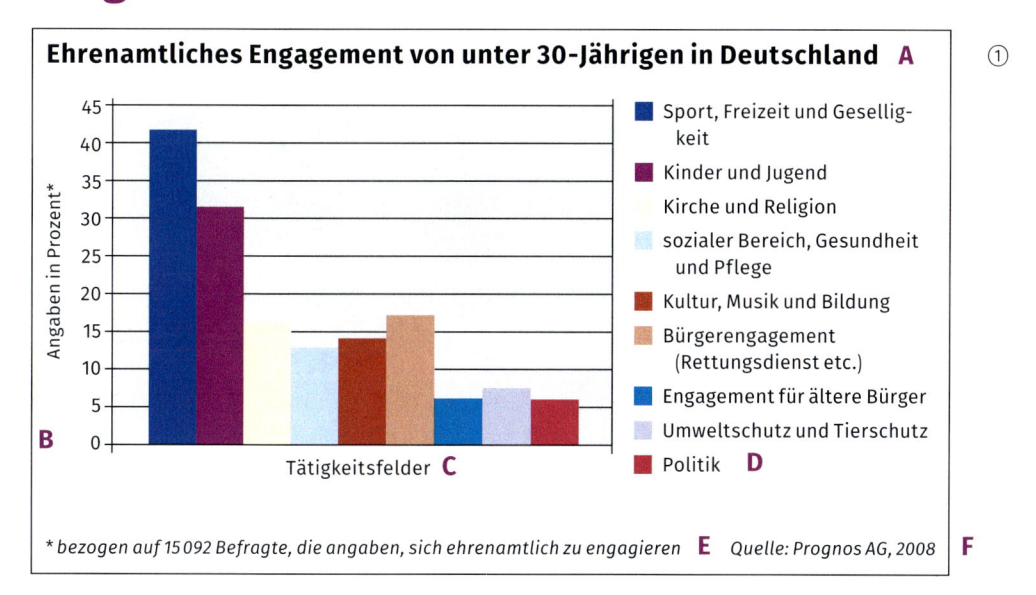

Ehrenamtliches Engagement von unter 30-Jährigen in Deutschland A   ①

- Sport, Freizeit und Geselligkeit
- Kinder und Jugend
- Kirche und Religion
- sozialer Bereich, Gesundheit und Pflege
- Kultur, Musik und Bildung
- Bürgerengagement (Rettungsdienst etc.)
- Engagement für ältere Bürger
- Umweltschutz und Tierschutz
- Politik D

B — Angaben in Prozent*

Tätigkeitsfelder C

*bezogen auf 15 092 Befragte, die angaben, sich ehrenamtlich zu engagieren E   Quelle: Prognos AG, 2008 F

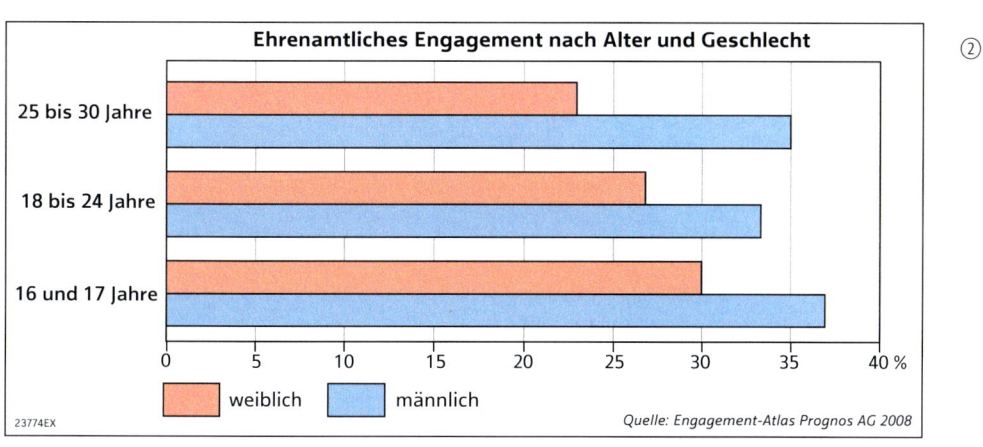

Ehrenamtliches Engagement nach Alter und Geschlecht ②

- 25 bis 30 Jahre
- 18 bis 24 Jahre
- 16 und 17 Jahre

weiblich   männlich

Quelle: Engagement-Atlas Prognos AG 2008

INFO

Diagrammarten

1. **Säulendiagramm**: Auf der senkrechten Achse stehen die Zahlenangaben. Prüfe die verwendete Einheit (*Prozent, in Tausend ...*). Hier kannst du den genauen Wert ablesen. Achte dazu auf die Höhe der einzelnen Säulen. Die waagerechte Achse gibt Auskunft, worauf sich die Zahlenangaben inhaltlich beziehen (*Personengruppen, Tätigkeiten ...*).
2. **Balkendiagramm**: Die senkrechte Achse informiert darüber, um welche inhaltlichen Bereiche es geht (*Alter, Tätigkeiten ...*). Auf der waagerechten Achse befinden sich die Zahlenangaben. Achte auch hier auf die verwendete Einheit. An der Länge der Balken kannst du den genauen Wert ablesen.
3. **Kreisdiagramm**: In einem Kreisdiagramm geht es um eine Gesamtmenge, die in unterschiedlich große „Tortenstücke" unterteilt ist. Um ihre Größe festzustellen, musst du dir die Zahl anschauen, die dem jeweiligen Tortenstück zugeordnet ist. Achte auch hier darauf, in welcher Einheit sie verwendet wird.

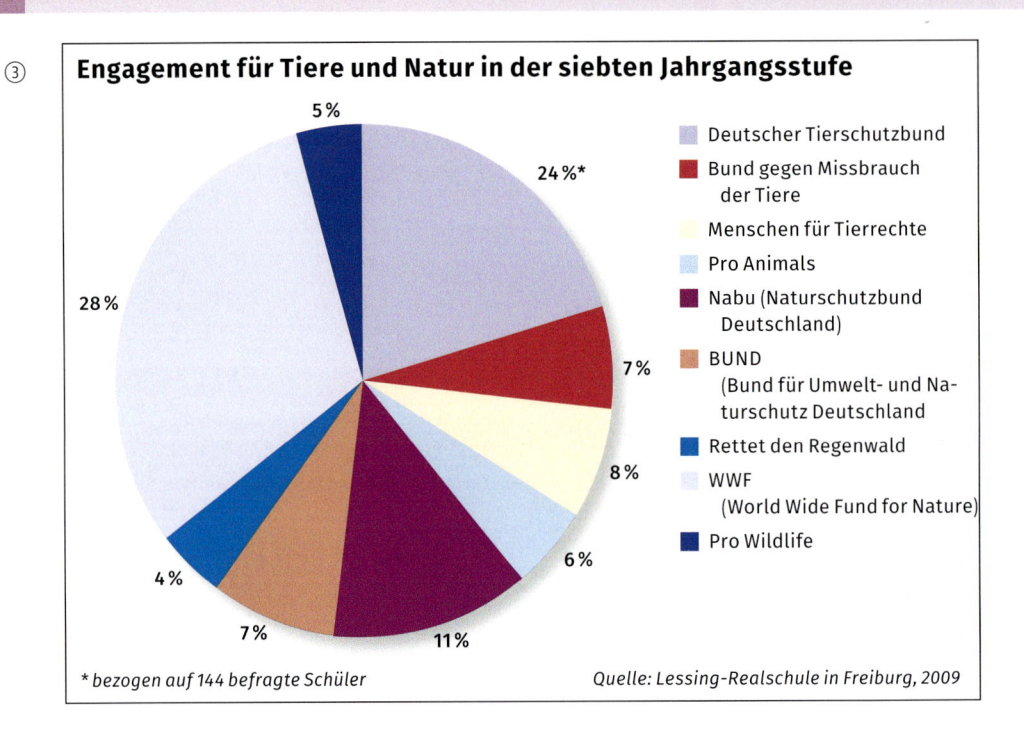

③ **Engagement für Tiere und Natur in der siebten Jahrgangsstufe**

- Deutscher Tierschutzbund — 28 %
- Bund gegen Missbrauch der Tiere — 7 %
- Menschen für Tierrechte — 8 %
- Pro Animals — 6 %
- Nabu (Naturschutzbund Deutschland) — 11 %
- BUND (Bund für Umwelt- und Naturschutz Deutschland) — 7 %
- Rettet den Regenwald — 4 %
- WWF (World Wide Fund for Nature) — 24 %*
- Pro Wildlife — 5 %

*bezogen auf 144 befragte Schüler Quelle: Lessing-Realschule in Freiburg, 2009

1 a) Auf den Seiten 287 und 288 seht ihr verschiedene Diagramme. Lest gemeinsam die **INFO** auf Seite 287 und macht euch klar, wie sie aufgebaut sind.
b) Wähle ein Diagramm und entschlüssle es mithilfe des **TIPPs**. Mache dir stichwortartig Notizen. Wenn du Diagramm A bearbeitest, erhältst du eine Hilfe.

→ Nutze die folgenden Hinweise, um dein Diagramm zu entschlüsseln:
- Wie lautet das Thema? (A)
- Was ist *ehrenamtliches Engagement*?
- In welcher Einheit stehen die Zahlenangaben? (B)
- Auf welche Inhalte bezieht sich die waagerechte Achse? (C)
- Wofür stehen die verschiedenen Farben der Säulen? (D)
- In welchen Bereichen engagieren sich die meisten? Schau dir dazu die höchste Säule an. Lies in der Legende (D), für welchen Bereich die Farbe steht.
- In welchen Bereichen engagieren sich die wenigsten (kürzeste Säule)?
- Welche Bereiche liegen im Mittelfeld?
- Wie viele Personen wurden insgesamt befragt? (E)
- Nenne die Quelle und den Zeitpunkt, auf den sich die Daten beziehen. (F)

💡 TIPP

So wertest du ein Diagramm aus:
1. Lies die Überschrift. Um welches **Thema** geht es?
2. Bestimme die **Art des Diagramms**: Säulen-, Kreis- oder Balkendiagramm.
3. Gibt es eine **Fußzeile**? Sie enthält oft Hinweise zu den Zahlenangaben.
4. Mache dir klar, was die **Farben** des Diagramms bedeuten. Die Erklärung dafür liefert dir die **Legende**. Sie steht meist neben dem Diagramm.
5. Achte auf die **auffälligsten** Werte (*sehr klein / groß,...*) und Unterschiede.
6. Notiere die **Quelle** und den **Zeitpunkt** (*Jahr*), auf den sich die Daten beziehen.

2 Suche dir einen Partner, der dasselbe Diagramm entschlüsselt hat. Vergleicht eure Notizen miteinander. Verbessert oder ergänzt sie, wenn nötig.

M 3 a) Halte deine Auswertungsergebnisse in einem zusammenhängenden Text fest. Nutze dazu deine Notizen und den **TIPP**.

↪ Wenn du Diagramm 1 gewählt hast, kannst du den folgenden Lückentext ergänzen:
Bei der Grafik handelt es sich um ein …diagramm. Es informiert über das … von … Die Daten sind aus dem Jahr … und wurden von der … erfasst. Die Anzahl der … ist in … angegeben. Die verschiedenen Säulenfarben stehen für die unterschiedlichen … Insgesamt wurden … Personen befragt, die angegeben haben, dass sie sich …
Fast die Hälfte der unter 30-Jährigen ist im Bereich … aktiv. Das sind deutlich mehr als in den Bereichen … und … Hier engagieren sich nur ungefähr … % der Helfer und damit die wenigsten. Die vier Bereiche …, …, … und … liegen mit je ungefähr … % im Mittelfeld.
Ich bin (nicht) überrascht, dass …, weil … Außerdem fällt mir auf, dass …

b) Bildet gemischte Dreiergruppen, sodass immer drei verschiedene Diagrammarten vertreten sind. Stellt den anderen Gruppenmitgliedern eure Auswertungsergebnisse vor.

4 ↪ a) Führt in eurer Klasse eine Umfrage zu einem der folgenden Themen durch. Haltet die Ergebnisse schriftlich fest.
– Lieblingsfarben
– Haustiere
– Lieblingseissorten
– Hobbys

b) Erstelle mit den Umfrageergebnissen ein Diagramm deiner Wahl. Zeichne es auf eine Folie.
c) Präsentiere dein Diagramm in der Klasse. Erläutere dabei die Zahlen.

💡 TIPP

So fasst du deine Auswertungsergebnisse zusammen:
1. Beschreibe das Diagramm kurz: Thema, Art des Diagramms, Quelle mit Zeitangabe. *Das Säulendiagramm informiert über …*
2. Stelle die Zahlenangaben anschaulich in ganzen Sätzen dar:
   49 % der jungen Leute engagieren sich … **ODER**: *Fast die Hälfte der jungen Leute engagiert sich … / nur 20 % der Jugendlichen engagieren sich …* **ODER**: *Nur jeder Fünfte Jugendliche engagiert sich …*
3. Vergleiche die Zahlenangaben miteinander:
   Während sich nur 18 % für ältere Bürger engagieren, sind es im Bereich … doppelt so viel / weniger als … / Kaum Unterschiede gibt es bei …
4. Kommentiere zum Schluss das Diagramm: *Überraschend finde ich, … / Es fällt auf, dass … / Ich hätte erwartet/nicht erwartet, dass …, weil …*

Übersicht: Arbeitstechniken (TIPPs)

Sprechen und Zuhören

So führt ihr ein Streitgespräch	14
So entsteht ein Soundscape	56
So erzählt ihr eine Reihum-Geschichte	59
So könnt ihr mit der Stimme gestalten	75
So beschreibst du einen Weg möglichst genau	137
So gibst du Rückmeldungen	187
So entwickelt ihr eine „Diashow"	196
So macht ihr Übergänge zwischen den Szenen deutlich	198
So machst du dir Notizen bei Präsentationen	283

Schreiben

So überzeugst du andere von deiner Meinung	13
So entkräftest du Einwände	16
So schreibst du einen begründenden Brief	19
So schreibst du einen Informationstext	34
So schreibst du einen Tagebucheintrag	62
So schreibst du einen inneren Monolog	63
So schreibst du einen sachlichen Bericht	81
So schreibst du sachlich	83
So benennst du das Thema	103
So beantwortest du Fragen zu einem Text	111
So nimmst du zu einer Frage Stellung	112
So nimmst du zu der Aussage anderer Stellung	112
So beschreibst du einen Gegenstand	133
So schreibst du eine Anleitung	139
So formulierst du genaue Arbeitsanweisungen	141
So schreibst du eine Filmempfehlung	158
So gliederst du dein Referat	182
So erstellst du gelungene Präsentationsfolien	183
So legst du einen Arbeitsplan an	184
So legst du eine Rollenkarte an	192
So entwickelt ihr einen Szenendialog	193
So fasst du deine Arbeitsergebnisse zusammen	289

Lesen und Verstehen

So ermittelst du Informationen aus unterschiedlichen Texten	32
So versetzt ihr euch in die Rolle einer literarischen Figur	57
So arbeitet ihr mit dem Partnerpuzzle	86
Wichtige von unwichtigen Informationen unterscheiden	86
So führt ihr ein stummes Schreibgespräch durch	109
So orientierst du dich in einem Wörterbuch	285
So wertest du ein Diagramm aus	288

Sprache betrachten

So unterscheidest du Aktiv und Passiv	94
So drückst du Vorzeitigkeit in einer Inhaltsangabe aus	125
So verdeutlichst du die Reihenfolge von Arbeitsschritten	146
So übt und überprüft ihr euer Grammatikwissen in Gruppen	200
Die Zeitformen des Verbs richtig gebrauchen	208
So machst du die Abfolge von Handlungen durch die Zeitform deutlich	209
Einen Satz in Felder einteilen	233

Richtig schreiben

So erkennst du die Groß- und Kleinschreibung von Zeitangaben	95
Ein Glossar erstellen und verwenden	147
So erkennst du Rechtschreibfehler mithilfe des Computers	263
So findest du Sinneinheiten heraus	267

Computer im Unterricht

So findest du Informationen im Internet	30
So suchst du gezielt nach Informationen im Internet	273
So beurteilst du Suchergebnisse	274
So wählst du geeignete Internetseiten aus	275
So erstellst du eine Mindmap am Computer	276
So gestaltest du eine Präsentationsfolie	279
So verwendest du das Internetlexikon *Wikipedia*	282

Basiswissen

Fettgedruckte Wörter findest du ebenfalls im Basiswissen.

Adjektiv 133, 202, 213–215, 218, 231, 241, 249, 260, 263

Wortart. Mit Adjektiven beschreibst du Lebewesen, Gegenstände, Gedanken oder Ereignisse. *Der Schnee war pulvrig. Wir hatten schreckliche Angst.* Viele Adjektive lassen sich steigern: *gut – besser – am besten; witzig – witziger – am witzigsten.*
Mit Adjektiven kannst du daher Personen und Gegenstände vergleichen:
Lena ist größer als Tim.
Der Ball ist so bunt wie ein Regenbogen.
Eine Reihe von Wörtern werden zu Adjektiven, wenn sie eine Adjektivendung erhalten:
-lich = freundlich; -isch = tierisch;
-ig = windig; -bar = wunderbar

Adverb 216–218, 230, 234, 252

Wortart. Adverbien (Singular: Adverb) beschreiben die genaueren Umstände eines Geschehens. Mit ihnen kannst du ausdrücken, wo (*dort, hier …*), wann (*donnerstags, jetzt …*), auf welche Art und Weise (*genauso, vergebens …*) und warum (*deshalb, trotzdem*) etwas geschieht. Adverbien gehören zu den unveränderlichen Wortarten.

Adverbiale Bestimmungen 223, 230

Satzglied. Adverbiale Bestimmungen können aus mehreren Wörtern bestehen. Du verwendest sie, um genaue Angaben zu machen. Es gibt vier Arten von adverbialen Bestimmungen. Du kannst sie durch die Frageprobe ermitteln:
adverbiale Bestimmung
– *der Zeit*: Wann? Wie lange? Wie oft?
  Sie spielen heute Basketball.
– *des Ortes*: Wo? Woher? Wohin?
  Der Ball flog in den Korb.
– *der Art und Weise*: Wie? Wie sehr?
  Das Spiel endet unentschieden.
– *des Grundes*: Warum? Wieso?
  Wir haben wegen der Hitze schulfrei.

Akkusativ 203, 205, 219–220

4. Fall (**Kasus**) des **Nomens**. Du kannst ihn mit den Fragen Wen? oder Was? ermitteln: *den Ball; an einen Mitspieler; an ihn.*

Akkusativobjekt 223–224, 228–229

Satzglied. Das Akkusativobjekt ermittelst du mit den Fragen *Wen?* oder *Was?*.
Felix rempelt den gegnerischen Spieler an.
Wen rempelt Felix an?

Aktiv 94, 211–212

Wenn du einen Satz im Aktiv formulierst, betonst du, wer etwas tut:
Inga und ich haben in den letzten Ferien einen Erste-Hilfe-Kurs besucht.
(Vgl. Verwendung des **Passivs**.)

Anfrage / offizieller Brief 18–23

Eine Anfrage ist ein offizieller Brief. Sie wendet sich meistens an Personen, die man nicht kennt. Mit einer Anfrage kannst du um Informationen bitten, Kataloge anfordern, Material bestellen, Zimmer reservieren usw. Ein offizieller Brief hat eine besondere Form mit einer festgelegten Reihenfolge:
Absender, Ort und Datum, Adressat, Betreffzeile, Anrede, Briefinhalt, Gruß, Unterschrift.
Da du den Adressaten meistens nicht kennst, musst du die „Sie-Form" verwenden:
Sehr geehrte Frau Akyüz, ich möchte bei Ihnen einen Trikotsatz bestellen …

Anführungszeichen 82–83, 104–105, 268–269

Durch Anführungszeichen kennzeichnest du die **wörtliche Rede** in einem Text. Sie werden am Anfang unten und am Ende oben gesetzt:
„Rette sich, wer kann!", ruft jemand.

Anleitung 138–146

In einer Anleitung informierst du über einen bestimmten Vorgang, indem du die einzelnen Abläufe genau und vollständig beschreibst. Dabei musst du sachlich schreiben, dich auf die wichtigsten Informationen beschränken und sie in einer sinnvollen Reihenfolge wiedergeben. Mache genaue Angaben und verwende **Fachbegriffe**. Die Zeitform ist das **Präsens**.

Anredepronomen 18–23, 206, 263
Wortart. Anredepronomen können **Personalpronomen** oder **Possessivpronomen** sein. Wenn du in einem Brief jemanden mit *Sie* ansprichst, werden die entsprechenden Anredepronomen großgeschrieben:
Sie, Ihr, Ihnen, Ihre, Ihren, Ihrem. Beispiel: Leihen Sie mir Ihr Buch?

Antonym 239
Antonyme sind Wörter, die eine gegensätzliche Bedeutung haben:
groß ↔ klein, hoch ↔ niedrig

Argument, argumentieren 12–23
Wenn du deine Meinung äußerst, gibst du an, wie du bestimmte Dinge beurteilst oder was du gerne möchtest: *Ich möchte nach Schwangau fahren.*
Damit man deine Meinung nachvollziehen kann und deinem Wunsch entspricht, muss man sie verstehen können. Deshalb ist es wichtig, dass du deine Meinung begründest: *Ich möchte nach Schwangau fahren, weil man dort viele Sehenswürdigkeiten besuchen kann.*
Nenne dazu ein konkretes Beispiel. Dadurch wirkt deine Begründung anschaulicher und überzeugender: *Schloss Neuschwanstein ist z. B. berühmt für seine Grotte und den Thronsaal und damit absolut sehenswert!*
Eine Meinung mit Begründung und Beispiel nennt man Argument.

Artikel 202
Wortart. Der Artikel ist der Begleiter des **Nomens**. Du unterscheidest den bestimmten Artikel (*der, die, das*) und den unbestimmten Artikel (*ein, eine, ein*). Die Artikel geben das grammatische Geschlecht des Nomens an, also ob es **Maskulinum** (*der*/*ein* Wald), **Femininum** (*die*/*eine* Katze) oder **Neutrum** (*das*/*ein* Haus) ist. Der Artikel wird mit dem Nomen in den **Singular** (Einzahl) oder **Plural** (Mehrzahl) und in die einzelnen Fälle gesetzt.

Attribut 231
Mit Attributen machst du genauere Angaben zu einem **Nomen**. Deine Texte werden durch sie informativer und anschaulicher.
Das Attribut ist Teil eines Satzglieds.
Diese Attribute hast du kennengelernt:
– Adjektivattribute:
  Vor mir liegt die stürmische See.
– Partizipattribute:
  Es war ein ergreifender Moment.
– Präpositionalattribute:
  Lisa trug eine Jacke mit Kapuze.
– Genitivattribute:
  Der Mantel des Jungen war verschwunden.

Ballade 50–75
Balladen sind umfangreiche Gedichte mit Reimen und Strophen. Meist wird ein außergewöhnliches Geschehen beschrieben, z. B. eine besondere Heldentat, ein gespenstisches Ereignis oder ein tragisches Unglück. Das geschilderte Ereignis wird wie in einer **Erzählung** spannend erzählt. Die Handlung wird dabei mithilfe von Erzählmitteln (z. B. sprachliche Bilder) besonders ausgeschmückt und zielt am Ende auf einen Höhepunkt. Wie in einem szenischen Spiel findet man auch in Balladen Figuren, die in Dialogen miteinander sprechen. Die Ballade stellt daher eine Mischung aus einem Gedicht, einer Erzählung und einem szenischen Text dar.

Bedienungsanleitung 134–135
Eine Bedienungsanleitung (auch Gebrauchsanweisung) ist ein informierender Text. Er hilft dem Nutzer eines Produkts, es richtig zu verwenden. So kann weder das Produkt beschädigt, noch dem Nutzer geschadet werden. Eine Bedienungsanleitung enthält meist eine Übersicht mit der Abbildung des Gegenstandes und

den einzelnen Bedienelementen. So sieht man auf den ersten Blick, wo welche Tasten zu finden sind. Es folgen Informationen, wie man das Gerät in Betrieb nimmt und wie es in unterschiedlichen Situationen eingesetzt wird. Bedienungsanleitungen sind sachlich und meist knapp formuliert. Sie enthalten oft **Fachbegriffe**, die man zum besseren Verständnis erst klären muss.

Befehlsform (Imperativ) 141
Eine Form des **Verbs**, mit der du Befehle, Wünsche, Appelle und Aufforderungen äußerst. *Hör mir zu! Gehen Sie von den Käfigen weg!*

Bericht, berichten 76–97
In einem Bericht schilderst du Tatsachen, Ereignisse, Vorgänge und deren Verlauf. Er ist ein sachlicher Text, mit dem du informieren willst. Dabei musst du die richtige zeitliche Abfolge einhalten. Die Zeitform ist die Vergangenheit (das **Präteritum**). In einem Bericht beantwortest du die wichtigsten W-Fragen (*Wer? Was? Wann? Wo?*). Manchmal sind aber auch die Ursachen (*Warum/Weshalb?*), die Folgen (*Welche Folgen?*) und der Ablauf (*Wie?*) des Geschehens wichtig.
Die Darstellung des Berichts ist sachlich, daher vermeidest du **Spannungsmacher** und persönliche Meinungsäußerungen.

Beschreibung, beschreiben 130–146, 213–214
Beim Beschreiben stellst du Vorgänge, Personen oder Gegenstände eindeutig und anschaulich dar. Wichtig ist eine sinnvolle Reihenfolge der Informationen. Als Zeitform verwendest du das **Präsens**.

Cluster 62–63, 66, 126, 150, 172
Ein Cluster hilft dir, Einfälle zu sammeln, z. B. für einen Aufsatz.

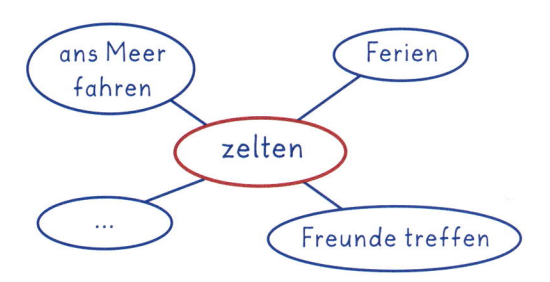

Dass-Satz 25, 265–266
Ein *dass*-Satz folgt oft nach Verben wie *denken, meinen, sagen, finden, wollen* ... Ein *dass*-Satz wird durch ein Komma vom übrigen Satz getrennt: *Jessica meint, dass du auch zum THW kommen sollst.*
Durch die Ersatzprobe kannst du *dass* von *das* unterscheiden: *Dass* lässt sich nicht durch *dies, dieses* oder *welches* ersetzen.

Dativ 203, 205, 219–220
3. Fall (**Kasus**) des **Nomens**. Du ermittelst ihn mit der Frage *Wem?: dem Trainer; ihm; ihr.*

Dativobjekt 223–224, 228–229
Satzglied. Das Dativobjekt ermittelst du mit der Frage *Wem?:*
Der Basketball gehört Steffi.
Wem gehört der Basketball?

Dehnungs-h 254
Das Dehnungs-*h* hebt einen langen betonten **Vokal** besonders hervor. Es steht nur vor den **Konsonanten** *l, m, n, r: fehlen, nehmen, gähnen.*

Demonstrativpronomen 207
Wortart. Mit Demonstrativpronomen kannst du auf eine Tatsache, ein Geschehen oder einen Zustand zurück- oder vorweisen. Es kann sich auf ein Wort, eine Wortgruppe oder einen ganzen Satz beziehen. Demonstrativpronomen sind: *der, die, das / dieser, diese, dieses / jener, jene, jenes / solcher, solche, solches / derselbe, dieselbe, dasselbe.* Beispiel: *Wir schwangen mit Lianen über einen Abgrund. Das war sehr aufregend.*

Dialog 193
Damit wird das abwechselnd in Rede und Gegenrede geführte Gespräch zwischen zwei oder mehr Personen (z. B. auf der Bühne) bezeichnet.

„Diashow" 196–197
Eine „Diashow" bedeutet in der Theatersprache eine Aneinanderreihung mehrerer **Standbilder**.

Diktat
Diktate sind eine gute Möglichkeit, die Rechtschreibung zu üben. Du kannst dazu aus verschiedenen Möglichkeiten auswählen: Eigendiktat, Klopfdiktat, Laufdiktat, Partnerdiktat.

Diphthong (Zwielaut) 255
Diphthonge gehören zu den **Vokalen**: K*ai*ser, B*au*er, tr*äu*men, b*ei*ßen, k*eu*chen.

Ersatzprobe 266
Die Ersatzprobe wendest du bei der Überarbeitung eines Textes an. Du überprüfst damit, ob du ein Wort oder einen Ausdruck ersetzen willst.

Erweiterungsprobe
Mit der Erweiterungsprobe überprüfst du, ob ein Text durch die Ergänzung von Wörtern (z. B. Adjektiven) verbessert werden kann.

Erzählen 59
In einer Erzählung stellst du mündlich oder schriftlich den Verlauf von Geschehnissen dar, die tatsächlich passiert oder aber erdacht sind. Dabei kannst du dich an den W-Fragen orientieren: Wo ist das Ereignis passiert? Wann geschah es? Wer war beteiligt? Was ist passiert? Wie und warum kam es dazu? Beim Erzählen musst du die Einzelheiten in eine sinnvolle Reihenfolge bringen, die der Leser nachvollziehen kann. Die erzählte Handlung führst du spannend und abwechslungsreich über mehrere Schritte zum Höhepunkt. Dabei musst du Wichtiges von Unwichtigem trennen. Als Zeitform verwendest du die Vergangenheit: für das mündliche Erzählen meistens das **Perfekt**, für das schriftliche Erzählen das **Präteritum**.

Erzählperspektive 115–116
Wenn ein Autor eine Geschichte schreibt, schlüpft er in die Rolle eines Erzählers. Er kann als Figur erscheinen, wenn z. B. in der Ich-Form erzählt wird. Der Autor und der Erzähler sind aber nicht dieselbe Person. Der Autor hat sich vielmehr eine Figur ausgedacht, die in der Erzählung spricht und fühlt.
Der Autor kann die Geschichte aus verschiedenen Perspektiven erzählen. Dadurch gibt er unterschiedlich viel von der Figur preis: Der Ich-Erzähler erzählt das Geschehen aus Sicht einer bestimmten Figur. Man erlebt dabei „hautnah" ihre Gedanken und Gefühle: *Als ich auf den Dachboden stieg, zitterten mir meine Knie.*
Der Er-/Sie-Erzähler erzählt das Geschehen, als würde er die Handlung beobachten. Er weiß viel über eine Person und kennt ihre Gedanken und Gefühle: *Lena öffnete vorsichtig die Dachbodentür. „Hoffentlich gibt es dort keine großen Spinnen", dachte sie.*

Erzählung 103
Erzählungen sind meist kürzere literarische Texte. Die Figuren und die Handlung sind in der Regel frei erfunden. Das Dargestellte könnte aber so passiert sein.
Am Anfang erhält der Leser Anhaltspunkte, was ihn in der Geschichte erwartet. Die Figuren werden vorgestellt und Angaben zu Ort und Zeit gemacht. Es kann aber auch einen unvermittelten Einstieg geben. Im Hauptteil wird meist ein Problem oder ein Konflikt dargestellt. Die spannendste Textstelle nennt man Höhepunkt. Zum Schluss wird die Geschichte zu einem Ende gebracht. Man weiß also, wie es ausgeht. Es gibt keine offenen Fragen.

Fabeln, Fabelmerkmale
Als Fabel bezeichnet man eine meist kurze **Erzählung**, in der Tiere oder Pflanzen wie Menschen reden, handeln, denken und fühlen können. Fabeln werden erzählt, um aus dem an-

schaulichen Beispiel der Tiere eine Lehre für die Menschen zu ziehen. In vielen Fabeln wird diese Lehre (Moral) am Schluss in einem Satz zusammengefasst. Fabeln gibt es auch in Gedichtform.

Fachbegriff   132–135, 138–139, 147

Fachbegriffe stammen aus einem bestimmten Fachbereich, z. B. Camping: *der Hering, die Abspannleine* ... Fachbegriffe sind kürzer und genauer als Erklärungen. Wichtig ist, dass alle Gesprächsteilnehmer die Fachbegriffe kennen.

Feldermodell   232–236, 270–271

Mit dem Feldermodell kannst du dir den Aufbau eines Satzes klarmachen. So erkennst du, an welcher Stelle im Satz welches **Satzglied** stehen kann oder muss.
Das Modell besteht aus folgenden Feldern:
1. Vorfeld: Hier steht nur ein Satzglied:
Ich gehe ins Haus. / Nachher esse ich Obst.
2. linke Satzklammer: Sie enthält das **Prädikat** bzw. den Teil des Prädikats mit der Personalform:
Ich gehe ins Haus. / Ich bin ins Haus gegangen.
3. Mittelfeld: Hier können mehrere Satzglieder stehen: *Ich gehe am Abend langsam mit meiner Mutter ins Haus.*
4. rechte Satzklammer: Sie schließt den Satz ab, wenn es ein zweiteiliges Prädikat gibt. Bei einfachen Prädikaten bleibt das Feld frei:
Ich bin ins Haus gegangen.
5. Nachfeld: Es steht außerhalb der Klammer. Hier können z. B. Hervorhebungen (*Otto hat im Matheunterricht geschlafen, und zwar die ganze Stunde.*) oder **Nebensätze** (*Otto hat im Matheunterricht geschlafen, weil er müde war.*) stehen.
In einfachen Sätzen steht das **Prädikat** immer an zweiter Stelle. (Verb*zweit*satz)
In Fragen ohne Fragewort oder bei Aufforderungen steht das **Prädikat** an erster Stelle. Das Vorfeld bleibt frei. (Verb*erst*satz)

Film, filmische Gestaltungsmittel   155–157

Ein Film setzt sich aus verschiedenen Bildschnitten zusammen. Diese werden mit der Kamera besonders gestaltet, um eine Wirkung zu erzielen. Mit der Einstellungsgröße wird festgelegt, wie nah oder fern der Zuschauer die gefilmte Handlung erlebt. Man unterscheidet:
– *Totale*: Ein Großteil der Umgebung ist zu sehen. Man entdeckt verschiedene Dinge oder Personen, die eher klein erscheinen. Der Zuschauer erlebt die Szene nur aus der Entfernung, erhält aber einen guten Überblick.
– *Nahaufnahme*: Die Personen sind im Vordergrund. Man sieht ihren Kopf und Oberkörper. Mimik und Gestik können intensiver wahrgenommen werden.
– *Großaufnahme*: Man sieht nur noch den Kopf einer Person. Dadurch erlebt man aus nächster Nähe, was die Person gerade fühlt und erlebt.

Die Kamera kann auch besondere Perspektiven einnehmen. Dadurch erlebt der Zuschauer das Geschehen aus einem bestimmten Blickwinkel:
– *Vogelperspektive*: Bei dieser Sicht erhält man einen besonderen Überblick auf eine Szene. Personen wirken so eher klein und eingeschüchtert.
– *Froschperspektive*: Bei der Sicht von unten nach oben wirken die Umgebung und die Personen darin besonders groß und bedrohlich.

Auch mit der *Beleuchtung* oder *Farbgebung* sowie dem *Ton* kann die Aufmerksamkeit des Zuschauers auf bestimmte Dinge gelenkt und eine besondere Wirkung erzielt werden:
– Helligkeit und eine deutliche Sicht können auf eine positive Stimmung hindeuten. Dunkle Farben und ausgedehnte Schatten weisen eher auf Gefahren, Geheimnisse oder eine dramatische Zuspitzung in der Handlung hin.
– Mit bestimmten Geräuschen (z. B. Türknarren, Fußschritte, Vogelgezwitscher ...) oder Musik wird die Wirkung der Bilder verstärkt. So werden beim Zuschauer Gefühle hervorgerufen und er kann sich leichter in die Szene und die Filmfiguren hineinversetzen.

Fremdwort 256–257, 286
Fremdwörter sind Wörter, die aus einer anderen Sprache ins Deutsche übernommen wurden. Sie haben manchmal eine besondere Schreibung oder Aussprache: *Courage, Brokkoli*.

Femininum (weiblich) 202–203
Grammatisches Geschlecht des **Nomens**:
die Maus, eine Rakete, die Angst.

Futur (Zukunft) 208
Zeitform des **Verbs**. Das Futur benutzt du, wenn du ausdrücken willst, dass etwas in der Zukunft geschieht. Das Futur I bildest du mit dem Hilfsverb *werden* und dem **Infinitiv** eines Verbs:
Wir werden gewinnen.

Gedichte 58, 126
Ein Gedicht ist ein oft kurzer Text, in dem der Dichter Gefühle, Stimmungen, aber auch Erlebnisse und Gedanken in einer besonderen Sprache und Form ausdrückt. Merkmale eines Gedichts können **Vers, Reim, Strophe** und **Sprachbilder** sein. Zu besonderen Gedichtformen zählen Laut- und Bildgedichte.

Genitiv 203, 219
2. Fall (**Kasus**) des **Nomens**. Du ermittelst ihn mit der Frage *Wessen?*:
des Spiels, des Korbs.

Geschlossene Silbe 255
Das Wort *tan zen* besteht aus zwei **Silben**, wobei die erste betonte Silbe mit einem **Konsonanten** endet. Die Silbe wird durch den Konsonanten geschlossen und der **Vokal** *a* daher kurz gesprochen.

Gestik (Körperhaltung) 57, 194–196

Getrennt- und Zusammenschreibung 258–262
Meistens werden Verbindungen aus zwei Wörtern getrennt geschrieben:
Verb + Verb: *Ich werde schwimmen lernen*.
Adjektiv + Verb: *Ich kann gut schwimmen*.
Nomen + Verb: *Tim will heute Skateboard fahren*.
Nominalisierte Ausdrücke aus Verb + Verb und Nomen + Verb schreibst du zusammen:
zum Tauchenlernen, beim Skilaufen.
Verbindungen aus Adjektiv und Verb werden zusammengeschrieben, wenn sich durch die Verbindung eine neue, übertragene Bedeutung ergibt:
Die Aufgabe wird mir ohne dich schwerfallen.

Großschreibung 19, 21, 46, 248–253
Namen, **Nomen** und das erste Wort in einem Satz sowie **Anredepronomen** (*Sie, Ihr*) in einem Brief schreibst du groß.

Hauptsatz/Nebensatz 234–236, 270–271
Ein Hauptsatz ist ein eigenständiger Satz, der von keinem anderen abhängig ist. Du erkennst ihn im **Feldermodell** an dem gefüllten Vorfeld und der Personalform des **Prädikats** in der linken Satzklammer.
Hauptsätze sind meist Verb*zweit*sätze:
Ich gehe in die Schule.
Der Nebensatz kann meist nicht alleine stehen. Er bezieht sich inhaltlich immer auf einen anderen Satz. Der Nebensatz steht anstelle eines **Satzglieds**. Er erklärt den übergeordneten Satz genauer. Er wird durch eine unterordnende **Konjunktion** eingeleitet:
Ich gehe in die Schule,
   Hauptsatz
nachdem ich gefrühstückt habe.
   Nebensatz
Im **Feldermodell** kann der Nebensatz unterschiedlich dargestellt werden:
– Er kann nach dem Hauptsatz im Nachfeld stehen: *Ich gehe in die Schule, nachdem ich gefrühstückt habe*.
– Er steht in einer eigenen Zeile unter dem Hauptsatz: Die Konjunktion steht in einem Feld, das sich aus dem Vorfeld und der linken Satzklammer ergibt. Die Personalform des Prädikats befindet sich in der rechten Satzklammer. Mit dieser Darstellung macht man den Nebensatz als Verb*letzt*satz sichtbar.

Der Nebensatz kann auch vor dem Hauptsatz stehen. Dann tritt das Subjekt des Hauptsatzes hinter das Prädikat: *Nachdem ich gefrühstückt habe, gehe ich in die Schule.*
Im **Feldermodell** steht der vorangestellte Nebensatz im Vorfeld.

Homophone
Homophone sind Wörter, die gleich klingen, jedoch eine unterschiedliche Bedeutung haben. Deshalb haben sie eine unterschiedliche Schreibweise: die Ferse (= Teil des Fußes) ↔ die Färse (ein weibliches Rind).
Homophone sind Lernwörter, deren Bedeutung und Schreibweise man sich einprägen muss.

Infinitiv 285
Grundform des **Verbs**. Der Infinitiv eines Verbs endet auf *-en* oder *-n*: *lachen, rodeln.*

Information, informieren 28–43, 132–145
Informationen gibt man an einen Empfänger (z. B. Mitschüler) über eine Person, eine Wegstrecke, eine Tätigkeit (z. B. Aktivitäten einer Organisation) oder einen Gegenstand und zu einem bestimmten Zweck (z. B. um Interesse zu wecken). Die Auswahl der Informationen und die Formulierung des Textes richten sich nach dem Adressaten (z. B. Kinder, Eltern).

Inhalte zusammenfassen/Inhaltsangabe
104–124

Du fasst Texte zusammen, um dir den Inhalt klarzumachen, um jemandem, der den Text nicht kennt, die wichtigsten Inhalte mitzuteilen oder um aus einer Reihe von Texten die wichtigsten **Informationen** zu einem bestimmten Thema zu sammeln. Dazu teilst du den jeweiligen Text in **Sinnabschnitte** ein. Aus den Überschriften und Stichpunkten, die du im nächsten Schritt zu den Sinnabschnitten notiert hast, bildest du vollständige Sätze. Sie sind die Grundlage für deine Inhaltszusammenfassung oder deine Inhaltsangabe.
In einem einleitenden Satz nennst du Titel, Autor, Textsorte (z. B. Erzählung, Märchen, Fabel ...) und Erscheinungsjahr, manchmal auch das Thema. Danach fasst du den Inhalt knapp, mit eigenen Worten und in einer logischen Reihenfolge zusammen. Du kannst auch auf besondere Einzelheiten eingehen, die wichtig für das Verständnis der Handlung sind.
Als Zeitform verwendest du das **Präsens**. Ist ein Geschehen in der Vergangenheit passiert, steht es im **Perfekt**: *Alf antwortet, nachdem er den Pfiff gehört hat.* **Wörtliche Rede** übernimmst du nicht, sondern fasst sie zusammen.
Du musst in einer sachlichen Sprache schreiben. Daher darfst du keine ausschmückenden **Adjektive** oder **Spannungsmacher** verwenden.

Innerer Monolog 27, 63, 66, 68, 71
Er gibt die Gedanken und Gefühle einer Figur in einer bestimmten Situation wieder. Es ist eine Art stummes Schreibgespräch in der Ich-Form und im **Präsens**.

Kasus 203, 205–206
So nennt man die vier Fälle (**Nominativ, Genitiv, Dativ, Akkusativ**) des Nomens. Durch Fragen kann man den jeweiligen Fall bestimmen. Nach dem Kasus richtet sich die Form des **Artikels** und die Endung des **Nomens**.

Komparativ (Steigerung) 214
Adjektive, die eine Eigenschaft bezeichnen, kann man steigern. Man unterscheidet drei Steigerungsstufen: die Grundstufe (Positiv), die Höherstufe (Komparativ) und die Höchststufe (Superlativ). Beispiel: *groß* (= Positiv) – *größer* (= Komparativ) – *am größten* (= Superlativ).

Konjunktion (Satzverknüpfungswort) 19, 21, 25, 34, 44–45, 221, 234–236, 270–271
Wortart. Mit Konjunktionen werden Wörter, Wortgruppen oder Sätze miteinander verbunden: *Lotti und Konrad schreiben einen Brief an den Direktor, weil sie ihn um Erlaubnis bitten wollen. Wir wünschen, dass wir eine Klassenfahrt machen.* Mit Konjunktionen kannst du in deinen Texten Zusammenhänge deutlich machen. Du unterscheidest zwischen unterord-

nenden Konjunktionen (*weil, wenn, da, obwohl, als, nachdem, bevor* …) und nebenordnenden Konjunktionen (*und, oder, aber, denn, doch*).

Konsonant (Mitlaut) 242–245, 255
Buchstaben, die noch andere Buchstaben brauchen, damit man sie aussprechen kann, heißen Konsonanten. Sie bilden den Gegensatz zu den **Vokalen**: *b, d, f, g, k* …

Lerntempoduett 79, 285
In einem Lerntempoduett erarbeitet zunächst jeder Schüler in Einzelarbeit seine Aufgabe. Wenn er fertig ist, meldet er sich so lange, bis ein anderer auch fertig ist. Danach setzen sich diese beiden Partner zusammen und vergleichen ihre Lösungen miteinander. Sie überprüfen, ob die Lösung richtig ist, und geben sich gegenseitig Korrekturhilfen, wenn die Lösungen voneinander abweichen.

Lesemethode für erzählende Texte 27, 124
Vor dem Lesen
1. Schritt: sich orientieren
   – „Überfliege" den Text: Lies die Überschrift und die Anfänge der einzelnen Abschnitte.
   – Gibt es zu dem Text ein Bild? Welche Situation zeigt es?
   – Stelle Vermutungen an, worum es in dem Text gehen könnte.

Während des Lesens
2. Schritt: Schlüsselstellen markieren
   Markiere beim zweiten Lesen Schlüsselstellen. Dies sind Stellen, die Antworten auf folgende W-Fragen geben:
   – Welche Personen kommen vor?
   – Wo und wann spielt die Erzählung?
   – Was tun die Personen bzw. was passiert mit ihnen?
   – Warum handeln die Personen so?
   – Was findest du außerdem wichtig?
3. Schritt: unbekannte Begriffe klären
   – Gibt es in dem Text noch Wörter oder Textstellen, die du nicht verstanden hast? Markiere sie mit einer Wellenlinie.
   – Erschließe ihre Bedeutung aus dem Textzusammenhang oder schlage sie im Wörterbuch nach. Notiere dir die Bedeutung.

Nach dem Lesen
4. Schritt: Wichtiges herausschreiben
   – Unterteile den Text in Sinnabschnitte.
   – Ein neuer Sinnabschnitt beginnt, wenn etwas Neues geschieht, z. B. eine neue Person auftritt, oder Ort und Zeit sich ändern. Er kann einen oder mehrere Absätze umfassen. Ziehe nach jedem Sinnabschnitt mit dem Lineal eine Linie.
   – Notiere die wichtigsten Informationen aus den Sinnabschnitten. Verwende dazu deine Markierungen.
   – Halte die Zeilennummern fest, auf die du dich beziehst.
   – Gib den Sinnabschnitten passende Überschriften. Sie sollen in einem kurzen Satz oder einem Stichwort zusammenfassen, worum es in dem Abschnitt geht.

Lesemethode für Sachtexte 35, 149, 181
Vor dem Lesen
1. Schritt: sich orientieren
   – „Überfliege" den Text. Lies die Überschrift, die Zwischenüberschriften und die Einleitung. Schau dir mögliche Bilder an: Was ist darauf abgebildet?
   – Stelle W-Fragen, auf die dir der Text Antworten geben könnte: Was? Wer? Warum? Wo? Wann? Notiere sie.

Während des Lesens
2. Schritt: Schlüsselstellen markieren
   – Lies den Text nun ein zweites Mal gründlich und erschließe dir den Inhalt. Achte dabei auf die Schlüsselstellen des Textes. Sie liefern dir die Antworten auf deine W-Fragen oder andere interessante Angaben. Markiere sie.
3. Schritt: unbekannte Begriffe klären
   – Gibt es in dem Text noch Wörter oder Textstellen, die du nicht verstanden hast? Markiere sie mit einer Wellenlinie.

– Erschließe ihre Bedeutung aus dem Textzusammenhang oder schlage sie im Wörterbuch nach. Notiere dir die Bedeutung.

Nach dem Lesen

4. Schritt: Wichtiges herausschreiben
   – Unterteile den Text in Sinnabschnitte. Ein Sinnabschnitt enthält Informationen, die inhaltlich eng zusammengehören. Er kann im Text einen oder mehrere Absätze umfassen. Ziehe nach jedem Abschnitt mit dem Lineal eine Linie.
   – Notiere die wichtigsten Informationen aus den Sinnabschnitten. Verwende dazu deine Markierungen.
   – Halte die Zeilennummern fest, auf die du dich beziehst.
   – Gib den Sinnabschnitten passende Überschriften. Sie sollen in einem kurzen Satz oder einem Stichwort zusammenfassen, worum es in dem Abschnitt geht.

Lyrisches Ich

Den Sprecher in einem **Gedicht** nennt man lyrisches Ich. Er kann in unterschiedlichen Rollen auftreten (älterer Mann, kleines Kind …). Durch dieses werden die Stimmung und die Aussage eines Gedichts persönlicher. Das lyrische Ich darf nicht mit dem Dichter verwechselt werden.

Märchen

In einem Märchen werden fantastische Ereignisse erzählt.
Märchen weisen typische Merkmale auf:
– Die Handlung spielt meist an einem unbestimmten Ort zu einer unbestimmten Zeit: *Es war einmal …*
– Oft werden die Helden Prüfungen ausgesetzt, die sie mithilfe von Zauberei, fantastischen Wesen und guten Mächten bestehen.
– Die Personen im Märchen haben oft gegensätzliche Eigenschaften (z. B. *faul und fleißig*).
– In der Märchenwelt können Tiere sprechen und Menschen haben ungewöhnliche Fähigkeiten (z. B. *zaubern*).
– Häufig kommen besondere Zahlen und formelhafte Sprüche vor.
– Es gibt Zauberei (*Zaubergegenstände*).
– Am Ende siegt das Gute über das Böse, und oft werden die Bösen bestraft.

Du unterscheidest zwei Märchentypen: Volksmärchen werden mündlich weitererzählt. Der Name des Autors ist unbekannt. Sie werden von Märchensammlern (z. B. *Gebrüder Grimm*) aufgeschrieben. Kunstmärchen sind von einem mit Namen bekannten Autor (z. B. *H. C. Andersen*) erdacht worden.

Maskulinum (männlich) 202–203

Grammatisches Geschlecht des **Nomens**: *der Wolf, ein Tag, der Mut.*

Metapher 72

Eine Metapher ist ein bildhafter, übertragener Vergleich: *Wüstenschiff = Kamel*. Die Metapher steht ohne die Wörter „wie" oder „als ob".

Mimik (Gesichtsausdruck) 59, 194–196

Mindmap 133, 158, 181, 276

Mit einer Mindmap stellst du deine Ideen zu einem Thema geordnet dar: Oberbegriffe (also deine Hauptgedanken) stehen auf „Ästen", von denen kleinere „Zweige" für Unterbegriffe (deine Nebengedanken) abgehen.
Eine Mindmap eignet sich, um Themen und Textinhalte zu gliedern, und als Gedächtnisstütze für Vorträge und zum Wiederholen.

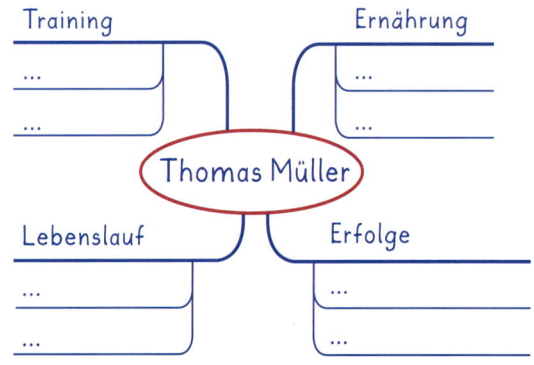

Monolog

So nennt man das Gespräch einer Person auf der Bühne mit sich selbst. Häufig werden so Gedanken, Gefühle und Träume wiedergegeben, aber auch Inhalte von Briefen.

Mündlicher und schriftlicher Sprachgebrauch 24, 208
Wenn du im mündlichen Sprachgebrauch Vergangenes erzählst oder berichtest, verwendest du das **Perfekt**. Beim schriftlichen **Erzählen** benutzt du das **Präteritum**. Bei mündlichen und schriftlichen **Anfragen** musst du möglichst höflich formulieren, ohne zu übertreiben. Besonders bei schriftlichen **Anfragen** (E-Mail und Brief) solltest du Umgangssprache vermeiden. Sachtexte, die über Aktuelles oder noch immer Gültiges informieren, sowie **Inhaltsangaben**, **Beschreibungen** und **Anleitungen** verfasst du im **Präsens**.

Nacherzählen
Beim Nacherzählen erzählst du den Inhalt einer Geschichte mit eigenen Worten, sodass jemand, der die Geschichte nicht gelesen hat, alles versteht. Dazu teilst du den jeweiligen Text in **Sinnabschnitte** ein. Auf der Grundlage von Überschriften und Stichpunkten, die du im nächsten Schritt zu den **Sinnabschnitten** notiert hast, bildest du mit eigenen Worten vollständige Sätze. Stellen mit **wörtlicher Rede** darfst du aus dem Text übernehmen. Die Nacherzählung kann sowohl mündlich als auch schriftlich erfolgen. Es wird die Zeitform des vorliegenden Textes verwendet, in der Regel ist dies das **Präteritum**. Wenn du einen Auszug aus einem Buch nacherzählst, informierst du auch über den Titel des Buches und des Kapitels, den Autor und die Vorgeschichte.

Neutrum (sächlich) 202–203
Grammatisches Geschlecht des **Nomens**: *das Tier, ein Ziel, das Gefühl*.

Nomen 202–204, 227–229, 237, 241, 248, 252–253, 255, 285
Wortart. Mit Nomen bezeichnet man Lebewesen (Menschen, Tiere, Pflanzen), Gegenstände sowie Gedachtes und Gefühle: *Mädchen, Hund, Baum, Paradies, Auto, Ferien, Angst*. Die meisten Nomen kommen im **Singular** und im **Plural** vor. Nomen können mit einem **Artikel** stehen: *der Schuh, das Blümchen, die Langeweile*. Jedes Nomen hat ein grammatisches Geschlecht: **Maskulinum** (*der* Hammer), **Femininum** (*die* Erbse), **Neutrum** (*das* Buch). Wenn du ein Nomen im Satz verwendest, steht es immer in einem der vier Fälle (**Nominativ, Genitiv, Dativ, Akkusativ**). Nomen werden großgeschrieben. Du erkennst sie an folgenden Signalwörtern: Artikel (*das* Glück), **Adjektive** (*großes* Glück), Mengenangaben und unbestimmte Zahlwörter (*viele, keine, vier*), versteckte Artikel (*zum* = *zu dem* Glück), Pronomen (*dein* Glück) und an bestimmten Endungen (Heiter*keit*, Gesund*heit*, Freund*schaft*, Zeich*nung*, Erleb*nis*, Reich*tum*).

Nominalisierung 46, 249–251
Adjektive und Verben schreibst du groß, wenn sie als **Nomen** verwendet werden. Häufig steht ein Signalwort für die Großschreibung davor (Artikel [*das, ein*], Possessivpronomen [*mein, dein*], Präposition mit verstecktem Artikel [*im, beim*], Mengenangabe [*viel, alles*]):
– *Ich wünsche dir alles Gute* (nominalisiertes Adjektiv).
– *Das Lernen fällt ihr leicht* (nominalisiertes Verb).

Nominativ 203, 205
1. Fall (**Kasus**) des **Nomens**. Du ermittelst ihn mit den Fragen *Wer?* oder *Was?*: *der Gegner; das Spielfeld*.

Objekt (Ergänzung) 223–224, 228–229
Satzglied. Objekte sind im Satz eng mit dem **Verb** verbunden. Es legt fest, in welchem Fall ein Objekt steht (z. B. **Dativ** oder **Akkusativ**). Objekte können aus einem oder mehreren Wörtern bestehen:
Die Fans feuerten die Spieler lautstark an.
Der Sieg gehörte der roten Mannschaft.
Man erfragt sie mit „Wen oder was? (**Akkusativobjekte**) oder mit „Wem? (**Dativobjekte**).

Offene Silbe 255
Das Wort *Pu del* besteht aus zwei **Silben**, wobei die erste betonte Silbe mit einem **Vokal** (hier: *u*) endet, sie ist also offen. Den Vokal sprichst du deshalb lang.

Pantomime 194–196
Wenn die Darsteller beim Theaterspiel auf Worte verzichten und nur mit dem Gesicht (**Mimik**) sowie durch Körperhaltung und -bewegung (**Gestik**) Gefühle und Stimmungen ausdrücken, nennt man das Pantomime.

Partnerpuzzle 86, 116
Mit einem Partnerpuzzle könnt ihr z. B. arbeitsteilig Texte erschließen. Dabei arbeitet ihr zu viert. Im ersten Schritt bearbeiten je zwei Schüler in Einzelarbeit Text A bzw. Text B (A – A – B – B). Im zweiten Schritt werden die Ergebnisse mit denen des Schülers verglichen, der denselben Text bearbeitet hat (A + A, B + B). Im dritten Schritt bildet ihr neue Paare und stellt die Inhalte paarweise den Schülern vor, die den jeweils anderen Text bearbeitet haben (A + B, A + B).

Passiv 94, 211–212
Wenn du einen Satz im Passiv formulierst, betonst du, mit wem oder was etwas getan wird: *Der Übungsplan des THW wurde den Jugendlichen ausgehändigt.* Das Passiv wird mit einer Form von *werden* (hier: *wurde*) und dem Partizip **Perfekt** des Verbs (hier: *ausgehändigt*) gebildet. Im Passiv steht die Person oder Sache im Mittelpunkt, mit der etwas geschieht: *Der Bach wird gesäubert.* Daher wird es vor allem genutzt, um Vorgänge (z. B. Gebrauchsanweisungen, Vorgangsbeschreibungen) darzustellen. Derjenige, von dem die Handlung ausgeht („Täter"), kann im Passiv-Satz genannt werden. Er wird aber häufig weggelassen, da er für die Handlung weniger wichtig oder nicht bekannt ist: *Das Zimmer wurde (von dem Jungen) aufgeräumt.*

Perfekt 104, 125, 208–209
Zeitform des **Verbs**. Mit dem Perfekt drückst du die Vergangenheit aus. Du verwendest es häufig, wenn du etwas mündlich erzählst.
bekommen – sie hat bekommen;
fahren – er ist gefahren

Personalpronomen 205
Wortart. Personalpronomen bezeichnen die sprechende oder angesprochene Person. Personalpronomen sind: *ich, du, er, sie, es, wir, ihr, sie* und die entsprechenden Formen im **Dativ**: *mir, dir, ihm, ihr, uns, euch, ihnen* und **Akkusativ**: *mich, dich, ihn, sie, uns, euch, sie.*

Personifikation 72
Sprachliche Bilder, in denen Gegenstände oder Naturerscheinungen menschliche Tätigkeiten ausführen, nennt man Personifikation.
Beispiel: *Die Sonne lacht.*
Dies gilt ebenso, wenn Gegenständen menschliche Eigenschaften zugesprochen werden. Beispiel: *Das schlaue Buch.*

Placemat
Placemat ist ein Verfahren, bei dem ihr zunächst alleine eine Aufgabe bearbeitet und anschließend eure Ergebnisse mit euren Mitschülern besprecht und ergänzt. Mit dieser Methode könnt ihr z. B. geeignete Begründungen für oder gegen einen Standpunkt sammeln:

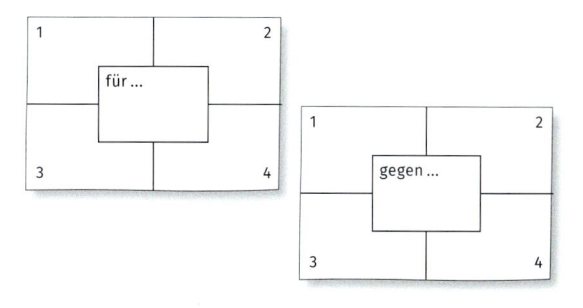

1. Schritt: *Denken*
- Teilt einen Papierbogen so auf wie in der Abbildung.
- Schreibt in Einzelarbeit in euer Feld Begründungen für euren Standpunkt.

Dreht den Bogen dann so, dass jeder ein neues Feld vor sich hat. Lest die Notizen der anderen und ergänzt sie. Wiederholt dieses Verfahren noch zweimal.
2. Schritt: *Austauschen*
- Dreht das Placemat im Uhrzeigersinn und lest eure Antworten durch.
- Diskutiert in der Gruppe, welche Begründungen besonders überzeugend sind.
- Einigt euch auf drei Begründungen und schreibt sie in das leere Feld in der Mitte.
3. Schritt: *Vorstellen*
- Stellt eure Begründungen dann in der Klasse vor.

Plural (Mehrzahl) 203, 205–206
die Hunde; wir fahren

Plusquamperfekt 81, 208–209
Zeitform des **Verbs**. Das Plusquamperfekt beschreibt Tätigkeiten, die sich noch vor einem bestimmten Zeitpunkt in der Vergangenheit ereignet haben: *Nachdem Göknur die Marmelade gekocht hatte, stellte sie die Herdplatte aus.*

Possessivpronomen 206
Wortart. Possessivpronomen geben an, wem etwas gehört: *ich = mein, du = dein, er = sein, sie = ihr, es = sein, wir = unser, ihr = euer, sie = ihr.*

Prädikat 222–229, 232–236, 267, 270–271
Satzglied. Das Prädikat ist der inhaltliche Kern eines Satzes. Es gibt an, was jemand tut oder was geschieht. Es ist immer ein **Verb** in Personalform. Jedes Verb benötigt unterschiedlich viele zusätzliche Informationen. Das Prädikat muss daher im Satz ergänzt werden, damit es einen Sinn ergibt. Ergänzungen sind z. B. das **Subjekt** oder **Objekte**. Das Prädikat kann aus mehreren Teilen bestehen: *Die Kinder regen sich auf (aufregen). Felix hat den Ball bekommen* (zusammengesetzte Zeitform). Das Prädikat steht im **Hauptsatz** an der zweiten Satzgliedstelle: *Felix bekommt den Ball. Felix hat den Ball bekommen.*

Im Fragesatz ohne Fragewort oder in Aufforderungen steht es an erster Stelle:
Trifft er den Korb?
Gib mir den Ball!

Präfix (Vorsilbe) 240
Vorangestellter Wortbaustein. Das Präfix bestimmt die Bedeutung des Wortes:
ver-folgen, be-folgen.

Präposition 219–220
Mit einer Präposition gibst du z. B. räumliche oder zeitliche Verhältnisse an: *Peter steht vor dem Strandkorb. Während des Konzerts fing es an zu donnern.* Die Präposition bestimmt den Fall des darauffolgenden **Nomens**:
Wegen des schlechten Wetters (= **Genitiv**) *blieb ich zu Hause. Gegenüber der Eisdiele* (= **Dativ**) *befindet sich die Post. Es macht Spaß, durch den Sand* (= **Akkusativ**) *zu laufen.* Manchmal hängt es von deiner Aussage ab, ob das darauffolgende Nomen im Dativ oder Akkusativ steht. Beispiel: *Die Mutter backt in der Küche* (Wo? = Dativ). *Ich trage den Korb in die Küche* (Wohin? = Akkusativ). Präpositionen können mit dem Artikel verschmelzen: *ans* (an + das), *zum* (zu + dem), *beim* (bei + dem).

Präsens 104, 125, 208–209
Zeitform des **Verbs**. Das Präsens benutzt du, wenn du über etwas berichtest, das gerade passiert. Auch wenn du etwas beschreibst, deine Meinung begründest oder einen Text zusammenfasst, verwendest du diese Zeitform:
gehen – du gehst.
Manchmal wird das Präsens auch verwendet, um auszudrücken, dass etwas in der Zukunft geschieht: *Morgen gehen wir schwimmen.*

Präteritum 81, 208–209
Zeitform des **Verbs**. Du verwendest das Präteritum, wenn du schriftlich von einem Ereignis in der Vergangenheit erzählst oder berichtest:
laufen – wir liefen.

Pronomen 126, 205–207
Wortart. Pronomen sind Wörter, die für ein **Nomen** stehen. Mit Pronomen gestaltest du deine Texte abwechslungsreicher. Du kennst bisher **Personal-, Relativ-, Demonstrativ-** und **Possessivpronomen**.

Rechtschreibstrategien 73, 255
Mit diesen Strategien kannst du dir die Schreibweise von Wörtern selbstständig erschließen. Die wichtigsten Strategien sind:
– in Silben zerlegen
– auf die Länge des Vokals achten
– verlängern
– ableiten
– Signalwörter beachten (Großschreibung)
– auf Wortbausteine achten
– Wörter zerlegen

Regieanweisung 167, 194
Erläuterungen des Autors oder des Regisseurs, wie eine bestimmte **Szene** gespielt werden soll, nennt man Regieanweisungen. Neben dem Redetext helfen sie den Spielenden, sich die Personen und das Geschehen besser vorzustellen.

Reim
Durch Reime erhalten **Gedichte** eine bestimmte Klangwirkung. Durch den Gleichklang der Reimwörter am Ende eines **Verses** werden zwei oder mehr Verszeilen miteinander verbunden. Oft verwendete Reimformen sind:

– Paarreim
blau a
grau a
Laub b
Staub b

– Kreuzreim
klopft a
lang b
tropft a
bang b

– Umarmender Reim
Sonne a
Eis b
heiß b
Wonne a

Ein Reim, der nur ungefähr stimmt, ist ein unreiner Reim: *schwarz – Katz, fern – hör'n*.

Relativpronomen 126, 207
Das Relativpronomen steht am Anfang eines **Relativsatzes**. Es bezieht sich auf ein vorausgehendes **Nomen**. Beispiel: *Der rote Pullover, der dort im Schaufenster liegt, gefällt mir*. Relativpronomen sind: *der, die, das, welcher, welche, welches*.

Relativsatz 126, 207
Ein Relativsatz ist ein Nebensatz, der durch ein **Relativpronomen** eingeleitet wird. Er erläutert ein vorausgehendes **Nomen** genauer. Er wird durch ein Komma vom Hauptsatz abgetrennt: *Die Jugendfeuerwehr ist eine Einrichtung, die ich sehr interessant finde*. Der Relativsatz kann nach dem Hauptsatz stehen oder in ihn eingeschoben sein: *Dieses Angebot, das ich aus dem Internet ausgedruckt habe, ist viel zu teuer*.

Requisit 193, 196, 199
Dazu zählen alle zur Aufführung eines Stückes auf der Bühne erforderlichen Ausstattungsgegenstände mit Ausnahme von Kostümen und Kulissen, z. B. Geschirr, Schwert, Koffer, Gehstock …

Rhythmus
Die Verse eines Gedichts haben oft einen bestimmten Rhythmus. Diesen erhält man durch die Abfolge von betonten und unbetonten Silben. Diese nennt man auch Hebungen und Senkungen:
  ᴗ — ᴗ —
  Es ist schon spät!
Stehen die Hebungen und Senkungen in einer regelmäßigen Abfolge, spricht man von einem Metrum (auch Versmaß). Die kleinste Einheit des Metrums ist der Versfuß. Ein bekannter Versfuß

ist der Jambus. Bei diesem ist die erste Silbe unbetont und die darauffolgende Silbe betont.

Rolle 191–199
So nennt man die Gestalt oder Figur, die ein Schauspieler auf der Bühne verkörpert, z. B. Bösewicht, Königin, Vogel …

Roter Faden
Wenn du eine Geschichte erzählst, ist es wichtig, dabei den „roten Faden" zu verfolgen. Dies bedeutet, dass die erzählte Handlung in der richtigen Reihenfolge und ohne Nebensächlichkeiten zum Höhepunkt führt. So werden deine Texte verständlich und nachvollziehbar.

s-Schreibung 245, 255
Nach kurzen **Vokalen** und wenn die betonte **Silbe** geschlossen ist, schreibst du den s-Laut als ss: *Klas se, has sen*.
Nach langen Vokalen und **Diphthongen** und wenn die betonte Silbe offen ist, schreibst du den s-Laut meistens als ß: *flie ßen; Stö ße*.

Sachtexte 9, 22–23, 29, 31–32, 35–37, 41, 47–48, 135, 140–141, 148–149, 168–169, 175–180, 280–282
Unter Sachtexten versteht man informierende Texte (z. B. Lexikonartikel, Anzeigen, Werbetexte, **Bedienungsanleitungen**, Zeitungsberichte). Sie sind meistens in einer sachlichen Sprache geschrieben. Sachtexte enthalten häufig auch Abbildungen, um etwas anschaulich zu machen, und Tabellen, um Informationen kurz und übersichtlich darzustellen.

Sagen, Sagenmerkmale
Schon in früheren Zeiten haben Menschen nach Erklärungen für erstaunliche Ereignisse, auffällige örtliche Besonderheiten und Naturerscheinungen gesucht. Diese Erklärungsversuche sind uns heute in Sagen überliefert. Im Unterschied zum **Märchen** enthalten Sagen oft konkrete Orts- und Zeitangaben. Sie wurden über viele Jahrhunderte mündlich weitergegeben und dabei auch verändert. Häufig kommen in ihnen übernatürliche Wesen mit besonderen Kräften vor.

Satzarten 225, 267
Sätze werden verschiedenen Satzarten zugeordnet, die in der gesprochenen Sprache durch die Stimmführung und in der geschriebenen Sprache durch Satzschlusszeichen gekennzeichnet werden:
– einfache Aussagesätze: *Ich habe Ferien.*
– Fragesätze: *Was machst du in den Ferien?*
– Aufforderungssätze: *Schick mir bitte eine Karte!*
– Ausrufesätze: *Hätte ich doch auch Ferien!*

Satzgefüge 235–236, 271
Die Verbindung von **Hauptsatz** und **Nebensatz** nennt man Satzgefüge: *Nachdem ich gegessen hatte, erledigte ich meine Hausaufgaben.*

Satzglied 222–230
Ein Satz besteht aus Satzgliedern. Diese kannst du durch die **Umstellprobe** ermitteln. Ein Satzglied kann aus einem Wort oder einer Gruppe von Wörtern bestehen.
Die meisten Sätze im Deutschen bestehen mindestens aus einem **Subjekt** und **Prädikat**. Andere Satzglieder sind: **Dativ-, Genitiv-, Akkusativobjekt, adverbiale Bestimmungen**.

Satzklammer 226, 232–236, 270–271
Das **Prädikat** kann aus mehreren Teilen bestehen. Diese stehen meist getrennt voneinander. Sie bilden dadurch eine Klammer:
– bei trennbaren Verben: *Der Bergführer I weist I die Schüler I im Klettern I ein.*
– bei zusammengesetzten Zeitformen: *Der Bergführer I hat I die Schüler I im Klettern I eingewiesen.* (**Perfekt**)
– beim Einsatz der Verben *können, dürfen, müssen, wollen, sollen*: *Der Bergführer I muss I die Schüler I im Klettern I einweisen.*
Vor und zwischen der Satzklammer können Satzglieder eingefügt werden.

Satzreihe 234, 270

Aneinandergereihte **Hauptsätze** bilden eine Satzreihe. Oft sind die Hauptsätze einer Satzreihe durch die nebenordnenden **Konjunktionen** *und, oder, aber, denn, doch* oder durch **Adverbien** wie *daher, darum, deshalb, trotzdem* verbunden: *Wir fahren ins Camp, denn wir haben Ferien.* Zwischen den Hauptsätzen steht ein Komma; nur vor *und, sowie, oder* muss kein Komma stehen.

Satzzeichen 267–271

Satzzeichen helfen, einen Satz bzw. einen Text übersichtlich zu gestalten und lesbarer zu machen. Dazu werden Sinneinheiten durch Punkte oder Kommas getrennt. Das Satzende kennzeichnest du je nach **Satzart** durch einen Punkt, ein Ausrufungs- oder durch ein Fragezeichen.

Schlüsselstellen, Schlüsselwörter 102, 105, 118

Wenn du einen Text verstehen und ihn wiedergeben oder zusammenfassen willst, suchst du zunächst nach den Textstellen, die die wichtigsten Informationen enthalten. Das sind meistens solche Sätze oder Wörter, die dir Antworten auf die W-Fragen (Wo?, Wer?, Was?, Wie?, Warum?) geben. Mithilfe dieser Stellen oder Wörter erschließt du dir den Text.

Schreibplan 18–19, 22, 33–34, 42, 62–63, 66, 70, 81, 88, 92–93, 119–120, 124, 133, 138, 140, 144, 158

Ein Schreibplan hilft dir dabei, die Arbeitsschritte zu deinen schriftlichen Texten (z. B. **Berichte**, Briefe, **Inhaltsangaben, Erzählungen, Beschreibungen**) zu organisieren. So behältst du passend zur Aufgabenstellung (z. B. einen begründenden Brief schreiben) die Übersicht und entwickelst einen **roten Faden** für deinen Text.

Silbe 255

Wörter setzen sich aus einer (*groß, Haus, rief*) oder mehreren (*ein-sam, Ba-na-ne, ru-fen*) Silben zusammen. Die meisten Wörter sind zweisilbig und enthalten eine betonte und eine unbetonte Silbe (*ernst haft, ge ben*). Jede Silbe besteht aus mindestens einem **Vokal**, der von einem oder mehreren **Konsonanten** eingerahmt wird. Du unterscheidest **offene** und **geschlossene Silben**. Die Silben eines Wortes kannst du durch langsames Sprechen oder Klatschen beim Sprechen ermitteln.

Silbentrennung

Beim Trennen von mehrsilbigen Wörtern am Zeilenende setzt du nach einer **Silbe** einen Trennstrich. Silben, die aus nur einem **Vokal** am Wortanfang oder -ende bestehen, werden nicht getrennt: *Igel, Haie*.

Singular (Einzahl) 203, 205–206

ein Hund; er fährt

Sinnabschnitt 105, 118

Ein inhaltlich abgeschlossener Teil eines Textes bildet einen Sinnabschnitt. Meistens besteht er aus einem oder mehreren Absätzen. In Sachtexten enthalten Sinnabschnitte jeweils einen neuen Sachverhalt. In erzählenden Texten beginnt ein neuer Sinnabschnitt dann, wenn eine neue Person eingeführt wird, der Ort wechselt oder sich die Handlung ändert.
Das Bilden von Sinnabschnitten hilft dir beim Verstehen, Zusammenfassen und Wiedergeben von Texten.

Sketch

Ein Sketch ist eine kurze, lustige Szene mit einem überraschenden Ende (Pointe). Dabei passiert etwas, das man so nicht erwartet hätte und das die Handlung in einem völlig neuen Licht erscheinen lässt. In einem Sketch treten nur wenige Personen auf. Der Schauplatz der Handlung ändert sich nicht.

Spannungskurve

Die Spannungskurve zeigt den Verlauf der Spannung in den einzelnen **Sinnabschnitten** einer **Erzählung** an. Die Spannung sollte bis zum Höhepunkt immer mehr steigen.

Spannungsmacher
Spannungsmacher verstärken die Aufmerksamkeit der Zuhörer bei mündlichen oder schriftlichen **Erzählungen**. Spannung erzeugst du mit Spannungswörtern (*auf einmal, plötzlich …*), **Vorausdeutungen**, der Mitteilung deiner erlebten Gedanken und Gefühle (*Mir zitterten die Knie.*), durch **Zeitdehnung** oder durch direkte Zuhöreransprache: *Das war so aufregend, das glaubt ihr nicht.* Meistens erzählt man eine Geschichte im **Präteritum** oder **Perfekt**.

Sprachbild 72
Um eine besonders lebendige und anschauliche Wirkung zu erzielen, verwenden Schriftsteller oft Sprachbilder.
- **Vergleiche**: Damit wird ein Gefühl oder eine Handlung bildlich veranschaulicht (*Er ist stark wie ein Löwe. Es ist, als ob die Sonne die Erde in Gold getaucht hätte.*).
- **Metaphern**: Das sind bildhafte Vergleiche ohne *wie* oder *als ob*. Die Bedeutung musst du übertragen (*Du bist mein Sonnenschein.* → *Du machst mich glücklich.*).
- **Personifikation**: Menschliche Eigenschaften oder Tätigkeiten werden auf die Natur oder auf Gegenstände übertragen (*Und die Ranke häkelt am Strauche*).

Standbild 110, 195
Beim Theaterspiel werden Standbilder als Technik eingesetzt. Ein Standbild gibt eine bestimmte Situation aus einem Text wie auf einem Foto wieder. So kannst du dir diese Situation genau vorstellen, deine Sichtweise deutlich machen und den Text besser verstehen.
So wird ein Standbild gebaut:
Ein „Regisseur" sucht sich so viele Schüler aus, wie er für sein Standbild braucht. Mit ihnen baut er das Standbild Schritt für Schritt auf, indem er die Haltung der Mitspieler so lange formt, bis sie die richtige Position eingenommen und die richtige **Gestik** und **Mimik** gefunden haben. Wenn das Standbild fertig ist, erstarren alle in ihrer Position. Die Zuschauer können sich nun hinter einen der Darsteller stellen und mögliche Gedanken und Gefühle aussprechen.

Stellung nehmen 112, 119–120, 123–124
In einer Stellungnahme äußerst du deine Meinung zu einer Frage, zu einer bestimmten Aussage oder einem bestimmten Thema (z. B. *Das Verhalten einer literarischen Figur* oder *die Durchführung eines Ausflugsziels*). Dabei nennst du in einer sinnvollen Reihenfolge möglichst viele überzeugende Begründungen.
So gehst du vor:
- dein Anliegen nennen und kurz die Situation beschreiben oder die Fragestellung bzw. die Aussage aufgreifen (z. B. *Otto findet, dass Oliver selbst schuld hat an dem, was ihm passiert ist.*),
- deine Meinung äußern und Begründungen anführen (z. B. *Ich finde es nicht gut, dass die Mädchen sich so verhalten, weil …*),
- abschließend zusammengefasst deinen Standpunkt oder deinen Wunsch nennen.

Stichwortzettel anlegen (Notizzettel) 283
Nicht alles kann man sich merken. Damit du nichts vergisst, solltest du dir Notizen machen. Auch zum Auswerten von Texten, bei Vorträgen, Diskussionen und Telefongesprächen sind Stichwortzettel nützlich. Gliedere die Stichwörter mit Spiegelstrichen (–) und zeige mit Pfeilen (–>) Zusammenhänge auf.

Storyboard 199
Mithilfe eines Storyboards könnt ihr die szenische Umsetzung einer **Ballade** planen. In einem Storyboard wird Folgendes in Stichworten notiert: Überschriften zu den einzelnen **Strophen**, Ort, **Rollen** und Aufgaben der Gruppenmitglieder (*Passagiere stehen in zwei Gruppen auf dem Schiff*), dargestellte Stimmung (*fröhlich*), benötigte **Requisiten** und Medien (*Hut, Korb*).

Strophe 56–58, 60–61, 64–65, 74–75, 188–199
Als Strophe bezeichnet man die einzelnen Absätze eines **Gedichts**. Mindestens zwei Verszeilen werden in einer Strophe zusammengefasst.

Oft beginnt mit einer neuen Strophe
ein neuer Gedanke.

Subjekt (Satzgegenstand) 223–224, 227
Satzglied. Das Subjekt ist die wichtigste Ergänzung des **Prädikats**. Es ist das **Satzglied**, über das etwas ausgesagt wird. Subjekte sind **Nomen** und ihre Begleiter oder **Pronomen**.
Im **Feldermodell** steht das **Subjekt** meist im Vorfeld oder an erster Stelle des Mittelfeldes. Es bestimmt die Personalform des Prädikats.
Du kannst das Subjekt mit den Fragen *Wer?* oder *Was?* ermitteln:
<u>Die Spieler</u> *stehen vor dem Tor. Wer steht vor dem Tor?*
<u>Sie</u> *warten gespannt. Wer wartet gespannt?*

Suchmaschine 30, 174, 272–273
Suchmaschinen sind spezielle Internetseiten, die dir die Suche nach Informationen erleichtern, z. B. Google, *Bing*, Lycos …

Suffix (Nachsilbe) 240, 255
Nachgestellter Wortbaustein: *Heiter-keit*.
Das Suffix bestimmt die Wortart eines Wortes:
Ärgernis – Subjekt
ärgerlich – Adjektiv
ärgern – Verb

Synonym 238
Wörter, die eine gleiche oder ähnliche Bedeutung haben, nennt man Synonyme: *toll, klasse, super, sehr gut.*

Szene 193–199
So wie einzelne Kapitel zusammen ein Buch ergeben, ist die Szene ein kurzer abgeschlossener Teil in einem Theaterstück. Eine Szene ist begrenzt durch das Auftreten neuer Figuren oder das Abtreten bislang anwesender Figuren. Meistens erlischt am Ende einer Szene auch die Bühnenbeleuchtung.

Tagebucheintrag 62, 66–67, 70
In einem Tagebucheintrag kann eine Figur in der Ich-Form ein Geschehen verarbeiten, das sie gerade erlebt hat. Dabei ist die besondere Form des Tagebucheintrags mit Datum am Anfang zu beachten. Manchmal wird das Tagebuch auch direkt angesprochen (*Liebes Tagebuch, …*).

Textverarbeitung 263
Wenn du einen Text mit dem Computer schreibst, kannst du ihn mithilfe des Textverarbeitungsprogramms sprachlich und gestalterisch bearbeiten.
Du kannst
– den Text mit der Rechtschreibhilfe überprüfen,
– mithilfe des **Thesaurus** abwechslungsreiche Wörter finden,
– die Schrift gestalten, z. B. Farbe und Form der Buchstaben,
– dem Text eine bestimmte Form geben, z. B. Brief oder Gedicht,
– eine Tabelle oder Bilder einfügen.

Thema 103–104, 120, 122, 124
Das Thema gibt an, worin der Hauptgedanke eines Textes besteht, also um welches Problem oder welchen Konflikt es geht. Du ermittelst das Thema, indem du folgende Fragen beantwortest:
– Um welche Person(en) geht es?
– Was tut / tun sie?
– Aus welchem Grund tut / tun sie es?
– Welche Folgen hat das?

Thesaurus
So heißt das Wörterbuch des **Textverarbeitungsprogramms** im Computer.

Überfliegendes Lesen 35, 175
Das überfliegende Lesen wendest du an, wenn du dir einen Überblick über einen Text verschaffen willst, z. B. wenn du für ein Referat viele Texte gefunden hast und dich entscheiden musst, welche du tatsächlich gebrauchen kannst. Beim überfliegenden Lesen liest du zuerst die Überschrift, eventuelle Zwischenüberschriften und Fettgedrucktes. Außerdem schaust du dir die Bilder an. Anschließend liest du den Text quer,

das heißt, du liest immer nur wenige Wörter aus jeder Zeile. Achte dabei vor allem auf **Nomen** (Sportgeschichte, Pokal, Medaille …). Sie machen am schnellsten deutlich, wovon der Text handelt.

Umlaut
Umlaute gehören zu den **Vokalen**: *ä, ö, ü*.

Umstellprobe 223
Mithilfe der Umstellprobe kannst du bestimmen, wie viele **Satzglieder** ein Satz hat.
Die Wörter, die beim Umstellen im Satz immer zusammenbleiben, bilden ein **Satzglied**:
Das blaue Team / ergatterte / gestern / den Sieg.
Gestern / ergatterte / den Sieg / das blaue Team. Darüber hinaus kannst du einen Text mithilfe der Umstellprobe abwechslungsreicher gestalten, indem du die Satzglieder z. B. so umstellst, dass die Sätze nicht immer mit einem **Subjekt** beginnen.

Verb 208–212, 222–229
Wortart. Mit Verben bezeichnest du Tätigkeiten (*brennen, schreiben, singen*) oder Zustände (*sein, werden*). Im Wörterbuch findest du ein Verb im **Infinitiv** (Grundform). In Sätzen wird das Verb in der gebeugten Form verwendet. Es informiert dich so über die
– Person (Personalform):
  ich, du, er/sie/es, wir, ihr, sie,
– Zahl: **Singular** (Einzahl), **Plural** (Mehrzahl),
– Zeitform:
  Präteritum, Perfekt, Präsens, Futur.
Verben bilden das **Prädikat** eines Satzes.

Vergleich 72
Mit einem sprachlichen Vergleich kannst du etwas anschaulicher darstellen: *Es schüttet wie aus Kübeln.*

Verlängerungsprobe 247, 255
Endet ein Wort mit *b, d* oder *g*, dann klingen diese Laute häufig wie *p, t* oder *k*. Durch die Verlängerungsprobe kannst du die Buchstaben deutlich heraushören.
So kannst du verlängern:
– bei **Nomen** den **Plural** bilden:
  Weg = die Wege
– **Adjektive** mit einem **Nomen** verwenden:
  gesund = das gesunde Frühstück
– von **Verben** die Wir-Form (1. Pers. Plural)
  bilden: *er gibt = wir geben*.
Auch wenn du sicher sein willst, ob ein Wort mit silbentrennendem *h* geschrieben wird, hilft dir die Verlängerung:
dre?t = wir drehen, Re? = Rehe.

Vers 55, 58, 65, 196
Die Zeile eines **Gedichts** nennt man Vers.

Vokal 244–245, 255
Buchstaben, die allein ausgesprochen werden können, heißen Vokale: *a, e, i, o, u*. Auch die **Umlaute** *ä, ö, ü* und die **Diphthonge** (Zwielaute, Doppellaute) *ai, ei, äu, eu* gehören dazu. Vokale können lang oder kurz ausgesprochen werden: *Hüte – Hütte*. Danach richtet sich auch die Schreibung des auf den Vokal folgenden **Konsonanten**.

Vorausdeutung
Mit Vorausdeutungen kannst du eine Erzählung spannend gestalten und die Zuhörer oder Leser neugierig machen: *Zu diesem Zeitpunkt ahnte ich noch nicht, dass …*

Weglassprobe
Mithilfe der Weglassprobe kannst du Texte straffen. Du streichst Stellen, die dir überflüssig erscheinen.

Wörtliche Rede 82–83, 104–105, 268–269
Mit der wörtlichen Rede gibst du in einem Text wieder, wenn jemand spricht. Damit der Leser das erkennt, setzt du diese Textteile in **Anführungszeichen**. Der Begleitsatz zur wörtlichen Rede kann an unterschiedlichen Stellen stehen:
– vorangestellter Begleitsatz:
  Tim sagt: „Ich lese gerne."

– nachgestellter Begleitsatz:
„Liest du nur Comics?", fragt Anne.
– eingeschobener Begleitsatz: „Früher",
meint Sascha, „habe ich nie gelesen."

Wortableitungen 240–241
Durch Anfügen von **Präfixen** und **Suffixen** an den **Wortstamm** lassen sich verschiedene Wörter bilden:
ge-fahr-los, be-fahr-en, Er-fahr-ung.

Wortart 202–221
Die Wörter der deutschen Sprache lassen sich verschiedenen Wortarten zuordnen, z. B. **Nomen, Artikel, Pronomen, Verben, Adjektive** und **Konjunktionen**.

Wortfamilie 240
Wörter, die einen gemeinsamen **Wortstamm** haben, gehören zu einer Wortfamilie. Die Mitglieder einer Wortfamilie können verschiedenen **Wortarten** angehören und unterschiedliche Bedeutungen haben: *fahren, Fahrt, Autofahrt, gefahrlos* ... Wortfamilien entstehen durch **Wortableitungen** oder **Wortzusammensetzungen**. Das Bilden von Wortfamilien hilft dir bei der Schreibung von Wörtern mit *ä/äu* oder *e/eu*: *Bälle – Ball, Bäume – Baum.*

Wortfeld 238–239
Wörter der gleichen **Wortart**, die etwas Ähnliches bedeuten, bilden ein Wortfeld: *gehen, laufen, rennen, stapfen, rasen, marschieren* ... Wortfelder können dir beim abwechslungsreichen Schreiben deiner Texte helfen.

Wortstamm 240–241
Der Wortstamm ist der Kern eines Wortes. Durch Anhängen von **Suffixen** und **Präfixen** und durch **Zusammensetzungen** entstehen verschiedene Wörter mit unterschiedlicher Bedeutung:
wegfahren – Fahrer – Autofahrt.
Wörter mit dem gleichen Wortstamm bilden eine **Wortfamilie**.

Wortzusammensetzungen (Komposita) 240–241
Wörter kann man zusammensetzen. Dadurch entsteht ein neues Wort mit einer neuen Bedeutung, z. B. *die Küche + das Messer = das Küchenmesser.* Das Bestimmungswort (*die Küche*) erläutert das Grundwort (*das Messer*) näher. Das Grundwort bestimmt die **Wortart** und bei **Nomen** auch den **Artikel**. Auch **Verben** und **Adjektive** lassen sich mit Nomen zusammensetzen, z. B. *braten + Pfanne = Bratpfanne* (Verb + Nomen) oder *kühl + Schrank = Kühlschrank* (Adjektiv + Nomen). Achte darauf, dass du manchmal einen Fugenbuchstaben einsetzen musst, z. B. die *Tomatensuppe.*

Zeitangaben 95, 252
Wenn **Nomen** eine Zeit angeben, schreibst du sie groß: *der Vormittag, gegen Morgen, am Abend* ... Du erkennst sie an ihren Signalwörtern (z. B. **Artikel, Präposition**).
Wenn **Adverbien** eine Zeit angeben, schreibst du sie klein: *morgens, abends, mittwochs* ...
Tageszeiten nach Adverbien schreibst du groß: *heute Morgen, gestern Vormittag* ...

Zeitdehnung, Zeitraffung
In erzählenden Texten spricht man von Zeitdehnung, wenn eine kurze Handlung sehr ausführlich beschrieben wird:
Während ich die Tür öffnete, ging mir durch den Kopf, dass ...
Von Zeitraffung spricht man, wenn eine Zeitspanne, die in Wirklichkeit sehr lange dauert, kurz zusammengefasst wird:
Er verabschiedete sich und kam nach einer Woche wieder.

Zustandspassiv 212
Wenn du einen Zustand oder das Ergebnis eines Vorgangs beschreiben willst, gebrauchst du das Zustandspassiv. Du bildest es mit der Personalform von *sein* und dem Partizip **Perfekt** des Verbs: *Das Gebiet ist wegen der Ölverschmutzung gesperrt.*

Tabellen zur Sprachbetrachtung

Aktiv und Passiv der Verben

	Aktiv	Passiv
Futur	Imkea *wird* das Heft *abgeben*.	Das Heft *wird* von Imkea *abgegeben werden*.
Präsens	Imkea *gibt* das Heft *ab*.	Das Heft *wird* von Imkea *abgegeben*.
Präteritum	Imkea *gab* das Heft *ab*.	Das Heft *wurde* von Imkea *abgegeben*.
Perfekt	Imkea *hat* das Heft *abgegeben*.	Das Heft *ist* von Imkea *abgegeben worden*.
Plusquamperfekt	Imkea *hatte* das Heft *abgegeben*.	Das Heft *war* von Imkea *abgegeben worden*.

	Aktiv	Passiv
Futur	Imkea *wird* die Hefte *abgeben*.	Die Hefte *werden* von Imkea *abgegeben werden*.
Präsens	Imkea *gibt* die Hefte *ab*.	Die Hefte *werden* von Imkea *abgegeben*.
Präteritum	Imkea *gab* die Hefte *ab*.	Die Hefte *wurden* von Imkea *abgegeben*.
Perfekt	Imkea *hat* die Hefte *abgegeben*.	Die Hefte *sind* von Imkea *abgegeben worden*.
Plusquamperfekt	Imkea *hatte* die Hefte *abgegeben*.	Die Hefte *waren* von Imkea *abgegeben worden*.

	Aktiv	Passiv
Futur	Sie *wird* das Buch *lesen*.	Das Buch *wird* von ihr *gelesen werden*.
Präsens	Sie *liest* das Buch.	Das Buch *wird* von ihr *gelesen*.
Präteritum	Sie *las* das Buch.	Das Buch *wurde* von ihr *gelesen*.
Perfekt	Sie *hat* das Buch *gelesen*.	Das Buch *ist* von ihr *gelesen worden*.
Plusquamperfekt	Sie *hatte* das Buch *gelesen*.	Das Buch *war* von ihr *gelesen worden*.

	Aktiv	Passiv
Futur	Er *wird* die Bücher *lesen*.	Die Bücher *werden* von ihm *gelesen werden*.
Präsens	Er *liest* die Bücher.	Die Bücher *werden* von ihm *gelesen*.
Präteritum	Er *las* die Bücher.	Die Bücher *wurden* von ihm *gelesen*.
Perfekt	Er *hat* die Bücher *gelesen*.	Die Bücher *sind* von ihm *gelesen worden*.
Plusquamperfekt	Er *hatte* die Bücher *gelesen*.	Die Bücher *waren* von ihm *gelesen worden*.

Unregelmäßige Verben

Infinitiv	Präteritum	Perfekt
befehlen	befahl	hat befohlen
beginnen	begann	hat begonnen
beißen	biss	hat gebissen
beschließen	beschloss	hat beschlossen
betrügen	betrog	hat betrogen
biegen	bog	hat gebogen
bieten	bot	hat geboten
bitten	bat	hat gebeten
blasen	blies	hat geblasen
bleiben	blieb	ist geblieben
braten	briet	hat gebraten
brechen	brach	ist gebrochen
bringen	brachte	hat gebracht
denken	dachte	hat gedacht
einladen	lud ein	hat eingeladen
empfangen	empfing	hat empfangen
empfehlen	empfahl	hat empfohlen
empfinden	empfand	hat empfunden
erschrecken	erschrak	ist erschrocken
essen	aß	hat gegessen
fahren	fuhr	ist gefahren
fallen	fiel	ist gefallen
fangen	fing	hat gefangen
finden	fand	hat gefunden
fliegen	flog	ist geflogen
fliehen	floh	ist geflohen
fließen	floss	ist geflossen
fressen	fraß	hat gefressen
frieren	fror	hat gefroren
geben	gab	hat gegeben
gehen	ging	ist gegangen
gelingen	gelang	ist gelungen
gelten	galt	hat gegolten
genießen	genoss	hat genossen
geschehen	geschah	ist geschehen
gewinnen	gewann	hat gewonnen
gießen	goss	hat gegossen
graben	grub	hat gegraben
greifen	griff	hat gegriffen
haben	hatte	hat gehabt
halten	hielt	hat gehalten
hängen	hing	hat gehangen
heben	hob	hat gehoben
heißen	hieß	hat geheißen
helfen	half	hat geholfen
kennen	kannte	hat gekannt
klingen	klang	hat geklungen
kommen	kam	ist gekommen
können	konnte	hat gekonnt
kriechen	kroch	ist gekrochen
laden	lud	hat geladen
lassen	ließ	hat gelassen
laufen	lief	ist gelaufen
leiden	litt	hat gelitten
leihen	lieh	hat geliehen
lesen	las	hat gelesen
liegen	lag	hat gelegen
lügen	log	hat gelogen
messen	maß	hat gemessen
misslingen	misslang	ist misslungen
nehmen	nahm	hat genommen
pfeifen	pfiff	hat gepfiffen
raten	riet	hat geraten
reißen	riss	hat gerissen
reiten	ritt	ist geritten
rennen	rannte	ist gerannt
riechen	roch	hat gerochen
rufen	rief	hat gerufen
schaffen	schuf	hat geschaffen
scheinen	schien	hat geschienen
schieben	schob	hat geschoben
schießen	schoss	hat geschossen
schlafen	schlief	hat geschlafen
schlagen	schlug	hat geschlagen
schleichen	schlich	ist geschlichen
schließen	schloss	hat geschlossen
schneiden	schnitt	hat geschnitten
schreiben	schrieb	hat geschrieben
schreien	schrie	hat geschrien
schweigen	schwieg	hat geschwiegen
schwimmen	schwamm	ist geschwommen
schwingen	schwang	hat geschwungen
schwören	schwor	hat geschworen
sehen	sah	hat gesehen
sein	war	ist gewesen
singen	sang	hat gesungen
sinken	sank	ist gesunken
sitzen	saß	hat gesessen

Infinitiv	Präteritum	Perfekt
sprechen	sprach	hat gesprochen
springen	sprang	ist gesprungen
stechen	stach	hat gestochen
stehen	stand	hat gestanden
stehlen	stahl	hat gestohlen
steigen	stieg	ist gestiegen
sterben	starb	ist gestorben
stinken	stank	hat gestunken
stoßen	stieß	hat gestoßen
streichen	strich	hat gestrichen
streiten	stritt	hat gestritten
tragen	trug	hat getragen
treffen	traf	hat getroffen
treten	trat	hat getreten
trinken	trank	hat getrunken
verderben	verdarb	hat verdorben
vergessen	vergaß	hat vergessen
verlieren	verlor	hat verloren
vermeiden	vermied	hat vermieden
verzeihen	verzieh	hat verziehen
wachsen	wuchs	ist gewachsen
waschen	wusch	hat gewaschen
werben	warb	hat geworben
werden	wurde	ist geworden
werfen	warf	hat geworfen
wiegen	wog	hat gewogen
wissen	wusste	hat gewusst
ziehen	zog	hat gezogen
zwingen	zwang	hat gezwungen

Textsortenverzeichnis

Appellative Texte

Nervenkitzel pur in Österreich	9
Zu Besuch beim Märchenkönig	9
Abwechslungsreiche Ostsee	9
Eine Reise in die Hauptstadt des Schwarzwaldes	22
Eine Reise ins „Revier" – Das Ruhrgebiet	23
Jugendrotkreuz (JRK)	29
DLRG-Jugend	29
BUNDjugend	29
THW-Jugend	29
Klettercamp im Südschwarzwald	204
Erlebniscamp am Doubs	204
So baust du ein Notbiwak	230

Anleitungen

Bedienungsanleitung zum Funkgerät „Speaker 2001w"	135

Balladen

T. Fontane, Die Brück am Tay	53 f.
O. Ernst, Nis Randers	60 f.
J. W. von Goethe, Johanna Sebus	64
G. Schwab, Der Reiter und der Bodensee	69
J. W. von Goethe, Erlkönig	74
T. Fontane, John Maynard	188 ff.

Berichte

Aktenzeichen fu/lo; Erster Bericht	78
Bericht über den Einbruch in der Kunstgalerie Engelmann (A+B)	216

Bildergeschichten / Comics

Dem Täter auf der Spur	76 f.
Asterix (Latinomanie)	256

Dialogische Texte

Diskussion über die Klassenfahrt	10
Diskussion beim Elternabend	16
Zeugenaussage von Herrn Meyer	80
Gespräch mit der Verkäuferin im Fachgeschäft	132
Interview mit Marco Kreuzpaintner	169
Teil der A-Jugend sein – Fußball macht süchtig	179
Lisa Müller (20): So ist mein Thomas wirklich	180
Auszug aus der Vernehmung des Hausmeisters Julius Böckner	217

Drehbuchauszug

„Tondas Tod"	166 f.

Erzählende Texte

U. Wölfel, Hannes fehlt	26
W. Ecke, Der Aufsatz	96
J. Krüss, Zwei Trillerpfeifen	100 ff.
J. Banscherus, Der Klassenaufsatz	106 ff.
K. Dunker, Letzte Wende	113 ff.
G. Ruck-Pauquèt, Die Kreidestadt	117 f.
S. Kilian, Der Brief	123 f.
G. Ruck-Pauquèt, Der Freund	127 ff.
W. Ecke, Fahndung nach Tom Kölle	248
W. Ecke, Gruber ist doof	268

Gedichte

Freunde für immer	126
E. Rechlin, Die Geschichte eines chinesischen Sandkornes	210
B. Siefert, Der Sturm	246

Informationstexte / Sachtexte

Die Jugendfeuerwehr: Daten und Fakten	32
Wie wirst du Mitglied in der Jugendfeuerwehr?	32
Streitschlichter: Helfen statt wegschauen	35 f.
Warum wir uns beim Schulsanitätsdienst engagieren	36
Aktiv sein als Schulsportmentor	37
JUUS – Jugend für Umwelt und Sport	41
Otfried Preußler	168
A. Kords, Thomas Müller (Wie alles begann …)	177
Computergewicht	253
Was sind eigentlich Daten?	253

Jugendbuchauszüge

O. Preußler, Die Mühle im Koselbruch	159 ff.
O. Preußler, Ohne Pastor und Kreuz	164 f.
O. Preußler, Ein Ring aus Haar	170 f.

Nicht lineare Texte

Einsätze der Streitschlichter 2015/2016	35
Einsätze der Schulsanitäter im Schuljahr 2015/16	36
Einsätze der Schulsportmentoren im Schuljahr 2015/16	37
Die beliebtesten JUUS-Aktionen 2013	42
Die beliebtesten JUUS-Aktionen 2013	43
Anzahl der Rettungseinsätze in Stuttgart im Januar 2015	49
Geräteteile – Übersicht	134
Geländeplan	137
Anleitung zum Zeltaufbau	138
Anleitung zur Trinkwasseraufbereitung	139
Anleitung für den Mickey-Maus-Knoten	140
Anleitung für den Prusikknoten	141
Anleitung zum Floßbau	141
Anleitung für eine Waldhütte	144
Anleitung für ein Notzelt	145
Filmplakat „Krabat"	150
Spielerstatistik der Bundesliga 2015/16	176
Thomas Müller (Fußballspieler) – Auszug aus Wikipedia-Eintrag	178
Ehrenamtliches Engagement von unter 30-Jährigen in Deutschland	287
Ehrenamtliches Engagement nach Alter und Geschlecht	287
Engagement für Tiere und Natur in der siebten Jahrgangsstufe	288

Zeitungsartikel (Print und Internet)

I. Strunk, (K)ein Spiel mit dem Feuer	31
E. Gusewski, Berufsbild Rettungsassistent	47 f.
Unglück auf der Tay-Brücke	52
K. Grundmann, Schatzsuche per GPS	148 f.
Thomas Müller, brillanter Clown unter Klonen	175 f.
Alle wollen Thomas Müller – warum eigentlich?	178

Stichwortverzeichnis

Ableitung	**240–241, 246, 255**
Adjektiv	83, 133, 202, 213–215, 218, 231, 241, 249, 260, 263, 285
Adverb	216–218, 230, 234, 252
Adverbiale Bestimmungen	223, 230, 233
Akkusativ, Akkusativ-Objekt	203, 205, 219–220, 228–229, 233
Aktiv	94, 211–212
Anredepronomen	18–23, 206, 263
Antonym	239
Argument, argumentieren	12–23
Attribut	231, 237
Auslaute b, d, g	242–243, 247, 255
Balkendiagramm	**37, 287**
Ballade	50–75, 188–199
Bedienungsanleitung	134–135
Begleitsatz	268–269
Bericht, berichten	76–93, 216
Beschreibung, beschreiben	132–146, 202–203, 213–214
Bestimmungswort	240
Betonung	61, 75, 285
Brief	18–23, 129
Cluster	**62–63, 66, 70, 126, 150, 152, 172**
Computer	30, 174, 272–279, 280–282
***das/dass* in Nebensätzen**	**25, 265–266**
Dativ, Dativ-Objekt	203, 205, 219–220, 228–229, 233
Dehnungs-*h*	254
Demonstrativpronomen	207
Diagramm erschließen	38, 40, 42–43, 49, 287–289
Dialoge schreiben	56–57, 129, 193
„Diashow"	196–198
Diskussion, diskutieren	11
Einstellungsgröße (Kamera)	**155–156**
Einwand, Einwände entkräften	16–23
Ersatzprobe	266
Erzählung	
– erzählende Texte verstehen	26–27, 96–97, 100–124, 127–129, 159–162, 164–165, 170–171

– Merkmale 101–103
– Erzählperspektive (Ich-Form; Er-/Sie-Form) 115–116

Fachbegriff 133, 135, 138–139, 141, 147
Fälle (Kasus) 203, 205–206
Fehlerschwerpunkte ermitteln 242–243
Feldermodell 232–236, 270–271
Figurenkonstellation 60, 110
Filme
– den ersten Eindruck beschreiben 152
– Filminhalte wiedergeben 152–154
– Filmbilder und ihre Wirkung beschreiben 155–156, 157
– Handlung und Gestaltung untersuchen 157
– mit einer literarischen Vorlage vergleichen 162, 164–167
Fremdwort 256–257, 286
Futur 208

Gedicht 50–75, 99, 126, 210
Genitiv 203, 219, 231
Gespräche führen 11, 14–15
gestaltend sprechen 61, 75
Gestik 57, 194–196
Getrennt- und Zusammenschreibung 258–262
Groß- und Kleinschreibung 19, 21, 46, 206, 243, 248–253, 259, 263
Grundwort 240

Hauptsatz 221, 234–237, 270–271

Informieren
– Informationen entnehmen und bewerten 30–32, 35–38, 175–181
– Informationstexte schreiben 33–34, 38, 41–43
Inhaltsangabe 104–105, 117–125
innerer Monolog 27, 63, 66, 68, 71
Internet 30, 174, 272–275

Kameraeinstellungen 155–156
Kommasetzung
– zwischen Haupt- und Nebensätzen 44–45, 235, 265–266, 271
– zwischen Hauptsätzen 234, 270
– bei Relativsätzen 126, 237
– bei wörtlicher Rede 268–269
Komparativ 214

Konjunktion 19, 21, 25, 34, 44–45, 221, 234–235, 266, 270–271
Kreisdiagramm 35, 289

Lerntempoduett 79, 285
Lernwörter 254
Lesetechniken und -strategien
– Lesemethode für erzählende Texte 27, 124
– Lesemethode für Sachtexte 35, 149, 181
– überfliegendes Lesen 35, 175–180

Meldekarten 15
Metapher 72
Mimik 57, 194–196
Mindmap 133, 158, 181, 276
Mitschreiben im Unterricht 283

Nebensatz 126, 221, 233, 235–236, 271
Nomen 202–204, 214, 218–219, 227–228, 231, 237, 241, 248–250, 252–253, 255, 261–262, 285
Nominalisierung 46, 249–251, 255, 262–263
Nominativ 203, 205, 227

Objekte 211, 223–224, 228–229

Pantomime 194–196, 198
Partnerpuzzle 86, 116
Passiv 94, 211–212
Perfekt 104, 122, 125, 208–209, 211–212
Personalpronomen 205
Personifikation 72
Plusquamperfekt 79, 81, 208–209
Possessivpronomen 206
Prädikat 222–229, 232–236, 267, 270–271
Präfix 240, 255
Präposition 126, 202, 219–220, 231
Präsens 34, 40, 42, 63, 104, 120, 122, 125, 133, 139, 141, 143–145, 208–209
Präsentationsfolien 183, 277–279
Präteritum 79, 81, 88–89, 208–209, 245
Pronomen 126, 202, 205–207, 227–228, 237, 263, 266

recherchieren 30, 174, 272–274
Rechtschreibkartei 243
Rechtschreibprogramm 251, 263
Rechtschreibstrategien 73, 242–255, 264
Referat 174–187
Relativpronomen/Relativsatz 126, 237

315

Requisit	193, 196, 199
Rolle	191-199
Sachtexte	9, 22–23, 29, 31–32, 35–37, 41, 47–48, 52, 135, 140–141, 148–149, 168–169, 175–180, 280–282
Satzarten	225, 267
Satzgefüge	125, 235–236, 271
Satzglied	222–235
Satzklammer	226, 232–236, 270–271
Satzreihe	234, 270
Satzschlusszeichen	243, 267
Säulendiagramm	36, 287
Schlüsselstelle	52, 102, 105, 118–120, 181
Schreibplan	18–19, 22, 33–34, 42, 62–63, 66, 70, 81, 88, 92–93, 119–120, 124, 133, 138, 140, 144, 158
Silben	240, 255
Sinnabschnitt	105, 118
Soundscape	56, 75
Sprachliche Bilder	72
Sprechabsichten	24
s-Schreibung	245, 255
Standbild	110, 195–196, 198
Stellung nehmen	27, 38, 49, 51, 112, 117–120, 124
Stichwortzettel (Notizzettel)	136, 182, 283
Storyboard	199
Streitgespräch	14–15
Strophe	50–75, 188–199
stummes Schreibgespräch	109
Subjekt	211, 223–224, 227, 233
Suffix	240–241, 255
Superlativ	214, 249, 255

Synonym	238
szenisches Spiel	57, 129, 188–199
Tagebucheintrag	27, 62, 66–67, 70
Text überarbeiten	20–21, 39–40, 67–68, 82–83, 89–90, 121–122, 142–143, 264
Thema	103–104, 120, 122, 124
Umstellprobe	222–223
Verb	46, 137, 141, 143–145, 208–212, 214, 218, 223–224, 226, 229, 250–251, 258–263, 265, 267, 285
– unregelmäßige Verben	210, 311–312
Verb*erst*satz	225, 233
Verb*letzt*satz	235, 265, 271
Verb*zweit*satz	225, 233, 234, 270
Vergleich	72
Verlängerungsprobe	73, 247, 255
W-Fragen	52, 76–79, 81, 88–90, 92–93, 102, 118, 152, 174, 181
Wikipedia (Internetlexikon)	280–282
Wortarten	202–221
Wörterbuch	285
Wortfamilie	240–241, 255
Wortfeld	238–239
Wörtliche Rede	83, 104–105, 268–269
Wortstamm	240–241, 254
Wortzusammensetzungen	240–241, 255
Zeitangaben	95, 252
Zustandspassiv	212

Textquellen

26 Ursula Wölfel, Hannes fehlt, aus: U.W., Die grauen und die grünen Felder, Anrich, Mülheim an der Ruhr 1970.

31 Inga Strunk, (K)ein Spiel mit dem Feuer, aus: Cocktail (WAZ), 4.10.2002 (Text gekürzt).

32 Wie wirst du Mitglied in der Jugendfeuerwehr? (Originalbeitrag).

32 Die Jugendfeuerwehr: Daten und Fakten (Originalbeitrag).

35 f. Nadine Eckert, Streitschlichter: Helfen statt wegschauen, aus: http://www.geo.de/GEOlino/kreativ/3775.html (11.03.2016) (Text leicht verändert).

36 Warum wir uns beim Schulsanitätsdienst engagieren, nach: http://www.jrknordrhein.de/schule_ssd8.php (18. 06. 2009) (Text stark geändert).

37 Aktiv sein als Schulsportmentor (Originalbeitrag).

41 JUUS – Jugend für Umwelt und Sport; Originalbeitrag nach: https://www.jugendhilfeportal.de/projekt/juus-jugend-fuer-sport-und-umwelt/ und http://www.dosb.de/de/sportentwicklung/sportstaetten-umwelt-und-klimaschutz/sport-und-na-tur/projekte/umweltkommunikation/detailseite/news/juus_jugend_fuer_umwelt_und_sport/ (12.03.2016).

47 f. Esther Gusewski, Berufsbild Rettungsassistent, aus: http://www.geo.de/GEOlino/mensch/berufe/beruf-rettungsassistent-4703.html (11.03.2016) (Text verändert).

52 Unglück auf der Tay-Brücke, nach: Zürcherische Freitagszeitung vom 2. u. 9. Januar 1880.

53 f. Theodor Fontane, Die Brück am Tay, aus: Deutsche Balladen. Hg. von Hartmut Laufhütte, Philipp Reclam jun., Stuttgart 1991.

60 f. Otto Ernst, Nis Randers, aus: Deutsche Balladen. Hg. von Hartmut Laufhütte, Philipp Reclam jun., Stuttgart 1991.

64 Johann Wolfgang von Goethe, Johanna Sebus, aus: J. W. v. G., Goethes Werke. Hamburger Ausgabe. Bd. 1: Gedichte und Epen, Wegner Verlag, Hamburg 1948.

69 Gustav Schwab, Der Reiter und der Bodensee, aus: Deutsche Balladen. Hg. von Hartmut Laufhütte, Philipp Reclam jun., Stuttgart 1991.

74 Johann Wolfgang von Goethe, Erlkönig, aus: Deutsche Balladen. Hg. von Hartmut Laufhütte, Philipp Reclam jun., Stuttgart 1991.

96 f. Wolfgang Ecke, Der Aufsatz, aus: Club der Detektive, Ravensburger Buchverlag Otto Maier GmbH, Ravensburg 1997.

100 ff. James Krüss, Zwei Trillerpfeifen, aus: Die schönsten Freundschaftsgeschichten. Hg. von H. Westhoff, Ravensburger Buchverlag Otto Maier, Ravensburg 1987 (Text gekürzt).

106 ff. Jürgen Banscherus, Der Klassenaufsatz, aus: Die schönsten Freundschaftsgeschichten. Hg. von H. Westhoff, Ravensburger Buchverlag Otto Maier, Ravensburg 1987.

113 ff. Kristina Dunker, Letzte Wende, aus: Einfach unschlagbar. Beste Freundinnen, Geschichten und mehr. Hg. von Dorothee Dengel und Dagmar Kalinke, DTB München 2004 (Text gekürzt).

117 f. Gina Ruck-Pauquèt, Die Kreidestadt, aus: Die schönsten Freundschaftsgeschichten. Hg. von H. Westhoff, Ravensburger Buchverlag Otto Maier, Ravensburg 1987.

123 f. Susanne Kilian, Der Brief, aus: Zweites Jahrbuch der Kinderliteratur. Hg. von H.-P. Gelberg, Beltz Verlag, Weinheim 1973.

127 ff. Gina Ruck-Pauquèt, Der Freund, aus: Die schönsten Freundschaftsgeschichten. Hg. von H. Westhoff, Ravensburger Buchverlag Otto Maier, Ravensburg 1987 (Text gekürzt).

148 f. Katja Grundmann, Schatzsuche per GPS, aus: http://www.geo.de/GEOlino/mensch/schatzsuche-per-gps-65551.html (11.03.2016) (Text gekürzt).

159 ff. Otfried Preußler, Krabat, Thienemann Verlag, Stuttgart/Wien 2008.

168 Otfried Preußler, nach Informationen von der Homepage des Autors: http://preussler.de/index1.thm (31.07.2009).

169 Interview mit Marco Kreuzpaintner mit freundlicher Genehmigung der Claussen+Wöbke+Putz Filmproduktion und des Regisseurs Marco Kreuzpaintner.

175 f. Lars Wallrodt, Thomas Müller, ein Clown unter Klonen, aus: http://www.welt.de/sport/fussball/bundesliga/fc-bayern-muenchen/article146354789/Thomas-Mueller-brillanter-Clown-unter-Klonen.html (11.03.2016) (Text gekürzt).

177 Wie alles begann, Auszug aus: Alexander Kords, Thomas Müller, CBX-Verlag, München 2015 (Text gekürzt).

178 Denis Huber, Alle wollen Thomas Müller – warum eigentlich?, Auszug aus: http://www.tz.de/sport/fc-bayern/fc-bayern-thomas-mueller-topklubs-heiss-begehrt-aber-warum-5303740.html (11.03.2016).

179 Felix Scheidl, Teil der A-Jugend sein – Fußball macht süchtig, Textauszug aus: http://www.fluter.de/de/megacities/erfahrungen/6266/ (11.03.2016) (Text gekürzt).

180 So ist mein Thomas wirklich, Textauszug aus: http://www.bild.de/sport/fussball/sport/lisa-mueller-erzaehlt-wie-er-wirklich-ist-13115230.bild.html (11.03.2016) (Text gekürzt).

188 ff. Theodor Fontane, John Maynard, aus: Deutsche Balladen. Hg. von Hartmut Laufhütte, Philipp Reclam jun., Stuttgart 1991.

204 – Klettercamp im Südschwarzwald, nach: http://www.feriencamp-ferienlager.de/ferienlager-angebote/klettercamp-suedschwarzwald.html (11.03.2016) (Text stark verändert).
– Erlebniscamp am Doubs, Originalbeitrag nach: http://www.feriencamp-ferienlager.de/ferienlager-angebote/Erlebniscamp_am_Doubs_-_Natur_und_Wasser_pur.html (11.03.2016).

210 Eva Rechlin, Die Geschichte eines chinesischen Sandkornes, aus: 365 Gedichte für Kinder und Kenner. Hg. von James Krüss, CBJ Verlag, München 1959 (Text gekürzt).

248 Wolfgang Ecke, Fahndung nach Tom Kölle, aus: Club der Detektive, Ravensburger Buchverlag Otto Maier GmbH, Ravensburg 1997 (Text gekürzt).

253 Computergewicht, Textauszug aus: www.wdr.de/tv/wissenmachtah/bibliothek/computer.php5 (11.03.2016) (Text gekürzt).

256 Asterix, Latinomanie, aus: Asterix-Gesamtausgabe, Bd. 7, Ehapa Verlag, Berlin 2000.

268 Wolfgang Ecke, Gruber ist doof, aus: Club der Detektive, Ravensburger Buchverlag Otto Maier GmbH, Ravensburg 1997.

281 Thomas Müller, Auszüge aus: https://de.wikipedia.org/wiki/Thomas_M%C3%BCller (11.03.2016).

286 Büro, Button, Charakter, aus: Duden. Fremdwörterbuch. Bibliografisches Institut & F.A. Brockhaus AG, Mannheim 1997.

Bildquellen

Abbildungen

8 oben links: fotolia.com, New York (Andreas P); **oben rechts:** Städtische Realschule Gevelsberg, Gevelsberg; **unten:** Shutterstock.com, New York; **10:** Fabian, Michael, Hannover; **14:** TVB Tiroler Oberland, Ried i.O.; **15:** Fabian, Michael, Hannover; **23:** Panther Media GmbH (panthermedia.net), München; **28 oben Mitte:** BUNDjugend Berlin/Jugend im Bund für Umwelt und Naturschutz Berlin e.V., Berlin (Jörg Farys/www.dieprojektoren.de); **oben links:** Bundesanstalt Technisches Hilfswerk, Bonn; **oben rechts:** Feuerwehr Meschede, Meschede; **unten:** stockmaritime.com, Hamburg; **30 – 2. v. links:** OceanCare, Wädenswil; **2. v. rechts:** NABU Naturschutzbund Deutschland e.V., Berlin; **30 Mitte:** OroVerde – Die Tropenwaldstiftung, Bonn; **links:** WWF Deutschland, Berlin; **rechts:** Bund für Umwelt und Naturschutz Deutschland, Berlin; **unten links:** Greenpeace Deutschland e.V., Hamburg; **36:** JRK-Bildarchiv Berlin, Berlin (Sebastian Koch); **37:** iStockphoto.com, Calgary (Rich Legg); **44:** Picture-Alliance GmbH, Frankfurt/M.; **47 links:** Visum Foto GmbH, Hannover; **rechts:** Shutterstock.com, New York; **52:** fotosearch.com, Waukesha; **98 oben links:** Fabian, Michael, Hannover; **oben rechts:** vario images, Bonn; **unten:** Shutterstock.com, New York; **99 oben links:** Project Photos GmbH & Co. KG, Walchensee (Reinhard Eisele); **oben rechts und unten rechts:** Shutterstock.com, New York; **unten links:** epd-bild, Frankfurt am Main (Detlef Heese); **130 oben:** laif, Köln (Hans-Bernhard Huber); **unten:** bildagentur-online GmbH, Burgkunstadt; **131 oben:** argum Fotojournalismus, München (Falk Heller); **unten links:** transit – Fotografie und Archiv, Leipzig; **unten rechts:** Weisflog, Rainer, Cottbus; **137:** TopicMedia Service, Putzbrunn; **148:** wikimedia.commons (Michalowic / Creative Commons Attribution-Share Alike 3.0 Unported); **150:** Kobal Collection, Berlin (images.de); **151:** Fabian, Michael, Hannover; **156 – 1:** 20th Century Fox of Germany, Frankfurt/M. (2008 Claussen und Wöbke und Putz Filmproduktion/Marco Nagel); **2:** 20th Century Fox of Germany, Frankfurt/M. (2008 Claussen und Wöbke und Putz Filmproduktion/Marco Nagel); **156 – 6:** 20th Century Fox of Germany, Frankfurt/M. (2008 Claussen und Wöbke und Putz Filmproduktion/Marco Nagel); **168:** Thienemann-Esslinger Verlag GmbH, Stuttgart; **169:** Getty Images – Lonely Planet Images, München (Centropolis Entertainment / The Kobal Collection); **170:** 20th Century Fox of Germany, Frankfurt/M.; **172:** Picture-Alliance GmbH, Frankfurt/M.; **173:** Picture-Alliance GmbH, Frankfurt/M.; **174 Mitte:** Olympia Verlag GmbH, Nürnberg (kicker-sportmagazin/Ausgabe 76 vom 14.09.2015); **oben:** CBX Verlag, München (Coverdesign Nina Knollhuber/Foto: imago/Sven Simon); **unten links:** arsEdition GmbH, München (Cover zu: Die 100 Besten Fußballer der Welt); **175:** Getty Images, München; **177:** Pressefoto Rauchensteiner, München (RAUCHENSTEINER); **178:** Picture-Alliance GmbH, Frankfurt/M. (GES-Sportfoto); **179 und 185:** Getty Images, München; **180:** Picture-Alliance GmbH, Frankfurt/M.; **182:** Fabian, Michael, Hannover; **183:** Picture-Alliance GmbH, Frankfurt/M. (augenklick/firo Sportphoto); **185:** Fabian, Michael, Hannover; **186:** Fabian, Michael, Hannover; **200:** Tierbildarchiv Angermayer, Holzkirchen; **204 oben:** wikipedia.commons (Andreas Schwarzkopf/Creative Commons Attribution-Share Alike 3.0 Unported license); **unten:** fotolia.com, New York; **208:** INTERFOTO, München; **211 Mitte oben:** Wildlife Bildagentur GmbH, Hamburg (J. Kamien); **links und Mitte unten:** Blickwinkel, Witten (F. Hecker); **rechts:** Semmler, Thomas, Lünen; **212:** Bachpatenschaft Selz, Hahnheim (Thomas Henschel); **213:** Judith, Heiko, Gilzum; **222:** Picture-Alliance GmbH, Frankfurt/M. (Photoshot); **239:** Picture-Alliance GmbH, Frankfurt/M. (Daniel Dal Zennaro); **256:** ASTERIX®- OBELIX® / LES EDITIONS ALBERT RENE / GOSCINNY - UDERZO, Vanves Cedex; **267 oben:** Thienemann-Esslinger Verlag GmbH, Stuttgart; **unten:** Carl Hanser Verlag, München; **272, 277, 278:** Picture-Alliance GmbH, Frankfurt/M.

Illustrationen

Matthias Berghahn, Bielefeld: **200-241, 272-290**; Thomas Escher, Hamburg: **76-97**; Sabine Kranz, Frankfurt/Main: **130-149, 242, 248, 258 (Mitte), 259, 268, 271**; Klaus Müller, Berlin: **8-27, 98-129, 188-199**; Yaroslaw Schwarzstein, Hannover: **50-75, 150-171, 244-247, 251-252, 258 (oben), 261, 265-266**.

© 2016 Bildungshaus Schulbuchverlage
Westermann Schroedel Diesterweg Schöningh Winklers GmbH, Braunschweig
www.westermann.de

Das Werk und seine Teile sind urheberrechtlich geschützt. Jede Nutzung in anderen als den gesetzlich zugelassenen Fällen bedarf der vorherigen schriftlichen Einwilligung des Verlages.
Hinweis zu § 52a UrhG: Weder das Werk noch seine Teile dürfen ohne Einwilligung gescannt und in ein Netzwerk eingestellt werden. Das gilt auch für Intranets von Schulen und sonstigen Bildungseinrichtungen.
Für Verweise (Links) auf Internet-Adressen gilt folgender Haftungshinweis: Trotz sorgfältiger inhaltlicher Kontrolle wird die Haftung für die Inhalte der externen Seiten ausgeschlossen. Für den Inhalt dieser externen Seiten sind ausschließlich deren Betreiber verantwortlich. Sollten Sie daher auf kostenpflichtige, illegale oder anstößige Inhalte treffen, so bedauern wir dies ausdrücklich und bitten Sie, uns umgehend per E-Mail davon in Kenntnis zu setzen, damit beim Nachdruck der Verweis gelöscht wird.

Druck A[1] / Jahr 2016
Alle Drucke der Serie A sind im Unterricht parallel verwendbar.

Redaktion: Nicole Rösingh, Jemgum
Illustrationen: Matthias Berghahn, Thomas Escher, Sabine Kranz, Klaus Müller, Yaroslaw Schwarzstein
Umschlaggestaltung: LIO Design GmbH, Braunschweig
Layout: designbüro Arndt + Seelig, Bielefeld; Satz und Grafik Partner, Meitingen
Druck und Bindung: westermann druck GmbH, Braunschweig

ISBN 978-3-14-**123852**-5